赛迪顾问战略性新兴产业

系列丛书之七

中国

移动互联网产业发展及应用实践

中国电子信息产业发展研究院
赛迪顾问股份有限公司 著

电子工业出版社
Publishing House of Electronics Industry
北京·BEIJING

图书在版编目（CIP）数据

中国移动互联网产业发展及应用实践/中国电子信息产业发展研究院，赛迪顾问股份有限公司著. —北京：电子工业出版社，2014.1

（赛迪顾问战略性新兴产业系列丛书）

ISBN 978-7-121-21741-8

Ⅰ. ①中… Ⅱ. ①中… ②赛… Ⅲ. ①移动网－产业发展－研究－中国 Ⅳ. ①F632.3

中国版本图书馆 CIP 数据核字（2013）第 253028 号

责任编辑：徐蔷薇　　特约编辑：劳嫦娟
印　　刷：北京市大天乐投资管理有限公司
装　　订：北京市大天乐投资管理有限公司
出版发行：电子工业出版社
　　　　　北京市海淀区万寿路 173 信箱　邮编　100036
开　　本：787×1092　1/16　印张：20.25　字数：517 千字　彩插：2
印　　次：2014 年 1 月第 1 次印刷
印　　数：5000 册　　定价：168.00 元

凡所购买电子工业出版社图书有缺损问题，请向购买书店调换。若书店售缺，请与本社发行部联系，联系及邮购电话：（010）88254888。

质量投诉请发邮件至 zlts@phei.com.cn，盗版侵权举报请发邮件至 dbqq@phei.com.cn。

服务热线：（010）88258888。

《中国移动互联网产业发展及应用实践》
指导委员会

邬贺铨　　中国工程院院士
朱宏任　　工业和信息化部党组成员、总工程师
张　峰　　工业和信息化部总工程师
周子学　　工业和信息化部总经济师

莫　玮　　工业和信息化部办公厅主任
陶少华　　工业和信息化部办公厅副主任
肖　华　　工业和信息化部规划司司长
郑立新　　工业和信息化部产业政策司司长
陈　因　　工业和信息化部科技司司长
肖春泉　　工业和信息化部运行监测协调局局长
郑　昕　　工业和信息化部中小企业司司长
周长益　　工业和信息化部节能与综合利用司司长
陈燕海　　工业和信息化部原材料工业司司长
张相木　　工业和信息化部装备工业司司长
王黎明　　工业和信息化部消费品工业司司长
丁文武　　工业和信息化部电子信息司司长
陈　伟　　工业和信息化部软件服务业司司长
闻　库　　工业和信息化部通信发展司司长
谢飞波　　工业和信息化部无线电管理局局长
徐　愈　　工业和信息化部信息化推进司司长
秦　海　　工业和信息化部信息化推进司副司长
赵泽良　　工业和信息化部信息安全协调司司长
衣雪青　　工业和信息化部人事教育司司长
高素梅　　工业和信息化部运行监测协调局副局长

《中国移动互联网产业发展及应用实践》
研究委员会

主 任

罗　文　工业和信息化部中国电子信息产业发展研究院院长

宋显珠　工业和信息化部中国电子信息产业发展研究院党委书记

副主任

吴晓军　江西省工业和信息化委员会主任

岳跃升　云南省工业和信息化委员会主任

张建明　云南省工业和信息化委员会副主任

朱　鹏　山西省经济和信息化委员会副主任

项阳青　青岛市经济和信息化委员会主任

靳国卫　大连市经济和信息化委员会主任

智大勇　哈尔滨市工业和信息化委员会主任

康克岩　贵阳市工业和信息化委员会主任

唐　华　成都市科学技术局局长

徐小田　中国半导体行业协会执行理事长

成 员

侯建仁　工业和信息化部电子信息司信息通信产品处处长

孙文龙　工业和信息化部软件服务业司软件产业处处长

王少朋　工业和信息化部软件服务业司软件应用处处长

尹洪涛　工业和信息化部软件服务业司信息服务业处处长

张　望　工业和信息化部信息化推进司综合处处长

王建伟　工业和信息化部信息化推进司产业信息化处处长

乔跃山　工业和信息化部电子信息司信息通信产品处副处长

任爱光　工业和信息化部电子信息司集成电路处副调研员

池　宇　江苏省经济和信息化委员会软件与信息服务业处处长

李树翀　赛迪顾问股份有限公司总裁

赫建营　赛迪顾问股份有限公司副总裁、北京赛迪信息工程设计有限公司总裁

文　芳　中国电子信息产业发展研究院工业经济研究所所长、

　　　　北京赛迪方略城市经济顾问有限公司总裁

孙会峰　赛迪顾问股份有限公司副总裁、北京赛迪经略企业管理顾问有限公司总裁

李　珂　赛迪顾问股份有限公司副总裁

付长文　赛迪顾问股份有限公司董事会秘书、北京赛迪经智投资顾问有限公司总裁

FOREWORD 推荐序一

《国务院关于加快培育和发展战略性新兴产业的决定》提出我国现阶段要重点培育和发展战略性新兴产业，这不仅是加快实现由传统工业化向新型工业化道路的转变，建设工业强国和转变经济发展方式的根本要求，也是我国确立国际竞争新优势、掌握发展主动权的迫切需要。

战略性新兴产业的发展需要国家统筹部署、完善政策体系，聚焦先导型和支柱型重点产业，加强技术和管理的创新。"十二五"时期是我国战略性新兴产业夯实发展基础、提升核心竞争力的关键时期，既面临难得机遇，也存在严峻挑战。从有利条件看，我国工业化、城镇化快速推进，城乡居民消费结构加速升级，国内市场需求快速增长，为战略性新兴产业发展提供了广阔空间；我国综合国力大幅提升，科技创新能力明显增强，装备制造业、高技术产业和现代服务业迅速成长，为战略性新兴产业发展提供了良好基础；世界多极化、经济全球化不断深入，为战略性新兴产业发展提供了有利的国际环境。同时也要看到，我国战略性新兴产业自主创新发展能力与发达国家相比还存在较大差距，关键核心技术严重缺乏，标准体系不健全；投融资体系、市场环境、体制机制政策等还不能完全适应战略性新兴产业快速发展的要求。必须加强宏观引导和统筹规划，明确发展目标、重点方向和主要任务，采取有力措施，强化政策支持，完善体制机制，促进战略性新兴产业快速健康发展。要贯彻落实"十二五"规划提出的发展战略性新兴产业的目标和任务，当前应该重点把握以下四个原则：

一是市场主导、政府调控。充分发挥市场配置资源的决定性作用，以市场需求为导向，着力营造良好的市场竞争环境，激发各类市场主体的积极性。针对产业发展的薄弱环节和瓶颈制约，有效发挥政府的规划引导、政策激励和组织协调作用。

二是创新驱动、开放发展。坚持自主创新，加强原始创新、集成创新和引进消化吸收再创新；加强高素质人才队伍建设，掌握关键核心技术，健全标准体系，加速产业化，增强自主发展能力。充分利用全球创新资源，加强国际交流合作，探索国际合作发展新模式，走开放式创新和国际化发展道路。

三是重点突破、整体推进。坚持突出科技创新和新兴产业发展方向，选择最有基础、最有条件的重点方向作为切入点和突破口，明确阶段发展目标，集中优势资源，促进重点领域和优势区域率先发展。总体部署产业布局和相关领域发展，统筹规划，分类指导，适时动态调整，促进协调发展。

四是立足当前、着眼长远。围绕经济社会发展重大需求，着力发展市场潜力大、产业基础好、带动作用强的行业，加快形成支柱产业。着眼提升国民经济长远竞争力，促进可持续发展，对重要前沿性领域及早部署，培育先导产业。

2013年8月，国务院先后下发了《关于促进信息消费扩大内需的若干意见》和《"宽带中国"战略及实施方案》，指出今后一定时期内要加快发展宽带网络公共基础设施建设、加快促进信息消费，催生新的经济增长点，从而带动消费升级、产业转型和改善民生，推动新一轮信息化的发展浪潮。

在此背景下，我欣喜地看到，中国电子信息产业发展研究院和赛迪顾问股份有限公司著述了《赛迪顾问战略性新兴产业系列丛书》，对我国战略性新兴产业的发展做了全面的阐述和展望。

其中，《中国移动互联网产业发展及应用实践》一书作为系列丛书的第七部，聚焦移动互联网这一战略性新兴产业的重点领域，紧扣《国务院关于加快培育和发展战略性新兴产业的决定》、《"十二五"国家战略性新兴产业发展规划》、《关于促进信息消费扩大内需的若干意见》中关于移动互联网产业发展的规划与要求，汇集了目前中国移动互联网产业发展与应用实践的最新研究成果，以及移动互联网产业战略转型、应用创新和技术突破的典型实践；从产业发展、行业应用、典型案例几个角度，以精炼的语言对移动互联网的产业发展及应用实践进行了全面、深刻的剖析，对区域、园区、企业把握移动互联网产业发展机遇，对"产学研用"在移动互联网领域的协同发展，进行了多层次、多角度的详实论证。本书有两大特点：

第一，覆盖内容全面，具备前瞻性。本书从产业篇、应用篇、管理篇、实践篇四个角度分析研究了移动互联网产业的兴起与演进、发展概况、区域布局、产业链、技术路线图、人才、发展策略、行业应用等诸多领域，研究范围全面、覆盖广泛，而且在技术、产业、市场等方面均具备前瞻性。

第二，创新性和实用性结合紧密。独创科学严谨的方法论，归纳总结全国范围内移动互联网的创新实践，既具备理论的高度，又对实践工作有现实性的指导意义。此书充分考虑到政府和企业不同的需求，从不同角度对产业的发展和布局进行了阐述，使其能够给不同类型的客户提供不同的参考。

本书紧密结合当前移动互联网发展实际，对各级政府与企业紧紧抓住移动互联网产业发展带来的机遇，积极应对信息消费兴起的新形势下移动互联网的关键支撑作用，从而构建区域经济新的增长点，实现移动互联网产业与应用的跨越式发展，具有很好的参考价值。

苏　波

工业和信息化部副部长

2013年11月

信息通信技术的发展进入了历史转折期，云计算、物联网、移动互联网等新技术和新业态的崛起，深切反映了公众对计算能力不受限、通信终端不受限、通信地点不受限的潜在愿望；其中，个性化和移动性结合的移动互联网尤为引人瞩目，智能移动终端的迅速普及加快了移动互联网的发展，各种移动应用深刻影响了大众的日常生活。

不仅如此，移动互联网的崛起已开始呈现出变革产业生态链的趋势，推动了通信与计算的深度融合、智能终端与社交网络互相促进、内容与终端捆绑、端与云模式竞合、轻与重应用并存、制造业与服务业联姻、软件与硬件紧密结合、社交与导航共进、通信与媒体混搭、广播与网业互动、前向收费与后向收费互补、线上与线下联动、网商与银企互博、垂直整合与平台开放并行、开发模式上开源与众包合力、产业链OTT化的长链与短链换位、运营商管道与平台并重等。总之，掀起了产业转型与并购的浪潮，表现出创新与守旧的博弈，合纵与连横变局，触动了产业链上下游利益格局的调整。移动互联网的变革浪潮不仅搅动了ICT制造业和运营业，还波及金融业、物流业、零售业。目前这一影响还只是开始，其新业态的潜力还会继续迸发。

移动互联网也是中国战略性新兴产业的重要组成内容，是当前信息通信技术产业发展和应用创新的新阶段和新热点。据有关资料报道，2012年移动数据流量与应用及智能终端的增加值占GDP的1.45%，带动其他产业增加值占GDP2.49%，其对信息消费的贡献远高于基于PC的桌面互联网。

习近平主席2013年3月4日在全国政协十二届一次会议科协、科技界委员联组会上作了重要讲话，指出"移动互联网、智能终端、大数据、云计算、高端芯片等新一代信息技术发展带动众多产业变革和创新"。习近平总书记2013年9月30日在中共中央政治局第九次集体学习时进一步指出："新一轮科技革命和产业变革正在孕育兴起，一些重要科学问题和关键核心技术已经呈现出革命性突破的先兆，带动了关键技术交叉融合、群体跃进，变革突破的能量正在不断积累。即将出现的新一轮科技革命和产业变革与我国加快转变经济发展方式形成历史性交汇，为我们实施创新驱动发展战略提供了难得的重大机遇。机会稍纵即逝，抓住了就是机遇，抓不住就是挑战"。中共十八届三中全会通过的关于全面深化改革若干问题的决定中明确要求"坚持积极利用、科学发展、依法管理、确保安全的方针，加大依法管理网络力度，加快完善互联网管理领导体制，确保国家网络和信息安全"。

上述指示阐明了发展移动互联网的战略意义和方针。为加快推动我国移动互联网产业的发展，国务院出台了《关于加快培育和发展战略性新兴产业的决定》、《"十二五"国家战略性新兴产业发展规划》，工信部在通信业、软件、信息服务业和互联网业等的多个"十二五"专项规划中，对移动互联网产业的发展也都有不同角度的涉及。移动互联网产业发展的政策环境已经不断优化。

大力培育和发展移动互联网产业已成为各地和各级政府的共识。各地政府从本地移动互联网产业发展现状出发，因地制宜，制定规划，发布政策，综合使用财政、人才、招商等多种手段发展移动互联网。为贯彻国务院的发展战略性新兴产业的重要指示精神，发改委、财政部、工信部等部委采取了一系列政策措施，以重大应用需求为导向，以试点示范为抓手，积极营造良好环境，加大组织协调力度，促进新兴科技和新兴产业深度融合，着力推动移动互联网创新发展，加快推进社会经济信息化。目前，我国已经在移动互联网技术开发、产业链布局、重大工程、应用示范试点方面取得了一些阶段性进展。

为了适应移动互联网产业发展，赛迪顾问出版了研究我国移动互联网产业的专著——《中国移动互联网产业发展及应用实践》一书。该书作为《赛迪顾问战略性新兴产业系列丛书》的第七部，从产业链全貌、重点发展领域、应用场景和产业实践角度做了全面的研究和论述，对移动互联网产业的发展现状和趋势做了全景式解析，对各地园区和代表性企业的移动互联网实践做了深入的梳理和展示。《中国移动互联网产业发展及应用实践》勾勒出了移动互联网这一战略性新兴产业的发展体系架构，内容全面、资料丰富、条理清晰、分析客观。该书将为读者提供兼具理论和实践价值的资料与见解，对业界培育良好的产业环境、建立完善的产业支撑体系，提升自主创新能力具有借鉴价值，将对各地结合本地产业优势和资源禀赋发展移动互联网产业和应用具有指导意义。

邬贺铨

中国工程院院士

2013年11月

PREFACE 前 言

自 18 世纪中期第一次工业革命在英国爆发，人类社会的工业化进程先后跨越了蒸汽时代和电气时代。20 世纪 90 年代互联网的出现和普及，将人类社会带入信息时代，极大地改变了人类生产和生活方式。近年来，移动互联网的蓬勃兴起，更是全面颠覆和重构了人类的生活模式，信息已经渗透到人类工作和生活的所有空间，移动互联网无处不在，时刻在线的特征催生了超万亿的市场空间。创业者、投资人，政府、企业、用户都全面卷入到一场移动互联网的革命中，更前瞻的技术创新，更年轻的创业领袖，更活力的新兴公司，更丰富的商业模式，更炫酷的移动应用，更庞大的资本投入，更高端的政策支持，移动互联网正在汇聚全球最顶尖的资源，带来巨大的想象空间。而未来或许将在一瞬间来到眼前，给你我更多的惊喜。

截至 2013 年 8 月，中国的移动互联网用户规模已经达到 8.2 亿户。8 月 1 日，《"宽带中国"战略及实施方案》印发，8 月 14 日，国务院常务会议讨论通过《关于促进信息消费扩大内需的若干意见》，一系列政策的密集发布对移动互联网产业未来的发展带来了重大利好。

值此产业发展进入加速变革之际，深入研究、探讨战略性新兴产业如何从理论知识到实践、从战略制定到具体操作等问题，具有十分重要的理论和实践价值。在工业和信息化部有关领导的指导下，中国电子信息产业发展研究院、赛迪顾问股份有限公司凭借自身对战略性新兴产业的深入研究以及对传统产业的深厚积累，策划并组织撰写了《赛迪顾问战略性新兴产业系列丛书》。

《中国移动互联网产业发展及应用实践》作为系列丛书的第七部，汇集了目前中国移动互联网产业发展与应用实践的最新进展，以及移动互联网产业战略转型和应用创新的典型实践；从促进产业发展与注重应用实践的二维视角，考虑产业发展、产业承载、创新与转型的客观现实，立足于区域、园区、企业的协同发展，多层次、多角度地对移动互联网产业发展与应用实践进行了全面、深刻的研究，是我国首部系统研究移动互联网产业发展及应用实践的高端专业文献。

本书对移动互联网产业发展与应用实践中的产业链、产业主体互动模式、园区发展以及典型应用进行了全景展示，从产业梳理、趋势前瞻、应用解读、政府园区与企业实践等角度进行了系统化的深入阐述，全书共分四篇。

产业篇着眼于产业全景图和产业要素互动以及趋势的研判与前瞻。对全球及中国移动互联网产业的发展概况、产业链全景、空间布局、园区发展、企业业务转型、产业投融资以及移动互联网的热点产品，如智能手机、平板电脑、移动互联网终端应用处理器和移动操作系统等进行了深入的研究。

应用篇聚焦在典型行业与新兴领域的应用梳理，选取了政府、企业、医疗、教育等领先的行业应用领域以及新兴的移动 SNS、移动新媒体、移动安全、移动位置服务等行业热点进行了翔实和生动的分析。

管理篇着重探讨移动互联网企业转型和投融资分析。从移动互联网企业业务转型大势、模式探讨、制度设计和风险分析的维度，对企业向移动互联的转型给出了重要的参考；并从新型产业人才需求和培养的角度，为移动互联网企业管理层提供了很好的对策；针对当前产业最活跃的投融资领域，给予了从业者从股权投资、上市融资、并购等全方位的实战指导。

实践篇重点介绍了国内九大园区以及国内外领军移动互联网企业的发展态势及成长模式。园区方面，从发展战略与指导思想、重点领域与环节、产业布局及借鉴与启示方面对北京中关村、上海张江、成都高新区、深圳蛇口、武汉东湖区等国内移动互联网领先区域的发展模式进行了深入的探析与激辩。企业方面，从案例概述、创新特点和借鉴价值的角度进行了凝练和讨论，以供业界同仁参考。

作为中国工业和信息化领域的权威智库，中国电子信息产业发展研究院直属赛迪顾问股份有限公司，在战略性新兴产业的诸多领域有着深厚的研究积累、完备的统计数据与众多的合作伙伴，已为逾 100 家政府、园区、企业、投资机构提供与战略性新兴产业相关的咨询服务。《中国移动互联网产业发展及应用实践》的出版，可为关注移动互联网产业发展和应用实践的各界人士提供科学翔实、切实可行的借鉴。

移动互联网产业的发展瞬息万变，本书的编撰工作历时 1 年，几易其稿，充分吸纳了最新的产业大势、热点事件和发展模式，经过总体策划、内部论证、专家研讨、稿件征集、体系编排、审核校对、专家评审等多个阶段，最终成稿。编撰过程中得到了工业和信息化部、地方政府、产业行业协会、产业园区投资机构、移动互联网厂商的鼎力支持和无私帮助。本书成稿过程凝聚了数十名参加编写工作的产业界、学术界专家学者所付出的大量心血和艰辛努力。

在此，谨向支持和帮助本书成功出版发行的工业和信息化部、各省区市经信委（工信委）、相关行业协会、各类企业事业单位、各类园区相关领导，投资机构和移动互联网企业，向参加本书研究和编撰的专家学者，以及所有在本书编写过程中付出辛勤劳动与汗水的各界朋友表示诚挚的感谢！

限于时间、条件与水平，加之产业的加速变革，本书难免挂一漏万，衷心希望广大读者与各界人士给予批评指正。

CONTENTS 目 录

应　用　篇

管　理　篇

实 践 篇

产·业·篇

移动互联网的兴起与发展态势

移动互联网（Mobile Internet，MI）是全球 ICT 技术和产业融合创新的最新业态，囊括了先进制造业和现代服务业多个重要发展方向，成长空间巨大。移动互联网高度融合通信、互联网和软件等产业形态，打破了通信技术产业（简称 CT，主导信息传输）和信息技术产业（简称 IT，主导计算和信息处理）各成体系的竖井式发展障碍，代表着 ICT 产业融合发展的最新态势。2010 年以来，伴随移动互联网的兴起，引发了谷歌收购摩托罗拉、诺基亚衰落、三星及苹果公司崛起等一系列由国际巨头企业发起或参与的产业变革事件，重塑了全球电子信息产业链，且产生了深远、广泛的影响。

第一节　移动互联网的产业内涵

一、移动互联网的产业内涵

移动互联网是一种通过智能移动终端，采用移动无线通信方式获取业务和服务的新兴业态，包含终端、软件平台和应用服务三个层面。移动互联网作为融合性新兴业态，已成为全球技术创新制高点和经济增长点，是我国战略性新兴产业重点发展的方向之一。在技术创新方面，移动互联网涉及芯片、显示、自然屏幕、移动云服务、智能控制、信息安全、宽带传输等前沿领域，聚集了全球顶尖的科技资源，是半个世纪以来信息技术创新的集大成者。在产业链方面，移动互联网囊括了第二产业的先进制造业和第三产业的现代服务业两个方面：制造业部分涵盖了芯片、核心器件及智能终端整机生产；服务业部分涵盖了软件、应用服务、系统平台等，其中软件及应用服务涉及娱乐、支付、电子商务、社交、媒体、行业应用等诸多领域。移动互联网的产业竞争是基于"终端＋软件＋内容＋服务"的全产业链生态系统的竞争，具有产业链条长、产业带动性强、国际化程度高和技术创新活跃的特征，将朝着"无处不在、无时不有"的方向发展，加速向娱乐、媒体、社交、生活、行业领域渗透。

二、移动互联网的本质与特征

移动互联网的本质是通信和互联网的融合，以满足人们在任何时候、任何地点，以任何方式获取并处理信息的需求。这意味着信息量的爆炸式增长，信息流动速度的极大加快。微博、Facebook 等移动互联网典型应用的飞速成长就印证了这一点。

移动互联网将进一步促进世界扁平化。《世界是平的》作者弗里德曼为我们展示了科技和通信领域如闪电般迅速的进步，使全世界的人们可以空前地彼此接近。弗里德曼在该书中展示了 21 世纪的新风景：鼠标轻点，不管身在何处都能轻易调动世界的产业链条。而在移动互联网时代，鼠标将成为过去，弗里德曼为我们描述的情境将演化为：手指轻触，随时随地掌握信息。

（一）移动化

移动化是移动互联网的基本特征。移动互联网区别于传统互联网最大的特点即移动性。传统的互联网主要基于桌面终端（台式 PC、笔记本电脑、服务器）提供网络及内容的服务。而移动互联网更加便于为手持设备（智能手机、电纸书、平板电脑）及便携设备（上网本）提供网络与服务。

（二）宽带化

宽带化是移动互联网的必要特征。2G 时代，移动互联网之所以没能迅猛发展，主要技术瓶颈就在于 2G 通信技术在接入互联网时的低带宽。随着 3G 网络及 Wi-Fi 的大规模建设，网络带宽的瓶颈逐渐被突破，各式各样的移动互联网应用有了坚实的发展平台。

（三）融合化

融合化是移动互联网的趋势特征。移动互联网本质上是通信与互联网这两个传统产业的融合。融合化有两层含义：第一是应用的融合，目前移动互联网提供的应用内容主要从互联网已有业务融合而来。尤其以互联网厂商为主导的发展模式，主要依靠将已有成熟的互联网应用迁移到移动互联网环境。第二是产业生态环境的融合，移动互联网涉及的生态系统规模巨大，涉及硬件基础设施提供商（芯片、存储等）、软件基础设施提供商（操作系统、中间件、数据库、安全软件）、网络基础设施提供商（运营商、通信设备厂商）、终端厂商、互联网厂商等。移动互联网的发展实践证明，单一的厂商越来越难以满足用户差异化、个性化且迅速膨胀的移动互联网需求。目前较为成功的移动互联网生态环境都是整合了上下游的产业资源，如 iPhone+App。

三、移动互联网产生的深层动因

（一）需求驱动

消费者在移动生活领域有广泛需求，这些需求包括了衣、食、住、行、安全等较低层次需求，也涵盖了社交与自我实现等较高层次的需求。人们需要在移动中获取并处理信息，需要在移动中进行交易，在移动中进行群体沟通和社区沟通（见图 1-1）。

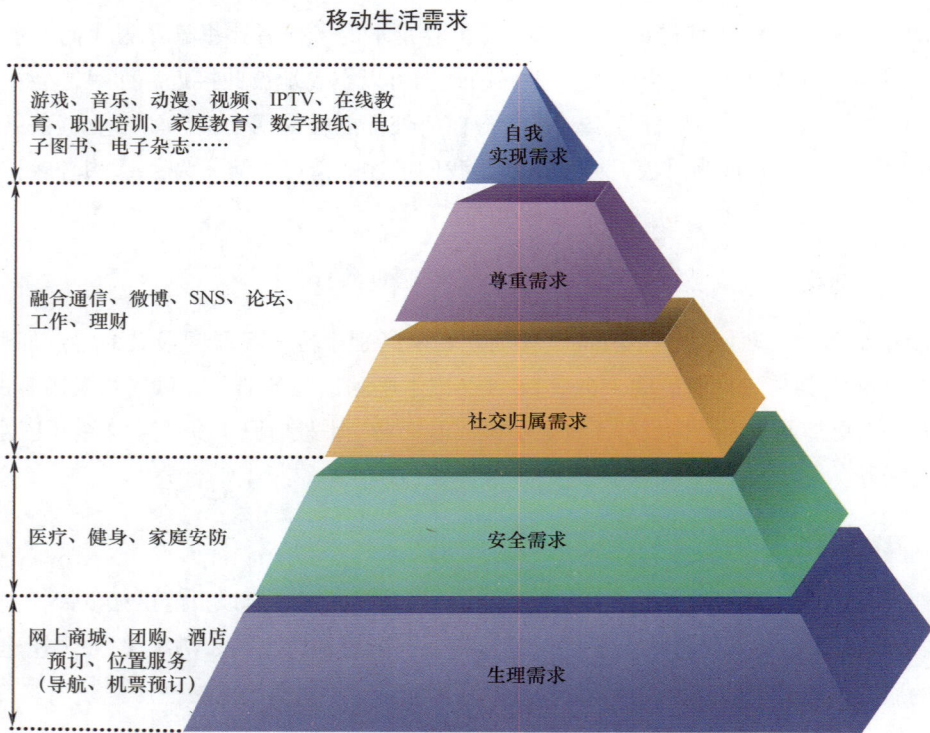

移动生活需求

游戏、音乐、动漫、视频、IPTV、在线教育、职业培训、家庭教育、数字报纸、电子图书、电子杂志……　　自我实现需求

融合通信、微博、SNS、论坛、工作、理财　　尊重需求

社交归属需求

医疗、健身、家庭安防　　安全需求

网上商城、团购、酒店预订、位置服务（导航、机票预订）　　生理需求

图 1-1　移动互联网产生的深层动因

数据来源：赛迪顾问整理，2013-07。

（二）技术驱动

计算机和网络技术的飞速发展也为移动互联网满足消费者的移动生活需求提供了必要条件。首先，芯片、存储、网络带宽等硬件基础设施以摩尔定律的速度逐渐突破了移动应用的性能瓶颈。其次，当前，主流智能手机的性能已经达到了 2001 年主流 PC 的水平，而 3G 网络、Wi-Fi 已经在许多国家大规模建设。在技术进步的驱动下，互联网以及移动互联网的用户数快速增加，许多国家的 3G 用户已经到达了爆发增长的临界点。未来 3G 网络、智能终端、云计算这三大新技术基础将使移动互联网应用进入突破期。

第二节　移动互联网的发展历程

一、移动互联网是全球 ICT 产业发展大周期下的必然产物

《道德经》有曰："反者道之动"，翻译成现代语就是"任何事情总会走向自己的反面"——用这句话阐释全球 ICT 产业过去的 50 年发展历史再合适不过了。IT 作为一个产业诞生于 20 世纪 60 年代，早期的 IT 工业并无软件、硬件和服务之分，到了 20 世纪 80 年代，ISV（独立软件供应商）、IHV（独立硬件供应商）和 IT 服务提供商诞生了，这算是完成了 IT 产业的第一次"反者道之动"。进入 21 世纪，IT 产业向软件、硬件和服务的集成整合化发展，实现了自身的第二次"反者道之动"，同时与传统的通信产业（CT）迅速融合，代表着这种 ICT 产业融合发展最新态势的移动互联网终于横空出世了（见图 1-2）。

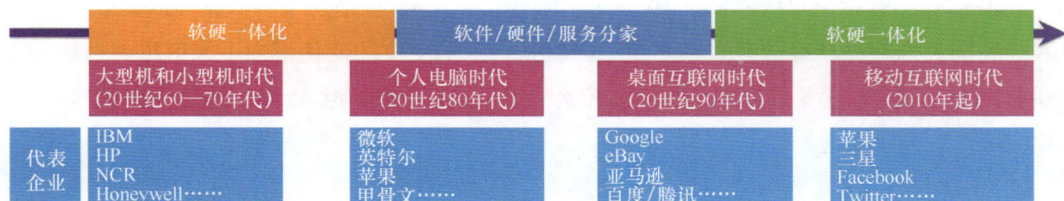

图 1-2　近 50 年来全球 ICT 产业发展的演进周期

数据来源：赛迪顾问整理，2013-07。

二、计算资源瓶颈逐渐被突破为移动互联网的诞生奠定了硬件基础

摩尔定律揭示了 IT 产业计算资源的发展规律：平均每隔 18 个月，半导体芯片的容量就会增长 1 倍，成本却减少一半。用于移动终端的微处理器性能高速增长，从早期的 16MHz 已经迅速提高到目前主流的 1GHz。芯片处理能力的极大提高为移动互联网的发展奠定了技术基础。计算资源的瓶颈已经被逐渐打破，从 2007 年 iPhone 发布开始，手机开始迈入真正的智能时代，而目前主流智能手机、平板电脑的主要性能已经远远超过了 2001 年主流 PC 的性能（见表 1-1）。

表 1-1　技术驱动——移动终端性能对比

主要部件	2010 年	2001 年	2012 年
	iPhone4	主流 PC	iPad4
CPU 主频	800MHz	600 ～ 800 MHz	A6X 双核（主频 1.4GHz）
内存	512 MB	128/256 MB	1GB
存储	16/32 GB	20 ～ 40 GB	16 ～ 128 GB

（续）

	2010 年	2001 年	2012 年
显示屏	3.5 英寸多点触控	15 英寸 CRT	9.7 英寸电容式触摸屏
显示屏分辨率	960×480（Retina 显示屏）	800×600	2048×1536（Retina 显示屏）
网络支持	3G/Edge/Wi-Fi/ 蓝牙	以太网	Wi-Fi/3G/ 蓝牙
价格	599/699 美元	800～1100 美元	629/829 美元
其他	GPS、500 万像素摄像头	无	GPS、双摄像头

数据来源：赛迪顾问整理，2013-03。

以移动终端处理器为例，其处理速度从最早的 ARM 11 400MHz 一路飙升；2008 年发布 ARM 11 533MHz；2009 年进化到 Cortex A8 400MHz；2010 年则瞬间提升至 Cortex A8 1GHz；2011 年，双核 Cortex A9 1.2GHz 开始普及；2012 年，四核 Cortex A9 1.4GHz 出现……智能手机处理器的运输能力几乎以每年 2.5 倍的速度在提升。如果以平台的寿命来看，ARM 9 平台大约拥有 5 年的寿命，ARM 11 为 4 年，在这之后，Cortex A8 在主流市场坚持了一年半，而单核 Cortex A9 被直接跳过，双核 Cortex A9 一年、四核 Cortex A9 也是一年。企业可以集中全行业的技术和利润去推动移动终端升级的主要原因就是，手机定位的变化带来了无穷尽的性能需求，以往要用 PC 实现的应用和功能，如今都开始往手机或移动终端上转移，这也是推动移动终端硬件"爆炸"的原动力。

三、移动通信网络的更新换代加剧了移动互联网的快速演进

NTT DoCoMo 于 1999 年 2 月推出 i-mode，成为全球第一家成功地提供了移动互联网服务的公司。日本在 2001 年推出了 3G 服务，标志着全球进入了 3G 时代。此后，虽经历波折，但移动 3G 网络的发展日益成熟。2005 年开始，日本、美国、西欧相继达到 3G 增长的拐点，用户数量快速增加。2007 年苹果 iPhone 上市，2008 年 iPhone 程序应用商店上线，苹果这个移动互联网的"迟到者"以其独特的商业模式和产业链优势开启了移动互联网的新时代（见图 1-3）。而以此为标志，全球手机用户也从 2007 年的近 30 亿户增长到 2011 年的近 60 亿户，5 年 100% 的增长率给移动互联网产业的发展注入了强大的活力。

2009 年 1 月，北欧电信运营商 TeliaSonera 宣布签署两项 4G LTE 商用网络合同，成为全球首个商用的 4G 网络。截至 2013 年 3 月，全球已有 412 家运营商在 125 个国家和地区投资部署 LTE 技术，其中已实现商用的 LTE 网络数量为 156 个。预计 2013 年年底，将有 244 个 LTE 网络在 87 个国家开始商用。美国、韩国、日本是目前 LTE 最发达的国家。全球 4G 网络发展现状如表 1-2 所示。

由此可见，在移动运营商大力推动移动网络的质量以及众多的 ICT 厂商联合推动移动终端不断进化的过程中，移动互联网得到了迅速的发展和壮大。

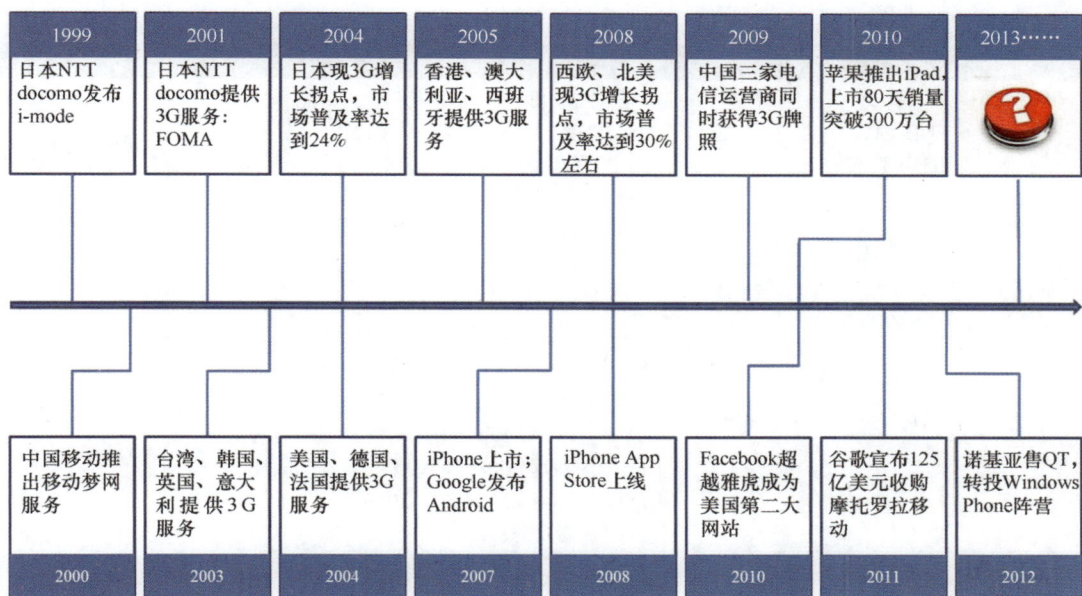

1999	2001	2004	2005	2008	2009	2010	2013……
日本NTT docomo发布i-mode	日本NTT docomo提供3G服务：FOMA	日本现3G增长拐点，市场普及率达到24%	香港、澳大利亚、西班牙提供3G服务	西欧、北美现3G增长拐点，市场普及率达到30%左右	中国三家电信运营商同时获得3G牌照	苹果推出iPad，上市80天销量突破300万台	？

中国移动推出移动梦网服务	台湾、韩国、英国、意大利提供3G服务	美国、德国、法国提供3G服务	iPhone上市；Google发布Android	iPhone App Store上线	Facebook超越雅虎成为美国第二大网站	谷歌宣布125亿美元收购摩托罗拉移动	诺基亚售QT，转投Windows Phone阵营
2000	2003	2004	2007	2008	2010	2011	2012

图 1-3　1999—2012 年全球移动互联网重大历史事件概览（部分）

数据来源：赛迪顾问整理，2013-03。

表 1-2　全球 4G 网络发展现状

地区	制式	最早商用	特点	总结
欧洲	FDD-LTE	2009 年 12 月	欧洲是全球最早实现 FDD-LTE 商用网络的地区。据不完全统计，已有匈牙利、葡萄牙、俄罗斯、荷兰、英国、意大利等 20 多个国家实现商用。但为了收回 3G 投资，欧洲普遍未大规模推广 FDD-LTE 网络，因此用户数量发展缓慢	起步早，发展慢
美国	FDD-LTE	2010 年年底	2010 年年底，美国在 38 个城市启动 LTE 商用服务，是 FDD-LTE 覆盖面最广、设备和用户数最多的国家。早在 2012 年，其第一大运营商 Verizon 的 LTE 网络覆盖了大约 2/3 的美国地区。据 In-statResearch 预计，2014 年年底全美 LTE 用户数将超过亚洲和欧洲 LTE 用户数总和	用户数量全球最多
拉丁美洲	FDD-LTE TD-LTE	2011 年 12 月	该地区智利、哥伦比亚、巴西等国 LTE 网络已实现商用，包含 FDD-LTE 和 TD-LTE 两种模式。2011 年 12 月，哥伦比亚电信运营商宣布南美首个 FDD-LTE 商用网络启用，巴西电视运营商 SKY 推出拉丁美洲的首个 TD-LTE 商用网络	部分地区已经商用

（续）

	制式	最早商用	特点	总结
非洲	FDD-LTE TD-LTE	2012 年	非洲 3G 用户渗透率为 4%，但它最早的 FDD-LTE 商用是在 2012 年上半年。纳米比亚、安哥拉、坦桑尼亚、南非和毛里求斯等国均已推出商用服务	3G 未渗透 4G 已先行
韩国	FDD-LTE	2011 年	韩国 4G 网络覆盖用户约 2000 万户，相当于韩国 40% 左右的人口	移动网速全球最快
印度	TD-LTE	2012 年 4 月	2012 年 4 月，印度移动运营商巴帝电信在加尔各答正式商用 TD-LTE 网络。其另一家移动运营公司 Infotel Broadband Services 也即将在孟买、德里和贾姆讷格尔三座城市部署 TD-LTE 试验网。固网宽带服务商 Tikona Digital Network 则计划 2013 年推出 TD-LTE 商用服务	进入关键发展期

数据来源：赛迪顾问整理，2013-03。

第三节　移动互联网的发展态势

近年来，移动互联网在用户基数、终端、网络流量上呈现出爆发式增长，其发展核心数据如表 1-3 所示。

表 1-3　2012 年全球及中国移动互联网发展核心数据

	移动互联网产值	占 GDP 比重	对 GDP 直接贡献	移动互联网用户数量	3G 用户数	移动数据月流量	智能手机出货量
全球	1.5 万亿美元	2%	0.7%	44.3 亿户	14.8 亿户	854PB	6.86 亿部
中国	9000 亿元	1.8%	0.63%	11.1 亿户	2.34 亿户	70PB	2.58 亿部

数据来源：赛迪顾问整理，2013-03。

根据全球移动通信系统协会报告显示，2015 年全球移动行业收入预计将达到 1.9 万亿美元，从业人员将超过 1000 万人。移动互联网正在迅速地超越传统互联网，以 10 倍于桌面互联网产值的规模，对经济发展产生巨大的推动作用，其未来的产业演进形态将呈现以下趋势。

一、移动互联网开启了全球 ICT 产业格局重组之门，基于"终端 + 软件 + 内容 + 服务"的生态系统整合愈演愈烈

移动互联网产业对 ICT 产业的重组向纵深方向进一步发展：从单一的软件或硬件的产品竞争，转变为"终端 + 软件 + 内容 + 服务"的全产业链竞争，竞争主体由传统的硬件制造商，发展到系统开发商、应用提供商、内容提供商、服务提供商、技术提供商、解决方案提供商。

传统的"横向整合"转变为目前主流的"垂直整合"，加速了移动互联网新格局的确立，传统ICT企业正以重组和整合来应对移动互联网产业的深刻变革。

二、移动互联网打破了传统ICT市场的国界藩篱，中国企业正面临着前所未有的全域角逐

随着智能终端的日益普及和应用商店生态的逐步繁荣，移动互联网产生出"天然国际化"的公平自由竞争市场，打破了运营商所设置的从销售到支付的传统壁垒。移动互联网产业链价值正逐步向服务端和应用端倾斜，通用型应用正在成为发展的主流，中国开发者完全可以和国外同行进行同步竞争，利用国内外云计算资源构建强大的云侧处理能力服务全球用户。

三、移动互联网引起了国内一二线城市的高度关注，产业要素在区域中心间流动日趋活跃

面对蓬勃发展万亿级潜在规模的移动互联网产业，美日韩等发达国家正在抢占发展高地，国内一二线城市政府也正审时度势，积极布局、推进移动互联网产业，加速城市经济转型发展。自2010年来，国内超过15个城市发布了移动互联网产业规划或扶持政策，企业、人才、金融资本等产业要素开始在区域间加速流动。

四、移动互联网汇聚了政产研用的同步支持，渗透范围正从消费者领域向行业级应用快速渗透

随着移动应用环境的成熟和行业信息化建设的深化，汇聚政产研用资源的移动互联网产业，将为其他行业发展注入新的活力。行业用户正在形成移动互联网新的需求驱动力，行业用户利用移动办公、移动工作流程管理以及移动人员管理等手段将大幅提升业务效率，政务、交通、警务、烟草、医疗卫生、教育等行业应用前景十分广泛。

五、移动互联网激发了创业创新的蓬勃生机，依托商业模式创新的新兴公司层出不穷

移动互联网彻底改变了企业创业领域，它的崛起会比传统互联网带来的冲击更大、变化更快、颠覆的范围更广。智能手机全球范围的普及给基于移动互联网的创业者带来了前所未有的机遇，新产品可以在极短时间内接触到几千万甚至上亿的用户。依托几个开发者、一款产品、几千万用户、数亿美元估值，成为移动互联网时代的创业亮点。移动互联网正受到创业者和投资界的广泛关注，移动阅读、移动游戏、移动多媒体、移动社交、移动电子商务等领域的新兴公司蓬勃发展，创业创新异常活跃。

第四节　移动互联网产业发展的技术路线图

一、移动互联网的技术演进路线图

移动互联网是一个典型意义上的创新驱动型新兴业态，其发展有两个核心的驱动要素：一个是商业模式创新，主要体现在移动应用和服务层；另一个是技术创新，主要体现在移动智能终端和移动通信网络层。可以说，谁先在市场上掌握了一项新技术，并迅速找到商业模式，谁就掌握了市场的主动权，谁就掌握了决胜未来的关键。

站在全球的视野中，移动互联网产业发展的技术演进路线图如附图 2 所示。

（一）移动通信技术

4G 指第四代移动通信及其技术，是集 3G 与 WLAN 于一体并能够传输高质量视频图像且图像传输质量与高清晰度电视媲美的技术产品。4G 拥有通信速度快、网络频谱宽、通信灵活、智能性能高、兼容性好、可提供增值服务、通信质量高、无线频率使用效率高及费用便宜等优点，能够以 100Mbps 的速度下载，较拨号上网快 2000 倍，上传的速度也能达到 20Mbps，并能够满足所有用户对于无线服务的要求。

B4G 是 4G 技术的演进技术，目前，还没有任何电信公司或标准制定组织的公开规格或官方文件提到过 5G，但韩国已成功研发继四代之后的移动通信技术，手机在利用该技术后无线下载速度可以达到 3.6Gbps。

4G 将大大提高手机上网的网速，提高游戏质量。APP 方面企业的竞争将从前台转向后台、APP 行业本身则不断向物联网方向靠拢，除了这些，对用户本身来说就是手机体验的飞速上升，1GB 数据量下载将仅需几分钟。移动通信技术的快速演进为用户提供了广阔的空间和无限的可能性，随着带宽的增加，许多目前具有限制性的条件都将不复存在。

（二）智能终端技术

1. 芯片技术

移动互联网产业中终端设备是产业链价值贡献最大的一环，而芯片是硬件设备的制高点。目前领先业内的智能手机芯片提供商是基于 X86、ARM 架构的处理器，英特尔、英伟达、德州仪器、联发科技、三星、高通在此领域激烈角逐（见表 1-4）。

表 1-4　智能手机主流芯片平台及提供商

架构	平台	工艺	厂商
X86	Medfield	32nm	英特尔
ARM	A9	40nm	英伟达、德州仪器、联发科技
ARM	A9	32nm	三星
ARM	A15	28nm	高通

数据来源：赛迪顾问整理，2013-07。

全球各大芯片开发商为适应 4G 网络技术的发展，在激烈的竞争中寻找自身的立足之地，纷纷开发新的芯片技术。其中，目前 ARM 芯片仍然是主流，但是 Intel 公司推出新的芯片立志于打破这样的格局。未来芯片技术将向着支持更先进的移动通信网络技术，速度更快，功耗更低，通用性更强的产品方向发展。

智能手机功能的不断增多必将迫使应用处理器的集成度向更高方向，制造工艺向更低线程方向发展。未来芯片技术产品工艺将由 40nm 迈向 28nm 时代。网络级芯片（NoC）的设计思想已开始进入集成电路设计领域，3D 封装和系统级封装（SiP）将逐渐成为主流。未来芯片体积和功耗将进一步降低，功能将日趋强大，移动计算技术将逐渐在办公、商务、行业领域取代桌面技术，对芯片处理能力要求不断提高。

移动互联网时代，大量的娱乐、办公、位置服务等应用对智能手机的芯片领域提出了更多的挑战，由于触摸屏幕、移动支付、移动游戏的处理系统存在一定的差异性，因此未来微米级陀螺芯片对定位服务的要求也将提高，微米级半导体陀螺技术是未来替代现有技术的方向。主流芯片技术介绍如表 1-5 所示。

表 1-5　主流芯片技术介绍

开发商	最新型号	技术介绍及其特点	上市时间
Qualcomm	RF360	● 芯片能够支持全球各地的 4G LTE 网络； ● 前端解决方案是一个芯片组，在增强 RF 性能的同时，使得 OEM 厂商能够研发出支持所有蜂窝网络频段的移动设备	2013-2
Marvell	PA800	● 高安全、低功耗晶片； ● 具备整合式加密安全功能； ● OTP 安全记忆体储存； ● 可配置的 I2C/SPI 主机界面； ● 选用性 LED/GPIO； ● 防复制与防伪技术	2013-3
Broadcom	"Grey"-Tegra 家族芯片	● 面向主流市场单芯片系统，支持 3G 和 4G/LTE； ● 功耗更低，能适合智能手机使用	2013-2
Intel	Clover Trail+	● 为英特尔首款双核智能手机芯片； ● 性能与图形方面较上代芯片有 2～3 倍的提升； ● 主频 2.0GHz，1.6GHz 和 1.2GHz； ● 内置英特尔图形媒体加速器引擎，图像处理核心速度最高可达到 533MHz	2013-2
MTK	MT6577	● 优异的系统性能、高端多媒体支持以及联发科技先进的无线连接技术； ● 1GHz 的默认频率下，通用性能为 2500MIPS； ● 自动调频级数为 998MHz—798MHz—648MHz—459MHz—312MHz—208MHz，在运行低任务时可以自动降频进行处理，从而降低能耗	2012

数据来源：赛迪顾问整理，2013-07。

2. 面板技术

目前全球主流面板技术为 TFT 技术和 OLED 技术，而随着智能终端综合性能的不断提高，对面板的显示技术要求也不断增加，显示面板逐渐向着更薄、更轻、分辨率更高、能耗更低的技术方向发展。AMOLED 凭借其更轻薄、高清晰度、低功耗、可弯曲等优点，目前主要用于高端智能手机屏，被视为下一代显示技术，已经被广泛地使用于智能手机、平板电脑等移动通信设备。而 2012 年苹果 iPhone5 已推出了 "In-cell" 型液晶面板，将此前外置的触摸面板功能内置到了液晶面板中，成为目前为止业内最轻薄的显示面板。

（三）操作系统技术

全球目前主要操作系统开发商有 Google、苹果以及其他各智能手机厂商等。目前 Google 的 Android 系统在市场份额上占据首位，在其系列产品上不断升级优化，保持了其原有地位；各手机厂商为使产品更具特色，也纷纷在 Android 产品的基础上推出各具特色的操作系统；苹果也在努力改进其 iOS 系统，防止 Android 系统一家独大；最大的 PC 操作系统开发商微软也开始涉足手机操作系统开发。

未来的操作系统技术对于手势操作、语音操作的辨识和敏感度更高，对于应用程序的兼容程度更高，系统多应用运行将更加流畅。未来操作系统对于基于 HTML5 技术的应用开发兼容性更强，应用跨平台运行的障碍门槛会降低。同时，操作系统未来与安全技术服务、云服务的黏合程度将更加深入，将为用户带来更安全、便捷的用户体验。国外操作系统技术介绍如表 1-6 所示。

表 1-6　国外操作系统技术介绍

操作系统	最新型号	系统介绍及其特点		开发公司	上市时间
iOS	iOS7	● iOS7 重新设计了所有图标，排版也有所改变。采用了扁平化设计。解锁界面加入了动态效果。 ● 在动画效果方面，iOS7 采用了大量的 3D 效果，并且有放大、缩小效果。 ● iOS7 重新设计了控制中心，可以在一个界面更改 Wi-Fi、蓝牙等设计。另外，所有的程序将会支持真正的多任务，并且依然可以保证优秀的续航能力。 ● Safari 浏览器将会支持全屏设计和智能搜索功能，并且加入了 iCloud 钥匙串功能和更炫的窗口切换 3D 效果。 ● iOS 界面同样出现在汽车当中，可以在汽车显示屏当中查看信息、拨打电话。目前这个功能支持奔驰、起亚、尼桑、英菲尼迪等 12 家汽车品牌。 ● APPStore 在 iOS7 当中可以自动进行更新，并且可以按照不同的年龄段推荐应用。同时为了更好地防盗，现在刷机需要输入之前的 APPLEID 以及密码，这样可以有效避免手机被盗的现象		苹果	2013-6
	iOS 6.1.2	● 安装过程更迅速，仅需要大约 1 分钟； ● iPhone 5 的随机重启问题得到解决； ● 应用程序使用较为流畅，系统崩溃的问题基本解决； ● 修复了 Exchange bug		苹果	2013-2

（续）

操作系统	最新型号	系统介绍及其特点	开发公司	上市时间
基于安卓的二次开发系统	CyanogenMod 10.1	● CyanogenMod 10.1 是基于 Google 的 Android 4.2 Jelly Bean 开发的； ● 预载相机应用加入 HDR 功能； ● OTA 升级功能使得用户可以直接从 CyanogenMod 服务器上下载最新的 CM10 系统升级文件	CyanogenMod	2013-2
Android	Android 5.0	目前传言的 Android 5.0 的代号为 Key Lime Pie（青柠派），其具有以下特点： ● 更快的读取速度； ● 更加流畅的操作体验； ● 完整的 Chrome 浏览器； ● 全新的文件管理器； ● 联系人多选； ● 全新的锁屏页面； ● 全新的电源管理系统； ● 多系统平板以及笔记本； ● 更好的安全功能； ● 自动控制	谷歌	待定
	Android 4.2	谷歌新一代的移动操作系统，改进与升级的地方包括： ● 键盘手势输入； ● Miracast 无线显示共享； ● 手势放大缩小屏幕； ● 为盲人用户设计的语音输出和手势模式导航功能； ● 恶意软件扫描功能	谷歌	2012-10
其他操作系统	Ubuntu12.10	● 回避了 iOS 的应用网格设计理念，借鉴了 Android 和 Windows Phone 8 的优点：用户可以从屏幕边缘滑动打开常用的程序并进行切换； ● 设备便携性更强，整体使用体验更为宽阔； ● 强大的语音支持功能以及对 HTML5 应用的支持	Canonical	2012-10
Windows Phone	Windows Phone 8	● Windows Phone 8 采用和 Windows 8 相同的针对移动平台精简优化 NT 内核并内置诺基亚地图； ● 诺基亚与微软的合作正在逐步加深	微软	2012-6
BlackBerry OS	BlackBerry 10 OS	● 无须按键，手势操作互动； ● 程序主页可以同时容纳 8 个在后台运行的应用程序； ● 虚拟键盘是目前所有操作系统中最好的，排列舒适宽敞，横列隔开，降低使用者拇指输入时的误触情况； ● 语音识别功能中对英语的辨识能力强，短语 / 复杂句子均能成功辨认输入	黑莓	2012-2

数据来源：赛迪顾问整理，2013-07。

（四）应用平台技术

1. 浏览器

HTML5 技术是包括 HTML、CSS 和 JavaScript 在内的一套技术组合，能够减少浏览器对于需要插件的丰富性网络应用服务，并且提供有效增强网络应用的标准集，目前业界主流的 Safari、Chrome、IE9、火狐、欧朋等浏览器均支持该技术。

HTML5 技术对软件开发者的最大吸引力来自网页应用的跨平台性，基于 HTML5 开发的应用可以移植到 UC、欧鹏、Facebook 等移动浏览器平台上应用，降低了应用平台兼容性的技术研发投入。基于 HTML5 研发的应用产品更新速度快，可用性强，可以不断提高用户友好体验。该技术将会被大量地应用于移动应用程序和游戏的开发设计。

预计未来 HTML5 的技术惯性将会延伸到移动终端，在 HTML5 架构下的移动终端将不再依赖客户端软件下载，用户获取海量信息的方式将完全通过手机浏览器，彻底改变移动应用的市场格局，因此 HTML5 技术将成为填平应用平台沟壑，未来移动互联网应用产业革命的破局技术。

2. 移动游戏开发技术

移动游戏开发技术是从 PC 游戏开发语言基础上演进形成，其中，跨平台实时渲染技术、多层次画面卷轴技术、同屏多人动画系统开发技术、3D 游戏开发与设计技术逐渐成为全球手机游戏开发商竞相争夺的阵地。随着移动终端性能的不断提升，移动终端在操作系统、屏幕尺寸、感应技术等方面的差异对手机游戏开发提出了更多的要求。未来，具有跨终端、跨平台、跨操作系统多界面融合的手机游戏开发技术将成为主流。

3. 地图开发技术

位置服务是移动互联网最具发展前景的应用，谷歌、诺基亚、百度等移动互联网巨头对于地图技术开发的投入竞相扩大，进而增强了地图应用市场的竞争力。从全球来看，美国已经形成较为完善的全球定位系统，欧洲也推出了伽利略卫星系统，出于对国家信息安全的高度重视，中国也推出了北斗导航定位系统。定位功能已经成为移动终端的基本配置，而未来对于位置服务内涵的扩大，地图开发技术将逐渐融合支付技术、信息安全技术，共同推进位置服务应用范围的扩大。

二、移动互联网的创新路线图

未来，移动互联网将会围绕产业链的关键环节，进行全链式的垂直整合型创新，在每个细分领域，皆有自己固定的创新套路，而对于整个移动互联网产业链来说，多态化、协同化、平台化、人本化将是其未来 10 年内的主要演进目标。整个产业链的创新路线图如附图 4 所示。

全球移动互联网产业发展概览

第一节　全球移动互联网产业发展现状与趋势

一、产业规模与增长

2012 年全球智能手机产量达 7 亿台，平板电脑产量达 1.35 亿台，预计 2015 年全球移动智能终端（含平板电脑和智能手机）销量将达到 19.68 亿台（见图 2-1）。

2012 年全球智能手机市场中国出货量占比最大，达到 26.8%，美国、英国、印度、巴西分别依次排名前五位，产量份额分别占 17.64%、4.74%、2.35% 和 1.8%。全球智能终端产品分布中智能手机出货量占比最大，达到 80% 以上。

图 2-1　2011—2015 年全球智能手机与平板电脑出货量

数据来源：赛迪顾问，2013-07。

当前，全球移动互联网产业主要分布在 G8 国家和金砖四国，北美洲（美国、加拿大），欧洲（英国、法国、德国），亚洲的日本、中国和印度。中国是全球智能移动终端的主要制造和出口国，当前中国手机产量约占全球的 80%，其中智能手机出货量列全球第一位，智能终端产值列全球首位。北美和西欧拥有移动互联网终端芯片、平台软件和应用软件的研发能力，其中软件与服务产值较高。

二、用户规模与增长

2012 年，随着移动互联网业务的快速普及，全球移动互联网用户规模迎来了爆发式增长，达到 16 亿户，增速高达 34.9%。移动互联网用户占移动通信用户的比重升至 29.9%，同比提高 10 个百分点。预计到 2015 年，全球移动互联网用户将达到 29.3 亿户（见图 2-2）。

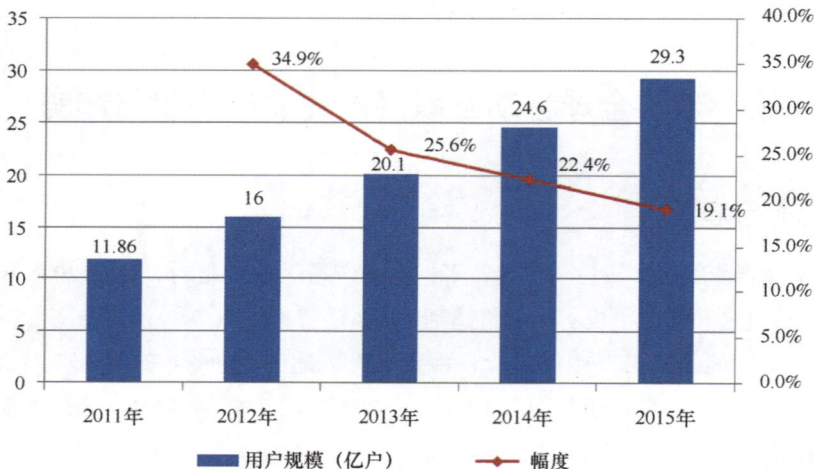

图 2-2　2011—2015 年全球移动互联网用户数及预测

数据来源：赛迪顾问，2013-07。

三、产业特征

（一）全球移动智能终端产品多态化特征明显

截至目前，移动终端主流形态包括智能手机、平板电脑、PSP 等，未来在全球移动互联网巨头谷歌、苹果等企业的引导下，智能手表、智能眼镜等其他形态的移动智能终端设备将与智能手机形成互补关系，深入用户的生活中，不断丰富用户移动中的通信方式，逐渐深刻改变用户的生活习惯和通信习惯。因此，智能手机产量、产值未来增长势头还将持续，不断丰富的终端形态将为全球移动互联网产值增长增加更多的动力。

（二）产业兼并收购动作频繁，产业格局震荡变换

全球移动互联网产业的发展从产业发展的历史规律上来看是一个兼并收购的过程。为立

足移动互联网产业解决专利问题，在微软、苹果专利之争中起到制约作用，2011年谷歌不惜痛下血本收购摩托罗拉。而苹果也在移动互联网产业布局中，不断进行收购活动以壮大其势力范围和创新技术能力，苹果公司相继收购了 P.A. Semi，Siri，Emagic，Nothing Real，Lala，Placebase，Poly9，Intrinsity 等公司，业务涵盖地图、流媒体音乐、移动微处理器、语音识别等诸多应用领域和上游零部件领域；微软公司收购 SKYPE，通过业务整合加速全球移动互联网产业布局。行业格局变动剧烈，传统互联网厂商加速转型，以适应移动互联网时代的到来。

（三）整合式个人应用以移动浏览器、移动搜索为首快速普及

移动互联网发展的现阶段，分散式应用已经全方位地满足了人们的娱乐、办公、休闲需求。而分散的应用分布是移动互联网产业链中期行业竞争白热化阶段、无序阶段的一个特征，而随着产业链各方产品和技术的成熟，平台式应用是众多产业链参与者积极寻求的一个发展模式，以建立自己的生态系统。平台式应用整合了与个人相关的各类应用，分类分布在用户的移动终端页面，其中最为显著的是以移动浏览器、移动搜索为平台的整合式个人应用提供模式。

四、发展趋势

（一）人类生活将向移动智能化生活全方位演进

未来的移动互联网将占据人们生活的重要部分，移动互联已经不仅限于移动通信，全方位的智能化生活将被移动互联网开启。智能终端可穿戴于用户，具备移动性、实时交互性，全程无线，多样性与融合性的智能眼镜等设备将能够智能分析身边的环境，并智能提出可行建议。感知用户周边环境，感知用户体征变化，在用户行动的过程中为用户提供实时的环境信息、建筑物信息，实时路线导航，实时的情况提醒，将互联网技术与用户的实际生活需求无缝结合，建立主动服务的智能体系，自动为用户提供动态中的信息变化，移动智能生活将无处不在。

（二）终端巨头与平台软件、应用厂商联合成为趋势

软件技术的成熟程度直接决定硬件产品方向，平台软件、应用软件的开发需要硬件设备提供强大的平台支撑——程序运行速度、信息数据处理速度。平台软件如同智能手机的灵魂，离开平台软件，智能终端设备的价值就不能完美地体现。终端巨头已经不能容忍在产业链上游仅扮演设备 / 产品加工商的角色，真正地与平台软件商联合、与应用厂商联合或自己开拓疆土进行兼并收购，建立自己的平台软件和应用商店才是攫取产业链价值的最好方式。而今三星已经与 Intel 联合开发 Tizen 操作系统，将对安卓操作系统的依赖性降到最低，自行建立稳定生态系统，降低受制于人的风险。谷歌也在此方面做出了前瞻性的考虑，收购摩托罗拉不仅在于其专利的可用性，还在于能够在未来快速实现谷歌开发的操作系统与其开发的智能设备的结合。

（三）开源平台软件需求将伴随智能终端形态与数量的增长加大

操作系统开源已经是全球移动互联网平台软件未来的大势所趋，绝大多数后来的系统均

是基于 Linux 系统内核，亦都采用开发社区＋应用商店的模式。未来基于这种多系统同内核的应用程序必然走向兼容，因为开源模式对于设备商构成的风险最小，同时对开发者也最为有利。从性能层面讲，开源操作系统有利于厂商在硬件和应用上实现差异化。开源的平台软件为应用开发者提供了良好的开发土壤。未来移动终端出货量还将快速增加，移动终端的多态化趋势必然将带动满足不同形态终端的操作系统平台的出现。

（四）聚焦产业融合，移动互联网呈多元化发展趋势

移动互联网是电信、互联网、媒体、娱乐等产业融合的汇聚点，移动互联网时代是设备与服务融合的时代，是产业间互相进入的时代。在这种情况下，移动互联网的实现技术、商业模式以及参与主体都将呈现出多元化发展的趋势。全球行业巨头谷歌相继收购摩托罗拉、研发开源安卓操作系统、推出搭载其平台软件的 Nexus 智能手机等一系列动作都呈现了未来产业链各环节融合发展的趋势。

实现技术多元化发展主要表现在网络接入技术多元化和移动终端解决方案多样化，网关技术不断推动内容制作的多元化，网关技术的发展极大地丰富了移动互联网的内容来源和制作渠道。

移动应用的商业模式更为丰富，也更有挑战性和想象力。SoLoMo 概念（即社交＋本地化＋移动）的提出，以及 SoLoMoCo（将社交服务商业化）带来了移动 IM 市场格局的变化：从社交网络移动化、电子商务移动化以及搜索引擎移动化向社交网络、电子商务、移动搜索商业化趋势转变。

（五）移动应用的普及将不断改变传统生活模式

2012 年，移动视频、移动支付、移动游戏、移动社交、移动搜索、位置服务、移动浏览器等关乎人们生活、娱乐、社交等的大批新型应用大规模涌现。应用商店上可用的下载数量百万余个，下载人次超过百亿次，用户数规模快速增长。用户对互联网的关注从 PC 开始逐渐转移到移动终端上。Facebook 用户、Twitter 用户和微博用户活跃程度远远高于台式机用户。移动应用普及极大地拓宽了网络时代的信息传播途径，大大改变了传统的生活方式。未来，人们的生活方式将更加依赖于移动互联网，从而也将衍生出更多的应用需求。

第二节　重点国家移动互联网产业发展概述

一、美国：技术优势突出，产业发展进入高速成长期

美国处于世界产业链的高端，在高新技术方面有着其他国家难以企及的"存量优势"，而其存量优势又有利于在技术创新方面形成新的突破，这样一个正反馈循环使得美国引领着世界产业的演进方向。因此，尽管美国移动互联网的起步落后于日本数年，但自 2009 年以来，随

着苹果、谷歌、微软、Facebook 等明星企业纷纷发力移动互联网，已呈后来居上的态势。2011
年 2 月 10 日，美国总统奥巴马提出了建设全国无线网络计划，目标是在未来 5 年内建成覆盖
全美 98% 人口的高速无线网络，届时智能手机和平板电脑均能快速接入互联网，并能增加就
业机会，推动美国经济发展。

　　资费模式的创新和 iPhone 等智能手机的普及带领着美国的移动互联网产业进入了调整成
长期，例如，美国智能手机用户数量已经是计算机用户数量的 4 倍；48% 的美国移动数字内容
订阅用户都使用智能手机；2012 年的智能手机用户使用率同比 2011 年上升了 50%；91% 的美
国人无时无刻都保持自己的移动设备在可触及的范围内（无论去哪，都会随身带着移动设备）；
在 2012 年的"黑色星期五"期间，有 24% 的交易都是通过移动设备完成。因此，可以预见，
随着终端设备的持续创新、数据计划的不断推广以及网络基础服务的更好提供，美国移动互联
网市场将获得进一步迅速发展。

　　2012 年美国智能手机市场份额 TOP5 如图 2-3 所示。2012 年美国使用最广泛的移动应用
如图 2-4 所示 。

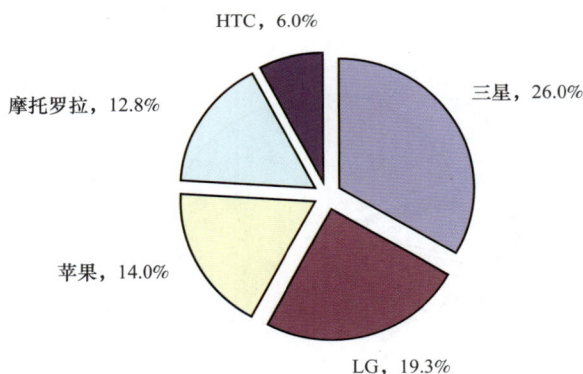

图 2-3　2012 年美国智能手机市场份额 TOP 5

数据来源：赛迪顾问整理，2013-03。

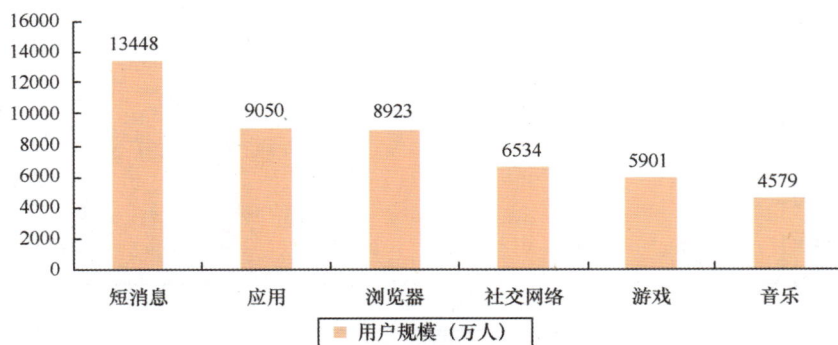

图 2-4　2012 年美国使用最广泛的移动应用

数据来源：赛迪顾问整理，2013-03。

二、欧洲：产业基础优势明显，智能机用户占比过半

欧洲在运营商、网络通信设备、终端制造方面优势较为明显。例如，欧洲拥有世界一流的电信运营商 Vodafone、telefonica，网络通信与终端设备厂商 Ericsson、Nokia 等。截至 2012 年年底，欧盟拥有 1620 万户光纤用户，家庭覆盖数为 6300 万人。其中，独联体国家（俄罗斯、乌克兰、哈萨克斯坦和白俄罗斯）光纤用户数为 890 万户，家庭覆盖数为 2910 万人。这为移动互联网发展打下了较好的用户基础。HSDPA 网络的部署、手机价格的下降和互联网接入成为推动欧洲移动互联网用户增长的因素。

2012 年，欧洲的互联网用户数徘徊不前，维持在 5 亿量级的水平，为 5.17 亿人。2012 年，欧洲智能手机用户数占全部手机用户数比例超过一半，远高于 2011 年 38% 的水平；Google Android 市场份额达到了 41%。在使用智能手机、平板电脑等移动设备上网所产生的网络流量占整体流量份额的前十位国家中，英国以 16.4% 遥遥领先。

2012 年欧洲智能手机市场品牌份额如图 2-5 所示。2012 年欧洲使用最广泛的移动应用如图 2-6 所示。

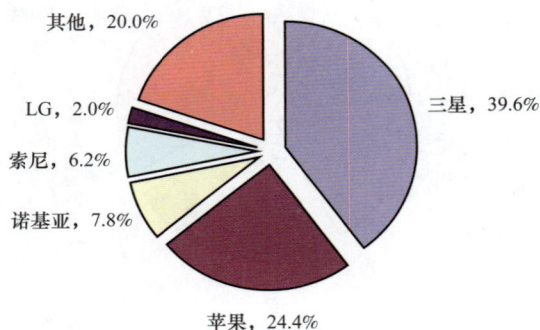

图 2-5 2012 年欧洲智能手机市场品牌份额

数据来源：赛迪顾问整理，2013-03。

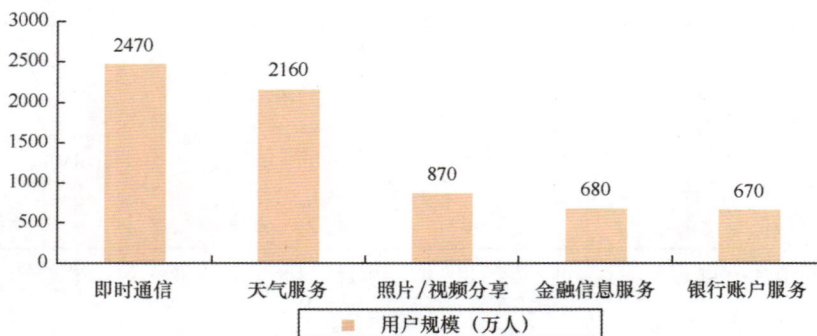

图 2-6 2012 年欧洲使用最广泛的移动应用

数据来源：赛迪顾问整理，2013-03。

三、日本：市场启动早，运营商主导产业发展

日本是全球部署 4G 最早的国家之一。日本最大的运营商 NTT DoCoMo 在 2010 年 12 月正式推出品牌为 "Xi" 的 4G-LTE 服务，并在一年内就突破了 100 万用户大关。该公司运营的 LTE 产品包括 32 款智能手机、6 款 Windows 8 平板设备等。NTT DoCoMo 的 Xi 4G-LTE 服务的用户量在 2012 年年底已达到 1157 万户。该服务在日本国内拥有 46% 的市场份额，支持 100 Mbps 的下行速度。除此之外，KDDI 和软银也加速了 3G 向 4G 的升级过程。软银于 2012 年 2 月，在东京、名古屋、大阪等城市正式推出 TD-LTE 商用业务。软银是发达国家为数不多的采用了中国推出的 TD-LTE 标准的运营商，软银的 4G 建网基本被中国两大设备商华为、中兴包揽。和 NTT DoCoMo 的策略不同，软银在发展 4G 时很强调成本优势，采用中国的 TD-LTE 标准的一个出发点就是看准全球最大运营商中国移动准备采用 TD-LTE 标准可以使软银在设备采购时节省不少成本。2012 年 10 月，软银斥资 200 亿美元收购美国第三大运营商 Sprint，这将为软银在美国和日本两大市场同时部署 4G 创造不少规模效益。

截至 2012 年 2 月，日本 1.017 亿年龄在 13 岁以上的用户拥有手机。夏普以 23.5% 的份额位于日本手机制造商第一名，第二名是松下，市场份额为 13.8%，富士通以 11.8% 的份额排名第三，NEC 和 Sony 分别以 9.7% 和 7.5% 的份额位于第四和第五名，Apple 以 6.5% 的份额排名第八（见图 2-7）。

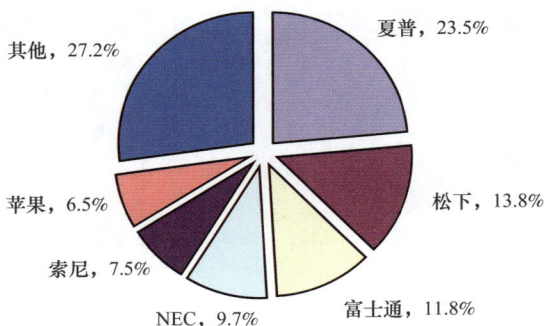

图 2-7　2012 年日本手机市场品牌份额

数据来源：赛迪顾问整理，2013-03。

日本移动运营商提供的主要移动互联网业务包括移动搜索、移动音乐、移动社交网及 UGC、移动商务与 NFC 应用、移动电视、基于位置的服务和移动广告等。2012 年，日本使用最多的移动互联网服务是电子邮件，其次是游戏等各种应用程序，第三大服务是浏览器应用（见图 2-8）。

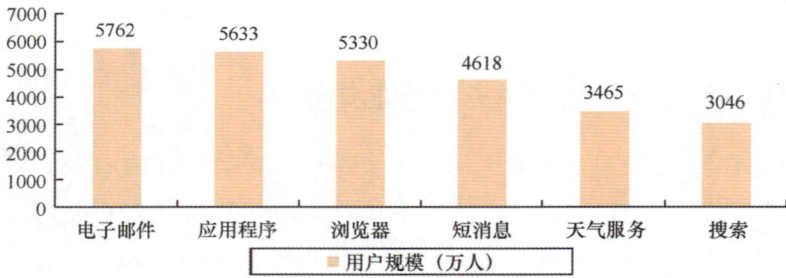

图 2-8　2012 年日本使用最广泛的应用

数据来源：赛迪顾问整理，2013-03。

四、韩国：优质的基础网络服务，多媒体应用驱动发展

韩国的移动互联网发展始于 2002 年韩国移动运营商把 CDMA 网络全面升级到 CDMA2000 1X EV-DO，此后 SKT 和 KTF 分别推出了包括一系列高端移动多媒体应用和下载服务在内的移动互联网业务。2011 年 SK 电讯与 LG U+ 两家公司表示，计划开始提供商用 LTE 服务，并宣告正式进入人们期待已久的 4G 无线网络时代。截至 2013 年 4 月，韩国 LTE 网络用户已经突破了 2000 万，虽然这一数字并不大，但是考虑到韩国目前的总人口也就 5000 万左右，相当于近一半韩国人都用上了 4G 网络。此外，韩国的移动网络不仅仅是运营商提供的 3G/4G 网络，还存在若干种接入技术的混合，给用户提供了不同的选择（见表 2-1）。

表 2-1　韩国移动网络接入技术

接入技术	内容
3G/4G 网络	HSDPA 和 3G 让用户在绝大多数地点都能有顺畅的数据接入体验
Wi-Fi 热点	Wi-Fi 的普及已经到了令人惊讶的程度。即便是地铁车厢里也几乎随处都能看到热点设备。两大运营商 KT 和 SKT 在 Wi-Fi 业务上面的竞争可谓针锋相对，两家热点部署常常成对出现。KT 甚至还在它的电视广告上悬赏寻找没有它 Wi-Fi 覆盖的地方
WiBro	WiBro 是韩版的 WiMax。虽然 WiMax 在世界范围还不算成功，但 WiBro 已经在韩国大规模部署。为了推广自己的 WiBro 业务，运营商们早在 2010 年就推出了一个外形奇特的小设备，叫做 WiBroEgg。这个小"鸡蛋"可以通过自己的 WiBro 连接为周围的 Wi-Fi 设备提供因特网接入。有了 WiBro 几十兆的带宽，Egg 是一个名副其实的随身 Wi-Fi 热点，并且在小型聚会的场合特别方便。很多移动互联网内的朋友都会在兜里揣一个 Egg，为自己和朋友的 Wi-Fi 设备服务

数据来源：赛迪顾问整理，2013-03。

韩国移动互联网的成功发展得益于诸多因素，如统一的技术标准，由政府促进与监督，提供优质化的网络服务等。例如，根据 KTF 公司的统计，韩国的 3G 网络目前的数据流量是以前的 7 倍，整个服务 ARPU 值比 CDMA 时期提高了 1 倍，可见基础网络的发展对于移动互联网业务的促进效果明显。除此之外，日益丰富的多媒体内容也是韩国移动互联网发展的动力之一。

第三节　国际知名企业移动互联网发展概述

一、苹果

　　苹果辉煌的起点，是从 2001 年推出的 iPod 播放器开始的。iPod 外观流畅简洁，成为时尚的象征。而 2007 年苹果推出 iPhone，一举瓦解了智能手机市场的原有格局，加上之后推出的 iPod/iPad 等移动终端设备及 APP Store 等商务类服务和 iMessage/FaceTime/Siri 等软件服务，使苹果一举成为移动互联网领域的"领跑者"。

（一）载体领衔

　　iPad/iPhone/iTouch/iTunes 是有史以来增长最快的新科技产品。苹果在 2012 年一共卖出 1.24 亿部 iPhone、5823 万台 iPad、3510 万部 iPod，而其 Mac 产品仅售出 1810 万台，由此可见，移动终端产品已经成为苹果收入的巨大来源。

（二）倾力打造用户体验

　　简化是苹果公司设计流程里最重要的一步，设计的界面都是忠于"简单易用"的界面原则。完美用户体验使苹果公司成功地实现了文化、产品、品牌和口碑之间的良性循环。

（三）搭建苹果公司生态圈

　　iPhone 加 App Store 的经营模式，引爆了移动终端应用的大发展。iPhone 2007 年面市之初，是计算与随身娱乐的苹果式体现，作为"数码中枢产品"拥有基于 iTunes 的影音内容提供，内置 Google 互联网服务，以及近 5000 个应用软件。而随着 iPhone SDK 对第三方的发布，Apple Store 的应用服务方面吸纳了基于 iPhone SDK 的第三方软件应用开发商。App Store 没有资质限制，任何软件开发商或者个人都可以在 App Store 上销售软件，但是苹果公司有审查和批准在 App Store 发售的软件质量的唯一裁定权。2013 年 1 月 7 日，苹果宣布其官方应用商店 App Store 的应用下载量已经突破 400 亿次，其中半数是 2012 年完成的；总活跃账户数也达到 5 亿。App Store 面向 155 个国家开放，共有 77.5 万款应用，其中原生 iPad 应用超过 30 万款，总共已向开发者支付 70 亿美元的收入分成。

　　苹果公司成就的这种生态圈"价值网"纵向上是供应商（如提供存储硬件和显示面板供应商）和苹果产品用户，横向上包括附件生产商（如 iCase）和内容提供商（如软件开发群体）。这个生态圈的领先程度暂时未有竞争者能与其匹敌。附件产品及内容提供商因分享了苹果的客户群盈利，而苹果在这个生态圈中的核心地位既便于其管理 iPhone 的用户体验，同时又保证了其对生态圈内收益的提取。

二、谷歌

谷歌被公认为全球最大的在线互联网搜索引擎，也是互联网上五大最受欢迎的网站之一，在全球范围内拥有无数的用户。随着移动设备快速成为全球信息流量新的入口，近几年谷歌在移动互联网市场也有一些大动作。

（一）收购 Android

谷歌于 2005 年收购 Andy Rubin 创建的无线软件公司 Android。谷歌收购 Android 后，将其打造成一个开源操作系统，并成为一个高端智能手机平台。任何开发者都能使用它开发移动设备应用，任何移动设备制造商都能预装 Android 操作系统。Android 在移动设备生态体系中推动更多的选择与更伟大的创新，并给用户提供更强大的移动体验。据谷歌公布的数字，截至 2012 年 9 月，超过 5 亿的 Android 设备在全球内被激活。但是，由于 Android 是免费的开源操作系统，因此谷歌从 Android 平台获得的营业收入并不多。从 2008 年至 2011 年，谷歌从 Android 平台获得的营业收入还不到 5.5 亿美元。

（二）收购 AdMob

AdMob 是一家为应用开发者及广告商提供有效广告套餐及解决方案的公司。谷歌通过移动化模式为广告商在移动设备上运作搜索广告联盟能力，如点击呼叫广告（Click-to-call）形式。Google 从 2010 年开始推出 Click-to-call 移动广告功能，使用者通过智能型手机搜索餐厅、电影院等商家信息时，在关键字广告上显示商家的联络电话，只要点击联络电话就可以直接和商家联络。Click-to-call 让移动广告更贴近消费者，可通过点击联络电话直接与商家联系，更快取得消费资讯，对商家而言也有助带动业绩成长。Click-to-call 移动广告可支持 LBS 适地性服务，可搜索使用者位置附近商家资讯。

（三）收购摩托罗拉

2012 年 5 月 22 日，谷歌耗资约 124 亿美元现金完成对摩托罗拉的收购。这标志着谷歌开始切入移动通信的硬件领域，意味着谷歌要设计、制造、销售及服务无线移动终端设备并整合移动通信相关软件及配件产品。

现在，谷歌已经设法将自己从互联网公司转变成一家以"移动为第一"为宗旨的企业。目前，谷歌移动营业收入规模已高达 80 亿美元，其移动策略主要侧重于四种关键移动产品领域的投资：移动设备、移动 App、移动内容和移动广告（见表 2-2）。

表 2-2　谷歌移动产品重点领域

产品领域	主要内容
移动设备	➢ 安卓系统，安卓系统是全球应用范围最广的智能手机操作平台； ➢ 摩托罗拉，谷歌希望能将摩托罗拉强大的硬件服务和安卓软件联合在一起； ➢ 移动 Chrome

（续）

产品领域	主要内容
移动 App	➢ 地图服务； ➢ Google Now：智能语音服务； ➢ 谷歌＋"Local"（本地搜索服务），移动用户能够搜索到 Zagat 评分系统分析过的附近餐馆和娱乐项目； ➢ 电子书市场； ➢ 钱包，通过谷歌安全云服务商进行网络支付的方式； ➢ 语音服务，可以拨打便宜的国际长途，发出免费的文字信息，阅读语音邮件等； ➢ 搜索 App，让谷歌搜索为你的移动设备提供更简便的导航； ➢ 购物，帮助移动用户找到要买的产品，并做出购买决定； ➢ Googles，图形搜索
移动内容	➢ Youtube，视频分享网站； ➢ Play，是一个由谷歌为 Android 设备开发的在线应用程序商店
移动广告	➢ AdWords，也称为"赞助商链接"，中文俗称"Google 右侧广告"； ➢ 定位和命令延伸，这样的广告延伸会帮助移动广告商接触到本地搜索者，然后便于转换； ➢ 团购服务 Offers，谷歌 Offers 将为用户提供当地餐饮和购物的优惠，并保证能够让用户享受到"折扣价高达五折以上"以及"用户最乐意去的地方"； ➢ AdMob，指的是移动手机广告市场，可提供用户在移动手机网络上播放广告

数据来源：赛迪顾问整理，2013-03。

三、微软

微软的移动互联网战略是以 Windows 8 为核心，全面布局移动互联网。Windows 8 的发布标志着微软以全新的姿态全面迎接移动互联网时代。为实现远大宏图，微软精心谋划，全面布局，并于 2012 年陆续隆重推出 PC 版 Windows 8、智能手机版 Windows Phone 8、平板电脑版 Windows 8、Windows 8 RT 和 Surface 系列平板电脑等产品，借助 13 亿 PC 上的 65 万个应用、1500 万开发和应用人才的庞大生态系统抢占新兴技术、产品和服务市场。

Windows 8 最大的变化是新的图形界面、支持 ARM 架构芯片，在全新布局 PC 市场的同时，利用同一核心战略谋划平板电脑和智能手机市场，未来还可能向游戏主机、智能电视等多个领域渗透。

Windows 8 的最大特色是新的 Metro 图形界面，Metro 是长方图形的功能界面组合方块，最开始在微软的播放设备 Zune 中应用，之后被运用在微软的智能手机操作系统 Windows Phone 中。Metro 图形界面明显是为触摸屏设计的，通过大片色块的设计，方便用户用手指进行操控，这反映了 Windows 8 的设计意图——加快抢占如火如荼的平板电脑市场。

Windows 8 另一大特点是除支持一贯的合作伙伴 Intel 和 AMD 的 X86 架构芯片外，还支持在手机、平板电脑等领域广泛使用的低功耗和低价格 ARM 架构芯片，也就是说芯片供应商将从英特尔、超微（AMD）两家扩展至 Nvidia、Qualcomm、三星、德州仪器等几十家甚至上百家企业。Wintel 联盟被业界称为垄断 PC 操作系统和 CPU 的坚实联盟，为微软和英特尔带来上万亿美元的利润，凭借此联盟，其他芯片企业很难进入这一领域，这也就造成 PC 的 CPU 价格在 100~200 美元间高企，几乎占笔记本计算机成本的 1/3，远高于 ARM 产品价格 15 美元左右的价格水平。因为 ARM 是开放的架构，任何企业购买许可便可以设计生产。Windows 8 支持 ARM 后，更多的企业将涌入 Windows 8 设备所用芯片市场，从而加速产品创新，降低产品价格，进一步扩大市场。

四、三星

借助谷歌 Android 系统和相对苹果的后发优势，三星靠着自己全产业链的优势，在突破苹果利用专利围追堵截之后，虽然一直被指责"抄袭"，但成功的营销和商业策略还是帮助三星登上了智能手机的头把交椅，和苹果一道将其他竞争对手远远甩开。

三星电子通过前瞻性投资半导体和液晶面板，构建超越品牌和技术的垂直一体化优势。其母公司三星集团拥有全球最大的元器件和电子设备出货量，也是体制结构最为复杂的跨国组织之一。三星电子在半导体和液晶面板方面居全球第一位，这些优势塑造了三星电子的垂直一体化优势。例如，三星电子拥有智能手机垂直一体化能力。智能手机的核心零配件从闪存、显示屏、CPU 到电池，三星都处于市场领导地位，甚至具有控制市场的能力。iPhone 和 iPad 广泛使用的 NAND 闪存芯片，三星控制着 40% 左右的市场份额。苹果电脑采购的 Dram 存储器，三星控制世界 50% 左右的产能。三星的高品质显示屏是高端智能手机的必需品，包括 HTC 在内的智能手机厂商都需要从三星采购。总之，垂直一体化的优势、工业设计能力、研发能力、品牌影响力以及政府支持使三星成为移动互联网领域能与苹果相抗衡的为数不多的公司之一。

相对于苹果，三星除了全产业链带来的成本优势外，机海战术也是其成功的法宝，覆盖了智能手机的高、中、低三档，横扫所有客户群。旗舰级别手机在与苹果竞争过程中，"拼配置"一直都是三星实现"弯道超车"的法宝。其中值得"搬弄是非"的是三星的"屏战略"：首先，从技术上，三星发挥其在液晶屏方面的研发、设计和制造优势，从 TFT 到 AMOLED，又到 Super-AMOLED、SuperAMOLEDPlus，再到 HDSuperAMOLED、柔性显示屏，其液晶屏技术升级速度之快令人瞠目，从技术上极大地提升了用户体验；其次，三星热衷于大屏幕终端，比如，三星的 GALAXY Note 风靡一时的原因在于其 5.3 英寸显示屏。被华为等企业在尺寸上超越之后，三星再次夺回"最大手机"称号，推出 6.3 英寸的巨屏手机 Galaxy Mega 6.3。此外，更高效的处理器，如三星的八核处理器 Exynos 5 Octa；更快的存储芯片等，都成为三星制胜移动互联网的有力支撑。

中国移动互联网产业发展概览

第一节　发 展 环 境

一、经济环境

现阶段，全球金融危机远没有结束，而是变得更加深化，经济外需的动力持续疲软。中国经济在过去几年间的增长率也不断放缓：2010 年与 2011 年的 GDP 增速分别为 10.4% 与9.2%，2012 年显著回落至 7.8%，2013 年预期增长率为 7.5%。在总体经济"稳增长、调结构"的主题下，能够破解资源环境制约、释放消费潜力、拉动有效投资并带动新兴产业成长的产业门类将得到青睐。

另外，从居民消费支出结构看，在城镇居民消费支出中，娱乐教育文化支出占比为 15%左右，已经成为仅次于食品消费的第二大支出。"衣食足而知礼节"，在全国整体步入小康社会之时，针对移动互联网应用等精神性需求会显著加强。

此外，随着工业化和信息化进一步深度融合和"四化同步"的深入发展，用信息化改造全行业，用信息化倍增生产力成为未来很长一段时期的主要任务。而信息化发展的高级阶段是移动信息化，BYOD（用自己的设备办公，重在其移动性）、移动 OA、随身邮等新应用的出现，无一不昭示着移动互联网大发展、大普及时代的到来。

二、社会环境

（一）移动电话用户继续稳步增长

2005 年以来，中国移动电话用户规模逐渐步入了稳定发展阶段，增长率保持在 15% ~ 20%之间（见图 3-1），2012 年，全国固定电话用户减少 694.5 万户，达到 27815.3 万户。其中，城市电话用户减少 228.3 万户，达到 18893.4 万户；农村电话用户减少 466.2 万户，达到 8921.9 万户。全国移动电话用户净增 12590.2 万户，达到 111215.5 万户。其中，3G 用户净增 10438.0 万户，年净增用户首次突破 1 亿户，达到 23280.3 万户。移动电话普及率达到 82.6 部 / 百人，比上年年末提高 9.0 部 / 百人。在移动增值业务中，移动个性化回铃业务用户达到 60838.4 万户，渗透率达到 54.7%；移动短信业务用户达到 76481.5 万户，渗透率达到 68.8%；移动彩信业务用户达到 20704.3 万户，渗透率达到 18.6%；手机报业务用户达到 9592.5 万户，渗透率达到 8.6%。

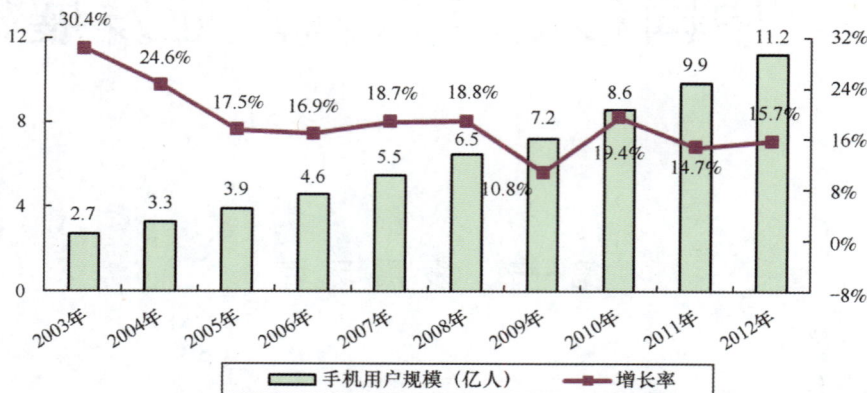

图 3-1   2003—2012 年中国手机用户数量及增长

数据来源：赛迪顾问，2013-05。

（二）移动互联网用户规模增长放缓

受到移动用户持续快速增长、上网资费逐步降低以及移动互联网服务内容和模式日渐丰富等有利因素的影响，中国移动互联网用户在 2012 年达到 4.20 亿人，比 2011 年增长了 18.0%。从 2011 年以来，中国移动互联网用户数度过了高速发展的初期，开始进入平稳发展期（见图 3-2）。

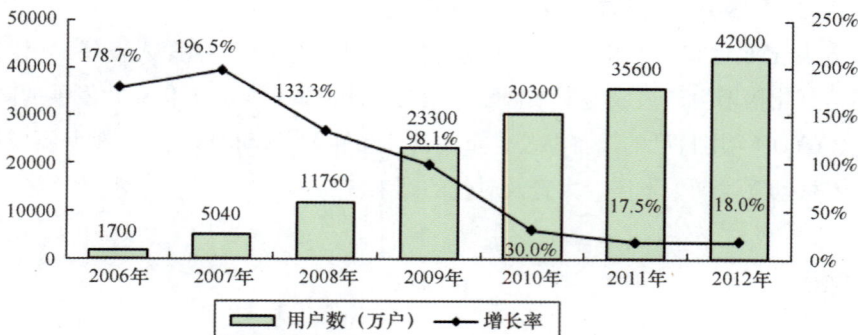

图 3-2   2006—2012 年中国移动互联网用户规模

数据来源：赛迪顾问，2013-05。

（三）用户需求集中度较高

从用户特征和消费特征来看，移动互联网用户具备以下基本特点：男性移动互联网使用率明显高于女性，占总用户接近六成；整体收入水平不高，低收入用户占比较大；文化层次较低者占一定数量，以初高中学历为主，占总用户的 69.2%；绝大部分移动互联网用户以娱乐为主要目的。在用户手机上网的原因方面，以"在路上，例如上下班途中"，"打发无聊时间"等为主；在服务需求方面，移动互联网用户和传统互联网用户之间存在一定重合度。用户常用的移动互联网服务包括即时通信、自媒体、手机游戏、手机音乐和手机图书等，互联网服务的日趋成熟在一定程度上会有力带动移动互联网的发展。

三、技术环境

（一）网络环境进一步优化

这尤其以中国移动主推的 4G 标准 TD-LTE 的发展最为突出。TD-LTE 即 Time Division Long Term Evolution（分时长期演进），是由阿尔卡特 - 朗讯、诺基亚西门子通信、大唐电信、华为技术、中兴通讯、中国移动等业者所共同开发的第四代（4G）移动通信技术与标准。

2012 年，中国移动在首批 6+1 个城市的基础上，启动了 TD-LTE 扩大规模试验。15 个城市西起成都，东至上海，北接沈阳，南到深圳，覆盖了我国中东部的主要大城市。截至目前，大部分的规模试验网建设已经完成，各城市已经开展了丰富的 4G 体验活动。在这种真实环境、真实用户的测试中，TD-LTE 的系统性能、多模组网性能、系统与终端互操作等指标得以验证与展示。相关政府领导对中国移动 TD-LTE 进展给予高度评价，表示将大力支持 TD-LTE 的发展。终端方面，TD-LTE 已推出多模多频段商用芯片，28nm 芯片将在 2013 年实现量产。目前已有 4 款多模多频段手机推出，均支持 TD-LTE、FDD-LTE、TD-SCDMA、WCDMA 和 GSM 模式。目前 TD-LTE 技术已经逐渐成熟，具备了大规模推广的条件，2013 年中国移动计划在全国 100 个城市覆盖 TD-LTE 网络，将会采购超过 100 万部 TD-LTE 设备，届时中国移动 TD-LTE 网络将成为全世界最大的 TD-LTE 网络。

（二）移动支付和移动电商快速发展

移动支付也称为手机支付，就是允许用户使用其移动终端（通常是手机）对所消费的商品或服务进行账务支付的一种服务方式。单位或个人通过移动设备、互联网或者近距离传感直接或间接向银行金融机构发送支付指令产生货币支付与资金转移行为，从而实现移动支付功能。

2012 年手机支付用户规模增长较快。截至 2012 年 12 月，移动支付的用户规模达 5531 万人，相比 2011 年，用户规模增长率高达 80.7%。移动手机支付以快捷、便利的使用体验，逐步渗入用户的生活中。移动电子商务与移动支付相互促进发展。传统电商已将手机购物业务提升到战略高度，淘宝网、京东商城、凡客、当当等众多电商均已以推出针对智能手机系统的客户端，方便用户使用手机"逛街"、秒杀商品等，进一步推动了手机支付的快速发展。

（三）芯片产业接近成熟

早在几年前，中国芯片企业还无法在国际半导体芯片市场上有所收获，但通过短短几年的技术追赶，目前在生产能力、制造工艺等领域已经开始追随国际主流厂商的脚步，并凭借出色的性价比在全球市场中获得一席地位。

联芯科技在 2012 年推出的双核智能手机芯片解决方案受到市场广泛好评，其 TD-SCDMA MODEM 芯片解决方案 L1713 也进入手机厂商采购行列。展讯推出了性价比较高的芯片解决方案，并在 TD-SCDMA 领域推出了 40nm 工艺，2012 年火爆开卖的三星 galaxy S3、galaxy note 和 HTC one x 都在采用展讯的芯片。

另外，华为几年前大量投入在芯片的研发上，成立了海思公司，推出自己的海思芯片。中兴成立了微电子研究所，专门对通信设备的 IC 进行研究，并推出了采用该公司自主研发芯片的超大容量集群路由器。

第二节　发展现状与趋势

一、产业规模与增长

2012 年，中国总计完成移动互联网产业产值 9617.27 亿元，较上年同期增长 73.7%。由于全球移动终端的产能向中国集中拉动了终端制造产业的成长，以及移动互联网用户的快速增长，使得 2012 年成为移动互联网发展增速最快的一年。其中移动终端达到 8559.3 亿元，移动软件和移动应用各为 317.4 亿元和 740.57 亿元。由于其庞大的产业基础，移动终端以 89.9% 的份额成为中国移动互联网产业的最大份额持有者；虽然移动软件和移动应用的绝对份额只占 1/10 左右，但近几年来呈现飞速发展的态势。预计到 2015 年，中国移动互联网产业的规模可以达到约 27850 亿元（见图 3-3）。

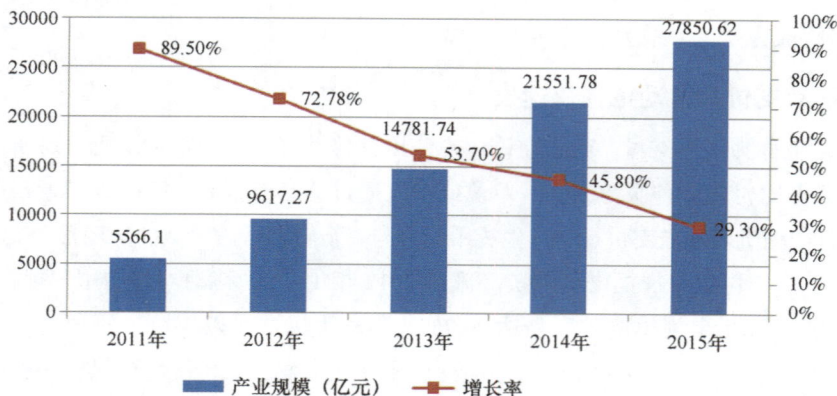

图 3-3　2011—2015 年中国移动互联网产业规模与增长

数据来源：赛迪顾问，2013-07。

二、产业特征

（一）中国智能手机出货量爆发式增长

经过 2011 年中国手机终端销量爆发增长之后，2012 年在用户对千元智能手机的强烈需求以及手机终端厂商和互联网厂商对中低端智能手机销售的大力推动之下，智能手机终端市场以爆发态势迅猛发展。2012 年，智能手机的出货量达到 1.69 亿部，占手机终端市场的 60% 以上，其中千元智能手机是中国手机市场销量增长的主力。随着手机用户向 4G 网络的迁移，到 2015 年智能手机销量将占中国手机终端市场整体销量的 90% 以上，整体手机市场将被智能手机覆盖。在智能手机的大增长趋势下，移动互联网产业将迎来更大的发展空间。

（二）产业分布格局初步形成，西部成为最具成长性区域

中国移动互联网产业目前已初步形成"南北呼应，西部崛起"的空间分布格局。产业主要集中于珠三角，环渤海，长三角，以成都、重庆、西安为核心的中西部四大区域。该四大区域的产业规模超过全国整体的 90% 以上。其中，广东省的优势尤为明显，广东省移动互联网产业产值高达 1953 亿元以上，凭借终端制造的巨大优势，稳居中国移动互联网产业产值的龙头地位；环渤海区域是中国移动互联网产业的第二中心，这一地区在移动终端制造、移动互联网软件与服务等领域都具有较强的实力；长三角地区也是中国移动互联网产业的重镇，该区域在与移动互联网有关的软件和服务方面具有较强的实力，终端制造能力则相对较弱。西部地区是中国移动互联网产业最具成长性的区域。

（三）个人应用进入整合阶段，行业应用开始出现

在移动互联网的发展初期，业务集中于满足用户的个体信息需求，以工具化、娱乐化应用为主。对应于用户长尾化的需求，移动互联网应用业务种类繁多。其中，移动 IM、移动浏览器等应用已经取得了较好的发展，移动阅读、位置服务等也在积极布局。移动互联网应用市场呈现百花齐放的发展态势。

从产业链的变化看，移动互联网融合了通信、互联网、计算机软 / 硬件、商贸等行业，未来产业链结构更为复杂，开放、共赢、合作已成为各方共识，产业链的深度融合势在必行。随着社会的发展和两化融合的深入，不同行业对 3G 应用的需求出现了井喷，用户对高带宽移动通信网络的需求越来越迫切。行业应用将成为移动互联网产业未来发展潜力巨大的市场。目前企业移动信息化应用还不成熟，但移动互联网即将引发整个行业的大裂变，整个产业链上的上层应用，即企业级的移动应用，将迸发巨大的商业价值。

（四）移动数据安全的重要性越发凸显，得到用户、企业各方重视

从用户层面讲，用户在移动终端上使用移动电子商务、移动办公、即时通信等应用，会有大量的重要数据流，黑客等信息窃取者将关注这一平台，安全问题成为重要话题；从移动互联网本身讲，作为定位于开放的信息承载网络，向固定用户和移动用户在内的所有用户提供

IP 电话、电子邮件、Web 业务、FTP 业务、电子商务等业务、WAP 业务、基于位置信息的业务、短消息结合业务等具有移动特色的因特网服务，移动互联网自身的安全性越来越受到重视；从国家层面讲，通过移动终端多样化的获取敏感信息方式，再辅之以强后台的同步分析，很容易获取国家的社情民意、舆情动向。这就使中国对信息资源生产、传播和监管的能力面临严峻挑战。

随着移动互联网应用的快速普及，基于智能系统平台的病毒木马和系统漏洞引发的安全问题日益严重。由于移动互联网应用的开发周期都不长，因此安全机制不健全，应用程序缺少审核，为数众多的应用潜藏着许多的隐患。移动互联网的用户隐私数据保护和业务的安全保护变得尤为重要，针对用户、网络和国家安全层面的移动信息安全势必会引起关注。

移动互联网的安全需要由政府、运营商、软件开发服务商、终端厂商等产业上下游环节通力合作，利用各自优势推动移动互联网安全平台的创建，通过持续合作来共同推动。

（五）产业政策的扶持与市场需求共同拉动移动互联网产业发展

中央政府与地方政府的重视以及相关政策的出台为今后移动互联网的发展提供了有力的发展环境，政府投资陆续落地以及民间投资热情高涨，都将不断促使产业规模的快速提升。同时，从移动终端市场、移动互联用户及移动互联网软件应用市场的前景来看，2011 年智能手机市场销量达到 4356.9 万部，2013 年可以达到 7125.1 万部，智能手机市场仍将保持较快的增长速度。到 2013 年移动互联网用户总数将会超过 5 亿户，活跃用户将会超过 3 亿户。中国移动互联网软件应用市场规模也将突破 230 亿元。因此，在产业发展过程中，产业政策的扶持与市场需求将会共同推动移动互联网产业不断发展。

三、发展趋势

（一）未来产业空间巨大，西部将成为产业增长动力

随着全球 3G、4G 网络建设的进一步扩大，移动智能终端的快速普及和大量移动应用，以及业务的推广繁荣，移动互联网的产业规模快速增长。从 2011 年起，移动互联网产业连续两年均保持着 70% 以上的高速增长，预计到 2015 年，移动互联网产业仍将保持两位数字的增长率。随着 3G 资费的下调以及上网带宽和速度的提升，用户对移动互联网的需求会进一步被激发。

以成都、重庆、西安这三大中心城市为核心的西三角地区是中国西部经济崛起的桥头堡，也是中国移动互联网最具发展潜力的地区，移动互联网各产业链环节上的企业正围绕这三个西部重镇形成新的产业集群，称为"西部'黄金'三角区"。2012 年该区域移动互联网产业产值达到了 1423.36 亿元，占当年中国移动互联网产业整体规模的 14.8%，无论从产业规模还是从所占比重来讲，西三角地区都是中国发展最快的地区，已经是继珠三角地区和环渤海地区之后，中国移动互联网产业排名第三位的区域产业集群。其中，成都发展移动互联网产业的综合实力最为突出，从终端到软件和应用都进行了广泛的布局，是中国移动互联网产业的西部先锋。

（二）移动互联网企业平台化运营成为趋势

平台化是移动互联网产业发展的重要趋势之一，其内容包含移动互联网应用开发、测试平台、运营平台等。目前移动互联网最有影响力的平台就是苹果的 App Store，其开放销售平台成为各厂商快速进入移动互联网市场的首要选择。平台化入口可以提供更好的集成化信息获取渠道，从而更好地满足用户需求。区别于 PC 终端，现阶段手机终端受屏幕以及操作方式的限制，影响了用户体验，针对这种低体验及繁操作的客观限制，用户将会更倾向于具有信息集成化、简约化的平台渠道。平台化入口的建立，可以使用户迅速在网络入口处获取信息，且集成化的平台也使用户的信息获取更加多样化。另外，网络入口处平台化的布局，也能够使厂商拥有接触客户，满足客户需求的优先权，确保厂商优先接触并截留客户，快速地建立自己的用户群。因此，平台化运营将成为未来移动互联网巨头企业的战略首选。

第三节　产业政策

一、政府基本政策

移动互联网产业在全球及中国的高速发展已经引起了中国政府的高度重视，其作为新一代信息技术的重要组成部分已经被纳入中国战略性新兴产业的范畴。中国政府及国家发改委、工信部等相关主管部门对移动互联网表现出极大的关注，相关主管部门领导多次在不同场合表达了对移动互联网产业的重视。中央层级移动互联网相关政策汇总如表 3-1 所示。

表 3-1　中央层级移动互联网相关政策汇总

时间	政策名称	要点	颁布部门
2009 年 4 月	电子信息产业调整和振兴规划	（1）在通信设备、信息服务等领域培育新增长点； （2）加快第三代通信网络和下一代互联网建设； （3）开发适应移动互联网需求的新业务	工信部
2009 年 11 月	关于实施新兴产业创投计划、开展产业技术研究与开发资金参股设立创业投资基金试点工作的通知	（1）引导资本投向高新技术产业； （2）支持自主创新和创业，引导创业投资投向初创期、成长期创新型企业和高成长性企业	发改委、财政部
2010 年 5 月	国务院关于鼓励和引导民间投资健康发展的若干意见（"新 36 条"）	（1）鼓励民间资本参与电信建设，支持民间资本开展增值电信服务； （2）鼓励和引导民营企业发展战略性新兴产业	国务院
2010 年 6 月	非金融机构支付服务管理办法	（1）非金融机构提供支付服务，需取得《支付业务许可证》； （2）《支付业务许可证》有效期 5 年	中国人民银行

（续）

时间	政策名称	要点	颁布部门
2010 年 10 月	国务院关于加快培育和发展战略性新兴产业的决定	（1）确定七大战略性新兴产业； （2）新一代信息技术是战略性新兴产业重要组成	国务院
2011 年 2 月	进一步鼓励软件产业和集成电路产业发展的若干政策（"新18号文"）	（1）对高端软件企业给予重点支持，提供大量优惠政策； （2）发展面向移动互联网的应用支撑平台、高端信息处理	国务院
2011 年 3 月	国民经济和社会发展第十二个五年规划纲要	（1）全面提高信息化水平，加快基础设施建设； （2）促进网络互联互通和业务融合	国务院
2011 年 12 月	移动互联网恶意程序监测与处置机制	（1）对移动互联网恶意程序的认定、监测及惩治措施等做出具体规定； （2）明确移动通信运营企业、安全企业、科研机构等移动互联网领域相关方的责任、义务	工信部
2012 年 2 月	电子信息制造业"十二五"发展规划	（1）重点是把握移动互联网发展趋势，大力发展移动智能终端； （2）紧抓新一代通信网络建设和移动互联网快速发展机遇，加大 TD-SCDMA 终端研发力度； （3）围绕移动互联网等战略性新兴产业和重点领域的应用需求，突破 CPU/ 数字信号处理器（DSP）/ 存储器等高端通用芯片	工信部
2012 年 3 月	电子商务"十二五"发展规划	（1）拓展基于新一代移动通信、互联网等新技术的移动电子商务应用，加快推动移动支付、公交购票、公共事业缴费和超市购物等移动电子商务应用的示范和普及推广； （2）重点推进移动电子商务在农业生产流通、企业管理、安全生产、环保监控、物流和旅游服务等方面的试点应用； （3）加强移动智能终端、智能卡和芯片、读卡机具和安全管理等关键共性技术的自主研发	工信部
2012 年 3 月	关于下一代互联网"十二五"发展建设的意见	（1）互联网构架全面向 IPv6 过渡； （2）以物联网、云计算和移动互联网等为重点，积极推动下一代互联网在教育、农业、工业、医疗、交通、铁路、水利、环保和社会管理等重点领域的应用	发改委、工信部等
2012 年 4 月	关于实施宽带普及提速工程的意见	（1）使用 4Mbps 及以上宽带接入产品的用户超过 50%； （2）加强宽带应用创新与示范，积极推动移动互联网等业务发展	工信部
2012 年 4 月	软件与信息服务业"十二五"规划	（1）加快突破移动互联环境下跨终端操作系统研发和产业化发展重点之一； （2）加快培育移动互联网的新兴服务业态	工信部
2012 年 5 月	"十二五"国家战略性新兴产业发展规划	（1）提出了战略性新兴产业的20项重大工程； （2）新一代信息技术产业要加快建设下一代信息网络，突破超高速光纤与无线通信、先进半导体和新型显示等	国务院

（续）

时间	政策名称	要点	颁布部门
2012年5月	宽带网络基础设施"十二五"规划	（1）以网络能力全面提升为主线，构建宽带、融合、泛在、安全、绿色的下一代国家信息基础设施； （2）提高接入网能力，全国不低于4Mbps，下一代互联网规模部署，骨干网全面支持IPv6	工信部
2012年5月	通信业"十二五"规划	（1）实施宽带中国战略，初步实现"城市光纤到楼入户，农村宽带进乡入村，信息服务普惠全民"； （2）移动互联网技术业务体系创新取得突破是通信业的发展目标之一； （3）繁荣移动互联网产业，突破移动智能终端和应用平台等关键环节，打造基础设施—应用平台—智能终端的价值链生态体系，满足用户的多种移动应用模式需求，推进新型信息服务	工信部
2012年5月	互联网"十二五"规划	（1）实现从应用创新、网络演进到技术突破、产业升级的全面提升； （2）推动移动互联网整体突破，积极推动产业链协作，构建移动互联网生态体系，推动移动互联网创新应用示范工程； （3）以移动互联网和移动支付发展为契机推动移动电子商务规模应用； （4）加强对增值电信业务、移动互联网和智能终端的网络安全监管工作	工信部

数据来源：赛迪顾问整理，2013-05。

二、战略性新兴产业聚焦新一代信息技术，移动互联网发展从中受益

2009年4月，《电子信息产业调整和振兴规划》正式发布，该规划要求在通信设备、信息服务、信息技术应用等领域培育新的增长点，加快第三代移动通信网络、下一代互联网和宽带光纤接入网建设，开发适应新一代移动通信网络特点和移动互联网需求的新业务、新应用，带动系统和终端产品的升级换代。

2010年10月，国务院下发《关于加快培育和发展战略性新兴产业的决定》，明确将从财税金融等方面出台一揽子政策加快培育和发展七大战略性新兴产业。新一代信息技术是七大战略性新兴产业的重要内容。网络基础设施建设的提速和高端软件等核心基础产业的发展将为移动互联网产业提供更加坚实的发展基础。

2011年2月，国务院印发《进一步鼓励软件产业和集成电路产业发展的若干政策》，明确提出对研发面向新一代信息网络的高端软件企业给予重点支持，在财政、融资、进出口、人才引进、知识产权保护等方面提供优惠政策。面向新一代信息技术的高端软件重点要发展面向移动互联网、云计算、物联网的应用支撑平台、高端信息处理等。高端软件的发展将弥补中国移动互联网产业在基础软件平台方面的劣势，为移动互联网产业的全面、健康发展提供支撑。

2012 年 5 月，国务院讨论通过了《"十二五"国家战略性新兴产业发展规划》。该规划是落实 2010 年出台的《国务院关于加快培育和发展战略性新兴产业的决定》的重要举措；该规划提出了战略性新兴产业的 20 项重大工程，针对新一代信息技术产业，提出要加快建设下一代信息网络，突破超高速光纤与无线通信、先进半导体和新型显示等。这将为发展移动互联网奠定更好的产业基础。

三、"十二五"规划利好移动互联网产业各个层面

2011 年 3 月，《国民经济和社会发展第十二个五年规划纲要》（以下简称《纲要》）正式发布。《纲要》提出，要全面提高中国信息化水平，加快建设宽带、融合、安全、泛在的下一代国家信息基础设施，推动信息化和工业化深度融合，推进经济社会各领域信息化。

围绕落实《纲要》，工信部组织编制了多项涉及行业发展的规划纲要和意见，这些文件大多数都和移动互联网产业相关。

2012 年 3 月，工信部发布《电子商务"十二五"发展规划》，要求推动移动支付国家标准的制定和普及，同时加快推动移动支付、公交购票、公共事业缴费和超市购物等移动电子商务应用的示范和普及推广。当月，国家发展改革委、工业和信息化部等 7 部门印发《关于下一代互联网"十二五"发展建设的意见》（以下简称《意见》）。《意见》提出"十二五"期间互联网普及率将达到 45%，推动实现三网融合，IPv6 宽带接入用户超过 2500 万户，实现 IPv4 和 IPv6 主流业务互通，IPv6 地址获取量充分满足用户需求。

2012 年 4 月，工信部发布了《软件与信息服务业"十二五"规划》（以下简称《规划》），《规划》指出应加快突破移动互联环境下跨终端操作系统研发和产业化，加快培育移动互联网的新兴服务业态。

2012 年 5 月，《通信业"十二五"规划》和其子规划《宽带网络基础设施"十二五"规划》由工信部发布，强调应加强宽带网络基础设施建设、启动无线移动宽带网络推进工程，要求要繁荣移动互联网产业，突破移动智能终端和应用平台等关键环节，打造基础设施—应用平台—智能终端的价值链生态体系。当月，工信部还发布了互联网领域的第一个五年规划——《互联网"十二五"规划》。针对移动互联网，该规划要求满足用户的多种移动应用模式需求，推进新型信息服务推动移动互联网整体突破，积极推动产业链协作，构建移动互联网生态体系，推动移动互联网创新应用示范工程等。

四、宽带提速为移动互联网打造良好宽带环境

伴随着智能机的普及和应用的爆炸式增长，宽带环境成为制约移动互联网增长的又一瓶颈，国家近年来不断加大相应政策的实施力度，改善网络环境。

2011 年 1 月，工信部部长苗圩在 2011 全国工业和信息化工作会议上提出了"宽带中国"

战略；2012 年 5 月，国务院通过《关于大力推进信息化发展和切实保障信息安全的若干意见》，明确提出实施"宽带中国"工程，加快部署下一代互联网，重点研发下一代互联网关键芯片、设备、软件和系统，推动产业化。

2012 年 4 月，工信部发布的《关于实施宽带普及提速工程的意见》指出，加强宽带应用创新与示范，提高宽带应用水平。积极推动移动互联网、物联网、云计算、下一代互联网业务发展，认真做好"三网融合"试点工作，大力发展基于宽带的信息服务、电子商务和文化创意产业；鼓励建立宽带应用创新示范基地。宽带的不断提速，将为移动互联网打造良好的环境。

五、关注用户安全，为移动互联保驾护航

为了推进产业健康发展，2011 年 12 月 9 日，工信部发布了《移动互联网恶意程序监测与处置机制》（以下简称《机制》）。《机制》不仅对移动互联网恶意程序的认定、监测及惩治措施等做出了具体规定，还进一步明确了移动通信运营企业、安全企业、科研机构等移动互联网领域相关方的责任、义务，以切实保障移动用户利益，维护用户安全。这是中国在移动互联网安全管理方面首次出台的规范性文件。

六、进一步落实"新 36 条"，移动互联融资渠道得以拓宽

2010 年 5 月，《国务院关于鼓励和引导民间投资健康发展的若干意见》（"新 36 条"）出台。该意见指出，应鼓励民间资本参与电信建设，鼓励民间资本以参股方式进入基础电信运营市场，支持民间资本开展增值电信服务，鼓励和引导民营企业发展战略性新兴产业。2012 年年初，工信部按照国务院的要求，开始加紧制订落实"新 36 条"的部分配套细则。5 月，证监会发布《关于落实〈国务院关于鼓励和引导民间投资健康发展的若干意见〉工作要点的通知》，进一步加强对于民间投资参与基础电信运营市场的鼓励和引导。以上政策和文件将有效拓展移动互联网产业的投资主体，活跃移动互联网产业的各种投资渠道。

七、信息消费拉动内需，移动互联网助力国家经济转型创新

信息消费是一种直接或间接以信息产品和信息服务为消费对象的消费活动，覆盖了信息服务、信息产品和信息平台等多种产品和服务形态。2012 年 9 月，工信部部长苗圩指出，"信息消费将成为新一轮拉动经济的热点"。而随着新一届政府对经济转型升级和创新拓展发展思路的要求日益迫切，移动互联网产业作为这届政府关注的信息消费产业的重要内容，由于其涵盖了智能手机、平板电脑、智能车载设备和可穿戴式设备等多种信息产品，个人通信、游戏、视频、支付等多种信息服务，以及所支撑这些服务的信息平台，势必将得到信息消费类产业政策的极大关注。

中国移动互联网产业链分析

第一节　产业链总体评析

一、移动互联网产业全景图

移动互联网产业链内涵广泛，其产业链主要分为移动硬件层、平台软件层与应用服务层三个层级。其中移动硬件层主要包括智能手机、平板电脑、电纸书/MID，主要涉及芯片厂商、设备制造商、元器件外围商、系统集成商、OEM 商、独立设计公司。平台软件层主要包括移动终端操作系统（OS）、移动中间件、移动数据库、移动安全软件，主要涉及独立软件开发商（ISV）、服务提供商（SP）、互联网厂商、应用商店等。应用服务层主要包括娱乐类应用、商务类应用和沟通/工具类应用，主要涉及的供应商有内容提供商（CP）、运营商、SP、分销商等。

移动互联网伴随智能手机的产销两旺的局面蓬勃兴起，产业链条价值开始逐渐形成，各级地方政府也加快了地方园区移动互联网产业布局和政策引导的速度，国内外企业积极参与各地移动互联网产业园区建设，目前，中国移动互联网全景布局初步形成，构成了以移动硬件层为基础、移动软件层为支撑、应用服务层为移动互联网价值体现的产业发展格局。其中移动硬件层为移动互联网产业链价值实现的重要环节，软件开发逐渐向与硬件层面价值链条融合趋势发展，应用开发层面众多厂商及应用开发爱好者涉足该领域，不断丰富消费者的应用选择（见图 4-1）。

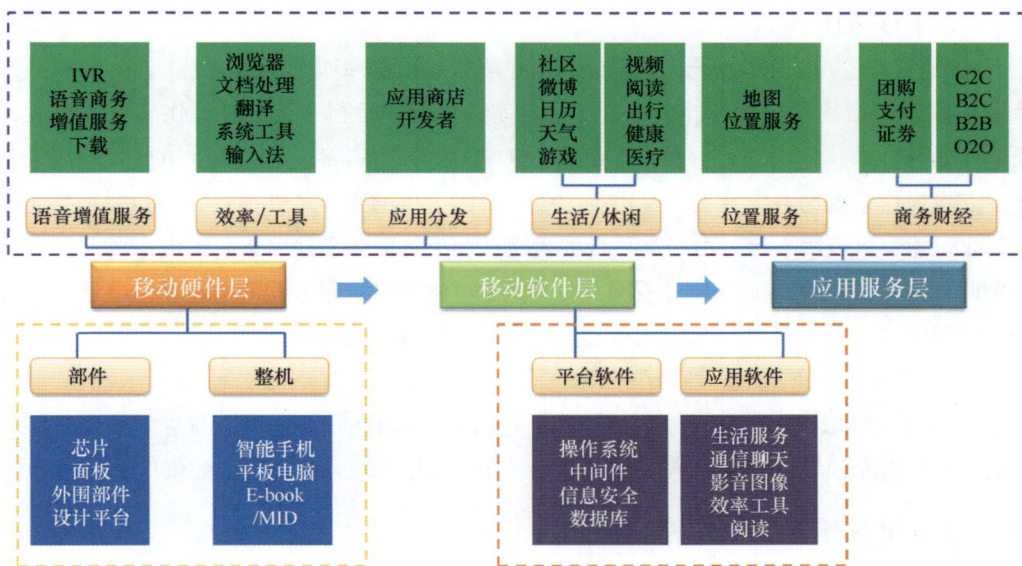

图 4-1 中国移动互联网产业链全景图

资料来源：赛迪顾问，2012-12。

二、移动互联网产业链三层次概况

（一）移动硬件层

移动硬件层是指为移动互联网服务提供硬件基础设备，该层面主要由整机和部件两部分组成。其中，部件包括芯片、面板、外围部件和设计平台，整机包括智能手机、平板电脑、E-book/MID 等移动设备。移动硬件层在移动互联网产业的整个链条上处于强势地位，该层面产业规模占整个移动互联网产业价值的 80% 以上。

在部件方面，芯片供应商主要有 ARM、TI 和 ADI 等，国内提供商有展讯、国民技术、华为、大唐微电子等，主要市场份额被国外厂商占据，芯片领先技术研发方面，国外厂商能力更为突出；在面板方面，友达、胜华、信利、夏普、三星等厂商表现比较突出；而在外围部件方面，三星、德赛、比亚迪、富士康等厂商均有涉足；在设计平台方面，龙旗、胜华、华勤、Eternal、Asia、飞马等厂商竞争力较强。

在整机方面，智能手机市场在 2010 年后出现爆发式增长，在苹果智能手机带来手机革命性的飞跃后，三星、联想、HTC、天宇、华为、中兴、LG 等国内外厂商纷纷跟进市场，3G 手机产量增长惊人，加之与运营商定制式手机营销模式以及相关补贴政策，联想、华为、中兴等国内手机生产商产销量快速增长。苹果平板电脑作为手机与电脑之间的跨界平台的新兴业态首先出世，随后三星、摩托罗拉、联想、华为、中兴、宏基等智能手机和个人电脑厂商也进入该领域。

（二）平台软件层

平台软件层主要由操作系统、中间件、信息安全、数据库四个领域构成。

操作系统是指管理移动硬件设备资源，控制其他程序运行并为用户提供交互操作界面的系统软件的集合。其中市场上主要操作系统有 iOS、安卓、Windows、塞班。iOS 仅应用于苹果手机；安卓操作系统为谷歌开发，是市场上各类智能手机的主要软件平台；塞班操作系统主要为诺基亚智能手机应用平台，由于其平台的封闭性和市场反应不佳，逐渐退出市场。

中间件是一种独立的系统软件或服务程序，位于客户机 / 服务器的操作系统之上，管理计算机资源和网络通信。目前参与中国移动互联网产业链中间件环节的有 Sybase、Oracle、IBM、Nokia、中国移动等厂商。

在信息安全领域，卡巴斯基、奇虎、360、腾讯、金山在行业内具有显著的技术优势和用户基础；在数据库领域，Sybase、Oracle、IBM、Microsoft 比较领先，为主要供应商。

（三）应用服务层

应用服务层是指基于移动互联网产业提供移动互联网服务的应用程序的产业集合。按照应用类别分为语音增值服务，效率 / 工具，应用分发，生活 / 休闲，位置服务，商务财经六大业务类型（见表 4-1）。

表 4-1　应用服务层应用分类

业务类型	主要提供服务厂商
语音增值服务	中国移动、中国联通、中国电信、新浪、搜狐、网易
效率 / 工具	UCweb、腾讯、OPERA、Mini、Safari、汉王、联想、搜狗、百度、金山词霸、有道、谷歌、微软等
应用分发	Apple Store、中国移动 -MM、中国联通 - 沃商城、中国电信 - 天翼空间、Nokia-OVI、宇龙酷派
生活 / 休闲	人人网、开心网、占座网、聚友、腾讯 QQ 空间、新浪空间、百度空间、天涯社区、新浪、腾讯、天涯、搜狐、网易、人民网
位置服务	高德、凯立德、谷歌、百度、窝窝团、58 团购、大众点评网、美团网、糯米网、赶集网
商务财经	淘宝、腾讯拍拍、百度有啊、淘宝商城、京东、当当、亚马逊、阿里巴巴、中国移动、慧聪、铭万网、维络城、分众传媒 -Q 卡

资料来源：赛迪顾问，2012-12。

第二节　产业链细分环节

一、移动硬件层

在移动互联网时代，终端多样化成为移动互联网发展的一个重要趋势，各厂商纷纷推出新型移动终端。Android 系统手机厂商谷歌收购摩托罗拉之后得到了专利保护，有效提升了竞争能力。同时，苹果、微软与诺基亚也加强应对，提升竞争能力，新型移动终端陆续进入市场，新一轮终端市场的竞争将变得更加激烈。苹果下一代智能移动终端产品 iPhone5 已经于2012 年 9 月正式成功发售，12 月登陆中国市场；三星系列智能手机产品在 2012 年出货已经占据市场第一的位置；微软也于 2012 年 10 月推出了基于微软操作系统的平板电脑 surface，参与平板电脑市场的激烈角逐，实现与苹果在平板电脑领域的全面竞争。

（一）移动硬件产业整体层面发展现状与特点

1. 在终端多样化的同时，移动终端的配置功能日益增强

现阶段，主流智能手机的内置存储都在 8GB 以上，加上扩充存储卡，存储能力和 10 年前的主流计算机相当；使用双核 CPU 的智能手机，其主频不低于 1GHz，计算能力不弱于 5 年前的笔记本电脑；使用 GPS 等定位技术可以使其定位误差达到不超过 20m 的水平；主流 800 万像素的自带摄像头在光线充足的条件下，其成像能力不弱于卡片相机。强大的硬件能力使得移动终端不再是简单的沟通工具，而是便携的随时在线的一体化个人信息处理终端。

2. 产业链整合趋势明显，本土移动硬件厂商面临较大挑战

对于身处移动终端层的中国本土企业来说，不具备新商业模式运作能力以及技术实力薄弱的中小厂商将被淘汰，阿里巴巴等具有较好成长性的厂商在与海外巨头的竞争中，由于核心芯片、操作系统等关键环节仍控制在跨国企业手中，发展前景仍具有很强的不确定性，面临海外企业较大的挑战。

3. 本土厂商开始崛起，产业规模快速增长

随着全球移动互联网产业智能终端的发展，中国部分终端生产商已经看到了巨大的移动互联网产业发展下的价值和利润，已经不再仅扮演为苹果、三星等厂商代工的角色。联想、华为、中兴等厂商加强自身的产业链整合能力和本土资源优势，加强供应链管理和创新销售渠道合作，整合产业链上下游资源，树立本土手机品牌竞争力，中国移动互联网本土移动终端品牌产业规模快速崛起。

（二）部件层面产业现状

在部件产业层面，芯片是智能终端的核心，是移动硬件运行的心脏，在部件中占据最重要的位置，也是产业链上最具有技术含量的核心部分。

2011—2012 年，ARM 阵营仍然在平板电脑产品中占据 70% 以上的市场份额，Intel 在这块市场中仍然处于追赶者的位置。基于 ARM 进行开发的芯片主要国际厂商包括苹果、三星、高通、德州仪器、飞思卡尔、Nvidia 等。国内一些芯片解决方案厂商快速跟进市场变化，在原有手持设备解决方案的基础上推出各类基于 ARM 处理器的平板电脑芯片解决方案，为国内厂商快速推出产品提供了帮助，但同时也使得平板电脑市场产品研发推出门槛降低，导致市场鱼龙混杂。主要芯片及芯片解决方案商如表 4-2 所示。

表 4-2　主要芯片及芯片解决方案商

主要芯片及芯片解决方案商	典型终端产品
Apple	iPad2
TI	联想乐 Pad A1
Freescale	E 人 E 本 T4
SAMSUNG	三星 GalaxyTab
Qualcomm	华为 MediaPad
VIA	威盛 8650、众多山寨、白牌平板
Nvidia	摩托罗拉 XOOM、华硕 TF201、宏碁 A500 等
Intel	Asus Eee PadSlate B121

资料来源：赛迪顾问整理，2012-12。

（三）智能手机产业特点

1. 硬件升级，智能手机步入"多核时代"

智能手机核心硬件的不断发展，带动了性能的提升。中央处理器作为智能手机最重要的硬件之一，决定了智能手机数据处理速度、多任务工作能力、瞬间触控以及屏幕显示等多方面的性能指标。

未来，智能手机"多核化"将成为未来智能手机配置上发展的必然趋势。首先，硬件的升级是手机更新换代的必然趋势，且更新的速度在不断加快。手机产业链的上游芯片厂商在技术上不断推出双核及四核的手机芯片，下游厂商在需求上不断地升级配置，以推出更具性价比的智能手机，从而满足用户需求、抢占市场，因此，在上下游厂商的双向作用力下，智能手机多核化趋势将成为必然。其次，硬件性能是消费者购买智能手机的重要考量指标。这直接关系到用户应用的体验，因此从市场需求的角度，致力于改善用户体验的市场诉求将会促动智能手机整个产业链条上的技术升级。

2. 提升用户体验，是智能手机产业的发展的核心

优质的用户体验是智能手机区别于功能手机的关键和基础。在硬件方面，可以通过技术的升级和人性化的交互设计来提升用户的操控体验。例如，大屏、高频和双核手机芯片的引入，以及多点触控技术的创新和发展等。在软件层面，操作系统和应用软件是提升用户体验的关键。现阶段，智能手机操作系统主要有 Android、iOS、Windows，Android 从标准化到开放带来个性化应用，iOS 从坚持自有的界面到开始授予用户 UI 的自定义权利，Windows 从 PC 化的 UI 设计逐渐调整为更符合用户感官的移动终端设备的设计。

3. WCDMA 智能手机占据产业主导地位，GSM 智能手机市场份额持续走低

2011—2012 年，WCDMA 智能手机产量迅猛增长，逐渐占据市场主导地位。从手机厂商支撑角度，WCDMA 手机是国际大厂商推广的重点产品，诺基亚、索爱、三星、摩托罗拉等厂商都推出了 WCDMA 智能手机。尤其是中国联通前期作为中国唯一一家与苹果的合作运营商，而 iPhone 手机在中国的热切需求也促成 WCDMA 手机的生产。

（四）平板电脑产业特点

1. 国内外智能手机厂商纷纷投入平板电脑研发和生产

苹果作为平板电脑的先行者，为移动终端的跨界发展做出了卓越的贡献，伴随苹果平板电脑的热销，国内具有一些智能手机与电脑产品线的厂商也凭借自身的产业链上下游资源的整合优势入驻平板电脑竞争市场，华为、联想等国内厂商在平板电脑领域投入不菲精力和资源，在产品配置与性能上逐渐具有市场竞争力。

2. 国产平板电脑价格下调带动产量规模扩大

国内各品牌平板电脑林立出现，伴随竞争的激烈，以及行业利润的摊薄，国产平板电脑卷入了价格战的行列，3000 元以上的高端平板电脑凭借品牌、高配置与 2000 元以下的低端平板电脑成为主要的消费对象，带动了平板电脑产量增加。

二、平台软件层

移动互联网平台软件层主要包括智能手机操作系统、移动数据库、移动安全软件、移动中间件。智能手机是目前使用最为广泛的移动终端，智能手机上的移动应用软件均不能离开智能手机软件的支撑。移动数据库为移动计算提供应用支撑，使得云计算、物联网等应用得以实现。移动安全软件为系统软件和其他应用软件提供安全保护服务，预防重要个人信息或商业信息泄露。中国移动互联网产业平台软件层主要呈现以下特点。

1. 国内外软件巨头争相占领产业高地，积极推进平台软件产业在中国的发展

移动互联网产业在中国的发展方兴未艾，其所涉及的平台软件层位于整个产业链的高端。国际、国内各软件巨头纷纷蓄势待发，抢占产业高地、争夺市场领先地位，积极推进软件层产业在中国的发展。这主要是由于中国市场为平台软件产业的发展提供了许多有利条件。第一，中国具有规模庞大的内需市场，是全球 IT、ICT 消费市场的重要组成部分。第二，中国拥有良好的产业投资环境，中国目前仍是全球吸引外资数量最多的国家。第三，中国大力支持新兴信息产业的发展，积极推进三网融合、云计算、物联网等领域的发展，努力促进移动互联网产业成熟度的提高。第四，中国已经具备较为扎实的 IT 产业链基础，为移动互联网软件层产业的发展提供了良好的支撑。

2. 移动互联网软件层产业在中国市场的发展挑战与机遇并存

第一，中国本土通信产业的成熟度相对较低，尤其 3G 市场还没有发展成为行业主流。这在一定时期内、一定程度上会限制移动互联网平台软件产业的规模。第二，平台软件层在中国的大部分市场份额被国际软件巨头所把持，国内软件厂商的发展仍然滞后，还无法与国外领先厂商全面竞争，这会影响该市场的健康发展。

总体看来，移动互联网平台软件层产业在中国市场的机遇大于挑战。中国有利的产业促进政策和强劲的国内需求为该市场提供了双重动力。随着中国通信产业成熟度的不断提高，尤其是移动通信基础网络的不断升级完善，产业瓶颈将被突破，移动互联网平台软件层产业将迎来真正意义上的繁荣。

（一）操作系统产业特点

（1）手机操作系统主要供应商为 Google、Apple、Microsoft、诺基亚、三星、惠普等厂商。这些厂商为智能手机提供软件操作平台，主要操作系统有 Android、iOS、Windows、Symbian，占据整个产业和市场的 80% 以上。

（2）Android 操作系统占据该产业环节份额首位，由于 Android 平台的开放性特点，各类应用开发者可以无拘束地自由驰骋在各类应用开发领域，娱乐、音乐、商务、办公等各类应用的大规模开发上市，为用户提供了更多的选择，也支撑了 Android 平台的长久活跃。

（3）iOS 操作系统凭借苹果产品热衷者的伴随，与苹果产品的销售份额共同增长，iOS 操作系统属于封闭的操作系统，应用的安装需要在线支付费用，对开发者与消费者都设置了一定的直接下载条件和壁垒，但是在苹果产品优质的产品体验表现下，iOS 操作系统与 iPhone 系列产品在市场上的表现不俗。

（4）由于微软操作系统在市场进入前期平台表现力不够丰富，在 Android 与 iOS 的双向压力下，其表现有些不尽如人意，应用软件商店起步较晚。但是 2012 年开始，微软逐渐改变发展策略，除了自身收购摩托罗拉手机之外，还与 HTC、三星、华为等厂商合作，推出搭载 Windows 系列操作系统的智能手机，与 Google 争夺用户。

（5）塞班操作系统是诺基亚研发的配置诺基亚智能手机的操作系统，该系统由于其封闭性以及伴随诺基亚智能手机在进入智能时代脚步的落后，同样市场表现较差，塞班系统将在 2014 年停产。同时诺基亚 2012 年推出的 Lumia 系列手机已经开始选择与微软 Windows Phone 合作。

（二）中间件产业特点

中间件提供厂商主要有 Sybase、Oracle、IBM、Nokia、中国移动、斯凯、沃勤。2012 年，在国家政策的大力支持与本土企业的推动下，国产中间件无论在产品创新，还是在市场推广应用等方面，都取得了跨越式的长足进步。"核高基"课题中间件项目的落地实施，使产、学、研、用等各领域进一步汇聚智慧，共同做大做强国产中间件产业。

三、应用服务层

应用服务层按类别可以分为语音增值类、效率/工具类、应用分发类、生活/休闲类、位置服务类和商务财经类共六大类业务。应用服务层主要呈现以下特点。

1. 伴随 3G 网络环境的提升，用户规模继续增长

2009 年中国 3G 牌照的正式发放，各运营商不断加强基站建设投资和升级维护工作，大

大提升中国移动互联网网络环境，为高速浏览、应用下载等移动互联网服务体验的提升奠定基础。移动互联网用户主动需求也日趋旺盛，用户多样化需求也间接引导移动互联网应用服务的快速发展。随着智能终端硬件性能的提高，以及运营商移动网络带宽的增加，2011 年以来，移动互联网用户继续增长，2011 年应用市场规模增长率超过 100%，2012 年增速更加迅猛。另外，用户对移动互联网应用服务，如移动 IM、手机证券等服务的主动需求旺盛。

2. 应用体系尚未成熟，特色应用尚未普及

移动互联网业务种类繁多，从目前的应用体系可以发现，移动 IM、移动浏览器等应用已经取得了较好的发展。但是移动互联网的特色应用，如移动阅读、位置服务、移动电视等仍然由于产业链合作等原因尚未尽如人意。移动互联网发展初期，业务集中于满足用户的个体信息需求，并以工具化、娱乐化应用为主，如移动音乐、手机报、移动浏览器等。发展中后期，则倾向于满足社会化、商务化的群体用户沟通需求，如移动微博、移动社区、移动支付等。

3. 产业缺乏有效盈利模式，盈利性不强

随着互联网厂商对移动互联网卡位或进攻产品的推出，互联网商业模式逐渐向移动互联网渗透，如社区、生活搜索、购物等。同时，App Store 开放销售平台成为各厂商快速进入移动互联网市场的首推产品。

虽然用户使用移动互联网业务越来越多，流量类业务增长较快，但由于在许多应用市场上，缺乏有效、持续的盈利模式，导致流量的增长与收入增长速度严重不匹配，"增量不增收"现象比较严重。

移动应用是以智能手机硬件平台为基础和软件平台的支撑为实现可能，以及在移动互联网网络可行的基础上出现的一种新兴业态。移动应用服务层分为语音增值服务，效率/工具，应用分发，生活休闲，位置服务，商务财经六大类。

（一）语音增值服务

语音增值服务是指在传统通信业务的基础上实现的增值性服务，是指由运营商、服务提供商企业通过固定电话、移动电话以及计算机语音设备实现语音交互，主要为客户提供语音信息以及基于语音传递的多种服务业务。用户根据自己的需要选择收听语音信息，参与聊天、交友等互动形式的服务，以及其他语音增值业务。语音增值服务按照价值实现模式不同可以分为 IVR、语音商务、增值服务下载三类。

（1）IVR：其全称为 Interactive Voice Response，即互动式语音应答，指基于手机的无线语音增值服务业务。手机用户需拨打指定号码，可以根据操作提示收听、点送所需的语音信息或者参与聊天、交友等互动语音应答。主要提供商为三大电信运营商：中国移动、中国联通、中国电信。

（2）语音商务。指语音增值服务商与商务实体合作，以实现为消费者提供商务服务的目的。主要参与者为三大电信运营商和商务网站，如携程、去哪儿、饭桶网等提供商务服务的网站。

（3）增值服务下载。主要指短信、彩信、语音、WAP、彩铃、百宝箱等业务的下载，为

用户提供每日头条新闻、娱乐笑话等服务。无线增值服务的主要提供商有中国移动、中国联通、中国电信、新浪、搜狐、网易等公司（见表4-3）。

表4-3   语音增值服务应用分类

语音增值服务	供应商
IVR	中国移动、中国联通、中国电信
语音商务	中国移动、中国联通、中国电信、携程、去哪儿、饭桶网
增值服务下载	中国移动、中国联通、中国电信、新浪、搜狐、网易

数据来源：赛迪顾问整理，2012-12。

中国语音增值服务主要呈现以下特点。

1. 传统语音增值服务产业逐渐萎缩

伴随3G业务逐渐成熟，3G网络承载力的提高，云计算、物联网等新兴概念的提出，带来了增值业务展现形式的多样化，用户对服务内容、服务质量、服务形式都提出了更高的要求。传统的语音增值业务的内容同质化，产品创新不足，无法满足客户的多样化需求，服务与需求的不匹配导致传统语音增值产业逐渐萎缩。

2. 未来语音增值服务逐步规范

服务商提供的资质审核和内容审核更加趋于严格，服务商不断提高服务提供商的准入门槛，控制行业内服务提供商的数量，以提高服务质量来保持用户黏性；同时部分监管机构对增值业务收费进行了移动程度的监管，对信息费的收取额度提出了要求，这同时也对运营商带来了新的计费模式的新思考。各种安全软件同时也加入此行列，隔离垃圾短信对用户的骚扰，维护用户合法权益。

3. 语音增值业务呈现形式更加多样

随着3G技术的发展，用户对语音增值业务服务内容的要求呈现多媒体化、个性化、智能化和多样化的特点。视频业务将成为3G时代的标志性业务，也是为运营商提供主要业务收入的切入口。随着通信网络技术的不断升级和更新换代，基础通信网络能力不断增强，NGN、CNGI（IPv6）、3G、B3G、广播电视网及基于IP技术的融合将产生大量新业务、新应用，技术上不断创新。伴随着3G时代的到来，三网融合概念的提出，用户对语音增值业务服务需求逐步呈现出多媒体化、个性化、智能化和多样化的特点，从而导致市场的产业链各个部分研发和生产技术要求也越来越高。

随着产业链逐渐完善，未来中国语音增值业务市场将进入理性发展阶段，跨平台、跨网络、跨终端的融合网络发展成为趋势，产品方案逐步多元化，应用不断丰富，移动互联网呈现较大的发展空间。

（二）效率／工具

效率／工具主要指浏览器、输入法、文档处理、翻译、系统工具等（见表4-4），其在移动终端操作过程中协助用户完成网页浏览及办公等系列活动。

表 4-4　效率 / 工具应用分类

效率 / 工具	供应商
浏览器	UCWEB、腾讯、爱可信、Opera、mini、星际浏览器、苹果、Safari、黑莓 RIM
输入法	T9、汉王、国笔、联想、iTAP、搜狗、百度 / 点讯，腾讯 /A4
文档处理	效率办公、Quick office、Wps office、金蝶 - 随手记
翻译	金山词霸、有道手机词典、微软 - 必应词典
系统工具	创新工场、91 手机助手、360 手机桌面、谷歌 -GO 桌面、金山电池医生、Adobe Flash

数据来源：赛迪顾问整理，2012-12。

　　浏览器市场 UC、欧朋、手机 QQ 浏览器、360 手机浏览器、百度浏览器、天天浏览器、海豚浏览器、傲游移动客户端、中国移动冲浪浏览器群雄割据，竞争激烈。在移动互联网浪潮的推动下，其他各类浏览器厂商均跃跃欲试，凭借 Android 操作系统平台，不断为手机用户带来更加丰富的体验，意在掌握用户出入移动互联网端口，提高用户黏性。

（三）应用分发

　　应用分发主要包括应用商店提供商以及开发者（见表4-5），主要参与者是运营商以及部分平台操作系统开发者。

表 4-5　应用分发

应用分发	供应商
应用商店提供商	Apple Store ，中国移动 -MM，中国联通 - 沃商城，中国电信 - 天翼空间，Nokia-OVI，宇龙酷派
开发者	华为、苹果 iOS、谷歌 -Android、微软 -WindowsPhone、诺基亚 -Symbian CSDN

数据来源：赛迪顾问整理，2012-12。

　　中国移动应用商店市场由于在 Android 开放平台的支撑下，开发者开发出众多应用软件，应用商店的出现带来了一个新的产业，创建了一种新的商业模式，该模式允许第三方开发者与平台提供商共享利益。主要特点有：

　　（1）终端厂商和电信运营商独立运营成为移动应用商店主导经营模式。目前中国主要有 6 ～ 8 家移动应用商店，这些商店主要集中在独立企业、操作系统提供商、运营商和终端厂商几个领域，其中超过一半的移动应用商店主要是由电信运营商运营，如中国移动 -MM，中国联通 - 沃商城，中国电信 - 天翼空间；另外，由智能终端厂商运营的主要有 Apple Store，Nokia-OVI，宇龙酷派应用商店。

　　（2）移动应用商店与开发者的分成比例中开发者分成超过一半。根据市场调查数据表明，中国在已开设的移动应用商店中，大多数移动应用商店与开发者最常见的分成比例是三七分成。

　　（3）付费下载市场表现冷清，免费下载模式最受欢迎。付费应用模式在国内市场中难以推广，而苹果应用商店的盈利模式主要是通过用户付费下载后再与开发者分成，但此类方式不符合中国用户的消费习惯。免费应用受到手机用户欢迎但是盈利比较难以实现。

在应用开发者层面，由于手机操作系统的限制，应用开发要基于操作系统平台软件进行开放式或封闭式开发，开发商主要有华为、苹果 iOS、谷歌 -Android。

（四）生活 / 休闲

生活 / 休闲类应用按照性质类别可以分为社区类、微博类、日历天气、游戏、视频、阅读、出行、健康医疗（见表 4-6）。

表 4-6　生活 / 休闲应用分类

生活 / 休闲应用	供应商
社区类	人人网、开心网、占座网、聚友、腾讯 QQ 空间、新浪空间、百度空间、天涯社区
微博类	新浪、腾讯、天涯、搜狐、网易、人民网
日历天气	墨迹天气、网龙科技、华易科技、盛名软件、新浪
游戏	摩卡世界、空中网、掌中米格、猛犸科技、上海索乐、腾讯
视频	中央电视台、上海文广、土豆网、优酷网、酷 6、杭州开讯
阅读	中国移动、3G 门户、盛大文学、Amazon、汉王、盛大、东方通、中创软件
出行	盛名软件、正点科技、天趣网络、木仓科技、去哪儿网
健康医疗	慢乐网、365 软件、珠海奥美、杭州掌领

数据来源：赛迪顾问整理，2012-12。

（五）位置服务

位置服务分为基于地图的位置服务和基于商务的位置服务（见表 4-7）。

表 4-7　位置服务应用分类

位置服务应用	供应商
基于地图的位置服务	高德、凯立德、谷歌、百度、老虎宝典、章程科技、数字城市
基于商务的位置服务	谷歌、百度、开心网、人人网、贝多科技 - 开开、盛大 - 切客

数据来源：赛迪顾问整理，2012-12。

（六）商务财经

移动互联网商务财经类应用服务是伴随互联网电商的兴起和新兴商务模式的出现而出现的，主要分为团购应用、支付应用、证券交易、C2C、B2C、B2B、O2O 模式（见表 4-8）。

表 4-8　商务财经应用分类

商务财经应用	供应商
团购应用	窝窝团、58 团购、大众点评网、美团网、糯米网、赶集网
支付应用	阿里巴巴 - 支付宝、联动优势 - 嗖付，神州付、91Pay，财付通
证券交易	同花顺、大智慧、操盘手、指南针、金太阳、通达信、掌盈天下
C2C	淘宝、腾讯拍拍、百度有啊
B2C	淘宝商城、京东、当当、亚马逊
B2B	阿里巴巴、中国移动、慧聪、铭万网
O2O	维络城、分众传媒 -Q 卡

数据来源：赛迪顾问整理，2012-12。

在电子商务应用市场中，近年来团购模式，B2C 模式，O2O 模式普遍受到移动互联网用户欢迎，应用广泛。

团购应用产业由于其成交数量的限制、价格折扣较低、产品销售周期短以及市场进入成本低等特点，在产业发展初期出现了上万家团购网站，吸引了大量的用户参与团购的大军。但是，部分商家存在宣传与实体产品不一致，以次充好等现象，大大地打击了消费者信心，同时也由于团购初期盈利模式不清晰，团购网站在 2011 年后期出现了大规模的减少，该产业开始回归理性，最终，窝窝团、58 团购、大众点评网、美团网、糯米网、赶集网等能为用户带来良好的产品信誉和用户体验的团购网站在大浪淘沙后在团购市场站稳了脚跟。

B2C 应用产业主要呈现以下特点：①电子商务行业越来越受到风险投资追逐。B2C 行业无论在投资案例数量，还是在投资金额上近年来都呈快速增值趋势。IT 数码产品、珠宝、建材等一大批传统行业细分领域开始进入 B2C 行业，并获得风险投资持续关注。② B2C 企业发展呈现两极分化。部分电商企业出现裁员、倒闭现象，而另一部分电商企业不断扩充自己的产品线，并且不断向细分领域延伸。行业的优胜劣汰愈加明显。③企业业务线继续拓展，商品种类不断丰富。综合 B2C 电子商务企业未来将继续拓展业务线，完善商品种类，为用户提供"一站式"购物体验。同时，电商们开始不满足于国内市场，也开始涉及海外市场。④企业竞争逐渐从产品转移到服务，不仅做足产品服务，在客服和物流上也纷纷发力，完善仓储和物流系统，提高行业竞争力。

O2O 模式以互联网为平台，在线支付是核心。O2O 模式通过互联网提供商家的销售信息，将线下商务的机会与互联网结合在一起，聚集有效的购买群体，在线支付费用，再凭各种形式的凭据，去线下商品或服务供应商处完成消费。O2O 模式可以对商家的营销效果进行直观的统计和追踪评估，规避了传统营销模式推广效果的不可预测性，由于每笔完成的订单在确认页面都有"追踪码"，商家在更为轻松地获知在线营销的投资回报率的同时，还能一并持续深入进行"客情维护"。O2O 将线上订单和线下消费相结合，所有的消费行为均可以准确统计，进而吸引更多的商家进来，为消费者提供更多优质的产品和服务。

第三节　产业链演进趋势

一、平台化趋势明显

移动互联网以其开放性和多样性著称，企业要想在繁杂的市场上真正占据一席之地，必须以平台化为导向，建立面向用户的平台。平台化有助于企业增加用户黏性，扩大市场影响力。在移动互联网时代，由于产业链之间相互渗透，相互融合，企业如果仅满足于占据产业链的一环，提供单一的产品或服务，很容易沦为产业链上下游企业的"代工者"，在其他企业的平台上扮演"送货商"的角色。目前，打造直接面向用户的平台，实施"平台"战略已成为整个行业的共识。

企业通过平台的建立，可以整合内容服务资源，然后打包输送给用户。这就需要企业拥有全产业链整合运营的资源和能力：一方面，通过智能终端，以手机操作系统为平台，整合现有内容资源，丰富手机应用；另一方面，直接面向用户，将内容提供给用户，影响用户行为。

二、云端一体化成为潮流

云计算和移动互联网出现在同一时代，它们在本质上是相生相长、互相配合的协作关系：云计算提供了计算资源大集中的"大后台"，而移动互联网则是这些计算资源接入和获取的"薄前端"。随着智能终端日益普及和无线宽带的快速发展，计算资源的接入问题将会逐渐得到解决，这将促使云计算摆脱"端"和"管"的束缚，向形式更加丰富、应用更加广泛、功能更加强大的方向演进，同时又给移动云服务带来了巨大的发展空间，从而实现移动互联网与云计算的协同发展。

未来，围绕着"智能终端 + 内容分发渠道（软件应用商店）+ 应用软件与数字内容服务"的产业生态系统，构建集成移动云服务的新型移动智能终端是中国移动互联网产业的重点发展方向。集成移动云服务的新型移动智能终端集成了跨终端操作系统平台、开发与测试工具、浏览器、搜索引擎、网络内容聚合、信息技术服务支撑工具等软件技术，结合了新型智能手机、平板电脑、电纸书等终端产品技术，以及社交网络、移动游戏、移动视频、移动支付等应用服务技术；通过以上软件计算能力和内容与服务供给的云侧化，解决移动终端计算能力、存储能力、电池续航能力薄弱环节。"强后台" + "薄客户端"的"云 + 端"一体化模式成为未来集成移动云服务的新型移动智能终端发展方向的重要内容。

三、重要产业环节缺失将得到弥补

目前，本土厂商在芯片、操作系统、元器件等产业链上游或核心环节自主研发能力较为薄弱，竞争力不强，因此目前操作系统和终端芯片环节是目前中国整个移动互联网产业链的薄弱环节。要使缺失的产业环节得到补充和改善，未来需要加大"核高基"等国家重点专项的投入力度，加强对移动智能终端领域，尤其是操作系统和芯片方面的投入；在操作系统领域建设国家级研发平台，集中力量突破芯片制造技术瓶颈，推动操作系统及芯片的自主研发进程，在上游领域形成一批具有自主知识产权的成果。同时集中资源，加大扶持力度，在操作系统及核心芯片环节形成一批有引领性的本土龙头企业，实现智能终端操作系统的产业化，打造一条完善的移动互联网全产业链。

四、跨界融合将成为产业发展的主要方向

移动互联网产业链包括设备供应商、网络运营商、平台门户、内容与服务提供商、终端

厂商等，其兼具移动与互联网的特性，价值链更为细化与开放，呈现多元化与跨界竞争的特点。当前移动互联网产业链国内外产业巨头都在积极进行多环节布局，积极进行产业链上下游延伸，竞争的焦点都在于把控用户第一接触点。

　　从发展策略看，运营商积极整合产业链资源，如中国电信运营商推出运营商定制式手机营销策略，将厂商与运营商紧密结合，黏住用户入网端口，为未来移动业务收入和厂商的销售收入双提高打造新型产业生态环境；互联网企业的主要发展策略是将优秀的桌面互联网产品与服务移动化向运营领域延展，如 Google 经营接入服务，推出 G1 终端、Google Wi-Fi，进入传统运营商业务领域和其他产业链环节；终端厂商的主要发展策略是围绕终端打造综合移动互联网服务能力，大力发展智能化，在满足普遍需求和特定需求两方面入手，加强产业链集合的能力，建立应用商店丰富自有终端的网络应用，积极抢占移动互联网服务入口等。

中国移动互联网产业空间布局

第一节 区域分布特征

一、初步形成"南北呼应，西部崛起"的分布格局

2012 年中国移动互联网产业实现产值 8746.9 亿元。从各省移动互联网产业产值分布图可以发现，中国移动互联网产业已初步形成"南北呼应，西部崛起"的空间分布格局。产业主要集中于珠三角，环渤海，长三角，以成都、重庆和西安为核心的"西三角"这四大区域，该四大区域 2012 年的产业规模占当年中国移动互联网产业总体规模的 80%以上。

其中，珠三角地区优势明显，凭借其终端制造的巨大优势，珠三角地区稳居中国移动互联网产业产值的龙头。环渤海地区是中国移动互联网产业的第二中心，这一地区在移动终端制造、移动互联网软件与服务等领域都具有较强的实力。长三角地区也是中国移动互联网产业的重镇，该区域在与移动互联网有关的软件和服务方面具有较强的实力，但终端制造能力相对较弱。西三角地区是中国移动互联网产业最具成长性的区域，发展前景值得期待（见图 5-1）。

二、重点区域

（一）环渤海地区

包括北京、天津、河北、山东和辽宁等省市在内的环渤海地区是中国重要的移动终端、软件和应用的研发、设计和制造基地，拥有完整的移动互联网产业链，形成了以北京为中心

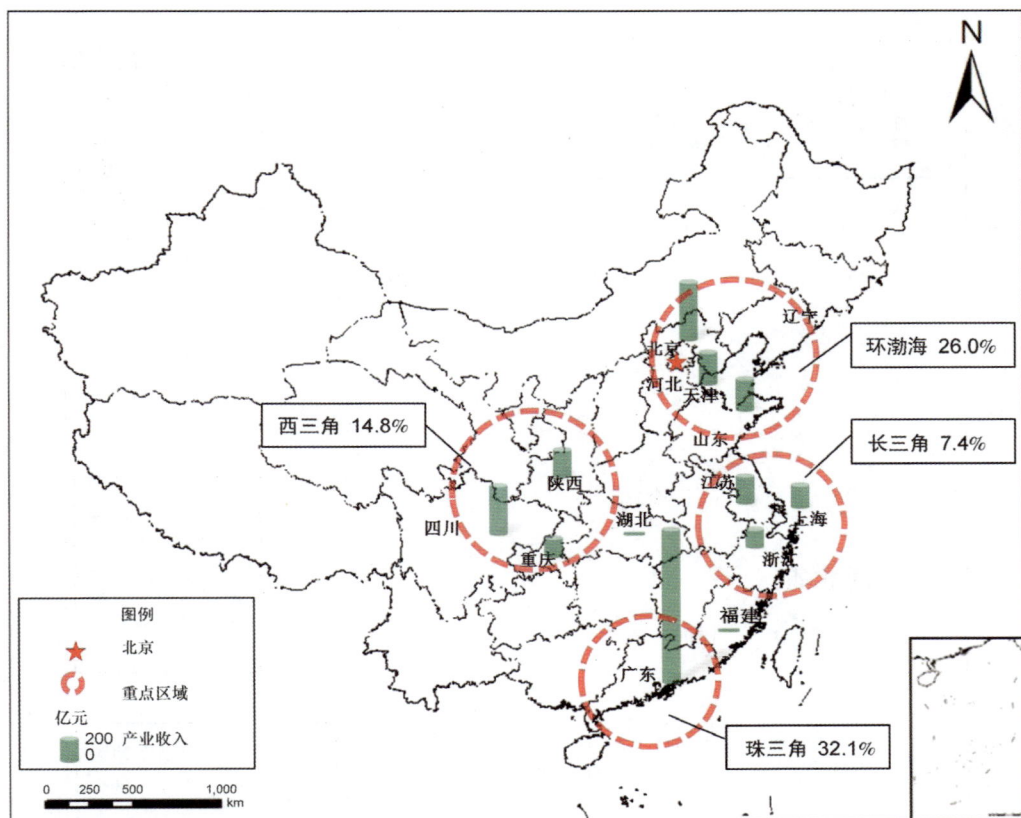

图 5-1 中国移动互联网产业规模

数据来源：赛迪顾问，2013-05。

的核心集聚发展态势。2012 年，该区域移动互联网产业规模为 1513.2 亿元，占当年中国移动互联网产业整体规模的 26.0%。北京是中国移动互联网产业发展的枢纽城市，移动互联网产业的顶尖企业大都在北京设立总部或研发中心，北京牢牢占据了移动互联网产业的高端，是移动互联网各项政策出台的决策中枢，也是跨国公司和本土龙头企业的理念与品牌创新基地。此外，北京初步形成了包括移动互联网设备制造、软件平台、内容与服务等在内的完整产业链布局，产业协同优势明显；天津是中国移动终端制造中心之一，是中国移动互联网终端设备的主要生产基地之一；辽宁在移动互联网嵌入式软件领域具有良好基础，在手机位置服务方面具有先发优势；山东在网络设备、芯片制造方面具有良好基础（见图 5-2）。

（二）长三角地区

包括上海、江苏和浙江在内的长三角地区也是中国移动互联网产业发展的重要集聚区之一，该地区的移动软件和应用的研发设计能力较强，集聚了一批行业内领先的软件开发和芯片及终端设计厂商，但移动终端生产能力较弱，从而造成了该地区在移动互联网产业规模体

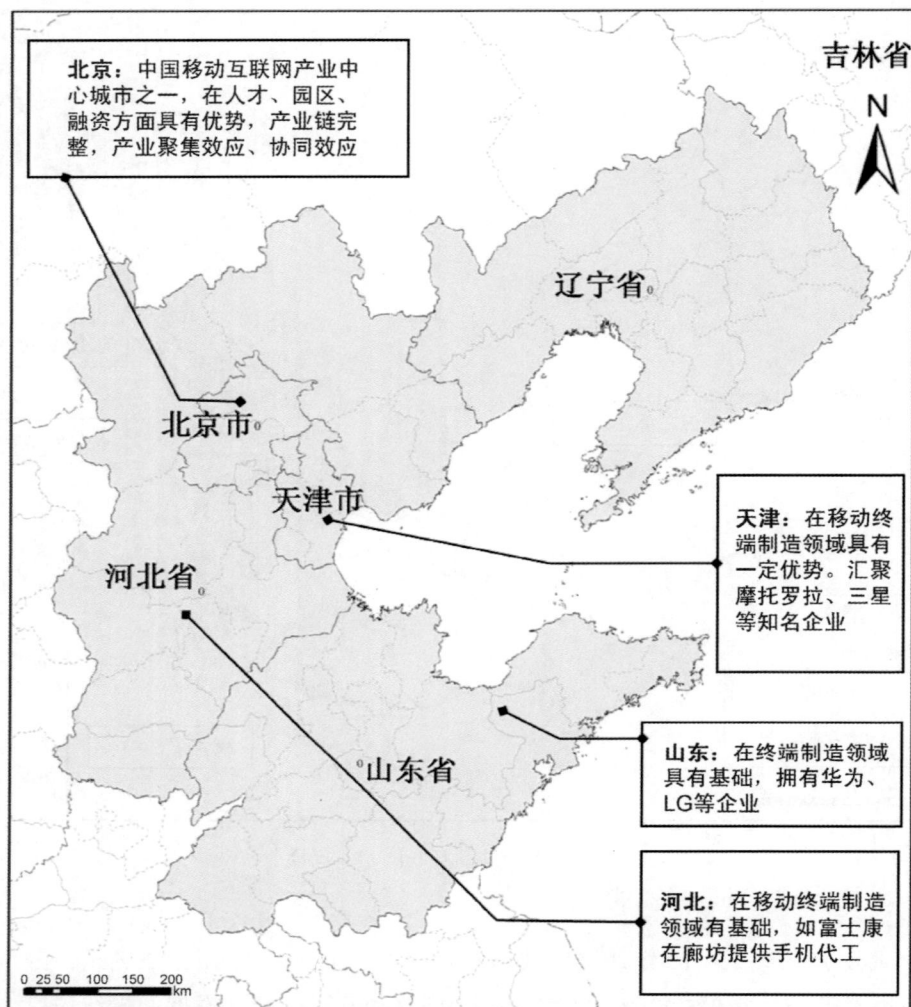

图 5-2　环渤海地区移动互联网产业发展概览

数据来源：赛迪顾问，2013-05。

量上不及珠三角和环渤海地区。2012 年，该区域移动互联网产业规模为 647.3 亿元，占当年中国移动互联网产业整体规模的 7.4%。浙江具有良好的网络基础设施，其省会杭州是三网融合的试点城市之一，在移动电子商务、移动阅读等领域实力领先，拥有阿里巴巴这样的电子商务领军企业，是移动互联网的应用创新中心之一。江苏凭借雄厚的软件产业基础，成为移动互联网软件产业的重要聚集区，在移动游戏领域优势突出。上海在网络基础设施方面基础较好，作为 TD-LTE 网络的试点城市，在移动视频、移动游戏等领域具有发展优势。2012 年，上海市政府发布了《上海推进移动互联网产业发展 2012—2015 年行动计划》，把上海市移动互联网产业发展落到了实处（见图 5-3）。

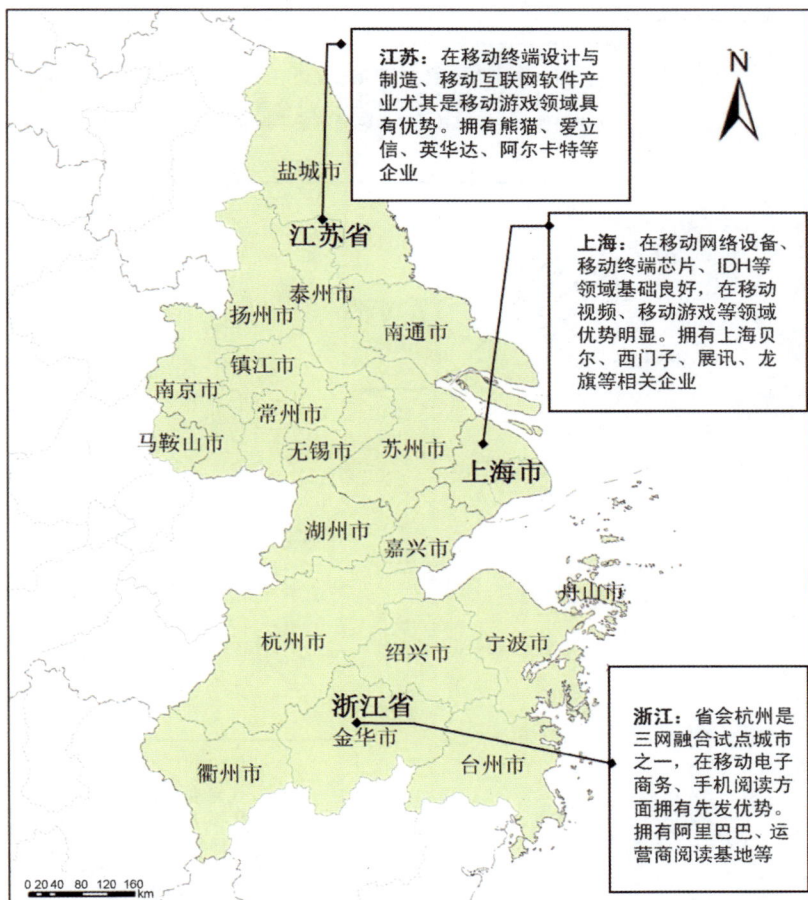

图 5-3　长三角地区移动互联网产业发展概览

数据来源：赛迪顾问，2013-05。

（三）珠三角地区

珠三角地区是中国移动互联网产业发展的领先者，凭借其移动终端制造业的巨大优势，2012 年该区域移动互联网产业产值为 2807.8 亿元，占当年中国移动互联网产业整体规模的 32.1%。位于该区域的广东省拥有较为完备的移动互联网产业链，在移动互联网软件、网络设备及终端制造、互联网应用等多个领域具备优势。深圳在移动互联网产业拥有像华为、中兴等实力较强的通信设备制造商，产业基础雄厚。同时，深圳拥有众多的手机制造商，是中国最重要的手机制造基地，其 2012 年出货量接近全球规模的 1/3 左右。深圳也是全球重要的平板电脑生产基地，拥有富士康这样的实力雄厚的代工企业。在移动软件和应用方面，2011 年年底，阿里巴巴集团国际运营总部和商业云计算研发中心两大项目正式落户深圳；而腾讯深汕云计算数据中心也于 2011 年年底在深圳汕尾特别合作区奠基。移动互联网排行前三位的龙头企业齐聚深圳，共同推动移动互联网软件和应用的发展（见图 5-4）。

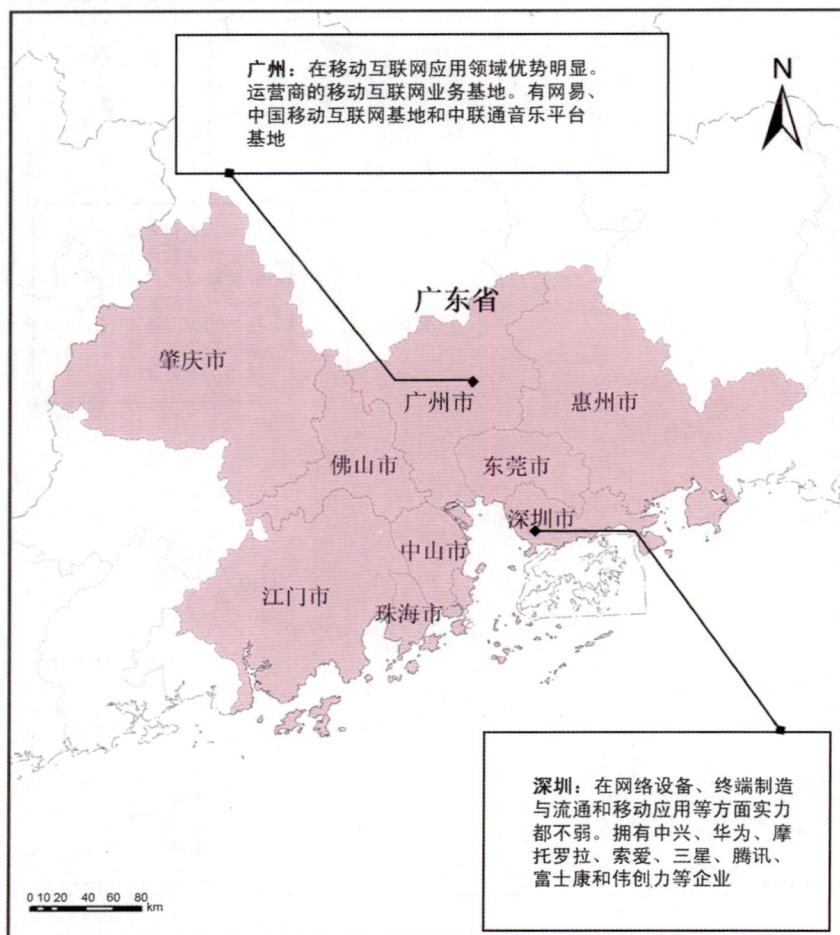

图 5-4　珠三角地区移动互联网产业发展概览

数据来源：赛迪顾问，2013-05。

（四）西三角地区

　　包括四川、重庆和陕西，以其三大中心城市为核心的西三角地区是中国西部经济崛起的桥头堡，具有很大的发展潜力。西三角地区在传统的通信设备制造方面基础较为扎实，同时也是承接智能手机、平板电脑等产业转移的重要地区。2012 年该区域移动互联网产业产值为 1294.5 亿元，占当年中国移动互联网产业整体规模的 14.8%，无论从产业规模还是从所占比重来讲，西三角地区都是中国发展最快的地区，已经是继珠三角地区和环渤海地区之后，中国移动互联网产业排名第三位的地区。其中，成都发展移动互联网产业的综合实力最为突出，从终端到软件和应用进行了广泛的布局，是中国移动互联网产业的西部先锋。重庆在平板电脑和通信设备制造方面具备优势，但软件和应用是其短板。西安在通信设备制造、手机设计和制造方面实力较强，近年来十分重视移动互联网产业的发展，努力在产业链培养、产业环境完善方面加快发展，发展势头迅猛（见图 5-5）。

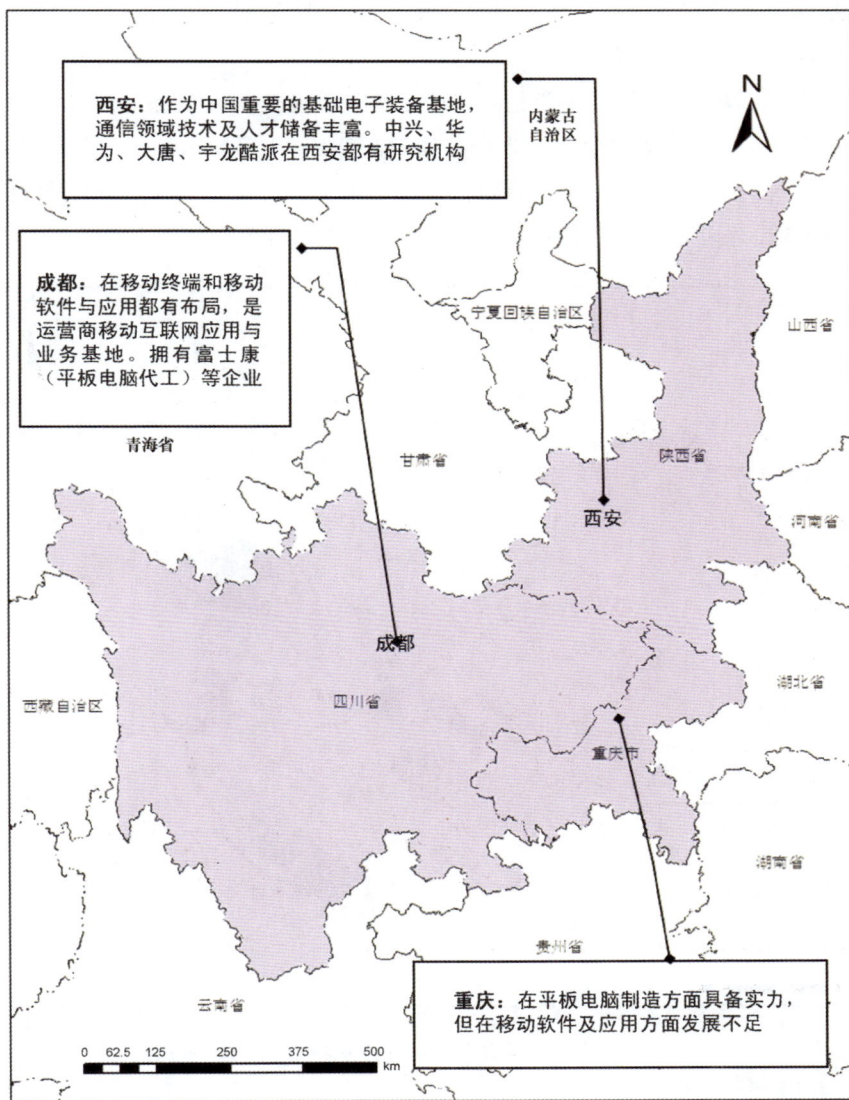

图 5-5　西三角地区移动互联网产业发展概览

数据来源：赛迪顾问，2013-05。

第二节　重点城市发展

一、整体呈现"一带三角"的分布特征

中国的移动互联网产业呈现"一带三角"的城市分布格局。产业重点城市以珠三角、环渤海、长三角为中心绵延伸展，呈现出"沿海产业带"。西三角地区是中国移动互联网最具

发展潜力的地区，移动互联网各产业链环节上的企业正围绕这三个西部重镇形成新的产业集群，称之为"西部'黄金'三角区"。

"一带三角"的城市分布格局主要是由移动互联网产业本身的特点决定的。移动互联网产业涵盖了终端、软件、应用等多层次的业务，对产业基础、配套要求较高。东部沿海的中心城市，如北京、广州、深圳、杭州，以及西部的成都、重庆、西安等城市在移动互联网领域具有比较好的发展基础，发展移动互联网产业具有比较明显的产业集群优势（见图5-6）。

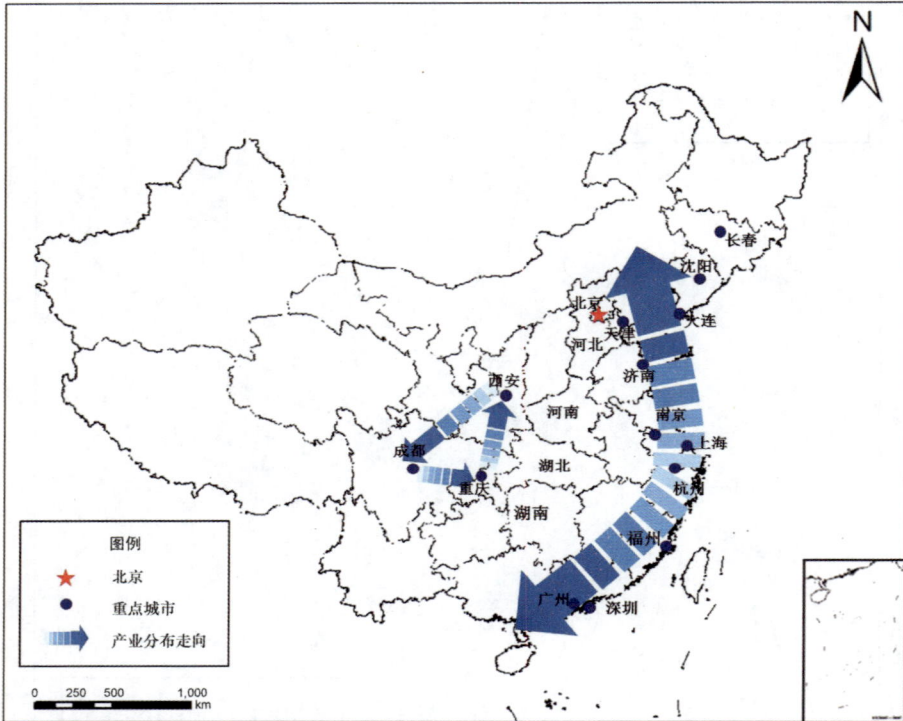

图 5-6   中国移动互联网产业重点城市分布概览

数据来源：赛迪顾问，2013-05。

二、相关重点城市

（一）北京：移动互联网产业的决策中枢，理念与品牌的制高点

北京是全国移动互联网产业的中枢城市，众多终端制造、运营商、软件提供商、内容服务商及跨国公司的总部都设立在北京。北京是全国移动互联网产业的战略策源地、最佳的品牌塑造和传播基地，占据了产业的制高点，引领整个产业的经营取向和发展模式。

北京是中国最重要的移动互联网产业聚集区，产业链完整，集群效应突出，龙头企业带动作用显著。北京不仅拥有亦庄硅谷这样的通信产业基地，也有石景山区这样的3G应用产业示范基地，同时也聚集了大量的互联网企业、独立软件提供商。北京在手机游戏、手机视

频、移动电子商务、移动阅读、移动 LBS、移动支付、移动搜索、SNS 等众多移动互联网应
用领域皆拥有领军企业（见图 5-7）。

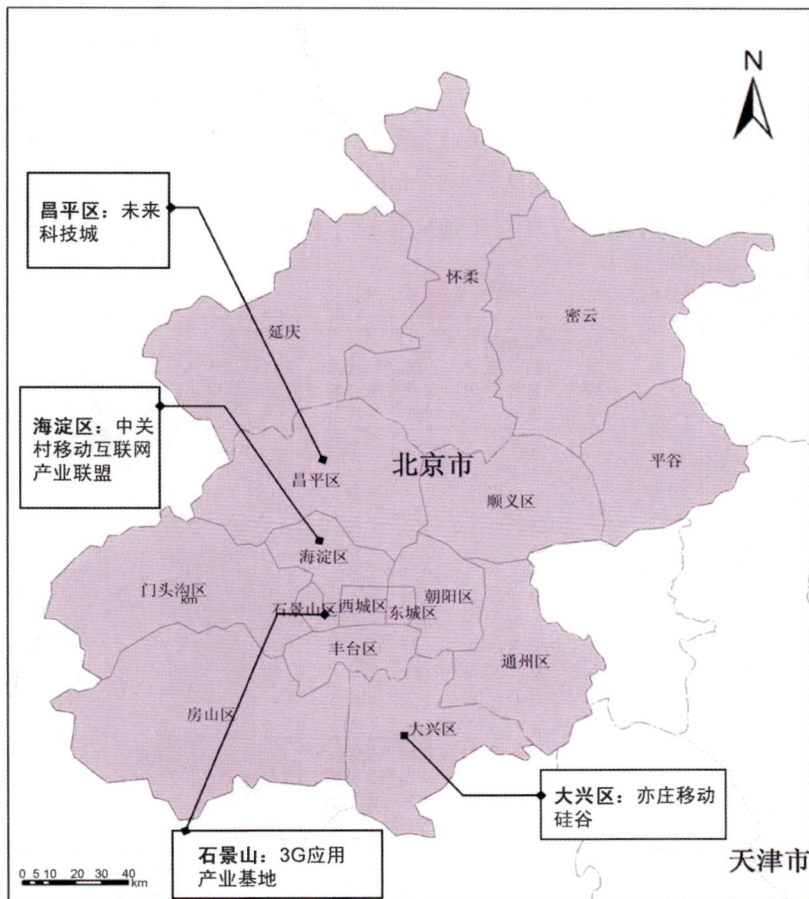

图 5-7　北京移动互联网产业布局示意

数据来源：赛迪顾问，2013-05。

（二）深圳：移动互联网产业的制造中心，全产业链的产值高地

深圳是中国移动互联网产业的产品中心，囊括了智能手机、平板电脑、GPS、移动应用
软件、移动服务内容等。如果说北京占据产业链的决策高端，引领整个产业链发展，那么深
圳就是产业价值的实现端，是产值高地。2012 年全球手机总出货量超过了 17.4 亿部，深圳
占到 1/3 左右，其代表企业中兴通讯和华为跻身全球手机销量十强。深圳集中了中国 75% 的
手机制造商、60% 的手机研发设计商和 90% 的全国手机包销商，手机生产零部件配套率达
到 99%。在移动应用方面，腾讯早在 2G 时代就与主要运营商合作开展移动互联网业务。如
今，腾讯加快了其移动互联网业务的发展步伐，积极将已有的成熟互联网业务迁移到移动终
端，在移动电子商务、手机游戏、手机支付等领域具有明显优势。园区方面，位于蛇口的移
动互联网产业园已完成招商，有望成为深圳市移动互联网产业发展的新焦点。

深圳市移动互联网产业的发展离不开政府的大力支持。深圳市于 2009 年制定了《深圳互联网产业振兴发展规划（2009—2015 年）》（以下简称《规划》）。《规划》指出，无线网络建设工程、移动互联网推广工程、三网融合推进工程是未来深圳市互联网产业的重点工程。2011 年 8 月，在深圳市政府的支持下，由 30 多家知名企业和科研机构共同发起的深圳移动互联网产学研资联盟正式成立，形成了政府、企业、高校、科研机构、资本联动的运营态势。该联盟利用自身资源，结合国家产业重点和布局，打造产业规划和市场研究、公共服务、资本对接等平台，并设立了 10 亿元的产业投资基金，支持有发展潜力和市场开发前景的移动互联网项目，推动了深圳及珠三角地区移动互联网产业的发展。深圳移动互联网产业布局示意如图 5-8 所示。

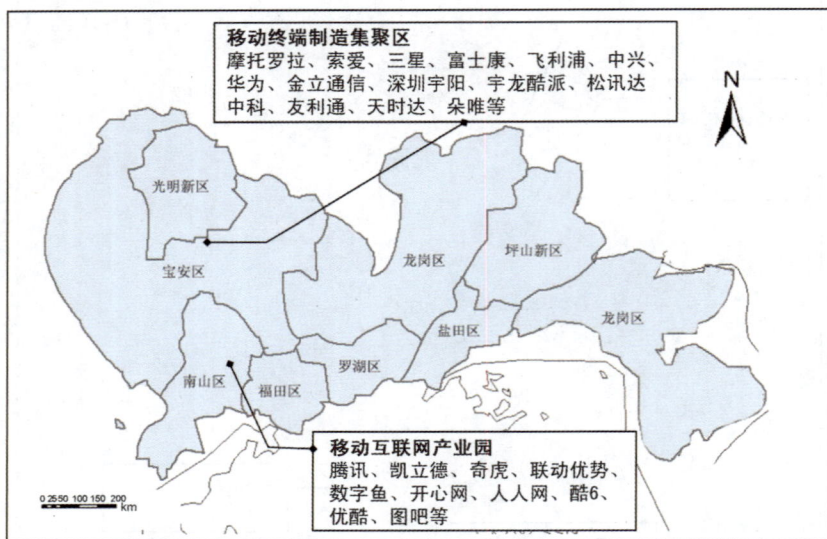

图 5-8 深圳移动互联网产业布局示意

数据来源：赛迪顾问，2013-05。

（三）广州：移动互联网产业的南方基地，运营商资源优势明显

广州堪称全国移动互联网产业的南方基地，运营商资源优势明显。广州作为中国三大电信枢纽互联网交换中心和国际互联网出口之一，3G 信号已经覆盖广州市 95% 以上的区域，手机上网率全国最高。互联网在广州具有很好的发展基础和条件，移动互联网的发展具备先天优势，中国移动、中国联通、中国电信分别将自己的主要业务基地落户广州。2011 年，广东移动宣布将在未来 5 年投资 20 亿元打造 30 个 IDC（互联网数据中心），并通过开放平台的模式和腾讯、百度、土豆网、激动网、凤凰网、宜搜、创新工场、UC优视、晨兴等各互联网相关企业共同协作推动移动互联网市场。2011 年 10 月，广州移动互联网（越秀）产业园正式落户越秀。此外，广州也拥有像网易这样的互联网巨头。这些龙头企业在移动互联网领域的带动作用十分明显。广州移动互联网产业布局示意如图 5-9 所示。

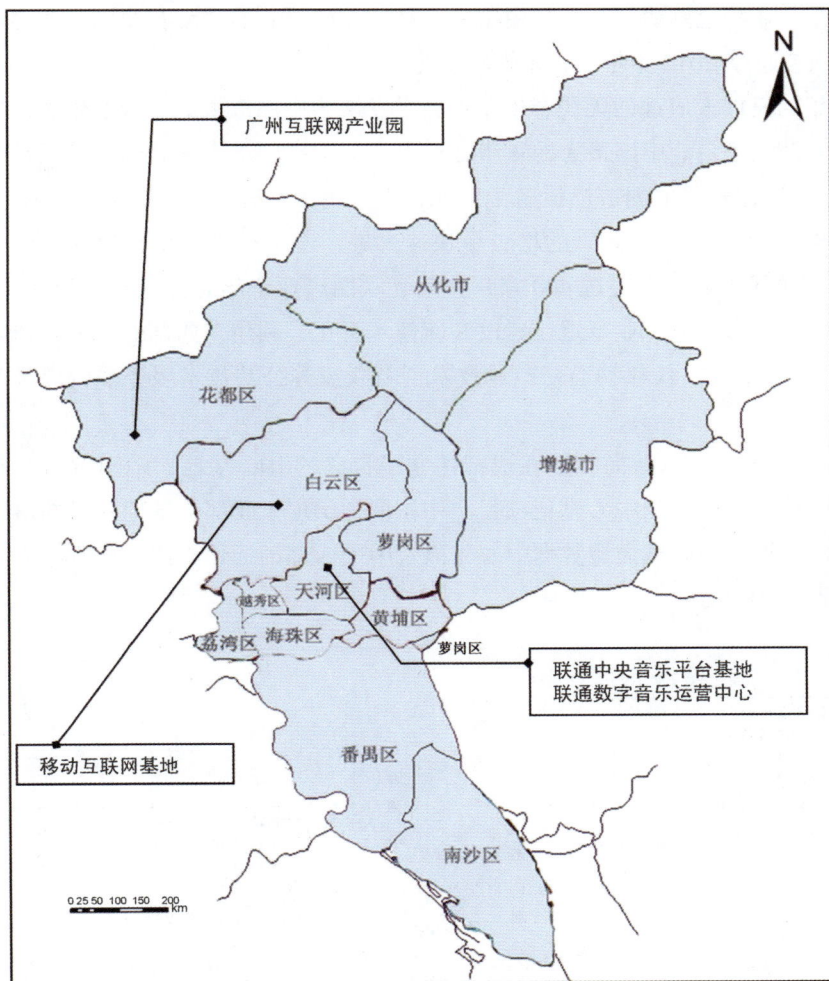

图 5-9　广州移动互联网产业布局示意

数据来源：赛迪顾问，2013-05。

（四）成都：移动互联网产业的西部先锋，终端和应用齐头并举

　　成都在发展移动互联网产业上具有人才、研发、应用、基础设施等综合优势。目前，成都高新区已成为中国重要的 3G 通信关键技术及设备研发中心和光纤通信产品生产研发基地，全球五大通信商摩托罗拉、诺基亚、爱立信、西门子、阿尔卡特，以及国内两大通信龙头企业华为、中兴的研发中心均已落户成都，产品与研发方向涵盖领先的 3G 通信关键技术及设备研发。富士康代工的苹果平板电脑已经全面投产，2011 全年产量 4000 万台，2012 全年产量达到了 6000 万台。

　　2012 年 9 月，成都高新区发布了国内首个由地方政府发布的针对移动互联网产业发展的政策（《成都高新区加快移动互联网产业发展的若干政策》），将通过政策推动移动互联网产业的发展，在 5 年内形成 2000 亿元产值的移动互联网产业规模，形成创新动力强劲、产业环境优越、产业特色鲜明、企业规模聚集、品牌效应显著的移动互联网产业之域。其移动互联网产业大厦也于 2012 年年底开始入驻企业。

经过几年的发展，成都的无线音乐基地已经发展为中国最大的正版音乐版权库、中国最大的音乐内容销售平台、中国最大的正版音乐首发地和中国最大的音乐会员互动平台。截止到 2012 年，无线音乐基地创造产值逾千亿元，占国内无线音乐市场份额的 83%，无线音乐基地正带动数字音乐产业以 30% 的增长率快速发展，逐步成为文化产业的支柱行业。成都注册的移动互联网企业数量超过 400 家，移动互联网产业全年总计实现产值达到 980 亿元。除此之外，成都大力推进产业基地化建设和新技术孵化，利用"西部通信科技研发与增值服务产业基地"、成都新一代移动通信产业技术创新联盟等公共技术服务平台提升产业竞争综合实力。

2012 年，国内三大运营商相继在成都建立了自己的 IDC 基地，中国电信西部云计算基地项目、中国移动西部数据中心基地项目、中国联通 IDC（成都）基地项目的落户标志着成都成为了国内最重要的区域大型数据中心，以及中国西部的通信枢纽。成都移动互联网产业布局示意如图 5-10 所示。

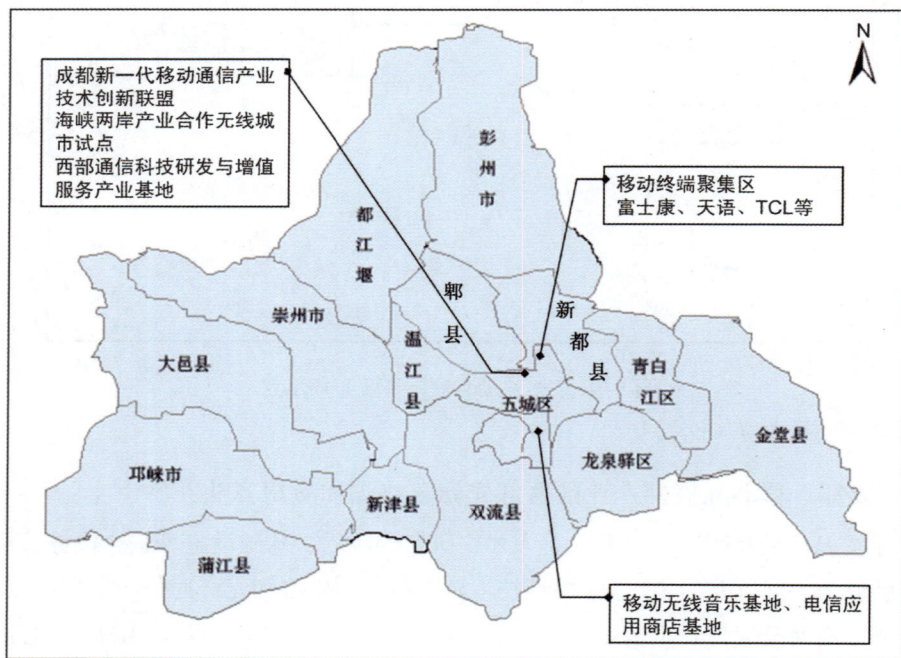

图 5-10　成都移动互联网产业布局示意

数据来源：赛迪顾问，2013-05。

（五）重庆：移动互联网产业的潜力新星，终端制造的后起之秀

重庆在移动终端制造方面发展迅速，并在移动电子商务等移动应用方面动作频频。

HP 已与重庆市达成协议，将其在重庆的生产基地功能扩展到平板电脑、手机等移动终端。富士康于 2010 年开始建设重庆产业基地，投资 10 亿美元，形成"整机＋配套"的产业链，年产值将达到 100 亿美元。移动互联网终端设备是富士康重庆产业基地的生产重点之一，将与上下游企业共同在重庆形成强大的集群效应。中国联通则在 2010 年与重庆市签署协议，5 年计划投资 100 亿元，重点发展 NFC（近距离无线通信）产业，同时大力提高 3G 网络的覆盖水平，加速"智能重庆"的建设。重庆市在 2008 年通过了《重庆市移动电子商务发展规划》，该《规划》指出，2012 年建成国家移动电子商务示范区，实施包括以体制创新为驱动力等的五大机制、三大平台和两大基地建设的"532 工程"。2011 年 9 月在重庆合川区建立"中国合川全球移动网谷"，确立以发展移动互联网为服务外包产业重点，打造人才培养、创意策划、技术研发、体验展示、公共服务、新媒体运营等，成为西部新兴的重要科技产业园区。重庆移动互联网产业布局示意如图 5-11 所示。

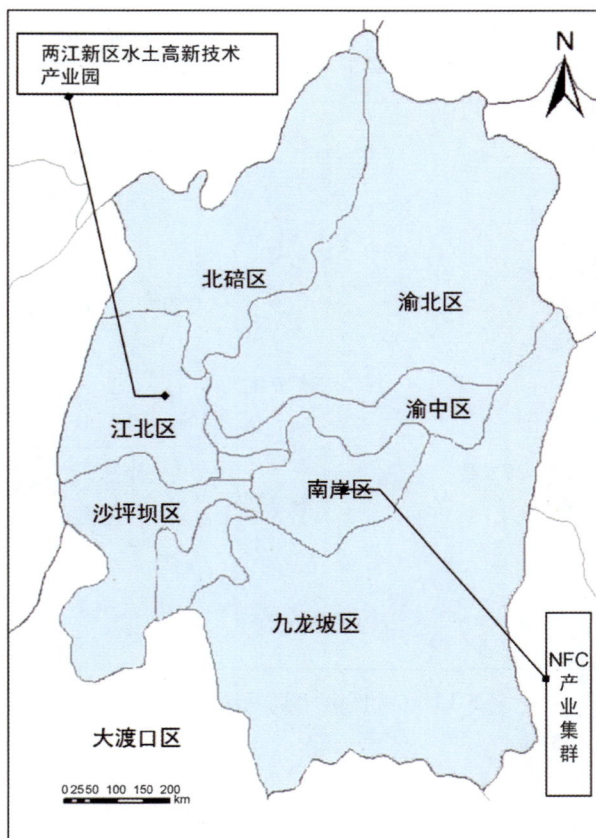

图 5-11　重庆移动互联网产业布局示意

数据来源：赛迪顾问，2013-05。

（六）杭州：移动互联网产业的应用重镇，新兴业态的创新中心

基于在通信、软件、集成电路、数字电视、物联网、电子商务等产业的长期积累，杭州在移动互联网产业应用领域具备较强的实力，尤其在手机阅读领域优势明显，中国移动、中

国电信先后将其移动阅读业务基地落户在杭州。杭州是中国电子商务的重要产业基地，拥有阿里巴巴等众多电子商务企业，业务创新层出不穷，是移动互联网产业新兴业态的创新中心。近年来，随着移动互联网产业的飞速发展，中国的电子商务厂商纷纷进军移动互联网，杭州有望成为中国移动互联网移动电子商务领域的领跑城市。

此外，杭州在移动互联网的一些细分领域也处于全国领先地位。在移动互联网网络设备及网络接入，移动互联网芯片和终端设备，以及移动互联网平台软件方面，杭州拥有包括诺基亚、西门子、三维通信、阿里巴巴、威睿电通、斯凯网络、恒生电子等在内的一批业内领先企业。在通信基础设施建设方面，杭州也具备不错的基础。2010 年年底，杭州成为中国首批试点 4G 通信技术的城市之一。试点 TD-LTE 技术有利于杭州抢占移动互联网先机，有利于杭州移动互联网产业的长期发展。杭州移动互联网产业布局示意如图 5-12 所示。

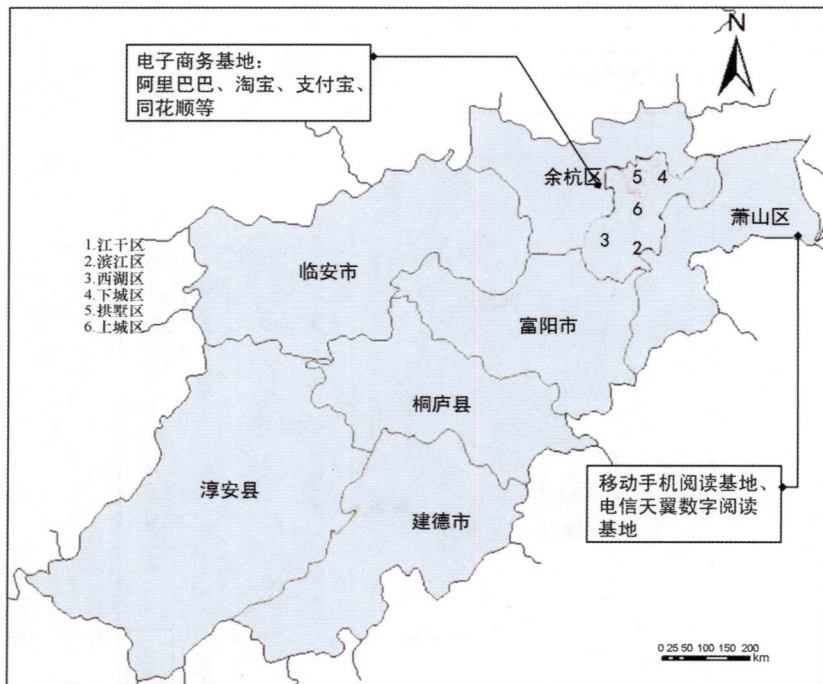

图 5-12   杭州移动互联网产业布局示意

数据来源：赛迪顾问，2013-05。

第三节   空间演变趋势

一、产业总体空间呈现"重点集聚，梯次演进"

结合国内移动互联网产业的自身特点和国内各区域的资源禀赋，未来 5 ~ 10 年的时间段内，中国移动互联网产业的总体空间布局将呈现"重点集聚，梯次演进"的特点。

　　移动互联网产业是通信产业和互联网产业转型的必由之路之一。随着中心区域与重点城市移动互联网产业聚焦效应的持续显现，未来中国移动互联网产业的区域分布必将进一步向这些区域集聚。此外，"梯次演进"也是国内移动互联网产业空间布局的重要特征。未来，环渤海、长三角、珠三角等经济发达地区依然是移动互联网产业发展的第一梯队。北京、上海、杭州、深圳等重点城市，在移动终端设计与制造、移动软件与应用研发等移动互联网产业的各个细分领域，依然会占据龙头地位。而广州、成都、重庆、武汉、西安、南京、郑州、长沙、厦门等二线重点城市，将分别会在移动终端制造和移动软件与应用开发等领域，针对各自城市的特点发展移动互联网特色产业。在第一、第二梯队之外的其他区域，包括云南、广西、山西、内蒙古、甘肃、宁夏等省和自治区，在一段时期之内，将以地方政府和运营商为主，从基础网络建设出发，以行业移动互联应用为着眼点，推动移动互联网产业建设。

二、移动终端制造产业"西进北上，逢低迁移"

　　随着市场经济的发展，沿海发达城市综合成本高企不下。成本敏感型的移动终端制造产业加速向低人力资源成本和低运营成本的中西部地区迁移，呈现"西进北上，逢低迁移"的空间演变趋势。当前，作为移动终端明星机型的重点代工厂商富士康已经布局河南、山东、川渝等地。未来，广大中西部地区将承接起移动终端制造产业转移的角色；并且，芯片制造、模具制造等上下游产业将随终端制造业一同转移。

三、移动软件与应用业"资本推动，平台牵引"

　　资本的来源有多种，国家投资、个人集资、机构投资、公开募集，等等。现阶段，移动互联网领域的资本非常活跃，领域内资本的活跃将充分发掘产业发展的培育力度，利用资源配置优化产业结构。不同于移动终端制造产业，同属移动互联网产业的移动软件与应用既需要大量的高学历高技能人才和创新性科技等智力资源，同时也需要应用商店等分发平台的支撑。未来，移动应用与软件业将继续向资本密集型和平台丰富的移动互联网产业第一梯队重点城市汇集。而武汉、郑州、长沙、厦门等第二梯队城市，将会继续发扬本地优势，随着产业的溢出效应，得到发展移动软件与应用产业的机会。

第四节　产业布局对策与建议

一、理顺产业脉络，政府统筹规划布局

　　目前，针对移动互联网产业还未有中央层级的统筹规划推出，许多区域与城市也没有

针对移动互联网产业专门出台指导性的发展规划。移动互联网产业涉及的内容包括内容与应用服务、系统平台以及终端设计与制造等多个领域，全国各地区都在纷纷试水移动互联网产业，但是各个城市没有专门的部门对移动互联网进行管理，对移动互联网的认知不完全，一方面不了解产业发展的阶段和本区域的优劣势以及所面临的机遇与威胁，另一方面未从整个产业链角度制定发展规划与行动方案。

各地区政府需要从宏观层面，分析本区域资源能力，结合优势、抓住机遇，确定重点发展领域，找准产业发展切入点，制定具有可操作性的发展规划与行动方案指导产业快速发展。

二、借力应用拉动，选择差异化发展道路

应用是移动互联网产业的灵魂，丰富多彩的应用与业务是保证移动互联网产业持续发展的不二法门。借力应用拉动，应该从纵横两个方面着手。

横向方面，首先要研发推广有广泛潜在用户基础的应用；更重要的，要借助地方政府的"无线城市"、"智慧城市"等战略，从大战略大应用角度出发，携手地方政府共同促进产业前行。纵向方面，主要是指行业信息化给移动互联网带来的产业机会。近年来，交通、教育、金融、能源等传统行业信息化需求高涨，这为移动互联网的发展带来了巨大的产业机会。交通行业信息管控的智能化、移动化要求，教育行业校方、家长、学生、用人单位等主体的不同需求，金融行业的便捷性、安全性需要，等等，无一不是移动应用的产业机会。此外，企业级的移动应用市场也不容忽视。

同时，各区域应综合分析本区域的产业发展现状与环境，结合自身处于产业链的位置，使产业发展路径与本区域资源优势高度匹配，在发展自身优势的基础上，引导区域中产业链各方走差异化发展道路，从而占领产业发展高地。

三、提升载体素质，推动产业集聚发展

移动互联网产业格局的布局策略中，通过提升园区、基地、科技谷等载体的素质，推动移动互联网产业有机整合、集聚发展是非常重要的一环。

通过提升载体软、硬件配套服务，加强知识产权、公共实验室和应用孵化等公共平台建设，完善产学研用合作体系，引进优势企业等方式方法，培育移动互联网的产业集聚，提升区域移动互联网产业总体竞争能力。此外，载体建设还需要做到：结合本地产业特色，发挥区域比较优势，借鉴国际先进经验，善用各方资本力量。对于后两点，可以通过国际合作来学习外企优秀的运营模式、商业模式和管理经验，也可以通过科技基金、专项资助、天使投资人、风险投资基金、战略投资者、公开募股、合作并购等多种资本手段加强区域企业实力。

平板电脑产业

第一节　平板电脑产业发展概览

一、总体概况

2010 年的中国平板电脑市场在 iPad 的带动下，经历了启动和快速增长的过程。2011 年 3 月，苹果公司发布 iPad 2 代，进一步刺激了市场需求，PC、手机厂商巨头纷纷进入，推出竞争产品，中国平板电脑市场开始进入爆炸式增长阶段。2011 年，中国平板电脑市场销量达到 492.5 万台，比 2010 年的 45.4 万台增长了近 10 倍；销售额达到 189.8 亿元，比 2010 年的 21.9 亿元增长了近 8 倍。2012 年，中国平板电脑市场销量持续增加，预计 2012 年市场销量将超过 800 万台。

消费电子、PC、通信、软件等各个行业的厂商纷纷加入平板电脑产业，从上游到终端，从操作系统到软件应用，一条平板电脑产业生态链俨然形成。

二、基本特点

（一）国产品牌在低价策略推动下，市场占有率迅速提升

与 2010 年平板电脑市场 iPad 一枝独秀的情况不同，2011 年，国内众多传统 PMP 厂商和手机厂商进入平板电脑市场，7 英寸安卓平板电脑市场发力，推出多款千元以下平板电脑产品，以低价策略取得了不错的市场成绩，市场占有率迅速提升。此外，主流品牌厂商联想在 2011 年第三季度末推出了平板电脑普及风暴，推出多款千元平板电脑，对中低端平板电脑市场形成了强力冲击，有效提升了乐 Pad 的市场占有率。

（二）安卓平板电脑高端和低端分化，两分天下

2011 年，中国平板电脑市场开始分化，3000 元以上的高端平板电脑与 2000 元以下的低端

平板电脑成为主要的消费对象，2000 ~ 3000 元价格段区间的平板电脑销量表现一般。

（三）平板电脑行业应用开始启动

平板电脑具有便携、直观、操作方便、功能扩展灵活的特征，在行业应用领域具有很大的市场空间。2011 年，平板电脑在国内餐饮、娱乐、旅游等行业有了初步的应用，部分厂商对于平板电脑在教育、医疗、金融、电子政务等重点行业的应用开始进行预研和布局。

第二节　平板电脑产业发展现状与趋势

一、发展现状

（一）总量规模

随着参与厂商的增加，平板电脑产品线进一步丰富，在移动应用环境进一步完善及用户认知逐渐成熟的情况下，中国平板电脑市场在 2012 年迎来爆炸式增长。赛迪顾问预测 2012 年中国平板电脑市场销量将超过 800 万台。

（二）市场生态分析

1. 芯片

2011 年，ARM 阵营仍然在平板电脑产品市场中占据 70% 以上的市场份额，Intel 在这块市场中仍然处于追赶者的位置。基于 ARM 进行开发的芯片主要国际厂商包括苹果、三星、高通、飞思卡尔、Nvidia 等。国内一些芯片解决方案厂商快速跟进市场变化，在原有手持设备解决方案的基础上推出各类基于 ARM 处理器的平板电脑芯片解决方案，为国内厂商快速推出产品提供了帮助，但同时也使得平板电脑市场产品研发推出门槛降低，导致市场鱼龙混杂（见表 6-1）。

表 6-1　2012 年中国平板电脑芯片商及典型终端产品

主要芯片及芯片解决方案商	典型终端产品
苹果	iPad3，iPad4，iPad mini
飞思卡尔	众多山寨
三星	爱国者 Pad N10，三星 Galaxy Note 10.1
高通	E 人 E 本 T5，E 人 E 本 T6
威盛	众多山寨、白牌平板
Nvidia	华硕 NVIDIA Tegra 3，联想乐 Pad A2109，Acer Iconia Tab A511 等
瑞芯微	原道 N101 双擎
盈方微	盈方微八代
英特尔	华硕 Tablet 810

数据来源：赛迪顾问，2012-12。

2. OS

2012 年的 OS 方面，主角仍然是苹果的 iOS 和谷歌的 Android 系统。iOS 以其封闭式的策略，依托强大的应用商店，拥有完整的生态系统。Android 则完全不同，以"开放"为主要特点，吸引了大量终端厂商和开发者。微软在 2012 年发布的 Windows 8 将是微软争夺市场的核心产品，将依托操作系统的传统优势，定位于商务。此外，HP 在 2011 年宣布放弃自身的 WebOS 操作系统，转而开始支持 Windows 8。

2011 年，Android 经历了爆炸式的增长，已经成为一个高速增长的生态系统，市场份额在不断提高，在高、中、低端市场均实现了有效覆盖。除了三星、华硕、摩托罗拉、戴尔等国际厂商不断推出基于 Android 的平板电脑产品之外，国内的传统 PMP 厂商也进入 Android 平板市场，而且山寨和白牌厂商也大量进入，面向全球进行销售。根据 Google 公司在 2012 年年初发布的数据，截至 2011 年年底，全球共有 3 亿台 Android 设备（主要包括手机和平板电脑），平均每天有 85 万台新设备被激活，Android 设备在 2011 年获得了 250% 的增长。

目前，在平板电脑操作系统方面，国内企业主要集中在针对平板生产企业提供 Android 二次开发定制。Android 智能手机有 MIUI、点心、盛大乐众等第三方优化操作系统，然而这些系统尚未推出针对平板优化的 Android 操作系统。目前国内平板 Android 定制操作系统，只有联想推出的乐 OS 有一定的市场影响。

3. 应用及内容

应用和内容的丰富是平板电脑生态系统繁荣的核心要素。目前，国内在内容方面以视频、音乐、电子书、电子杂志为主，出版集团纷纷推出平板电脑应用，同时国内视频网站也通过网络视频的方式进入平板电脑领域。除此之外，盛大、淘宝、百度、京东等均开始布局电子内容市场。在应用方面，主要集中在娱乐休闲和信息消费类领域，游戏、社交网络、视频、电子阅读、网上购物以及儿童教育是目前国内平板电脑用户最常使用的应用类型，商务类应用目前尚不普及。苹果创造的 App Store 模式成为应用程序进行传播与销售的主要模式，包括终端厂商、运营商、互联网厂商等几乎所有平板电脑相关厂商均建立起多种类型的应用商店，以期在应用销售中掌握主动权。2012 年中国平板电脑应用及内容厂商如表 6-2 所示。

表 6-2　2012 年中国平板电脑应用及内容厂商

应用及内容分类		典型厂商
内容	视频	优酷、迅雷、奇艺、凤凰视频等
	音乐	巨鲸、A8 音乐、一听音乐、新浪乐库、九天音乐等
	电子书及报刊	盛大、百度、汉王、淘宝、京东、掌上书苑等
应用	游戏	空中网、epicforce、triniti、Gameloft 中国、ColorMe 等
	影音娱乐生活类应用	迅雷、腾讯、品果科技、豆瓣网等
	SNS/IM/ 微博	新浪微博、腾讯微信、开心网、人人网、小米米聊、中国移动等
	LBS	街旁网、切客、大众点评等
	导航	高德、凯立德、道道通等
	商务应用	永中、活力天汇、qunar 网等
应用商店	应用商店	威锋网、N 多网、机锋市场、安卓网、联想应用商店、华为智汇云等

数据来源：赛迪顾问，2012-12。

（三）市场结构分析

1. 产品结构

从屏幕尺寸类别来看，随着 iPad 2 的市场成功，9.7 英寸屏幕产品市场占有率较 2010 年进一步提升，达到 65.3%。7 英寸屏幕的产品由于良好的便携性得到了用户的关注，众多厂商，尤其是三星、联想等，纷纷推出了 7 英寸产品，如三星的 Galaxy Tab，联想的乐 pad A1 等。此外，国内众多的二线品牌和白牌厂商也主攻 7 英寸市场，从而使 7 英寸屏幕产品在 iPad 的挤压下，较 2010 年市场份额保持平稳。2011 年中国不同尺寸显示屏平板电脑销量比例如图 6-1 所示。

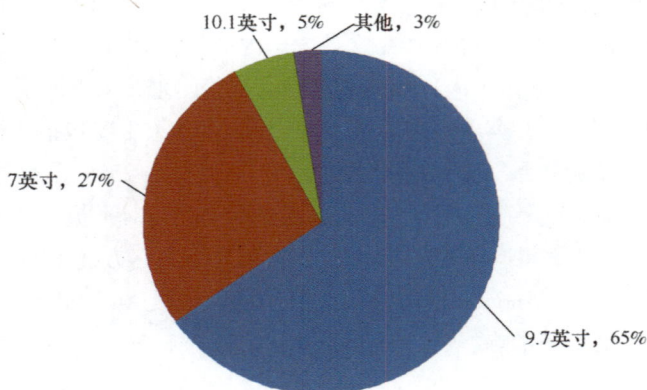

图 6-1　2011 年中国不同尺寸显示屏平板电脑销量比例

数据来源：赛迪顾问，2012-02。

2. 价格段结构

从价位段看，4000 ~ 5000 元段销量占有率最高，达到 35.4%，主要原因是 iPad2 销量占比高。总体来说，价格在 3000 元以上的平板电脑销量占比达到 74.6%，说明平板电脑目前还主要集中在高端消费，尚未达到普及的价格区间。值得注意的是，2011 年，2000 元以下的平板电脑销量占有率有所提升，主要是国产低价平板电脑大量入市所造成（见图 6-2）。

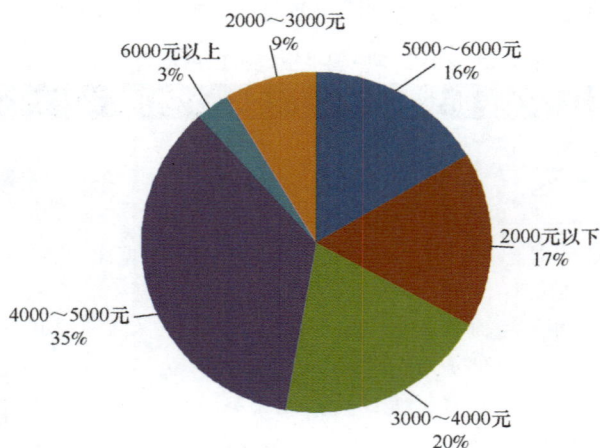

图 6-2　2011 年中国平板电脑价格段销量分布

数据来源：赛迪顾问，2012-02。

3. 渠道结构

2011 年中国平板电脑市场渠道结构较为均衡，网上渠道及 3C 卖场表现抢眼，同时平板电脑体验式销售较多，形象店、专卖店的销售渠道也受到用户的青睐。2011 年中国平板电脑渠道销售规模及比例分布如表 6-3 所示。

表 6-3　2011 年中国平板电脑渠道销售规模及比例分布

渠道	销售量（万台）	销售量比例	销售额（亿元）	销售额比例
3C 卖场	143.5	29.1%	56.8	29.9%
传统 IT 卖场	149.0	30.3%	61.8	32.6%
系统集成商 / 增值代理商	10.0	2.0%	3.5	1.8%
直销	77.8	15.8%	31.3	16.5%
其他	112.2	22.8%	36.4	19.2%
合计	492.5	100%	189.8	100%

数据来源：赛迪顾问，2012-02。

4. 品牌市场份额分析

2011 年中国平板电脑市场苹果的 iPad 仍然占据绝对优势，iPad 2 市场带来了新的销售热潮；三星发展势头迅猛，是少数几家高质量液晶屏幕的厂商之一，并且有自己的存储芯片和 CPU 产品，凭借其强大的产业链整合能力以及工业设计水准，Galaxy Tab 系列产品取得了不错的市场表现；联想则在 2011 年第三季度末发起低价普及风暴，推出性价比很高的千元平板电脑，市场占有率得到有效提升；华硕的 transformer 系列产品，在欧洲表现优异，但在国内反响尚不明显；其他国际品牌厂商销量都有所提升，但距离前三名差距仍然较大。值得注意的是，2011 年的国内平板品牌取得了不错的市场表现，昂达、纽曼等传统 PMP 企业主要产品是不足千元的低价 7 寸 Android 平板电脑，成功利用平板取代 MP5 产品，E 人 E 本则是通过精准的市场定位，推出手写商务平板，得到了市场的积极反响。

二、发展趋势

（一）产品与技术

平板电脑市场将在众多厂商的竞争中呈现多样化的趋势，在产品形态、功能定位以及应用场景上将出现多种细分平板电脑类型。在产品形态方面，平板电脑将出现屏幕尺寸范围平滑过渡的完整产品线，以满足各类人群对便携性与可视面积的要求；在功能定位方面，将会有厂商推出在电子书阅读以及具有通话功能等的单个或多个领域具有独特优势的跨界细分产品，从而在与大量通用型平板电脑竞争时获得优势；在应用场景方面，平板电脑将配置数目更多、功能更强的传感器，结合创新软件，实现平板电脑应用场景的扩展，从而切入商用市场。

从近两年苹果产品对业界的引领作用来看，CPU、屏幕和摄像头方面的进一步改善会成为国内厂商首先考虑的产品和技术重点，4G 由于国内运营商建设计划的影响，会在 2013—2014 年成为平板电脑的标准配置。

（二）价格

由于市场规模持续扩大所带来的规模效应，平板电脑重要零组件生产成本下降，会导致平板电脑产品总体价格出现下降。此外，在平板电脑周边应用环境日趋成熟的情况下，厂商可以通过更为灵活的定价策略进行组合销售，而不仅仅是通过硬件利润获利。2011 年，亚马逊公司的 kindle 低价入市，策略重点在于促进内容销售，从某种程度上反映了未来平板电脑发展的这一趋势，以及价格下探的空间。然而，作为个人化计算设备以及新兴产品的平板电脑将呈现更为丰富的价格层级，高端产品或有特色的产品仍然将占据一定市场份额。

（三）渠道

对于平板电脑的销售渠道而言，未来的整体发展趋势是电商化、复合化。在需求复杂的中国市场，只有将渠道终端深入各级城市，才能获取真正的渠道价值。电子商务渠道由于层级少，与物流结合对各级市场的覆盖好，未来会成为各类厂商重点发展的渠道。此外，目前参与平板电脑市场竞争的厂商包括 ICT 业界各方，未来平板电脑市场的渠道将呈现复合的态势，即平板电脑渠道与 PC、手机、3C 等渠道将整合在一起，发挥平板电脑与原有产品线间的互动效应将成为厂商着力的重点。

（四）服务

云计算服务有望成为平板电脑市场兴起后迅速增长的业务领域。一方面，厂商和应用开发者可以充分利用平板电脑随时在线的特性，通过云计算技术能够帮助用户实现平板电脑应用扩展、云存储、远程维护等增值服务获取；另一方面，平台化服务将成为运营商提供平板电脑服务的切入点，运营商可以利用 3G、Wi-Fi 等核心网络业务优势，提供平板电脑厂商与终端用户之间交互的平台，在此基础上创新服务模式，实现增值服务。

第三节　平板电脑产业链重点环节分析

一、芯片

平板电脑芯片大部分以系统级芯片（SoC）的形式存在，芯片上集成了通用处理的 CPU、图形处理的 GPU、内存控制器（memory controller）等，作为平板电脑整体硬件系统的心脏部分，在整个系统运算过程中非常关键。SoC 芯片性能取决于通用处理核心（CPU）和图形处理核心（GPU）。通用处理核心主要由 ARM 公司设计和授权；图形处理核心的设计授权公司包括 ARM 公司、英国 Imagination 公司和美国高通公司。例如，高通 QSD8250、德州仪器 OMAP 3630、苹果 A4 等都是系统级芯片。

平板电脑大多采用 ARM 架构，从而避开能耗高的问题，改善续航时间和散热。同时，平板电脑大部分搭载 iOS、Android 系统，以优化界面交互性，改善用户体验。ARM 公司在商业模式方面与英特尔及 AMD 不同，ARM 公司自己不制造芯片，只负责设计芯片且将设计方案授权给其他公司使用，从中获得授权费用。ARM 的商业模式是开放的，任何厂商都可以购买 ARM 的授权，持有 ARM 授权的半导体公司包括 Freescale（飞思卡尔）、德州仪器（TI）、STMicroelectronics（意法半导体）、三星电子、Broadcom（博通）、Cirrus Logic（凌云逻辑）、Atmel（爱特梅尔）、富士通、英特尔、IBM、英飞凌科技、任天堂、恩智浦半导体、OKI 电气工业、Sharp（夏普）和 VLSI 等知名公司。因此，ARM 拥有庞大的合作伙伴队伍共同对抗英特尔公司。目前，在功耗方面，采用 x86 架构的英特尔 Atom 处理器与 ARM 处理器相比还有一定差距，即使英特尔能够降低处理器的功耗，英特尔的竞争对手还是全球生产 ARM 芯片的半导体厂商。

面对 ARM 芯片的半导体厂商蚕食市场，英特尔公司向联想和富士通等公司提供专为平板电脑设计的处理芯片——新的 Atom Z670 处理芯片，希望借此击败对手。新的 Atom Z670 处理芯片将视频播放的能力提升到 1080p，同时也延长了电池寿命；该芯片更小巧、轻薄，适用于平板电脑，使平板电脑的体积减小 60%。伴随 Atom Z670 的出现，英特尔弥补了平板电脑芯片市场的空白。但是，英特尔在平板电脑市场没有成功，主要是因为英特尔芯片在电量和性能之间的平衡没有达到平板电脑厂商的要求。目前，苹果的 iPad、摩托罗拉的 Xoom、三星的 Galaxy Tab、RIM 的 Playbook 和惠普的 TouchPad 都使用基于 ARM 的处理芯片。

二、OS

微软 2012 年 10 月在美国纽约正式发布 Windows 8 操作系统，该系统引入了全新的 Metro 界面，不仅适用于鼠标键盘操作，而且实现了用户触摸操作。此外，Windows RT 作为 Windows 8 家族的一个新成员正式亮相，适用于采用 ARM 芯片的平板电脑，此举充分体现了微软对平板电脑市场的重视和参与其中的积极态度。

在 Windows 8 发布之前，主要由苹果 iOS 和谷歌的 Android 瓜分平板电脑市场，Windows 8 的出现将改变平板电脑操作系统市场格局。与苹果 iOS 相比，Windows 8 的优势在于可以提供更优的办公体验，由于 Office 在办公领域仍占据主导地位，Windows 8 对 Office 的支持将吸引大部分企业用户；此外，iPad 平板不支持鼠标，Windows 8 的 Metro 界面适用于鼠标键盘操作，插上鼠标和键盘就成为一台移动电脑。但是，Windows 8 在应用数量方面的劣势也非常明显，微软应用商店中的应用数量目前无法与 iOS 抗衡。

Windows 8 的另一强劲对手显然是谷歌 Android。谷歌 Android 的竞争法宝是源代码的开放性，开放的平台允许任何移动终端厂商及开发者加入 Android 联盟中，免费的 Android 系统帮助厂商降低成本，于是 Android 的硬件产品及应用迅速丰富起来。但是，Android 平板对鼠标的支持具有局限性，而 Windows 8 的 Metro 界面适用于鼠标键盘操作。此外，微软在操作系统的研发实力方面强于 Android，Android 操作系统分化严重，阻碍了其在企业间的普及，而微软能够提供统一、稳定的操作系统，对企业及用户均具有吸引力。

三、应用及内容

与互联网应用不同，平板电脑的移动互联网应用更加个性化，也更具长尾特性。随着平板电脑的应用环境不断改善，苹果和谷歌各自打造的应用商店趋于完善，应用范围不断拓展，应用数量快速增长。此外，内容提供商对平板电脑的应用关注不断提升，书籍、音乐、影视等内容资源正在逐步整合，并针对平板电脑进行优化，以应用的形式提供给平板电脑用户。

拥有便携、可随时联网、交互直观等特性的平板电脑具有巨大的商务应用价值。目前平板电脑的应用较多集中在游戏、影音娱乐等方面，厂家的产品定位也大多集中在这些方面，商务应用缺乏。一方面，由于触屏而非键盘的输入特性带来信息生产的困难；另一方面，主流办公软件，尤其是微软的 Office 软件对现有的 iOS 和 Android 系统缺乏支持，导致商务应用中最基础的办公功能很弱，限制了平板电脑的使用范围。2012 年，微软推出的 Windows 8 操作系统可能会在这一方面有所突破，从来带来未来适合商务应用平板电脑的发展。

四、重点厂商

（一）苹果

苹果公司于 2010 年 1 月推出 iPad 产品，在短时间内开拓了一个颇具规模的新兴市场。2011 年 3 月，iPad2 上市，继续受到市场追捧，iPad 的平板电脑市场占有率进一步提高，成为平板电脑功能和设计的标杆。与此同时，AppStore 中 iPad 专属应用不断增多，使得 iOS 成为目前平板电脑应用最为丰富的平台。2011 年苹果市场竞争策略分析如表 6-4 所示。

表 6-4 2011 年苹果市场竞争策略分析

	苹果
市场定位	苹果 iPad 重新定义了一个新的平板电脑市场，树立了平板电脑产品的形态与价格标杆
生产、成本与定价	iPad 在实现优秀的工业设计及丰富的后端资源控制的同时，价格控制在较为合理的范围内，不同版本的 iPad 有效地拉开了不同用户层级的需求。iPad 在新产品性能提升的同时，定价保持了相对稳定
营销	苹果通过品牌影响力，凭借优秀的产品形成了 iPad 供不应求的市场状况，从而进一步促进了 iPad 的销售。通过在北京、上海设立 4 家苹果旗舰店，提供苹果产品体验、销售、培训、维修等服务，进一步提升了对潜在用户群体的影响力和客户满意度
渠道	iPad 渠道分为三类：苹果在线商店、苹果零售店和授权经销商。授权经销商方面，通过佳杰、长虹佳华、翰林汇、方正世纪进行分销，同时与国美、苏宁、大中等 3C 渠道，以及京东商城等网上商城合作推进销售
服务	苹果在中国通过授权服务商和苹果零售店维修中心（Genius Bar）的方式提供服务，同时通过有偿提供 Apple Care 服务来扩展服务年限与服务方式，将 iPad 保修年限增至两年，享受针对 iPad、iPad 电池以及随附 USB 线缆和电源适配器的维修服务等

数据来源：赛迪顾问，2012-02。

（二）联想

2011 年 1 月，在美国拉斯维加斯的国际消费电子展（CES）上，联想集团向全球首次推出了平板电脑——乐 Pad，并于 3 月 16 日正式开始在各大官方网站上进行预售。与乐 Phone 一样，乐 Pad 采用联想深度定制的 Android 操作系统。乐 Pad 的推出进一步丰富了联想在移动互联网时代的智能终端产品布局。与苹果和三星主打中高端市场不同，2011 年第三季度末，联想在国内开展"千元普及风暴"，面向大学生推出了系列乐 Pad 体验活动，有力带动了联想乐 Pad 的市场销量。目前，联想乐 Pad 已经形成 A 系列、S 系列和 K 系列的多个屏幕尺寸的产品线。2011 年联想市场竞争策略分析如表 6-5 所示。

表 6-5　2011 年联想市场竞争策略分析

联想	
市场定位	联想乐 Pad 是联想移动互联战略业务的核心组成产品，以抢占快速增长的平板电脑市场，同时为未来联想数字家庭多屏合一和家庭云中心奠定基础
生产、成本与定价	依托在 PC 领域积累的丰富生产和成本管控经验，以及与供应商的良好合作关系，联想乐 Pad 在产品设计、工艺和做工等方面在国产平板电脑中表现突出，上市之后基于对市场的准确判断，大幅降低了乐 Pad 原先较高的定价，使得乐 Pad 成为市场上最具性价比的平板电脑
营销	体验式营销：与海南航空公司合作推出飞机乘客乐 Pad 体验活动，在 10 多个城市的多所高校举办乐 Pad 校园快乐派对活动； 多产品：相较 iPad 一款机器和之前乐 Phone 一机打天下的经验和教训，联想乐 Pad 欲借鉴联想在 PC 市场上推出多版本细分产品的经验，针对多行业客户、各类消费市场、发烧友级用户等开发 Pad 的系列产品； 低价位：利用千元左右的价位主打乐 Pad A1，扩大乐 Pad 的普及率和知名度
渠道	联想在渠道方面有自建的强大分销网络，同时和京东、淘宝商城等电商，国美、苏宁等 3C 零售连锁，电视购物等多种渠道进行合作，实现了线上线下、不同层次市场的全覆盖
服务	联想通过分布全国各地的授权服务中心和授权维修站进行乐 Pad 的售后服务，同时建立了联想建立了针对移动终端产品的乐论坛，在乐 Pad 中内置了联想的应用"乐服务"，针对用户遇到的问题在线进行解答

数据来源：赛迪顾问，2012-02。

（三）三星

三星集团依托强大的品牌影响力，以及在智能手机领域的设计、生产和营销积累，快速跟进平板电脑市场，推出了 Galaxy Tab 系列平板电脑，取得了不错的市场成绩。2011 年三星市场竞争策略分析如表 6-6 所示。

表 6-6　2011 年三星市场竞争策略分析

三星	
市场定位	三星凭借 Galaxy Tab 的 7 英寸和 10 英寸两条产品线，在与苹果 iPad 进行正面竞争的同时，利用小尺寸、便携式、可通话的特点实现了差异化，成为国内 Android 平板市场中高端领域最具竞争力的品牌。在此基础上，三星进一步扩展产品线，推出 5 英寸的 Galaxy Note 跨界产品，兼具智能手机和平板的特点，进一步扩大了市场占有率和品牌影响力

（续）

三星	
生产、成本与定价	三星集团具有强大的研发、零组件生产能力以及产业链整合能力，平板电脑的芯片、面板等重要部件均可由集团内部生产提供，产品组装工作也主要由集团自有的工厂完成。研发及生产一起做，可以确保品质，同时具有速度优势，碰到问题可以及时处理。与高品质相对应，三星平板电脑采用了高定价的策略，形成高质高价的定位策略
营销	多维度营销与创新，除了传统的电视广告、平面广告等强调普及率的常规项目外，还重点投入活动、赛事营销来打造品牌高端形象，建立三星数码体验馆进行体验式营销，同时，非常重视用户购买后的品牌体验与品牌关怀，重视网络社区营销，监测用户网络意见反馈，从多个方面打造三星平板电脑等产品的用户口碑
渠道	逐渐从国包商模式转为直供＋分销并存的分销渠道，将渠道做到扁平化，从而能够更好地增强对市场销售一线的把控力度。三星直供体系的合作伙伴将会绕开北京派普、深圳天音、爱施德等国包商，直接从三星厂商进货。部分机型独家供应直供渠道，主要覆盖一线的重点城市；部分机型同时供应直供、国包商两个渠道，主要供应二线城市、地市一级市场；还有部分机型只做既有国包渠道，重点针对县级别以下、乡镇市场
服务	平板电脑在三星的产品体系中式归入手机类别，所以维修服务等是按照手机类型进行。三星电子产品在大陆市场售前和售后服务业务由三星电子（北京）技术服务有限公司（三星的独资公司）提供，同时还有遍布全国的三星授权服务中心提供服务。为了提高维修服务速度和质量，三星零配件部门储备了中国市场上销售的所有三星电子产品所需的零配件，在库存上保证了至少 3 个月的需求量；此外，通过三星中国官网"服务中心"，提供在线服务

数据来源：赛迪顾问，2012-02。

（四）华硕

作为笔记本电脑的老牌厂商，华硕集团兼有代工厂和自有品牌。华硕在 2011 年推出了可拆卸键盘的 Transformer 系列平板电脑，设计独特，获得了多个电子类大奖，在欧洲市场表现抢眼。2011 年华硕市场竞争策略分析如表 6-7 所示。

表 6-7　2011 年华硕市场竞争策略分析

华硕	
市场定位	华硕在 2011 年推出了可拆卸键盘的 Transformer 系列平板电脑，独特的设计使得华硕平板受到市场的积极关注。在高度同质化的 Android 平板市场上，通过设计的差异化寻求在中高端市场的一席之地，是华硕目前的战略选择
生产、成本与定价	华硕 Transformer 系列平板电脑定位于中高端市场，定价与苹果 iPad 系列产品接近。由于华硕是由中国台湾 ems 厂商转型的品牌商，所以在生产、成本控制等方面有相当的优势。然而，相比较三星丰富的零组件资源，以及苹果与上游供应商强大的议价和批量采购能力，华硕并不具有比较优势
营销	华硕 Eee Pad Transformer TF101 荣获英国权威 3C 数码媒体《Stuff》"年度最佳产品"以及"最佳设计奖"两项奖项，成为华硕平板品牌营销重要的事件
渠道	除传统 IT 渠道外，3C 卖场、电子商务网站等均成为重要的销售途径
服务	华硕产品主要由华硕授权服务中心进行维修服务，同时开始了产品论坛和华硕在线即时易服务，在线解决用户问题

数据来源：赛迪顾问，2012-02。

（五）E人E本

E人E本在2010年年初即推出平板电脑T1，成为国内率先涉足平板电脑市场的厂商，并陆续推出了后续升级版本，最新的版本为T4。E人E本以商务应用为重点，推出自主研发的智慧办公系统（MindOffice）包含了原笔迹记事本、电子阅读、手写邮件、名片管理、手写微博等功能。广泛的渠道分布及独特的产品定位使E人E本在2011年中国平板电脑市场表现不俗。2011年E人E本市场竞争策略分析如表6-8所示。

表6-8　2011年E人E本市场竞争策略分析

	E人E本
市场定位	E人E本以商务为产品应用方向，推出的T1、T2、T3、T4等产品定位于商务人士、公务人员等用户群体
生产、成本与定价	E人E本平板电脑产品定价由于用户定位原因价格较高，T4价格接近5000元，与iPad2 32GB 3G+Wi-Fi版本接近，通过高端化的定价形成与其他国内品牌的差异化
营销	E人E本通过着重宣传其商务应用功能塑造了商务应用平板电脑的形象，同时积极参与方案评比与行业重点会议，增强品牌形象
渠道	E人E本通过体验店方式进行产品销售，所有店面采用统一形象、统一价格、统一培训与统一服务，大量店面广泛分布于IT卖场、商场、书城等多种商业渠道，能够有效影响其目标人群
服务	E人E本提供针对电子产品的三包政策，七天包退、十五天包换、一年包修

数据来源：赛迪顾问，2012-02。

第四节　平板电脑产业发展战略建议

一、综合考虑低成本和差异化，突出产品特点

在iPad推出之后，各厂商纷纷推出类iPad产品进入平板电脑这一快速成长的市场，扮演追随者角色。由于缺乏应用和生态环境的支持，各厂商的Android平板多在硬件性能上与iPad进行比拼，产品同质化严重。在众多Android平板中，三星的7寸Galaxy Tab、联想的乐Pad A1、Amazon的Kindle Fire依靠突出的产品特点和价值成本比，在平板市场取得了不错的成绩。其中，Galaxy Tab功能性能强大，比iPad更为便携；乐Pad A1属中端产品质量却以较低价格销售，主打性价比；Kindle Fire功能较弱，以内容销售补贴硬件销售，以接近成本的定价为消费者提供Amazon强大的内容和云服务。通过这些产品可以看出，在竞争激烈的平板电脑市场要想占据一席之地，必须有突出的产品特点，在定价和差异化方面与iPad产品进行明显区分。

二、推动用户参与，重视设计和用户体验

随着Android系统的完善，消费者对平板电脑的认识和使用日趋成熟，不同产品在基础功

能方面的差异缩小，厂商应更加贴近用户，了解用户关注点，充分利用网络手段扩大用户参与产品创新的广度和深度，在设计和用户体验方面加大创新力度，从而设计生产出值得用户热爱的平板产品。在这个过程中，厂商要积极顺应移动互联网、云计算等新一代信息技术的发展方向，关注这一背景下用户不断衍生出来的新需求，以开放的态度，充分与用户互动，进行跨界创新，实现平板电脑与智能手机、智能电视、笔记本等多种类型终端的协同与交互，创新平板电脑应用，拓展应用范围。

三、针对不同层次市场实行差异化渠道模式，充分利用电子商务销售平台

平板电脑厂商大多拥有全国性销售网络，充分利用已有销售网络，实现不同产品渠道的联动，整合不同产品宣传资源，实现已有销售与服务渠道的复用，降低成本，同时也可以提升平板电脑进入市场的速度。在中心城市及大城市，建设产品综合体验店，整合体验、销售、维修服务等多种功能，并重点推动对大型销售平台（涵盖线上线下）直供的支持。在四六级城市及农村市场，加强渠道下潜，与消费者直接接触，同时应拓展多元化的渠道，通过网络渠道、合作伙伴渠道等方式扩大产品覆盖面。随着电子商务在商品零售领域重要性的提升，厂商要充分利用电子商务渠道的低成本、高覆盖和反馈及时性的优势，在加强传统渠道建设的同时，将拓展电商渠道作为重中之重。

四、增强平板电脑子品牌建设，实施产品线扩展策略

进入平板电脑市场的厂商众多，其中包括传统 PC 厂商、手机厂商、消费电子厂商等多个领域的参与者，如何建立起原有品牌形象与平板电脑这一新兴产品的联系将成为各大厂商关注的焦点。通过建立子品牌，可以进行精准的产品形象传达。目前平板行业领先企业中，都已开始了子品牌的建设，如苹果的 iPad、Amazon 的 Kindle Fire、三星的 Galaxy Tab 以及联想的乐Pad 等。在现有基础上，进一步增强子品牌建设，提高品牌认知度和美誉度，是厂商品牌策略的关键。此外，在苹果 iPad 产品的挤压下，Android 平板厂商应避免发布单一产品与苹果进行正面竞争，应通过实施产品线扩展策略，在多种产品形态和多个细分市场进行布局和发展，寻找突破点。

五、注重口碑营销，关注行业市场

对企业而言，口碑是互联网时代具有巨大能量的核心竞争力。用户进行产品选择时对口碑的依赖越来越大。优秀的产品，加上完善、及时的响应和服务，才能保持用户的忠诚度，促使用户进行正面口碑的分享。平板产品的网络属性，决定了网络口碑营销对产品成功的重要性。小米手机在智能手机市场的成功案例，给平板产品的口碑营销提供了很好的借鉴思路。充

分发掘用户社区和社交网络在口碑建立和传播方面的作用，激发用户对产品的热情，是未来平板产品成功的重要影响因素。此外，在大众市场之外，平板厂商可以重点关注行业应用市场，积极开发平板电脑行业解决方案，如教育、医疗、旅游、餐饮等领域，进行细分行业的产品和解决方案营销，影响行业市场，建立在细分市场的影响力和美誉度。

六、"以用户服务用户"，重视用户社区和远程服务

用户社区论坛集中了大量先导用户、意见领袖和开发者，是众多用户解决问题的重要渠道。厂商应重视主流的平板电脑、Android 操作系统以及应用相关的用户社区论坛，投入资源有针对性地进行支持，充分发挥社区用户的积极性、主动性和创造力，从而实现"以用户服务用户"的服务策略。此外，可以利用平板电脑随时在线的特性，积极应用云计算、虚拟化等创新技术，加强服务的远程实现，提升服务的及时性与可达性。通过服务平台建设使增值服务成为可选择购买的产品，提供远程文件备份、系统维护等增值服务，实现服务利润增长。

智能手机产业

第一节　智能手机产业发展概览

一、智能手机产业的兴起和演进

（一）智能手机的定义和特点

1. 定义

智能手机是指采用独立开放式操作系统，能够加载和卸载第三方应用程序，具有接入移动互联网能力的手机终端。

2. 智能手机的特点

（1）具有独立开放式操作系统：这是智能手机和功能手机的根本区别。一般来说，传统功能手机只具有生产厂商开发的简单、封闭的操作系统，可实现功能有限；而智能手机具有独立开放式操作系统，用户通过加载和运行第三方应用软件，能够达到扩充功能的目的。现阶段，主要的智能手机操作系统有 iOS、Android、Windows Phone 以及 Symbian 等。

（2）更注重用户体验：这是智能手机的重要特征。智能手机应用围绕提升用户体验展开，整体设计也更加人性化。一方面，丰富的应用可以大幅提升用户体验，同时用户可以根据自己的喜好加载应用，获得了使用的"主动权"；另一方面，智能手机的 UI 设计和人机交互方式（触摸、语音交互）等众多方面，充分尊重用户感受，从细节入手，设计更加人性化。

（二）中国智能手机发展历程

萌芽期（1999—2006 年）：1999 年，摩托罗拉推出天拓 A6188，具有 PPSM（Personal Portable Systems Manager）操作系统，是首款真正意义的智能手机。随后，爱立信和诺基亚相继推出智能手机 R380sc 和 9110，标志着智能手机时代的正式到来。在全球品牌厂商纷纷推出智能手机的浪潮下，2002 年国产手机厂商波导推出了波导"易王三合一"，成为中国智能手机的先驱。在随后几年中，智能手机逐渐成为手机厂商关注的重点，不同款式、不同品牌的智能手机纷纷推出。

在这个阶段，用户对于智能手机的认知度偏低，功能手机仍是中国用户购机和换机首选。同时，在智能手机操作系统市场，初步形成了以 Window mobile、Palm、Symbian 和 Linux mobile 为主的竞争格局。

初级发展期（2007—2010 年）：2007 年，智能手机开启了发展的新纪元，苹果对智能手机重新定义，发布了 iPhone 手机。iPhone 采用不带键盘的电容屏，改变了用户的操控习惯，并开创了内置"应用商店"的商业模式，成为引领智能手机发展的标杆。此外，Android 操作系统也在同年发布，凭借着"免费开源"的商业模式迅速吸引了大批终端厂商加入 Android 的阵营，并逐渐成为推动智能手机产业发展的重要力量。

在这个阶段，产业链各方对智能手机的重视上升到了战略高度，硬件性能快速提升，软件应用不断丰富，用户对于智能手机的认知明显增强，智能手机的市场普及加快。同时，智能手机和操作系统市场的竞争格局也在剧烈振荡。对于中国智能手机市场，仍然被国外的主流厂商所占据，国产手机厂商仍处于摸索期。

高速成长期（2011 年至今）：2011 年是中国智能手机发展的关键时期。经过了初期的探索，一批有实力的国产手机品牌厂商迅速崛起，其中知名厂商有中兴、华为、宇龙酷派、联想、金立、步步高以及 OPPO 等。同年，中国电信运营商推出"千元智能机"概念来扩展 3G 用户规模。互联网企业也开始了智能手机领域的探索，如小米、阿里巴巴和百度等知名互联网厂商。智能手机在多方利好的因素带动下普及率迅速提升，因此，业界将 2011 年作为中国智能手机普及元年（见图 7-1）。

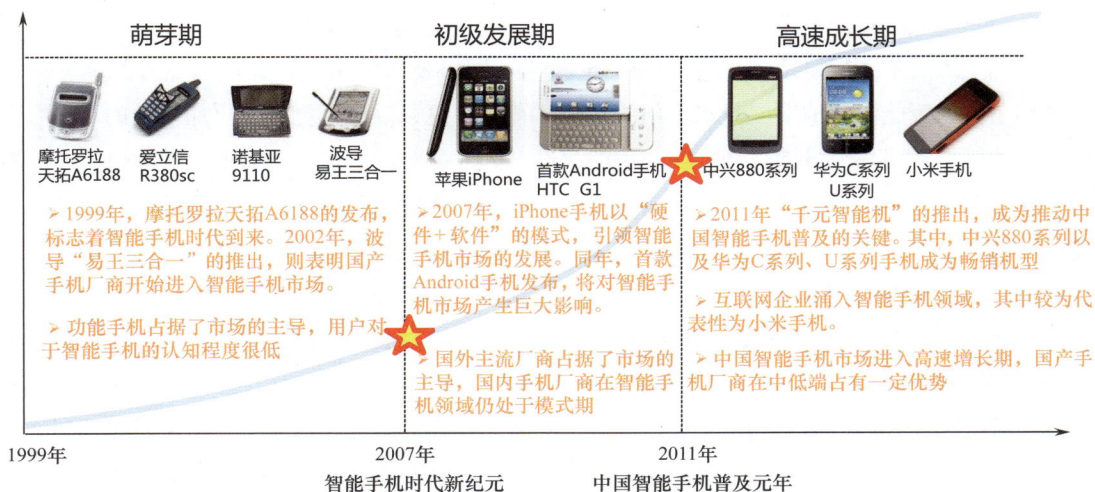

图 7-1　中国智能手机发展不同阶段

数据来源：赛迪顾问，2012-06。

在这一阶段，手机厂商和电信运营商形成合力，极大地推动了智能手机的普及，中国智能手机市场步入高速成长期。在市场中，国产手机厂商的综合实力快速提升，在中低端用户市场中具有较强竞争力。

（三）中国智能手机价值变迁

面对智能手机市场的广阔发展前景，产业链各方不断挖掘智能手机的潜在价值。因此，智能手机的价值也在发展中逐步迁移：从以终端销售盈利到以增值服务收费盈利，再到以后端收费盈利（见图7-2）。

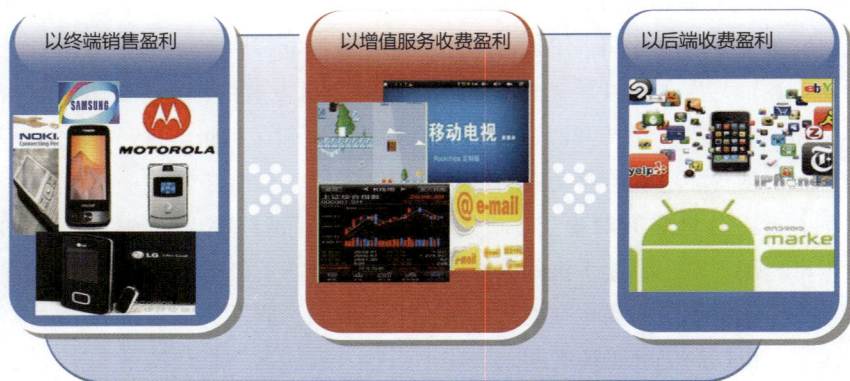

图 7-2　中国智能手机价值迁移图

数据来源：赛迪顾问，2012-06。

1. 以终端销售盈利

在市场发展之初，智能手机只是作为手机厂商争夺高端用户、提升产品利润空间和抢占发展制高点的重要手段，内在价值并没有充分挖掘。这个阶段，产业链各方对智能手机的市场认知停留在传统功能手机层面：依靠硬件销售盈利。

2. 以增值服务盈利

随着无线通信技术的发展，尤其是 2.5G 和 3G 网络技术的出现，提供了更好的移动通信传输环境，为智能手机的发展带来了新的契机。智能手机可以运行更多和更加复杂的增值服务应用，能够带动用户流量增长和 APRU 值的提升。因此，中国电信运营商推出移动电视、导航等一系列增值服务，并且通过和 SP 分成获得巨大收益。在这个阶段，智能手机成为电信运营商拓展增值服务市场，提升流量和 APRU 值的重要手段。

3. 以后端收费盈利

苹果通过"内置 App Store"将智能手机价值聚焦到软件应用服务平台上，这种方式不但为用户带来全新的应用体验，也开创了以下载应用服务和推送广告为主的后端收费的盈利模式。同时，苹果 iCloud 服务的推出使应用服务与云计算充分融合，进一步强化了后端盈利的模式。基于苹果模式获得的巨大成功，Android 操作系统以及 Windows Phone 操作系统延承了后端收费的盈利模式，不断发展自身的"App Store"。此外，互联网厂商进入智能手机领域，将业务应用延展到移动终端平台，虽然盈利模式仍不清晰，但是后端收费将会是这类企业探索盈利模式的重要方向之一。在这个阶段，智能手机的价值重心已经开始向软件应用平台迁移。

二、智能手机产业概述

中国智能手机产业链可以分为上游、中游和下游，其中产业链上游的参与者主要是智能手机硬件和软件厂商，在产业链中游的参与者则是方案提供商和生产制造商，在产业链下游的则是面向客户的品牌手机厂商和渠道商（见图 7-3）。

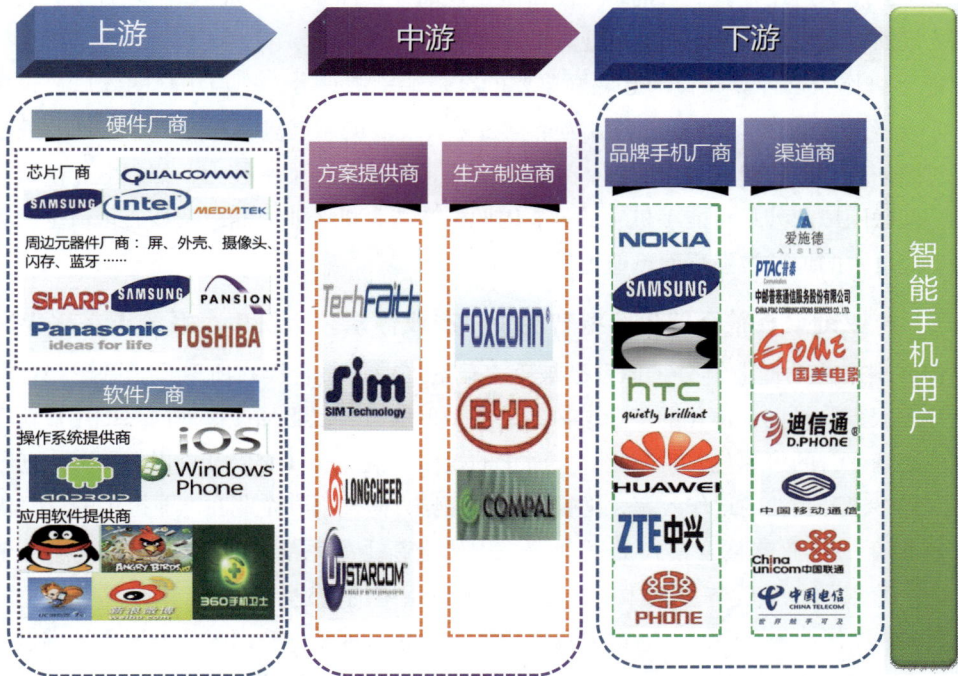

图 7-3　中国智能手机产业链概览

数据来源：赛迪顾问，2012-06。

三、中国智能手机产业发展态势

（一）中国已经成为全球智能手机最大市场，未来发展前景依然广阔

随着智能手机在中国迅速普及，智能手机用户规模化增长，市场销量不断攀升。赛迪顾问数据显示，截至 2012 年第一季度，中国智能手机市场销量已经达到了 3183.9 万部，首次超过美国，跃居为全球第一大智能手机市场。

从现阶段的中国智能手机发展态势来看，未来可拓展空间仍然巨大。截至 2011 年年底，中国智能手机销量仅占整体市场的 29.4%，随着手机市场的重心向智能手机方向迁移，智能手机销量将会规模化增长。从城市智能手机普及率来看，截至 2011 年年底仅为 30.1%，可见城市市场仍有发展潜力。此外，中国具有手机产业集群优势，在智能手机发展的浪潮中，产业链各方将会形成聚焦效应，集体发力智能手机市场。

（二）云计算与移动互联网融合发展，驱动智能手机产业内涵与核心价值迅速提升

现阶段，信息化体系的重构、信息和通信技术融合发展以及融合信息和通信业务的大型企业的不断产生，逐渐模糊了传统的 ICT 产业的边界。在这样的背景下，云计算和移动互联网融合发展已经成为大势所趋。其中，业界标杆企业苹果通过对产业链的纵向整合和对业务领域的横向整合形成了对云计算和移动互联网的战略布局，不但提升了对产业链的掌控能力，也为用户带来了全新的应用体验。目前，更多 ICT 企业面对云计算和移动互联网融合发展的趋势不断加速的局面，也在积极介入并进行业务的重组和延展。

智能手机作为云计算和移动互联网重要的客户端承载平台，把控用户的入口权，扼住了融合产业发展的"咽喉"。产业链各方为了抢占未来发展的制高点，通过产业链的业务整合和商业模式的创新抑或是建立稳定联盟体系，对智能手机平台加强掌控力，如谷歌斥巨资收购摩托罗拉，互联网厂商涉足智能手机领域等。因此，智能手机产业内涵以及核心价值也随着终端产品在产业链中的地位被强化而迅速提升。

（三）产业链垂直整合催生新型智能手机产业体系，全新生态系统正在逐步形成

目前，扁平化的产业链分工体系已被垂直化的产业链整合模式所取代。基于"终端 + 软件 + 内容 + 服务"纵向一体化的产业链体系的逐步形成，可以更加便捷地向终端用户输出基于智能手机终端平台的多元化、动态化、实时化的娱乐、消费、社交以及资讯等服务。通过这样的整合，能够提升企业的运作效率，把控业务的主导方向，提升企业在产业链中的竞争优势。

在这种新的产业链整合模式的推动下，构建全新生态系统则成为了产业链优势企业的发展方向。苹果的竞争优势主要体现在综合性生态系统的构建能力上，苹果具有自主的终端 iPhone 和 iOS 操作系统平台，并通过内置应用商店模式实现硬件和内容的资源有效绑定，配以购买后端的音乐和影视版权的购买，构筑了纵向一体化的生态系统。谷歌和微软基于自身的实际发展情况和商业模式，聚合产业链终端、内容优势资源构建全新的生态系统。

第二节　智能手机产业发展现状与趋势

一、中国智能手机产业发展现状

（一）产业政策

1. 鼓励政策

2010 年 9 月 8 日，中国政府审议并通过《国务院关于加快培育和发展战略性新兴产业的决定》，确定了以节能环保、新一代信息技术、生物、高端装备制造、新能源、新材料和新能源汽车为主的七大战略性，并设立战略性新兴产业发展专项资金，建立稳定的财政投入增长机

制和制定相关扶持政策。其中，新一代信息技术确定了发展移动互联网、移动支付、三网融合、下一代互联网、智能终端、信息服务业、LTE 等内容，而智能终端作为连接信息的承载平台，将成为影响产业发展的重要方向。

在战略性新兴产业发展方向的指引下，通过相关规划和产业化项目对智能终端的发展予以支撑。在《信息产业"十二五"发展规划》制定中，明确将智能终端列为重大项目，强调政府主导的信息化应用项目中优先支持，并给予政策和资金上支撑。在《电子信息制造业"十二五"发展规划》中，明确指出"加速推动移动互联网相关技术产品和业务应用的研发与产业化进程，重点支持新型移动互联网终端、终端核心芯片、操作系统和中间件等关键技术和产品，以及 IP 承载网、接入感知与控制、移动互联网平台与资源关键技术研发与产业化"。

这些产业政策的出台，将会有助于完善产业配套、突破智能手机技术瓶颈并改善智能终端应用环境。

2. 监管政策

为引导产业健康发展，规范市场公平竞争机制、切实保护用户的合法权益，工信部在 2012 年 6 月初发布了《关于加强移动智能终端进网管理的通知》（以下简称《通知》）征求意见稿，明确指出："生产企业不得在移动智能终端中预置或者以其他方式提供用户安装具有以下性质的应用软件。包括含有恶意代码的；未向用户明示并经用户同意，擅自收集、修改用户个人信息的；未向用户明示并经用户同意，擅自调用终端通信功能，造成流量耗费、费用损失、信息泄露等。"

《通知》中将智能手机用户关心的"手机吸费"和"信息泄露"两大问题，纳入了重点监管的范围之内，监管部门通过制定监管机制和惩罚标准、强化监管力度、提高企业的违规成本，保障用户权益。

（二）产业规模

全球智能手机市场的快速发展，使手机厂商对智能手机采购量明显增长，中国作为手机制造大国，承担了全球绝大部分的智能手机供应。此外，中国智能手机市场快速崛起，并成为全球智能手机发展的重点区域，智能手机的内销量增速明显。赛迪顾问数据显示，截至 2011 年年底，中国智能手机产业产值将达到 3323.7 亿元，占移动互联网产业的产值的 59.7%（见图 7-4）。

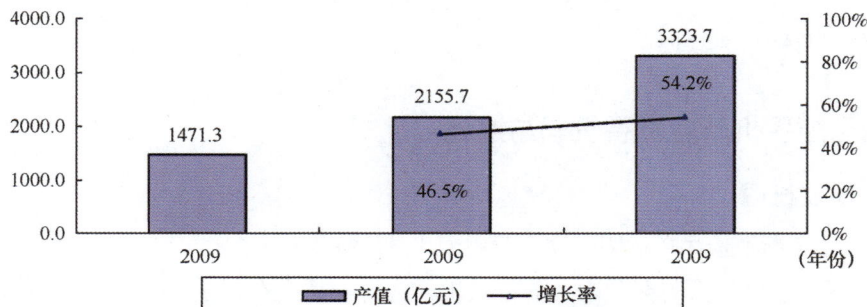

图 7-4 2009—2011 年中国智能手机产业规模

数据来源：赛迪顾问，2012-06。

（三）产业区域分布

智能手机产业的发展需要来自产业内部各个环节的协作。智能手机市场的竞争日趋激烈，以协同商务、协同竞争和双赢为原则的商业运作模式成为众多厂商的选择，合作是新的市场形势下企业生存和发展的必然选择。

智能手机产业的建立是以手机产业集群为基础的，因此手机产业区域分布将会成为智能产业集群的雏形。目前，已经形成了京津塘、长三角和珠三角三大智能产业集群地区（见图7-5），逐步建设完善了以大型骨干手机企业为核心、以完整的产业链为配套、以完善的产业服务体系为支撑的综合性智能手机产业基地。产业配套基地的行为实现了产业链间的协调合作，进一步强化了产业的集群效应，从而也提升了国内手机产业链的国际竞争力。

图例：
● 中国智能手机产业集群基地

京津塘
➤ 以国外主流厂商为主导的产业集群
➤ 以北京设计研发为中心，天津等其他地区制造生产
➤ 投资政策优惠，对跨国企业产生较强的吸引作用

长三角
➤ 经济基础好，区位和人才优势明显，产业链完善，各环节间的联动性强
➤ 形成以上海和杭州为研发中心，周边的苏州、无锡等地为生产基地的产业集群

珠三角
➤ 珠三角智能手机产业基地积聚了大量的国产品牌厂商、方案设计厂商以及代工厂商，产业链集群效应明显。
➤ 深圳已经成为珠三角产业集群的核心，聚集众多的手机厂商研发中心以及产业链其他配套环节的厂商，并形成了全国性的产业影响力

图 7-5　中国智能手机产业区域分布

数据来源：赛迪顾问，2012-06。

二、中国智能手机产业发展机遇与挑战

（一）发展机遇

1. 智能手机行业应用需求为带动产业规模化发展提供重要契机

内需市场的急剧扩大与两化融合的持续推进为智能手机在行业市场中的应用提供了强劲的驱动力。智能手机市场发展迅速，数字化、移动化的生活通过智能手机的普及而快速到来。在云计算、物联网等新技术应用不断创新的背景下，基于金融、医疗、教育以及制造等行业的

智能手机应用不断拓展。

一直以来，中国政府大力推进行业信息化的发展，并出台相关政策以及设立专项资金予以扶持。智能手机与行业应用的充分融合，将会对行业信息化的推动产生积极的促进作用。同时，行业对智能手机的大规模集采将会带动终端市场短期内销量猛增；基于智能手机的关联软件和信息技术服务将迎来新的发展机遇；配套的硬件产业集群将会迅速建立。因此，极具扩张的市场空间为智能手机产业提供了更广阔的发展空间，为完善产业链各环节、突破技术瓶颈、产业规模化发展注入了新的活力。

2. 市场竞争格局振荡为突破产业垄断束缚带来新的机遇

Symbian 操作系统在市场中的没落，封闭"Wintel 联盟"的瓦解，摩托罗拉和诺基亚市场份额的萎缩标志着智能手机产业进入了变革期。同时，新兴商业模式涌现、产业重心逐步迁移、谷歌和苹果等一批创新型企业的市场地位不断提高。市场的剧烈变革和新旧交替预示着昔日的寡头企业对产业链的掌控能力在减弱，少数跨国企业在标准、技术以及市场中形成的竞争壁垒在逐渐突破，随之而来的是新兴企业的快速崛起以及新的产业格局的逐步形成。在这样剧烈变革的背景下，为中国的智能手机产业在多维度、多领域上带来了新的发展机遇。

（二）面临挑战

1. 芯片和操作系统作为产业链核心环节被跨国厂商把持暂难以抗衡

芯片和操作系统作为产业链的上游，处于优势地位，对智能手机产业未来的发展会产生至关重要的影响，但是这两个核心环节多年来一直被跨国厂商所把持。虽然随着智能手机市场的快速兴起，国内也已迅速涌现了一批或新创或通过转型进入此领域的上游芯片及操作系统软件相关厂商，但跟国外厂商相比仍有差距。

在芯片领域，国内芯片厂商在芯片开发方面仍主要集中于低端领域，主要通过采用内核授权方式，进行外围开发一些辅助性 DSP 核。虽然在短期内可以保证较快的开发速度与较低的成本，但是从长远的发展来看，一方面市场过于狭隘，另一方面无法提升自身技术能力，在性能、稳定性及针对性优化上与三星、德州仪器等领先公司存在较大差距，难以进入一线终端厂商采购名单。

在操作系统领域，iOS、Android、Window phone 等操作系统平台主要由苹果、Google、微软三家国际厂商所主导。虽然国内厂商也在积极涉足操作系统领域，如中国移动的 OMS，小米 MIUI 以及点心操作系统，但是都是基于 Android 操作系统平台基础之上进行再开发或 UI 定制，核心技术控制力不足，很难与跨国企业抗衡。

2. 代工厂商处境尴尬，亟待转型提升

随着移动终端产业环境的改变，代工厂商的弊端凸显，发展进入困境期。对外，从 2008 年金融危机开始，订单开始大幅下滑，代工的毛利润直线下降；并且随着国内劳动力成本的不断上升，国外代工企业有将工厂向拉美、东南亚等地转移的趋势。对内，从 2008 年开始，中国实行两税并轨以及施行"三险一金"，并且法律规定的最低工资标准不断提升，使内地的代工厂商的人力支出成本不断增加；此外，一些小型的代工厂商的快速崛起，使整体代工市场竞争更趋激烈，并且代工厂商处产业链下游环节，往往会受制于大客户，处境极其被动，比如由于苹果对成本的严格把控以及与物料供货商直接合作，富士康仅能做物料加工，导致了利润空间的下

滑。另外，由于手机厂商对新品信息的严格把控，会挤压交货时间，给代工厂生产造成极大的压力。因此，谋求更高的利润水平以及持续健康的发展，将成为代工厂商转型提升的重点。

三、中国智能手机产业发展趋势

（一）用户行为趋势：86.4% 的用户具有购买智能手机的倾向，价格仍将是影响用户购买决策的最重要因素

赛迪顾问针对用户购买智能手机倾向调研，有效样本量为 1215 份，其中 47.2% 的用户为智能手机用户，52.8% 的用户仍使用非智能手机。通过调研发现，两类用户未来换机选择智能手机的用户比例高达 86.4%（见图 7-6）。这主要是因为拥有智能手机的用户已经产生了较强黏性，未来换机更将选择智能手机。同时，基于智能手机的快速普及，对非智能手机的用户换机选购智能手机产生了巨大的推动作用。

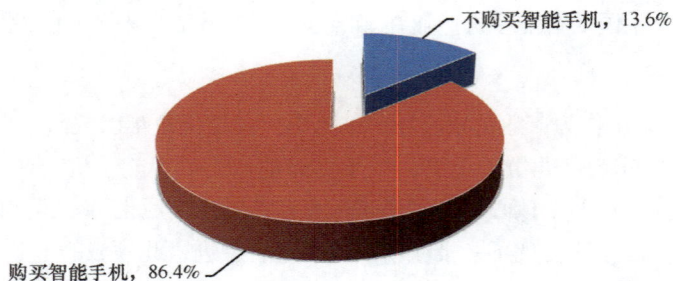

不购买智能手机，13.6%

购买智能手机，86.4%

图 7-6　中国用户购买智能手机倾向

数据来源：赛迪顾问，2012-06。

根据市场调研数据显示，价格、操作系统、品牌、质量以及售后服务是影响用户购买智能手机的五大关键因素，其中占比分别为 31.2%、23.5%、16.9%、13.6%、10.3%（见图 7-7）。虽

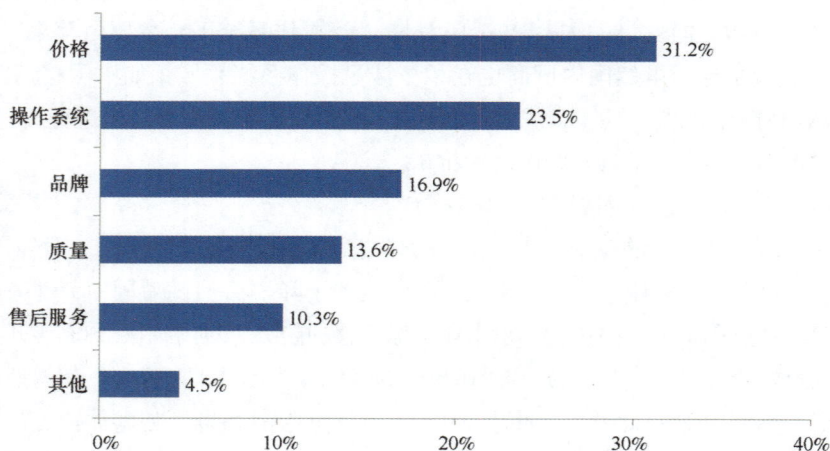

因素	占比
价格	31.2%
操作系统	23.5%
品牌	16.9%
质量	13.6%
售后服务	10.3%
其他	4.5%

图 7-7　影响用户购买智能手机因素

数据来源：赛迪顾问，2012-06。

然现阶段智能手机的价格不断降低，但是对于大多用户而言，价格仍然是影响用户购买的最敏感因素。

（二）技术演进趋势：裸眼 3D 和 NFC 技术将成为智能手机新技术应用亮点

裸眼 3D 技术的应用已经引起了消费者的广泛关注，因为这项新技术可以让用户在不佩戴特殊眼镜的情况下，直接观看三维图像，极大地提升了屏幕显示品质。未来，随着 CPU 性能的提升和操作系统对该技术的支撑能力的加强，将促成裸眼 3D 技术的普及。另一方面，基于移动互联网的兴起，NFC 技术在智能手机平台上的应用将会逐渐趋热。因为 NFC 技术可以有效地使手机用户的社会化身份与虚拟的移动互联网之间对接，将充分整合身份识别和支付等功能。NFC 应用于智能手机被产业链各方认为是具有商业价值的新兴技术，例如，谷歌从 Andorid 2.3 便开始支持 NFC 技术，随着版本的不断升级，NFC 技术的支持力度也在不断加强，Android 4.0 更是推出了 Android Beam，实现手机的数据交换功能。

（三）营销渠道趋势：互联网新兴渠道将会在营销渠道体系中逐渐持重

在发展初期，互联网渠道是对传统营销渠道的补充，在整体渠道市场销量结构中占比较低。伴随着互联网的快速普及以及网络购物方式的兴起，通过互联网购机已经成为越来越多用户的选择。同时，互联网渠道能够降低企业的销售成本，扩展营销网络覆盖，提升市场竞争能力。

电信运营商已经在淘宝网开设官方旗舰店涉足互联网营销渠道，这样不但可以免去营业厅店面成本，提高营销和服务能力，还可以最大限度地弥补渠道不足的情况；手机渠道商，京东商城和当当网等电子商务网站快速发展已经引起了传统渠道商的恐慌，国美和苏宁纷纷搭建自己的网上商城——国美电器网上商城和苏宁易购；对于刚刚涉足手机领域的互联网厂商，以互联网渠道作为最主要的销售渠道，不但可以降低成本，还可以在最短的时间内覆盖用户市场。

（四）商业模式趋势：面向"应用服务和内容"的商业模式创新将带动产业增量发展

商业模式是企业创造价值的重要方式，也是提升产业价值和重塑竞争格局的重要因素。苹果依靠独特的商业模式创新，搅动了整体智能手机市场的竞争格局、重回市场的中心，将产业价值重心逐渐牵引到应用服务上。

昔日的手机行业巨头摩托罗拉被收购以及诺基亚业绩的不断下滑，是因为对智能手机产业发展趋势的战略性失察；更重要的是，两家巨头固守"卖硬件"盈利的商业模式，失去了持续创新的能力。未来在市场饱和竞争的状况下，依靠硬件销售将很难启动产业跨越式发展的引擎。

在产业纵向一体化整合背景下，应用服务延展性和价值可拓性就凸显出来。云服务与智能手机的应用融合发展，在提升了应用体验的同时，也创造了新的价值，如苹果提供 iCloud 服务与音乐、照片等应用嫁接，不但方便用户在不同移动终端的无缝迁移，也为苹果打开了新的盈利通道。此外，用户规模的不断扩大以及内容服务良莠不齐，也使用户对于优质内容期待值不断提升，基于内容衍生出市场将会具有巨大的发展潜力。因此，未来商业模式的创新将会围绕"应用服务和内容"这两个重点方向展开，并推动产业增量发展。

第三节　智能手机产业链重点环节分析

一、产业链上游

（一）硬件厂商

智能手机硬件厂商主要包括芯片厂商和周边元器件厂商。芯片作为智能手机核心元器件，一般来说可以分为基带芯片、射频芯片、电源管理器芯片、应用处理器芯片、存储器芯片、多媒体应用芯片等。由于芯片是智能手机的重要组成部分，对推动智能手机产业发展、提升产品的性能以及引领产品发展方向都起到了至关重要的作用。从现阶段芯片的发展趋势来看，芯片集成度提高，功能日趋丰富，体积逐步减小，功耗明显降低。芯片市场的主要参与者有高通、三星、TI、瑞芯微、展讯以及MTK等。智能手机周边元器件包括屏幕、外壳、摄像头、闪存和蓝牙等。近些年，由于智能手机的市场规模化增长，周边元器件的成本也在逐步降低。

（二）软件厂商

智能手机软件厂商主要包括操作系统提供商和应用软件提供商。操作系统作为产业链中的核心环节，对产业链资源具有较强的整合能力。目前，智能手机操作系统市场以谷歌、苹果和微软为代表形成了三大阵营，并呈"鼎立态势"。应用软件的丰富程度和品质直接决定了用户的应用体验。同时，由于应用软件的入门门槛较低，导致了产品的良莠不齐。

二、产业链中游

（一）方案提供商

方案提供商为下游手机品牌厂商提供外观、软硬件以及整机的解决方案，方案提供商作为产业链的中间环节，起到承上启下的作用，通过整合上游的资源来满足手机品牌厂商的需求。在国内市场中，能够提供整机解决方案的有龙旗、德信无线、希姆通以及晨讯科技等少数企业，而大部分方案提供商是中小型公司，只能提供针对手机的某一方面的解决方案。

（二）生产制造商

中国的劳动力成本优势明显，是手机生产的大国，大部分国际主流的手机厂商都选择在中国代工生产产品，经过多年的发展，富士康、比亚迪和仁宝等一批大型生产制造商已经形成了规模化生产的优势，成为全球顶尖代工企业。

三、产业链下游

（一）品牌厂商

智能手机品牌厂商处于产业链下游，与终端客户直接接触，对用户的需求理解最深刻，对市场的发展动态了解得最及时，是智能手机产业发展的风向标。从市场竞争格局来看，诺基亚、三星和苹果等国际主流的品牌厂商凭借较强的技术研发实力、市场影响力和产品综合竞争力，占据了中国智能手机市场的主导地位。而国产手机厂商则凭借成本和本地化优势，主攻中低端市场，是推动"千元智能机"的中坚力量。

（二）渠道商

渠道商作为连接手机产品和用户的最后"通道"，和手机品牌厂商关系密切。对于手机品牌厂商，渠道商的营销网络覆盖范围以及铺货的速度，是产品抢占市场先机和扩大销量的关键。在渠道市场中可以分为三类渠道商：代理商、大型连锁商以及电信运营商。

第四节　智能手机产业发展战略建议

一、针对政府

（一）鼓励创新发展，强化引导规范

智能手机行业是以创新为导向的行业，创新水平决定了产业发展的好坏。在智能手机领域，政府应强化创新的引导与规范，构建智能手机的创新生态体系，优化手机厂商、电信运营、互联网服务、内容提供及软件开发企业间的互动发展。同时，加强对智能手机行业中小企业特别是创新型企业的知识产权保护和服务。

（二）重视关键领域，构建技术标准

从全球市场来看，虽然我国智能手机行业发展态势良好，但在产业链关键环节和核心技术领域与世界先进水平还有一定的差距。政府应重视和鼓励智能手机企业在关键技术，如操作系统、中间件、移动浏览器、应用服务、核心芯片等领域的研发推广，协助各类企业构建基于移动互联网能力开放的应用聚合及技术创新标准。

（三）关注人才培养，加强体系建设

智能手机领域的专业人才对产业发展将发挥巨大的促进作用。政府应引导高校结合智能手机新兴业态的发展考虑专业设置和调整，鼓励通过合作办学、定向培养、继续教育等多种方式培养智能手机专业人才，建立和完善产学研用合作的人才培养模式。加强创新型人才的引进和利用，利用国家引进高层次海外人才计划的平台，积极引进智能手机相关领域发展所需高端

人才，健全智能手机相关领域人才的评价体系，加强人才的科学管理。

二、针对企业

（一）传统手机企业

1. 强化品牌建设，优化渠道结构

在国内智能手机市场，国内品牌华为、中兴、酷派等在新增市场中的占比稳步提升，推出的千元移动智能终端在国内持续热销，在海外市场的出货量也实现快速增长；国外品牌三星、苹果也在高端市场中占据领导地位，品牌优势在市场竞争中不断凸显。此外，在终端销售模式方面，传统终端销售链条中的利益相关者主要包括厂商、国代、省代、地包、零售店和消费者，而由于行业竞争加剧，终端销售从"零售＋代理"模式走向"零售＋代理＋定向规模销售"的模式，新的渠道结构变化，有助于手机厂商更加直接面对消费者，从而降低成本、扩大收入来源，在市场竞争中处于优势。

2. 立足生态系统，开展全方位竞争

苹果 iPhone 的诞生，把智能手机市场的竞争带入生态系统竞争的阶段，安卓系统的出现降低了竞争的门槛，并加剧了生态系统间的竞争，微软 Windows 8 的加入使这一行业的竞争进入白热化阶段。对于手机品牌厂商，一方面，要巩固自身在现有三大系统中的领先优势；另一方面，要着眼全球市场，在合适的生态系统中广泛布局，做到灵活应变，以操作系统为核心展开全方位竞争。

3. 把握核心组件，完善供应链体系

在智能手机市场"垂直整合"的大背景下，芯片厂商、液晶显示面板商、内存厂商把握了智能手机的关键零部件，这就要求智能手机品牌厂商在市场竞争中与核心组件厂商密切合作，关注技术发展动向，同时通过较大的采购量从这些供应商处获得较低的价格和较快的供货速度，从而降低成本，打造完善的产品供应链体系，为日益激烈的市场竞争打下坚实的基础。

（二）互联网企业

1. 紧跟市场变化，把握网络入口

互联网厂商在智能手机市场的竞争优势在于对于市场需求的快速把握。国内诸多互联网企业入局手机产业链，他们并不看重从手机硬件获利，而是通过内容输出载体捆绑用户，加强内容资源布局，最终从内容获利。因此，强化自身在业务与内容方面的优势，把握移动互联网入口权，成为互联网厂商在智能手机市场中成功的关键因素。

2. 洞悉热点应用，丰富产品领域

在移动互联网时代，开发者与平台厂商互相依赖，能够成功推出应用并找到有效商业模式的开发者和厂商更易获得成功，而智能手机上的热点应用也就成为各互联网厂商的竞争焦点。新浪与 HTC 的合作、百度与戴尔的合作、阿里巴巴与天语的合作，均突出了它们自身在微博、搜索和电子商务方面的优势，也成为它们与竞争对手在产品领域竞争的利器。

3. 完善制造环节，提高产品质量

随着操作系统厂商对市场控制力的加强，上游芯片厂在低端产品市场陆续推出"交钥匙"平台方案，硬件上应用处理器与基带芯片集成、软件上直接提供配套系统，这对于本身就具有研发实力的手机大厂影响较小，但对于移动互联网厂商来说，软、硬件都没有了技术壁垒，这将加速智能手机市场的红海进程。尽管手机厂商都在尽力寻求差异化，但终端差异会更加不明显，因此，互联网厂商只有从硬件上着眼，立足产品质量，才能把握住竞争优势。

（三）电信运营商

1. 通过终端发展，促进 2G 用户向 3G 用户迁移

当前，3G 发展进入关键时期，运营商的首要任务是提高用户数量，吸引更多外网 2G 用户变成自身的 3G 用户，而手机的改变是促使用户换号换网的最大诱因。智能终端将是使 3G 用户数增加的直接驱动力，iPhone 改变智能手机定义以来，手机用户的日常浏览内容也从纯文字变成了图文结合，配套音频、动画甚至视频。对于这种浏览内容，GPRS 甚至 EDGE 已无法给消费者带来流畅体验，因此，优质的智能终端是开启 2G 用户向 3G 用户转变的引擎。

2. 重视"千元智能机"，提高智能终端普及速度

2011 年是中国电信运营商的"千元智能机"年，相比 2010 年千元智能机将屏幕尺寸扩大、用电容屏替代电阻屏、提高屏幕分辨率，这都从直观上提高了消费者的使用体验。在智能手机时代，良好的用户体验是销量增长的基本前提。千元智能机已拥有成熟的系统平台与相对适中的硬件配置，能够为消费者带来基本的流畅体验，各电信运营商已将"千元智能机"摆在其竞争手段的重要位置。运营商在"千元智能机"的发力程度，将对其整个终端市场乃至竞争格局产生深远影响。

3. 关注定制市场，提供完善服务

智能终端与电信运营商的用户体验关联度极大，是运营商用来绑住用户的重要手段。目前各运营商均十分重视终端定制市场，同时辅以一定的话费补贴和业务优惠，提供完善的服务，从而保持用户黏性。智能手机是运营商竞争格局中离消费者最近的一环，是最直接影响消费者选择的因素。只有从体验出发，提供完善的基于用户体验的无缝化服务，才能成为 3G 快速发展时期的最大赢家。

移动终端应用处理器产业

第一节　移动终端应用处理器产业发展概览

一、终端市场带动应用处理器产业发展

　　应用处理器是移动互联网终端的核心芯片（见图 8-1），引导着移动互联网终端的发展方向，其性能的高低也是影响终端处理能力、体验感以及价格等级的主要因素。近几年，随着智能手机、平板电脑的广泛普及，移动互联网市场取得了长足的发展，同时中国移动互联网终端应用处理器产业也在快速发展。

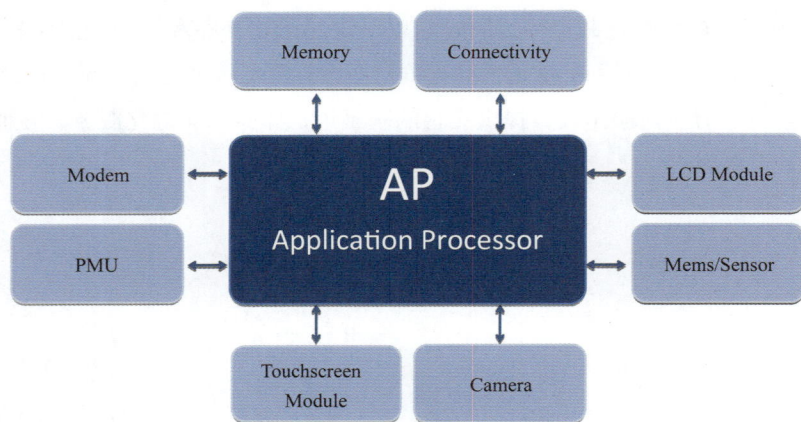

图 8-1　应用处理器是移动互联网终端的核心芯片

资料来源：赛迪顾问，2012-12。

二、中国企业崭露头角，与国际企业有一定差距

随着移动互联网终端应用处理器市场的不断增长，越来越多的半导体厂商看好这一领域的发展，国际半导体巨头也推出具有竞争力的产品，如 Intel、Nvidia、Qualcomm、SamsungMTK等。依托国内手机和平板电脑产业的快速发展，国内半导体企业也纷纷进入移动互联终端处理器芯片市场，按企业类型可以分成三类企业：传统手机芯片提供商，如展讯、联芯；消费电子终端处理器提供商，如中星微、君正、盈方微、瑞芯微、全志等；除此之外，还有一些机顶盒芯片、CMMB 芯片等领域的企业也进入或正准备进入该市场中，如海思、创毅视讯等。

虽然中国移动互联网终端应用处理器产业在近几年快速发展，相关 IC 设计公司也有快速成长，但是与国际企业相比，无论是从产品性能还是市场占有率方面，中国本土企业仍存在较大差距。中国本土移动互联网终端应用处理器产品性能分布及地位如表 8-1 所示。

表 8-1　中国本土移动互联网终端应用处理器产品性能分布及地位

	AP 芯片性能		芯片应用领域
	最高性能	主流性能	
Qualcomm	1.5GHz,Quad-Core,Krait,28nm	1.2GHz,Dual-Core,Cortex A5,45nm	手机、平板电脑、智能电视
MTK	1.0GHz,Dual-Core,Cortex A9,40nm	1.0GHz,Single-Core,Cortex A9,45nm	手机
Marvell	1.2GHz,Dual-Core,Cortex A9,40nm		手机
Broadcom	1.2GHz,Dual-Core,Cortex A9,40nm	1.0GHz,Single-Core,Cortex A9,40nm	手机
Intel	1.8GHz,Dual-Core,X86,32nm	1.6GHz,Single-Core,X86,32nm	手机、平板电脑
Nvidia	1.5GHz,Quad-Core,CortexA9,32nm	1.0GHz,Dual-Core,Cortex A9,40nm	手机、平板电脑
展讯	1.0GHz,Single-Core,Cortex A5,40nm		手机
联芯	1.2GHz,Dual-Core,Cortex A9,40nm		手机
海思	1.4GHz,Quad-core,CortexA9,40nm		手机
中星微	1.0GHz,Single-Core,Cortex A5,65nm		平板电脑
君正	1.0GHz,　Single-Core,MIPS,65nm		平板电脑
盈方微	1.0GHz,Dual-Core,Cortex A5,40nm	1.0GHz,Single-Core,ARM11,65nm	平板电脑
瑞芯微	1.6G,Dual-Core,CortexA9,40nm	1.2GHz,Single-Core,CortexA8,55nm	平板电脑
全志	1.5G,Single-Core,CortexA8,55nm	1.0G,Single-Core,CortexA8,55nm	平板电脑
新岸线	1.5G,Dual-Core,CortexA9,40nm	1.2G,Single-Core,CortexA9,40nm	平板电脑

资料来源：赛迪顾问，2012-12。

三、国家政策大力扶持集成电路产业发展

中国集成电路产业蓬勃发展的背后是产业环境的不断完善。基于集成电路对于国民经济

和国家安全的高度重要性，政府对集成电路产业的发展给予了一贯的关注，先后制定了多项优惠措施（见表 8-2）。除政策明确支持外，《集成电路产业"十二五"发展规划》的正式发布也为中国集成电路产业的持续发展提供了新的动力。移动互联网终端应用处理器领域是国内集成电路产业的重要组成部分。国家对集成电路产业发展的扶持政策对移动互联网终端应用处理器行业的发展至关重要。

表 8-2　中国集成电路产业相关政策一览表

颁布时间	政策措施	部门	文号
2000.6	《鼓励软件产业和集成电路产业发展的若干政策》	国务院	国发〔2000〕18 号
2000.9	《鼓励软件产业和集成电路产业发展有关税收政策》	国税总局	财税〔2000〕25 号
2002.3	《进一步鼓励软件产业和集成电路产业发展税收政策》	国税总局	财税〔2002〕70 号
2002.3	《集成电路设计企业及产品认定管理办法》	信息产业部、国税总局	信部联产〔2002〕86 号
2005.3	《集成电路产业研究与开发专项资金管理暂行办法》	财政部、信息产业部、国家发改委	财建〔2005〕132 号
2008.1	《企业所得税若干优惠政策》	财政部、国税总局	财税〔2008〕1 号
2011.1	《进一步鼓励软件产业和集成电路产业发展的若干政策》	国务院	国发〔2011〕4 号
2011.11	《关于退还集成电路企业采购设备增值税期末留抵税额的通知》	财政部国家税务总局	财税〔2011〕107 号

资料来源：赛迪顾问，2012-02。

第二节　移动终端应用处理器产业发展现状与趋势

一、本土企业市场地位较低，有待继续提升

经过多年发展，中国已经成为全球移动互联网终端生产制造基地，其中智能手机产量占全球产量的 60% 以上。由于移动互联网终端制造是劳动密集型产业，国外终端品牌，如 Apple、Samsung、Nokia、Motorala 等为了降低成本，纷纷在中国建设生产厂，或寻求富士康、东信等电子制造服务（EMS）企业代工。中国移动互联网终端的产量也随之迅速增长。在快速增长的终端产量的拉动下，国内移动互联网终端应用处理器市场规模也在逐年迅速扩大。2011年中国移动互联网终端应用处理器市场规模达到 328.1 亿元，同比增长 232.9%（见图 8-2）。但是中国企业在技术积累、市场进入以及下游客户等方面与国际企业都有一定的差距，在 2011年市场占有率仅为 6%。

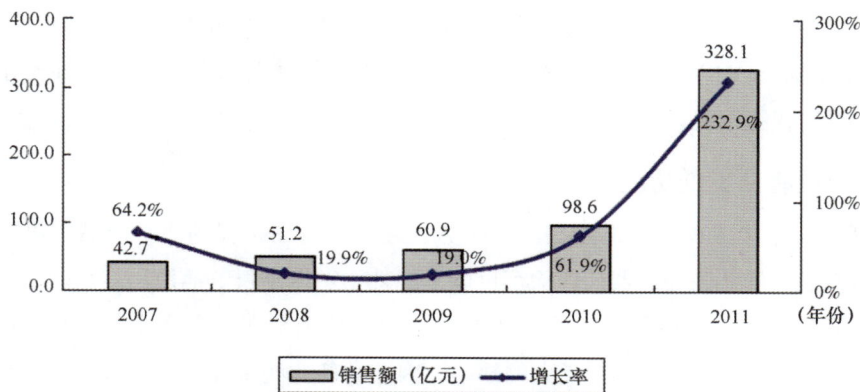

图 8-2　2007—2011 年中国移动互联网终端应用处理器市场规模与增长

数据来源：赛迪顾问，2012-04。

二、终端应用处理器技术发展趋势

与传统 PC 处理器相比，移动互联网终端应用处理器在功耗、体积上有着非常高的要求，这是由移动终端电池续航能力和体积所决定的。未来移动互联网终端应用处理器技术将向以下几个方向发展。

（一）产品工艺迈向 28nm

智能手机功能的不断增多必将迫使应用处理器的集成度向更高方向发展，制造工艺向更低线程方向发展。目前，65nm、45nm 线程的移动互联网终端应用处理器开始大规模商用，28nm 产品也已研发成功。网络级芯片（NoC）的设计思想已开始进入集成电路设计领域，3D 封装和系统级封装（SiP）将逐渐成为主流。总之，从工艺尺寸来看，移动互联网终端应用处理器产品和多数芯片产品都将向更小尺寸工艺方向发展。

（二）产品架构将以 ARM 为主

移动互联网终端应用处理器目前主要以 ARM 架构为主，而 X86 架构也有了较大的发展。作为全球领先的芯片 IP 和服务供应商，ARM 的核心架构已经渗透到 80% 以上的智能手机中。随着 Intel 凭借 Atom 处理器进入移动互联网终端应用处理器市场，X86 架构也将出现在该市场中，但其功耗相对较高。在可以预见的将来，移动互联网终端应用处理器的架构仍将以 ARM 为主。

（三）芯片集成度不断提高

随着功能的不断丰富，移动互联网终端将更多地采用单芯片解决方案，这就使芯片集成度不断提高。例如，智能手机的单芯片解决方案，将使主芯片数量由 7 片减少到 4 片，硬件架构大为简化，整机成本下降约 15 美元以上；其次，由于减少了额外的应用处理器芯片等，

PCB 面积会减少 30%，智能手机将更轻、更薄；再次，单芯片智能方案使手机整体 BOM 减少 140 个器件，整体 BOM 数量下降约 26%；最后，简化软、硬件设计，协议栈和操作系统统一完整预置，将使智能手机设计更加简化。

（四）产品将具更低功耗

低功耗一直是集成电路产品发展的主要方向之一，特别是移动终端产品，对降低功耗的需求就更加明显。降低微处理器功耗除了可以节能外，还能延长电池使用寿命。以智能手机单芯片解决方案为例，手机整体功耗可下降 40% 以上，特别是在多媒体业务方面，功耗降低约 150mA，这将克服当前智能手机功耗大的缺陷。因此，低功耗将会是未来移动互联网终端应用处理器的主要发展方向之一。

第三节　移动终端应用处理器产业链重点环节分析

移动互联网终端应用处理器是中国集成电路产品中的一类，其产业链、产业模式与大多数芯片产品基本相同，都是先设计芯片，然后流片、封装，接着销售给下游 IDH 厂商或者终端厂商。终端厂商利用处理器生产出相应的智能手机和平板电脑产品，最后再销售给最终客户使用。这样一个产业运营模式几乎对绝大多数芯片产品都是适用的。下面将针对移动互联网终端应用处理器所处的集成电路产业链和下游需求进行相应的分析。

一、集成电路产业链构成

集成电路产业链主要由上游的 IC 设计、中游 IC 制造以及下游 IC 封装测试组成。企业类型主要包括 IDM、Fabless、Foundry 以及封装测试企业。其中，IDM 企业的业务涵盖了芯片设计、芯片制造以及封装测试整个流程。Fabless 即 IC 设计公司，其业务主要是进行集成电路的设计工作，之后将设计版图交给集成电路制造厂进行加工，再由制造厂将芯片交给封装厂进行封装测试。Foundry 则是专业的集成电路制造商，为不同类型的 IC 设计公司加工符合客户需求的产品。

二、集成电路产业链各环节发展现状

（一）IDM 发展现状

一般来讲，IDM 与 Fabless 相比具有规模大、技术领先和市场掌控能力强等特点。首先，集成电路发展初期的企业大都属于 IDM 类型，IDM 企业涉及芯片设计、生产制造、封装测试，有些企业还涉及芯片应用的整机产品，如 IBM、Samsung、Sony 等，此类企业规模庞大，整体投入巨大，由于不受上下游不稳定因素的影响，因此其抗风险能力强。其次，IDM 企业具有较完善的 IP 库和数量庞大的技术团队，无论是设计能力还是制造技术都处于领先地位。IDM 是在市场发展过程中自然形成的，在长期的市场博弈中，这些企业几乎在整个半导体产业链上都拥有自己的产品，使得其市场掌控能力最强。以集成电路市场为例，目前世界半导体企业前 10 名的销售额已经占到了世界半导体市场的近 50%，而这十家企业基本上都是 IDM。但是 IDM 也有一定的劣势，例如，一次性投入规模巨大，投资风险较高，此外，由于业务规模庞大，经营业务的灵活性相对较差。集成电路产业链构成如图 8-3 所示。

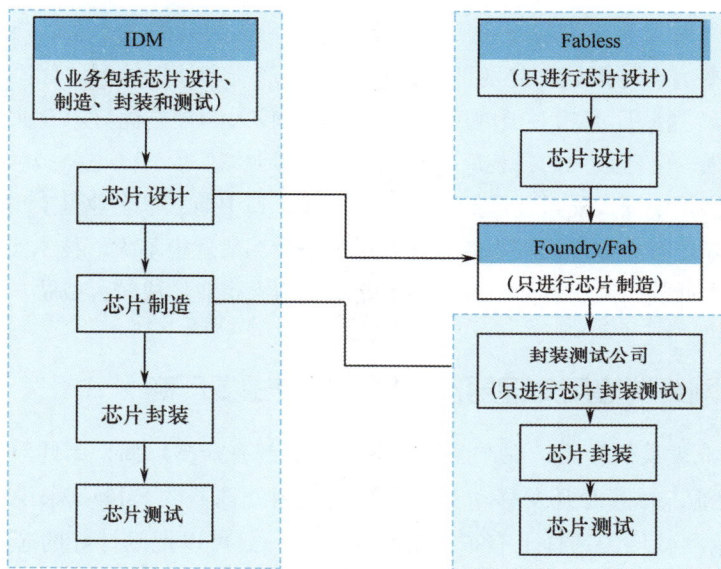

图 8-3 集成电路产业链构成

资料来源：赛迪顾问，2012-04。

（二）Fabless 产业发展现状

Fabless 专门做 IC 设计，一般来说具有投资规模小、人员素质要求高、市场敏感性高等特点。首先，对于 IC 设计公司来说，只需要研发中心和测试实验室，无须购置大量的厂房和昂贵的生产设备，而人员方面也比较灵活，一般来说一个 IC 设计公司根据不同的业务规模，其人数从十几人到几百人不等，因此，Fabless 具有投资规模小的特点。其次，IC 设计作为集成电路产业的前段环节，其技术含量最高，企业创新能力也最强，因此就需要素质较高的人员团队。最后，优秀的 IC 设计企业都具有较强的市场敏感性，Fabless 模式可以专注地思考市场所需的产品，因此，一般情况下优秀的 Fabless 企业总能快速响应市场需求，推出适合市场发展的新产品。

（三）Foundry 产业发展现状

Foundry 是只负责芯片生产代工的工厂，一般来说具有投资集中、业务灵活和与上下游合作紧密等特点。首先，Foundry 主要专注于为 IC 设计公司加工制造他们的产品，主要集中在制造过程，因此其投资也主要集中在制造环节，Foundry 的技术门槛相对较低，但投资较大，一般的 8 英寸和 12 英寸晶圆厂投资仍然高达几亿至十几亿美元。其次，Foundry 不仅为 Fabless

公司制造产品，同时也为 IDM 厂商提供代工服务。客户的多元化使得 Foundry 可以根据自己的产能、工艺技术情况制造处理器、逻辑器件、存储器件以及模拟 IC 等产品。最后，Foundry 处于 IC 产业链的中间环节，主要业务来自 IC 设计公司，因此与上游设计公司存在紧密的合作关系，随着 IC 特征尺寸的越来越小，Foundry 与设计公司之间的相互影响程度也会越来越深。

（四）封装测试产业发展现状

封装测试是集成电路产业链的最后一个环节，作用是通过各种流程，将制作好的集成电路晶圆进行切割，并封装成为最终的集成电路产品。目前封装测试产业以外资厂商占主导地位，外资厂商主要有两种形式，分别是 IDM 的封装生产线和外资的封装代工厂，这二者中又以 IDM 厂商为主，这些厂商相对国内厂商在技术上有较大的领先优势。专业封装测试厂中的中国台湾厂商较强，全球最大的封装厂日月光就是中国台湾厂商。长电科技、华天科技、南通富士通和华润安盛是中国大陆封装厂商中的传统四强，其中前三家企业是上市公司。除了这四家企业以外，大陆还有一些规模较小的企业，这些企业一般规模不大，技术实力相对落后，产品也主要集中在中低端领域，目前来看，还不能对这四家企业形成较大威胁。

三、移动互联网终端应用处理器产业链各环节主要厂商

集成电路产业发展到今天，在产业链的各个环节都有众多厂商，因此对于移动互联网终端应用处理器厂商，尤其对开发移动互联网终端应用处理器的 Fabless 来说，在对于下游的 Foundry 厂和封装测试厂的选择上有很大的自由度，一般可以把设计好的芯片产品放到多家 Foundry 和封装测试厂进行生产，以分散风险。也就是说，移动互联网终端应用处理器设计公司在产业链中整体上还是处于主动地位的，可以根据需求选择下游的生产厂商。中国移动互联网终端应用处理器产业链各环节主要厂商如图 8-4 所示。

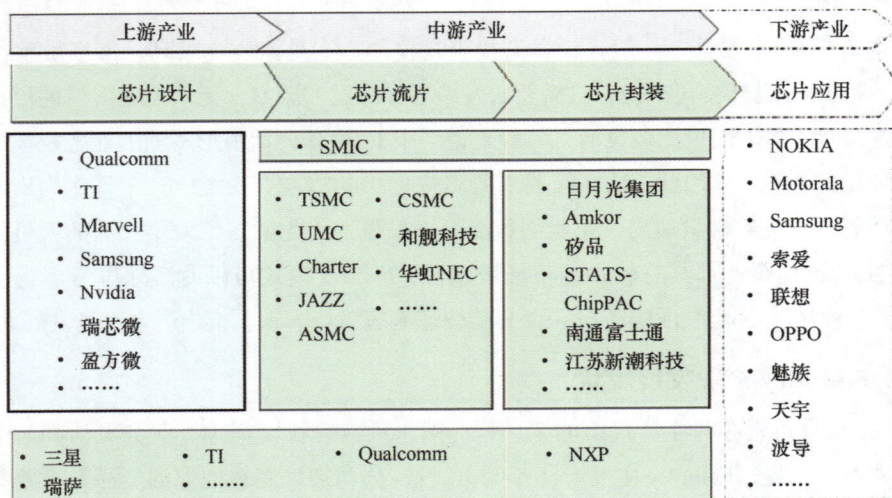

图 8-4　中国移动互联网终端应用处理器产业链各环节主要厂商

资料来源：赛迪顾问，2012-04。

第四节　移动终端应用处理器产业发展战略建议

一、针对政府

（一）尽快出台产业政策实施细则

"落实难"是 18 号文件执行过程中遇到的突出问题。国家已充分意识到这一问题，并在 4 号文件中突出强调政策的细化与落实。18 号文件规定："各地人民政府和国务院有关部门要根据《鼓励软件产业和集成电路产业发展的若干政策》的要求，抓紧研究制定相应的实施细则和配套政策，尽快组织实施。"4 号文件则进一步强调："各地区、各有关部门要高度重视，加强组织领导和协调配合，抓紧制定实施细则和配套措施，切实抓好落实工作。发展改革委员会同有关部门及时跟踪了解政策执行情况，加强督促指导，确保取得实效。"新政策不仅强调要"高度重视"、"抓紧制定细则"、"切实落实"、"确保实效，"更明确了督促政策实施的具体部门，可说是极大的注重实效。因此，建议国家有关部门按照 4 号文件的要求，尽快制定并实施相关配套政策，并使这些政策落到实处。

（二）继续深入探索制度创新

国务院 4 号文件重点提出了对制度创新的要求，对象涵盖了国家、地方、相关机构以及行业企业等多个层面。具体来看，在国家层面，主要包括增值税进项税额占用资金问题，国家规划布局内的集成电路设计企业享受所得税优惠政策的问题，集成电路封装、测试、关键专用材料企业以及集成电路专用设备相关企业给予企业所得税优惠的问题等。在地方及相关机构层面，则包括设置创业投资引导基金，建立地方贷款风险补偿机制，商业银行创新信贷品种等。在企业层面，则包括加快完善人才激励机制等，因此，建议相关政府部门、机构与企业以国务院 4 号文件的要求为出发点，加快相关制度创新的深度与广度，为集成电路产业的进一步发展创造良好的制度氛围。

二、针对企业

（一）准确定位，在细分市场中寻找机遇

在移动互联网终端应用处理器市场逐渐发展的过程中，能在该市场取得一定成绩的企业除具有技术实力外，准确的产品定位也是成功的关键所在。目前来看，应用处理器芯片市场竞争格局在不断变化，但是新兴企业特别是本土企业要想在该领域占据一席之地仍然有较大的难度。本土企业应根据自身产品技术明确市场定位，首先在国际竞争对手无暇顾及的中低端市场布局，待产品、技术、服务等能力逐渐完善后再进入利润更高的产品领域。

（二）技术创新，完善系统解决方案

移动互联网终端应用处理器是系统核心芯片，在产品性能、功耗等方面都有较高的要求，而对于国内集成电路设计企业来说，对如智能手机、平板电脑这种相对复杂的系统级控制缺乏系统级解决方案及应用经验，因此国内企业在加强核心芯片产品性能的同时，也应该注重配套芯片整合，如移动通信芯片、射频芯片，电源管理芯片、无线连接芯片等。在移动互联网终端应用处理器竞争日趋激烈的情况下，如 Qualcomm、MTK 等国际厂商都越来越重视解决方案的完善，中国本土企业也应在价格优势的基础上提供更为优秀的系统级解决方案。

应·用·篇

医疗领域移动应用发展

第一节 医疗领域移动应用概览

一、医疗领域移动应用的概念

医疗领域移动行业应用简称为"移动医疗",是指通过使用移动通信技术,如掌上电脑、移动电话和卫星通信来提供医疗服务和信息,主要包括远程患者监测,视频会议,在线咨询,个人医疗护理,无线访问电子病例和处方等。

移动医疗是电子医疗领域的一个重要分支,被认为是医疗领域21世纪最具潜力的创新性技术。移动医疗应用主要由数据采集及展示层、传输层及平台层组成。

数据采集及展示层主要由掌上电脑、移动电话等移动智能终端以及医疗应用软件组成。终端用户通过移动智能终端进行数据的采集及展示。

传输层是移动医疗的基础,主要由无线通信网络组成,包括卫星、蜂窝、固定无线接入和无线局域网等。无线通信技术的发展为移动医疗应用提供了技术支持,使得医生可以随时随地在有无线网络信号覆盖的地方利用智能移动终端处理医疗信息。

平台层由医院信息系统及相关硬件设备组成,医院信息系统包括财务管理系统、人事管理系统、住院病人管理系统、药品库存管理系统等;硬件设备包括移动医疗设备以及移动智能终端等;平台层是医疗领域移动行业应用的核心。移动医疗信息系统通过接收、储存、分析智能移动终端收集到的生命体征、位置、情绪、环境温度和污染程度等数据,并将分析结果通过传输层返回终端,实现数据的分析处理。

二、医疗领域移动应用的特点

（一）需求潜力大，推动行业应用高速增长

我国医疗领域移动行业应用需求潜力大。一是国家卫生部管理，信息采集与发放需求大。随着国家卫生信息化进程的推进，为实现医疗信息互联互通，信息共享，卫生部将加快推进卫生信息化建设工作，提高对信息采集与发放的建设，进而推动医疗领域移动行业应用发展。二是医疗行业发展，远程医疗发展需求大。随着医疗行业的发展，远程医疗作为临床的重要补充有巨大需求，将促进医疗领域移动行业应用发展。三是保健与养老，家庭医疗与救助需求大。随着老龄化及慢性疾病的发展，老人和慢性疾病人群数量呈现快速增长趋势。这些人群通常需要频繁的检查生命体征（如心率、温度、脉搏、血压等），以确保他们的健康状况，而移动领域移动应用可以有效且低成本解决长期监护问题，实现随时随地监测、分析、指导。可以说，医疗领域移动行业应用的需求巨大，未来高速增长值得期待。

（二）突破地域约束，解决医疗资源分布不均问题

我国医疗资源总体严重不足，且分布极不均衡，医疗领域移动行业应用突破医疗的地域约束，能有效解决医疗资源分布不均问题。移动医疗将信息技术、无线设备与医疗技术相结合，能让地处偏远地区的患者接受及时诊治，还能对疾病进行有效筛查，促进医疗资源有效分配，解决医疗资源不足、分布不均等问题。

（三）保障医疗安全，减少医疗差错

医疗机构在对病人护理的过程中，有可能出现护理人员交接环节的失误，以及在发药、药品有效期管理、标本采集等执行环节的失误。移动医疗借助无线网络可以更好地进行医疗质量管理，终末质量管理，环节质量管理，有效监控完整的医疗过程。

（四）提高工作效率，提升医疗管理水平

医疗领域移动行业应用使医院信息系统向病房、床旁的扩展和延伸成为可能，可以实现医院信息化的科学管理，优化临床医疗、护理任务的过程控制，使医疗资源得到合理运用，帮助解决高素质医护人员短缺的状况，提升医疗工作效率及医疗管理的水平。例如，医护人员利用移动智能终端直接调阅患者的化验报告和相关资料，从而掌握最新病情，并在病人床边记录患者动态信息，减少了在病房和工作站之间来回行走的时间，增加了诊断、治疗病人的时间，提高了工作效率。

第二节　医疗领域移动应用现状与发展趋势

一、应用现状

移动互联网应用创造了一种全新的个性化服务理念和运作模式，它所释放出来的巨大能

量影响了医疗信息化的多维度应用，基于移动技术与网络技术融合的医疗信息化系统，突破了传统的医院信息管理系统基于单一互联网应用的时间、空间的局限性，把锁定在一个个固定站点中的信息释放出来，每一个活动的个体都成了移动的网络节点，充分发挥了无线互联网的优势，可以随时随地获取所需信息，实现了医疗信息化的现代化管理和公共服务。医疗领域移动行业应用具有多方面优势，有利于多层面、多专业集成，通过整合协调，发挥它们的整体效能；有利于医疗主体与客体之间双向沟通，促成良性互动的要求。由于医疗领域移动应用的众多优点，国际上有很多国家已经在开发移动医疗的业务，在商业模式、通信技术、生理信息采集器等方面都有相关的研究。目前，全球已有近130项移动医疗应用，覆盖了基础护理、公共卫生研究、急救护理、慢性疾病管理、自助医疗服务等多个领域。

我国医疗领域移动应用通常与物联网、RFID等技术相结合部署。国内目前已有20%的医院在移动医疗应用上有所尝试，不同程度地使用了PDA及RFID技术，但是已有的移动医疗应用，因为涉及应用的范围窄，只能在局限的方面发挥作用。

目前，我国医疗领域移动应用主要有医疗信息传输、疾病控制、医生护士病区移动查房、院外移动医疗及办公应用、医务人员VOIP/IVPN通信、母婴管理、病患管理、医院特殊重地管理、医疗设备管理等。例如，江苏苏州市推出智慧医疗市民健康管理服务系统，该系统以手机为载体，集实时挂号、预约体检、个人健康档案查询、远程治疗等于一身。市民通过手机短信、WAP软件等登录该系统后，可点选自己欲前往的医院，在网上挂号。各大医院每天会将病人的病史记录、用药信息等作为病人的健康档案，上传到由苏州市卫生部门监控的数据库内，市民通过手机登录健康管理服务系统就可查到个人就诊信息、体检报告等。同时，该系统还能实现远程治疗，病人通过特制身体检测装置测出健康状况数据后，可通过手机经系统传递给医生，医生就可据此进行诊断。

二、存在问题

（一）重点领域盈利模式不清晰

部分医疗领域移动行业应用还未找到合适的盈利模式，且面临收费困难问题。目前医疗领域移动行业应用仅存在硬件销售、解决方案售卖、软件应用下载收费、电话咨询服务收费、网络运营商流量收费等商业模式，其中医疗信息化解决方案商业模式运营较成功，但由于法律规范的不健全，移动医疗运维盈利模式面向用户收取问医费用涉及网络行医执照问题。

（二）医疗系统整体开放性不够

由于我国医疗机构市场化程度较低，医疗机构开放度不够。众多IT厂商难以切入医疗系统，医疗领域移动行业应用发展受限。在应用领域方面，目前IT厂商与医疗机构展开合作还仅限于地方卫生局在区域卫生信息化建设、医院信息系统建设等层面，将移动医疗应用于移动医疗医护、医疗物联网领域的较少。在应用主体方面，目前医疗领域移动应用主要集中在大城市的大医院，在中小城市、特别是县、乡镇医院应用较少。

（三）移动医疗行业标准缺失

由于移动医疗标准缺失，使得医疗领域移动行业应用规模化发展困难。只有实行设备标准化生产，才能保证医疗结果的安全性和可靠性，才能满足医疗服务的日常医疗需要，才能实现医疗领域移动应用规范化发展。

（四）关键领域核心技术缺乏

由于我国信息技术发展起步较晚，在设计理念和发展环境上的不足，造成了移动医疗领域技术研发能力较弱，移动医疗行业软件和硬件的核心技术均被国外垄断，以至于移动医疗产业国内厂商短期内难以与国外厂商抗衡，阻碍了我国医疗领域移动行业应用的发展。

三、发展趋势

（一）政府将成为推动应用发展的重要力量

医疗领域移动行业应用的发展需要有效整合各方资源，政府将成为推动移动医疗产业发展的重要力量。

2010年年底，我国提出了"十二五"期间卫生信息化建设总体框架，简称"3521工程"，即重点建设国家级、省级和地市级3级卫生信息平台，加强公共卫生、医疗服务、新农合、基本药物制度、综合管理5项业务应用，建设健康档案和电子病历2个基础数据库和1个专用网络，逐步建设信息安全和信息标准2个体系（见图9-1）。"十二五"期间，随着"3512"工程

图9-1　"十二五"期间卫生信息化建设推动医疗领域移动应用发展

数据来源：赛迪顾问，2012-12。

的实施，中央财政可能加大投入力度，通过国家级、省级、市级信息平台，实现医疗跨机构、跨地区乃至全国的互联互通，以解决省级统筹和省际统筹，以及流动人口、农民工、退休人员的异地就医问题。新医改信息化系统的建设无疑将带动整个医疗信息化服务的发展，为医疗领域移动应用带来巨大机遇。

随着国家在"十二五"期间重点推进医疗领域信息化建设的步伐，我国将进一步借助无线移动手段进行整个社会医疗资源和医疗服务的整合，全面提高医疗服务水平。"十二五"期间政府医药卫生体制改革投入力度和强度将高于2009—2011年医药卫生体制改革投入。2012年3月，国务院正式印发《"十二五"期间深化医药卫生体制改革规划暨实施方案》，医药卫生信息化成为主要目标之一。我国将加快推进医疗卫生信息化，发挥信息辅助决策和技术支撑的作用，促进信息技术与管理、诊疗规范和日常监管有效融合。研究建立全国统一的电子健康档案、电子病历、药品器械、医疗服务、医保信息等数据标准体系，加快推进医疗卫生信息技术标准化建设。加强信息安全标准建设，利用"云计算"等先进技术，发展专业的信息运营机构。加强区域信息平台建设，推动医疗卫生信息资源共享，逐步实现医疗服务、公共卫生、医疗保障、药品监管和综合管理等应用系统信息互联互通，方便群众就医。

各大部委也推出移动医疗相关规划，推动医疗领域移动应用发展。2012年1月，工信部指出将加大对移动医疗服务创新的试点探索力度，进一步探索感知技术、身份识别、位置服务等信息技术在移动医疗中的应用。2月工信部印发的《物联网"十二五"发展规划》将智能医疗列入规划重点。3月工信部印发的《电子商务"十二五"规划》中也专门部署了关于移动医疗的项目。国家科学技术部《医疗器械科技产业"十二五"专项规划》确定了移动医疗数量重点技术发展领域和重点产品开发领域。

（二）需求持续增长带动市场规模不断扩大

我国医疗领域移动应用需求增长迅速。一方面，我国卫生系统信息化建设步伐加快，以移动医疗为代表的信息采集与发放需求增加；另一方面，随着医疗行业的发展，临床医疗医护与远程医疗结合速度加快；此外，我国老龄化及慢性疾病步伐加快，老人、慢性病患者数量激增，对家庭医疗与救助需求旺盛。

我国医疗领域移动应用基础牢固。随着低成本的手机及全球性移动通信网络的普及，数千万无法接入固定电话或者计算机网络的人们也可以使用移动设备作为日常通信与数据传输的工具，移动电话的普及，为使用移动技术支持医疗服务提供了关键的基础。

随着政府、医疗机构、IT厂商的通力合作，我国医疗领域移动应用的规模将不断扩大。全球移动通信系统协会（GSM）预计到2017年欧洲将成为全球最大的移动医疗市场，营业收入将达到69亿美元。亚太地区和北美紧随其后，营业收入分别为68亿美元和65亿美元。中国的营业收入将达到25亿美元。从医疗领域移动应用的主要构成来看，GSM以及慢性病管理等监控服务将占整个市场的65%，市场规模将达到150亿美元左右。诊断服务将成为第二大细分市场，占全球移动医疗市场的15%，市场规模将达到34亿美元，包括能使隔离区的患者与医疗专业人士沟通的移动远距离医学与健康呼叫中心。治疗服务将成为第三大细分市场，收入将占整个市场的10%，市场规模将达到23亿美元，当前的应用主要是确保患者遵守治疗安排的服务，如通过短信和电话提醒用户吃药时间。

（三）基于新通信技术的移动应用层出不穷

移动通信技术的发展及网络的延伸，使移动医疗的应用成为可能。在过去 40 年的时间里，移动通信设备始终坚持小型化、快速化及低成本化发展，并在硬件、软件、网络访问、标准及服务等诸多方面都有所提高。现在，大量的服务都可以通过更加统一、快速且便宜的宽带接入来实现。另外，网络技术的无线化发展，也推动了移动医疗应用的持续发展，并为双向数据服务模式提供了发展条件。目前，我国医疗领域移动应用包括移动医疗医护，基于物联网的身份识别、位置服务，以及基于三网融合的病房内多媒体信息自助服务。随着技术的发展，未来我国医疗领域移动应用范围将进一步扩大。

（四）市场逐步规范带动应用环境日趋优化

2012 年 7 月，美国食品和药物管理局（FDA）出台《移动医疗应用程序指南草案》，对移动医疗应用程序进行规范和监管。这是美国政府首次尝试对数量日益增长的移动医疗应用程序行使监管职能，FDA 的监管方案总结了三类具有潜在风险的移动医疗应用程序。其他国家也出台相关监管条例，对医疗领域移动应用进行监管。我国也在制定移动医疗相关行业标准与监管条例，随着这些条例的出台，将为移动医疗行业提供可供执行的行业标准，从而有助于市场规范化发展。

第三节　医疗领域移动应用重点环节分析

一、产业链环节

医疗领域移动行业应用主要由软件环节、硬件环节、网络传输环节及终端应用环节组成（见图 9-2）。

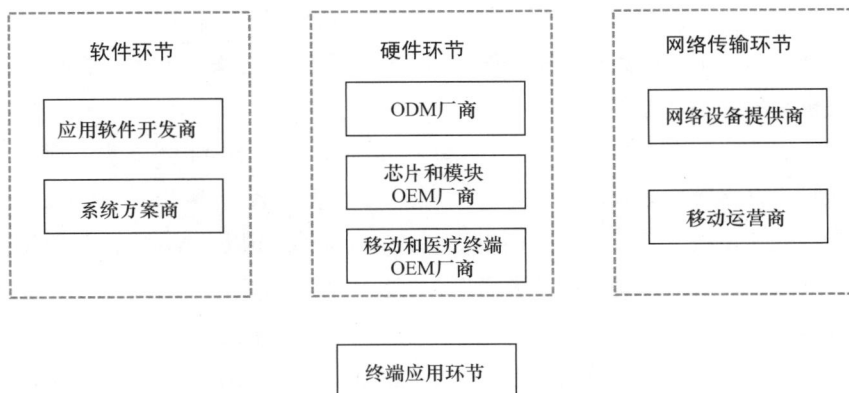

图 9-2　医疗移动应用产业链

数据来源：赛迪顾问，2012-12。

（一）软件环节

软件环节主要由应用软件开发商及系统方案商组成。应用软件开发商主要开发移动医疗的应用软件，系统方案商主要进行医疗信息系统开发。目前众多软件厂商开展了移动医疗软件及医疗信息系统开发工作，提供了基于移动通信的解决方案来扩大为医院和消费者提供的现有产品组合，并加大对医疗领域移动行业应用的部署力度。Intel 2005 年成立"数字医疗保健事业部"部署医疗移动软件开发。微软开发了医院信息系统集成加速器 Accelerator for HL7，Oracle 开发了基于 HL7 的医学信息化平台工具 HTB，IBM 提出了智慧医疗方案。除知名跨国IT 企业在移动医疗应用方面大力进行软件开发外，我国本土软件厂商也积极部署医疗领域移动行业应用，现有进行移动医疗软件开发的独立软件商（ISV）300 多家，其中有 10 多家具有一定规模和实力，如东软、天健、东华合创、创业等。

（二）硬件环节

随着 3G、4G 等移动通信技术的发展，平板电脑及智能手机等移动智能终端的发展，医疗领域移动行业应用已具备良好的硬件基础。主要厂商包括苹果、爱立信、摩托罗拉、IBM、RIM、诺基亚等。苹果的 iPad 已经广泛应用于医疗领域。爱立信与欧洲、印度、新加坡、美国的学术团体和公司开展合作，研究在各市场部署移动医疗应用事宜。摩托罗拉开发了一整套移动医疗健康应用，从而满足医院在信息和监测服务方面的需求。美国高通公司成立高通无线医疗公司，运营无线医疗业务，并设立高通生命基金，扶持相关的移动应用创新与设备研发。

医疗设备厂商也在积极部署移动医疗应用，医疗器械生产厂商制造了具有移动通信功能的家用医疗设备，实现设备向中心信息系统平台发送信息以供监护。迈瑞在 2011 年宣布与中国联通合作，从而使迈瑞的测试和诊断设备通过中国联通的 3G 网络来实现社区护理。

（三）网络传输环节

移动网络运营商将移动医疗作为其为医疗机构服务产品的重要部分。我国三大运营商分别与医院合作，建立了一个基于电子病例系统和医疗信息系统的医患沟通平台，推出移动医疗相关项目。同时，运营商把基于云计算、物联网等新一代信息技术应用于医疗领域，如基于云计算以私有云和公有云形式向大型和中小医院提供信息化解决方案，基于物联网为医疗领域移动行业应用提供身份识别、位置服务。

全球重要电信运营商纷纷成立了专门的部门，以负责医疗信息化的运营。其中，Vodafone在该公司的全球事业部（Global Enterprise Division）下建立了医疗卫生专门团队，2009 年又组建了新的医疗信息化解决方案部门。法国电信旗下 Orange 集团以及 Verizon 无线也已组建了专门的医疗健康部门，负责医疗健康相关的研发及合作管理工作。除此之外，一些运营商还聘请外部专家组成咨询委员会，咨询委员会的成员主要是来自各大医院及其他医疗机构的高级管理人才，其中很多是首席信息官或首席技术官，组成强大的智囊团队开发医疗领域移动行业应用产品。在我国，中国移动已与剑桥大学联合开展移动医疗信息化应用研究，其通信研究院成立了专注移动医疗的项目小组，目前在超过 20 个省通过 12580、手机 WAP、无限城市门户等开展预约挂号。中国联通建立了"云存储"服务平台，用于医疗健康数据采集、传输和检索，以及移动医疗救护定位、生命体征信号实时传递；中国电信则在国内 200 多个医院展开移动医疗试点，并得到大中型医院的高度肯定。

　　医疗领域移动应用主要有移动医护应用、基于物联网的身份识别、位置服务、基于三网融合的病房内多媒体应用。这三类通过运用移动智能终端采集信息，并通过无线网络传输到医院信息系统进行分析，分析完毕后再通过无线网络传输最终显示在移动智能终端上。

二、应用环节

　　移动医疗医护利用移动智能终端随时随地进行生命体征数据、医护数据的查询与录入，医生查房，床边护理，呼叫通信，护理监控，药物配送和病人标识码识别，WLAN 手机应用，等等。

（一）医疗信息传输

　　通过智能移动终端的短信服务功能，将测试与治疗方法、医疗服务和疾病管理等方面的信息发送到用户端。在我国，SMS 对于那些偏远地区，缺乏医院、缺少医疗工作者、对医疗相关信息了解较少的人们而言，尤其有效。另外，SMS 不仅可以作为单向的通知工具，还能够成为双向的交流工具。

（二）疾病控制

　　传染病通常是在小范围内爆发，但如果不能及时发现，则可能会发展为流行病。可以运用移动智能终端，对疾病信息进行跟踪及反馈，实现对传染病的预防和控制。目前，很多国家已经建立了基于移动通信技术的疾病报告机制。

（三）医生护士病区移动查房

　　通过无线网络的覆盖，医生通过移动智能终端即可实现病人床边医疗服务，包括病历查看、书写、查看检验检查报告、医嘱录入等。护士进行床边医嘱执行时，运用移动终端扫描病人 RFID 腕带确认病人身份，然后再扫描病人药物条码，核对医嘱，直至给药流程结束，所有流程信息均被记录在 HIS 中，便于医院管理查询以及事后的追踪。护士也可通过移动终端直接在患者床边采集和录入病人体征数据等关键信息，提高了医护工作效率。

（四）院外移动医疗及办公应用

　　院外移动医疗及办公应用包括远程医疗、危机值协同管理、计划任务管理、会诊管理、危重病人管理、药品使用管理、医疗业务查询等。远程医疗应用中，医生可使用移动智能终端进行远程医疗会诊，使病人在原地、原医院即可接受远地专家的会诊并在其指导下进行治疗和护理，可以节约医生和病人大量的时间和金钱。危机值协同管理即检验、检查科室发出危机值报告时，通过 OA 系统短信通知至开单医师，由该医师根据病人的具体情况及时做出处置或启动危重病人的抢救流程；计划任务管理即通过与医院 OA、HIS 系统互联，实现将医疗业务过程中的日程性计划安排发送到相关医师的手机日程管理；会诊管理即通过与医院的 HIS 系统互联，采用任务推送的方式，将会诊请求及时发送到会诊医师的手机终端；危重病人管理即在重症病人监护仪发出生命体征的警示时，由值班医师或护士干预管理，实现将预警信息提示给管床医师终端或手机的功能；药品使用管理协助实现抗生素等药品的使用监控以及分级管理，可通过移动终端或手机实现审批功能；医疗业务查询通过与医院 HIS 互联，实现按权限查询医院医疗业务动态信息功能，满足医院管理者、医生等不同人员的查询需求。

（五）医务人员 VOIP、IVPN 通信

我国部分医院通过屏蔽移动网络信号限制手机的使用，以保证电子医疗设备不受干扰。通过在医院网络实施基于 WLAN 的语音服务，可满足医生对于移动语音通话的需求。只要是在无线网络覆盖到的区域，医护人员在医院的任何地方，通过一部 Wi-Fi 手机，就可以随时进行无线通话，把手机变成自己的分机。无线 VOIP 和 Wi-Fi 语音解决方案可以实现语音和数据业务的整合，在不影响病人健康的同时，降低了高额通信费用，并保证了语音和数据业务的安全。

三、基于物联网的身份识别环节

通过 RFID（射频识别技术），实现基于物联网的身份识别、位置服务，对医生、病人、医疗器械、药品等进行无线远程跟踪，能减少医疗事故，提高医疗效率。

（一）母、婴管理

母、婴的腕带配对，医生可以拿手持读取终端设备，分别读取母、婴的腕带标签信息，验证两个腕带的配对正确性，不匹配则阅读器会有提示，让母亲彻底放心确实是自己的孩子，避免抱错婴儿而出现的家属与医院的官司问题。

（二）病患管理

病人腕带是完整的病人识别系统的重要组成部分，它实现了病人从入院、治疗到出院全过程的身份确定，医护人员在床旁为病人进行诊治时，用手持终端对病人腕带进行确认，可以杜绝诊治过程中的医疗差错，又为临床路径的管理模式提供了辅助手段，确保治疗过程中病人、时间、诊疗行为的准确性。在病患管理中还有针对特殊病人的管理，包括精神病人、残疾病人、突发病患者、儿童病人，佩戴 RFID 电子标签，在后端定位服务器上可以查看到病人在医院的实时位置信息。

（三）医院特殊重地管理

医院病人禁入区域，需要严格监控和管理。如果带有标签的病人闯入此区域，就会触发后端定位服务器的报警功能，提醒管理人员即时处理。

（四）医疗设备管理

无线网络还用于加强对医院设备的管理。在可移动的医院设备上安装 RFID 标签后，配合无线读取器，医院通过资产定位管理系统对电脑、医疗设备等贵重物品进行定位和管理。管理人员通过电子界面准确了解它们的位置，避免设备遗失以及无法及时定位而造成的损失。为特殊药品配置内置电子标签或外接传感器，可以实时采集药品所在环境的温度、湿度、时间等参数并上传至定位服务器，可以在定位服务器端设置参数值，当药品所处的环境温度、湿度等超标时，标签就会触发告警提示。

教育领域移动应用发展

第一节 教育领域移动应用概览

教育信息化是国家教育大计的重要组成部分，《国家中长期教育改革和发展规划纲要》中把教育信息化摆在了重要的发展地位，将在教育信息基础设施、优质教育资源开发与应用、强化信息技术应用、构建国家教育管理信息系统等领域进行重点建设；2011 年教育部公布《教育信息化十年发展规划（征求意见稿）》，提出中国教育信息化的整体目标是：以保证教育公平、提高教育质量、促进教育改革与创新为宗旨，深入推动信息技术与教育融合，到 2020 年，基本实现教育现代化，基本形成学习型社会，进入人力资源强国行列。

教育作为国家的重点支持项目，同时由于教育市场的广阔空间，众多厂商参与其中。因此，在新技术的浪潮中，教育通常作为优先、重要的试点行业，起着引领和示范性作用。移动通信技术是信息技术的前沿和热点，移动通信与校园网络的结合是教育信息化进一步发展与应用的体现，是充分利用现代通信技术进行教育、管理的深层次的应用工程。移动互联网作为新兴的技术，打破了传统的空间距离束缚，使得教育的传播媒介、教育的传播方式发生了重大改变，为我国实现教育的公平起到了良好的推动作用。

传统的教育方式采用的是当面教授的方面，比如在教室或者实验室，需要教学的同时进行，在空间和时间上具有一定的限制；而图书馆等数字资源只能通过传统的台式机或者笔记本电脑访问，由于网络建设以及终端设备携带等问题，在一定程度上限制了电子资源的利用。移动互联网的出现，使得随时随地访问教育资源成为可能，移动智能终端的兴起进一步改善了传统设备的携带性问题，目前智能手机、平板电脑等移动终端走进人们的生活，逐渐应用到教育领域，电子书包、数字校园、移动课堂等是移动互联在教育行业的典型应用。

1. 电子书库

移动智能终端就是学生的私人图书馆，学生从此可以摆脱沉重的课本，所有教材及课外读物都可以从平台处下载，提供的教学内容包括语文、数学、英语、艺术、经济、商业、生命科学和社会科学等类别，可以满足学生的个性化发展需求。

2. 虚拟教室

利用平台改变以往授课老师在黑板上板书授课的教学模式，直接借助平板电脑等的界面进行书写、批注和绘图，而学生的平板电脑可以清晰地看到教师所编辑的内容，并可以随时向老师提问，实现和老师的实时互动。在教学中，老师也可以借助平板电脑看到学生电脑屏幕上显示的内容，并可以随时操控学生的电脑，根据学生的需要及时协助学生完成课程，学生在校园里分组讨论也可及时与教师沟通、讨论结果。

3. 视频教学

利用平台，我们将突破教室的物理界限，方便学生随时汲取知识，同时利用上传的教学视频或通过平板电脑的前置摄像头就可实现一对一教学。上传的教学视频还可通过分享功能与有共同兴趣爱好的朋友共同学习和进步，并通过平台论坛即时分享学习体会及心得。

4. 课件管理

无论是老师还是学生都可以通过平台管理自己的教学课件、教学视频、教学笔记等学习资料。同时，老师还可以对课表、教案、办公会议等工作内容进行合理安排及管理，不仅使得管理更加便捷，而且个性化的解决方案也将增强个人的主动性。

5. 电子考试

当前的考试虽然实现了网上阅卷，但是仍旧需要纸上作答，而且需要扫描、切割试卷等一系列步骤。但通过移动互联网建立的平台考试系统，学生在移动智能终端扫描、切割问卷内容，老师通过后台的终端改卷，真正实现了无纸化考试，降低了成本，提高了效率。

第二节　教育领域移动应用现状与发展趋势

一、应用现状

移动智能终端不仅可以将学生的书包减轻，而且在网络的支持下可以让其获得更为丰富的学习资源，模式也将更加生动，从而有效提升学习效率。对于教师而言，移动智能终端可以减轻备课和批改作业的时间，除了对学生的因材施教之外，还有助于和家长之间建立更加密切的联系和沟通，以便对学生的学习进度和能力有一个全面的评估。移动智能终端的应用将有效地消除传统教育当中形成的教学壁垒。典型的教育领域移动应用场景如表 10-1 所示。

传统的纸质书本与移动智能终端相比，其优势主要在于同样环境下对眼睛的伤害更小，而且不存在电子垃圾及充电问题，同时还可以让学生感受书香并传承纸与笔的功能。然而传统纸质教材的劣势也很明显，主要体现在：使用纸质教材会耗费大量木材，同时还增加了学生的腰背负担、挤占了空间、限制阅读等。从长远来看，借助移动智能终端进行教学是大势所趋，但是教育领域的移动应用将是一个长期的过程，目前仅处在普及阶段，需要时间来改变用户的使用习惯等因素，同时由于中国教育信息化发展的不均衡，区域存在着较大的差异，因此全国范围的推广应用尚无必然，东部沿海等发达省份将会是教育行业移动应用的主要推广地区。

表 10-1　典型的教育移动领域应用场景

应用场景	应用效果
未来模拟教室	➢ 师生可以借助移动智能终端直接书写、批注和绘图。 ➢ 学生通过移动智能终端可以清晰地看到教师所编辑的内容。学生可以随时向老师提问，实时互动。 ➢ 在线练习、作业、测评和考试，教师可以在线查阅、批改和指点
电子书包	➢ 学生只需携带轻便的移动智能终端，无须背负沉重的纸质书籍，大大减轻身体负重，有利健康成长。 ➢ 所有课程、资料在线下载，并在移动智能终端内分类海量储存，移动智能终端支持手触、笔写、绘图、制图，无须纸张一样能让学生练好书法，学习绘画，拓展才艺。 ➢ 可以发送至网络，实现资源共享
在线教务	➢ 学生可以线上练习、提交作业、接受测评和考试，请求教师和同学指点帮助，在线查阅和复习。 ➢ 教师可以线上查阅、批改和做出针对性的教学安排指导。 ➢ 借助专业软件，师生可以多人在线讨论、研究和安排活动。 ➢ 师生遇到问题可以及时沟通解决，时间安排更为方便。 ➢ 家长亦可以通过教学系统与教师互动，及时了解学生情况
学习外语	➢ 教学软件可以及时纠正学生拼写和发音上的错误，及时跟踪学习情况，安排习题、复习、测试和建议。 ➢ 高清视频、灵敏音频使得学生能够随时随地接受教师指导，亦可在线与外籍教师交流。 ➢ 外语教学，海量下载外语资料，随时随地阅读、倾听、记忆和背诵
远程教育	➢ 由于移动智能终端的轻便易携性，接受远程教育时，人们能更方便地安排时间，课程安排亦有更多选择。 ➢ 视频在线教学，双向互动教学，提升了教学质量。 ➢ 学校可以减少在基础设施和硬件上的投入，集中资源办好教学。 ➢ 学生家庭可以支付更低的教育费用，降低了负担

数据来源：赛迪顾问整理，2013-07。

因此，未来移动智能终端将在教育领域逐渐渗透和推广，教育领域移动应用的范围和深度也将不断加深，将电子书包与传统书包相结合，移动智能充分联络学生、学校、家长等教育相关者，充分利用移动智能终端的优势提升教学质量，将是未来教育信息化的发展趋势，也将给教育领域相关的厂商带来新的发展机遇。目前，随着对教育移动应用的重视，众多地区出台了相关的政策来推动其发展，电子课本就是其中发展的典型案例。

2010 年，上海在全国率先开展电子课本的试点工作，采用"教育内容 + 移动终端 + 服务平台"的整体模式，建立电子书包运行体系，制定电子教材、移动终端的标准，研究电子书包的服务支持体系，并在实践校的基础上，逐步形成应用方面的突破，同时制定了相关的建设目标。在上海的电子课本试点之后，扬州、沈阳等地也探索开展了电子课本和电子书包进课堂的活动，目前国家正在着手制定电子书包和电子课本的相关标准。上海电子课本时间推进表如表 10-2 所示。

表 10-2　上海电子课本时间推进表

建设时间段	主要建设任务
2011 年	● 初步完成数字终端标准和数字课程资源的标准建设； ● 建设小学语文或数学等学科的试验性电子教材； ● 采用"教育内容 + 移动终端 + 服务平台"的整体模式，初步建成电子书包试验性服务平台，相关企业和公司产品的能通过平台进行展示
2012 年	● 部分采用纸质、部分采用电子书包的模式，建立若干个试点实验学校，开始分区试点、试验； ● 初步建立电子书包的服务支持体系
2013 年	● 完成电子书包各项标准建设； ● 提出电子书包应用推广整体方案
2014—2015 年	● 以"教育内容 + 移动终端 + 服务平台"的整体模式，建成电子书包正式服务平台； ● 数字化信息内容建设覆盖全市、全科，整体推进电子书包发展

数据来源：赛迪顾问整理，2013-07。

二、发展趋势

移动智能终端未来的发展趋势主要取决于两个方面：一是所有教学资源的电子化，即将学生需要掌握的知识有效地转化，但目前仍存在着诸如实验等需要学生动手能力的活动或者课程；二是移动智能终端本身的性能和功能，即移动智能终端在技术性能上能满足学生日常学习活动要求，同时在功能上学生能很方便地利用移动智能终端进行学习、完成作业等。

（一）重点高校深入推进信息化管理应用系统建设

"985"高校、"211"高校及部分重点高校等在国家教育资金的大力扶持下，已经建立了比较完善的校园信息化基础设施，在此基础上，推进教学高校信息化管理应用系统建设则成为有效利用基础设施、提高教学管理水平、提高服务能力的重要措施。伴随着教学高校信息化管理应用系统建设，高校对技术支持服务的需求也在不断提升，这将促进高校信息化管理应用系统软件市场和技术支持服务市场进一步发展。

（二）职业院校进入教育信息化建设的快速发展期

根据《国家教育事业发展"十一五"规划纲要》要求，"中央投入 100 亿元，加强职业教育基础能力建设"，同时，"实施示范性高水平职业院校建设计划，重点建设 1000 所示范性中等职业学校和 100 所示范性高等职业院校"。随着"十一五"规划的深入开展，"示范性"、"高水平"职业院校建设成为国家教育事业投入的重要组成部分。通过对各地职业院校信息化建设的长期跟踪发现，职业院校的信息化建设步伐近两年明显加快，已经成为推动高等教育行业信息化建设快速发展的重要力量。

（三）资源、服务融合性平台是远程教育未来的趋势

纯粹的网络多媒体教育应用行业的软件服务商非常少，这也导致了产品用户体验较差。取而代之的是网络专业的多媒体教育应用行业解决方案提供商。其从客户的角度出发，通过代

工、制造、研发、合资等各种方式，整合硬件、软件、服务、运营以及内容资源等各个环节，形成一套整体的解决方案。提供了从内容资源收集、发布、业务逻辑控制到终端用户业务体验的流程，极大地提升了用户的体验及使用满意度。

目前，在专业的网络多媒体教育行业应用市场上，解决方案提供商屈指可数，并且取得了良好的市场份额。例如，威科姆科技依托强大的软件平台、服务运营及资源整合，通过"班班通"项目占据了河南省大部分中小学；华师京城在电子白板等硬件制造方面有很强的实力，通过与各个大学的合作，在资源和研发方面的实力进一步提升；巨龙科教依靠交互式电子白板及配套产品和数字远教平台打造了区域市场上的明星品牌。

第三节　教育领域移动应用重点环节分析

一、网络教学服务

网络学习平台学习者可以通过移动互联网提供的环境、资源和服务，自由地选择学习内容和学习方式，实现网络学习。利用移动互联网服务可以将文本、文档、电子表格、演示文档和其他类型的信息，以及各类云服务完全组合在一起，为网络学习者提供丰富的网络学习资源和良好的平台，便于网络学习的开展。目前国内已经建立大量基于网络的教育资源中心、网络学习平台，并逐步在教学中发挥出越来越重要的作用。网络教学结构图如图 10-1 所示。

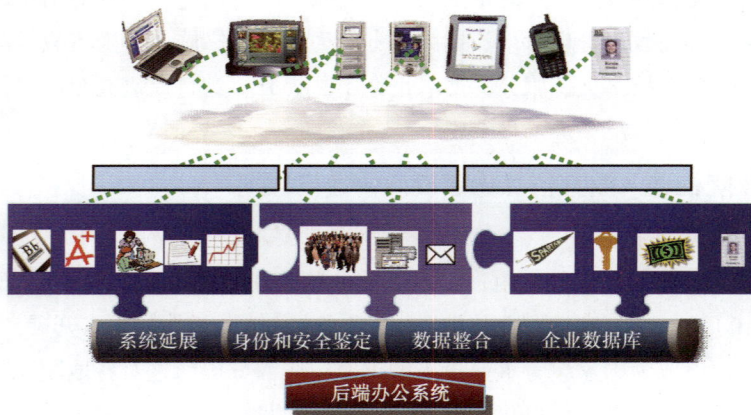

图 10-1　网络教学结构图

数据来源：赛迪顾问整理，2013-07。

网络学习平台的主要特点：

（1）教师可以在平台上开设网络课程，学生可以自主选择和学习课程内容；

（2）学生之间以及教师和学习者之间可以根据教、学的需要围绕所教所学的课程进行讨论、交流；

（3）教师可以管理教学、编辑课件、在线考试、审批作业、组织在线答疑、统计学生学习情况等；

（4）学生可以选修课程、安排学习计划、查看课程内容、提交作业、协作学习和交流、查看学习成绩、参与学校社团交流。

（一）高质量共享教育资源库

目前，资源库建设存在着教育资源分布不均匀、教学资源重复建设、教学资源共享程度低、教学资源孤岛现象严重、缺乏相互协作等问题，移动应用作为一种新型的服务机制，能够充分保证资源建设与资源服务的有效获取。首先，用户的请求可以迅速获得响应，借助强大的处理能力，具有较强的服务响应数量及接入终端数量。其次，教育移动应用提供了平台，用户可以在供应商的基础架构上构建自己的应用软件来管理资源，用户可以在各种移动智能终端之间同步获取数据，并且进行分享，资源的使用范围得到扩大。

（二）网络学习平台

网络学习平台学习者可以借助移动互联网提供的环境、资源和服务，自由地选择学习内容和学习方式，实现网络学习。利用移动互联网服务可以将文本、文档、电子表格、演示文档和其他类型的信息进行有效的整合和应用，为网络学习者提供丰富的网络学习资源和良好的平台，便于网络学习的开展。目前国内已经建立大量的教育资源中心、网络学习平台，给网络学习平台提供了巨大的教学保证。

（三）电子考场

在教育系统中电子考场教育是一个重点。每年的重要考试特别是高考，教育部门都要进行对考场的监视监察，预防作弊情况出现，教育部门对每个考场都要求实行电子监考，巡察人员就在监控中心察看考场的考试情况。在最早时，视频监控还是模拟时代，电子考场都在每个学校本地实现，在本地的监控中心才能看到，考试时教育部门都需要现场去做巡察监督工作。借助移动互联网，可以把每个学校的视频监控录像机实时、高效的监控情况通过网络上传到县教育部门及市教育部门，通过管理平台调用学校的视频监控就可以达到巡察和监督的效果，同时可以根据视频识别技术对存在问题的考场进行实时监督。集中管理平台也可以将需要的视频图像录制下来作为资料或证据保存。

二、远程教育

在教育网上通过系统进行在线实时收看远程教育频道，实现了远程听课、在线学习，解决了不能来到学校上课的难题。同时，将信号覆盖到教委平台，供其他学校学生在家、图书馆或其他地方实时学习，也可以在课后观看课堂录像，完成学习任务，实现区内学校资源和名师资源的平衡化（见图10-2）。

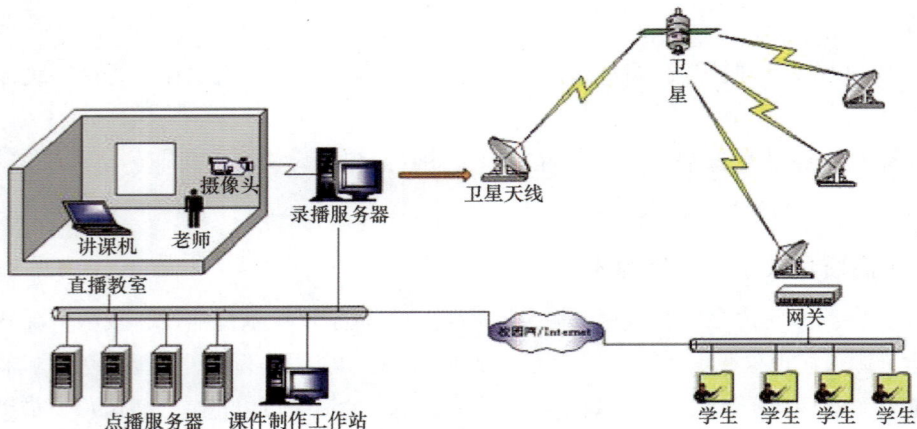

图 10-2   远程教育模拟图

数据来源：赛迪顾问整理，2013-07。

（一）自主式学习

自主式学习，即每个人根据自己需要，制定学习计划和学习资源，多方位获取知识。在移动互联网的环境下，将自主式学习资源集成在远程共享平台，包括模拟实验环境、课程教学录像、电子图书资源、电子课件等各种学习资源，学生可以根据自身的发展需要进行针对性选择，从而为自主式学习提供条件。

（二）协作交流式教学

协作交流式教学是指学生通过移动互联网，不仅可以获取相关的教学资源，而且可以进行及时的交流和沟通，其主要内容包括就搭建协作式教学技术平台、协作式教学师资环境建设和协作式教学互动学习环境建设等进行有效的沟通、协作。

协作式教学技术平台是以学校校园网络平台、教学实验室等平台为主，集成了在线文档、电子邮件、日历、即时通信、视频等功能，学生可以登录该平台及时了解相关的信息。

协作式教学师资环境建设通过将各位教师的教学资源在一个统一的平台下进行整合与优化，借助网络，支持老师的异步教学研讨、协作备课、知识交流与共享等，从而促进课程的改革与发展。

协作式教学互动学习环境建设是指指导学生构建自主的学习环境。首先，教师可以根据学生的学习情况进行分组，合理搭配可以促进学生之间相互促进；其次，教师可以根据课程特点，要求学生在课程外、授课前后，通过网络辅助教学平台进一步学习，理解和掌握课程的知识；再次，教师可以指导学生自己构建自主学习环境，实现个性化学习，在平台的使用和维护中，学生的个性化学习得以充分体现，学生成为主动的学习者，可以享受更多自由支配学习的权利。

（三）个性化学习

个性化学习是指利用移动互联网等技术，能够通过画面直接交流，营造不断提问的效果，促进学生积极、主动地进行探索式学习，重视网络在学生生活和学习中的重要地位，灵活地选择合适的媒介，按需提供学习资源促进学生的学习和创新。

移动 SNS 应用发展

第一节　移动 SNS 应用概览

　　SNS 全称为 Social Networking Services，即社会性网络服务或社会化网络服务，是一种为用户提供信息展示、交流与共享的平台，并注重用户关系管理的服务形式，旨在帮助人们建立社会性网络的互联网应用服务，该服务使互联网应用模式从传统的"人机对话"转变为"人与人对话"。而移动 SNS 则是指基于移动通信网络，应用在移动终端（主要指手机）上的社会化网络服务。中国的 SNS 市场发展经历了十年时间，已经步入成熟期（见表 11-1）。

表 11-1　中国 SNS 发展阶段

时间段	阶段	市场特征
1998—2001 年	初级交友阶段（还不能算是 SNS）	1998 年中国交友中心成立，形成中国第一代交友模式；以好奇为主，用户数量很少
2002—2004 年	市场培育阶段	受美国第一波 SNS 浪潮影响，UUzone、天际等交友网站成立；主要的应用是日志；交互功能很少，用户量和活跃度都很低；无盈利模式
2005—2009 年	快速成长阶段	校内网、51.com、QQ 空间出现；出现实名制；出现广告、会员、虚拟物品销售等盈利模式；用户量持续攀升；发展迅速、受到资本市场的高度关注
2010—2011 年	成熟阶段	格局基本稳定；更加务实，O2O 趋势明显，生活、旅游等垂直领域发展迅速；盈利模式逐渐成熟，与电子商务、网络游戏等紧密结合

数据来源：赛迪顾问，2012-11。

　　从整体上看，中国 SNS 在 2011 年进入了一个多元化的时期，各类互联网应用纷纷部署 SNS 的核心功能，转型成为 SNS，使中国 SNS 产品进一步细分。例如，除传统的综合娱乐类 SNS、商务类 SNS、论坛类 SNS、婚恋类 SNS 之外，新衍生出图片类 SNS、网址收藏类 SNS、在线购物类 SNS、问答类 SNS、地理位置类 SNS、移动互联网类 SNS 等（见表 11-2）。

表 11-2 中国 SNS 分类

类别	代表
综合娱乐类	人人网、开心网、朋友网、QQ 空间
商务类	优仕网、若邻网、天际网、经纬网
论坛类	豆瓣网、天涯网、西祠网、百度贴吧
婚恋类	世纪佳缘、百合网、珍爱网
图片类	发现啦
网址收藏类	爱库网
在线购物类	淘江湖
问答类	知乎

数据来源：赛迪顾问，2012-11。

从业务及服务对象的角度来看，移动 SNS 企业可以分为五大类（见图 11-1）。

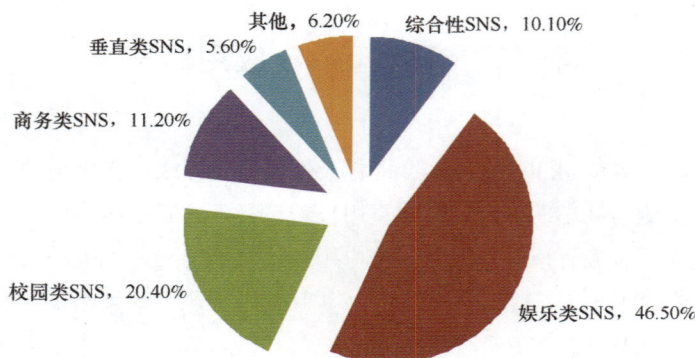

图 11-1 移动 SNS 企业类型

数据来源：赛迪顾问，2012-11。

（1）综合性 SNS：面向广大社会群体，提供各类综合性或特色业务的移动 SNS 网站。其主要为用户提供生活、社会、文化、情感、娱乐、文学、经济、教育、科技、体育等综合信息。例如，与朋友、同事、同学以及周围的人保持互动交流，分享图片，转帖链接，社交游戏的 Facebook。

（2）校园类 SNS：以在校学生为主要使用人群，锁定校园生活，以学习经历为轨迹，帮用户寻找同学的网站。凭借学生之间较强的信任感，用户间实现真实性互动。校园 SNS 网站在中国已经显现双寡头垄断的现状，人人网（原校内网）、Chinaren 是其中的代表。

（3）娱乐类 SNS：面向大众群体，以在线游戏为核心吸引用户的网站，开心网等是其中的代表，年轻、时尚是其用户的主要特征。

（4）商务类 SNS：以商务为主要目的和对象的移动 SNS 网站。一种发展态势是以公司白领为代表的应用主体，以工作交流为核心，招聘业务也逐渐发展成为该类网站的重点。另一种发展态势是以商家、店铺为应用主体，以电子商务交流人群为核心，试图将用户生活中疏散的商务关系以网络的形式连接在一起，让用户和商家更便利地进行行业交流和商务来往。例如，白社会、若邻网、人和网，以及由《浙商》杂志主办的以浙商资源为基础进行整合的天下浙商网等。

（5）垂直类 SNS：面向特定群体，提供专业或技术服务的移动 SNS 网站。其核心主体是希望通过社交的方式实现用户黏性的增加以及用户价值的再挖掘。例如，公关行业的公关圈，面向驴友及户外运动爱好者的驴友录，面向 IT 从业者、写手的五季网络，南京本土化的南京族等。

从技术层面来看，移动 SNS 是最近几年在 Web 2.0、SOA、云计算等前沿技术大发展的背景下成长起来的新生事物，实现移动 SNS 的关键技术如图 11-2 所示。

图 11-2　移动 SNS 关键技术体系示意图

数据来源：Key Technology and Architecture of Mobile SNS。
注：RSS—简单信息聚合；SIP—会话发起协议；UGC—用户原创内容。

第二节　移动 SNS 应用现状与发展趋势

一、应用现状

中国移动 SNS 伴随着移动互联网的兴起而逐渐受到广泛关注。而凭借 SNS 广泛的用户基础，大量传统的互联网 SNS 用户平移到移动互联网上来，移动 SNS 也随之迅速发展，然而，经历了快速增长的两年后，用户增长逐渐趋于平缓。2011 年中国移动 SNS 用户规模达到 12397 万户，增长率达到 22.7%（见图 11-3）。

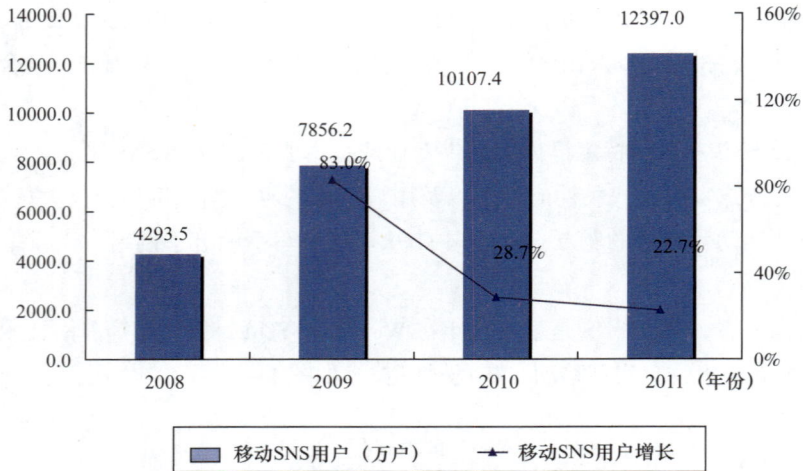

图 11-3 2008 – 2011 年中国移动 SNS 用户规模及增长率

数据来源：赛迪顾问，2012-11。

在线广告和虚拟产品销售仍是 SNS 收入的主要来源。据赛迪顾问统计，2011 年中国移动 SNS 整体市场规模达到 19.9 亿元，同比增长 201.5%（见图 11-4）。

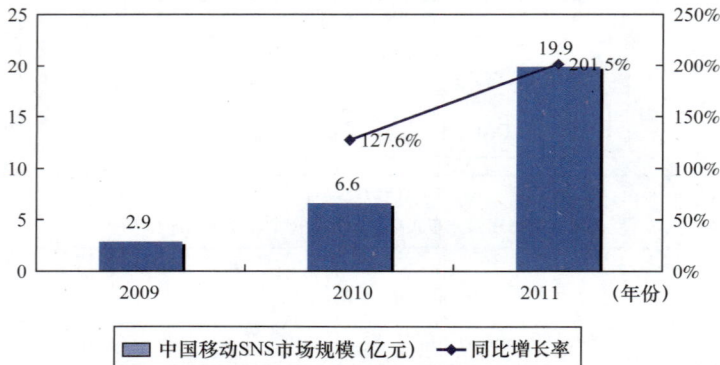

图 11-4 2009—2011 年中国移动 SNS 市场规模及增长

数据来源：赛迪顾问，2012-11。

目前我国移动互联网用户以 18 ～ 30 岁的年轻人为主，移动 SNS 的用户以学生和白领人群为主。他们使用手机上网的时间比较长、频率比较高，对互联网有强烈的依赖性，上网的目的基本都是娱乐、交友和购物等。从整体市场来看，移动 SNS 关系维系仍是产品设计的重点。

互联网初期，因人们尚沉醉于互联网前所未有的开放性，更多的互联网应用是基于粗放型的关系拓展需求的，也就是基于多关系纽带的泛关系的建立。此时关系拓展的作用要大于关系维系，也就是交友是基本的需求。然而，关系的建立自由度过大，建立关系的纽带则过于偏向网络化和虚拟化，这使看起来貌似无限的交友机会，实际上很难建立起真正有效的关系。

中国人和西方人相比，在 SNS 的使用方面也更加含蓄，这也使得关系维系成为了目前大部分 SNS 的产品设计重点，尤其是现实关系的维系。移动 SNS 简化了曾经被广泛使用的多重的、依赖人们个人偏好的弱关系纽带，而保留了基于现实关系的强关系纽带。

中国 SNS 用户的好友来源如图 11-5 所示。中国 SNS 用户的使用原因如图 11-6 所示。

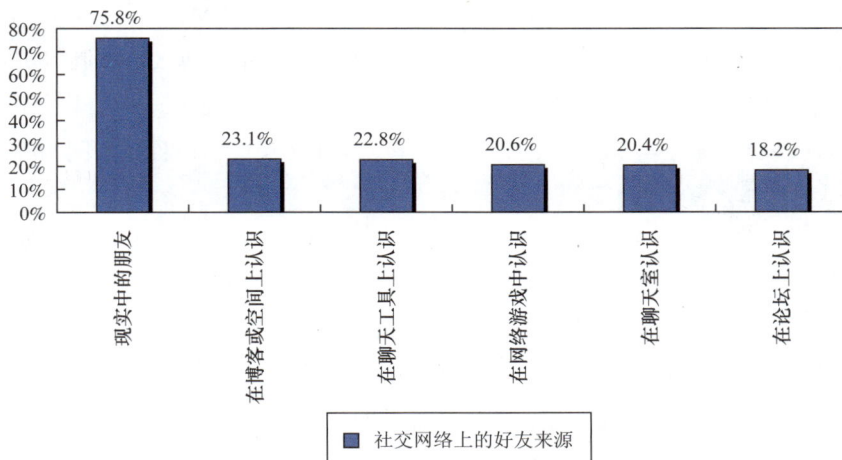

图 11-5　中国 SNS 用户的好友来源

数据来源：赛迪顾问，2012-11。

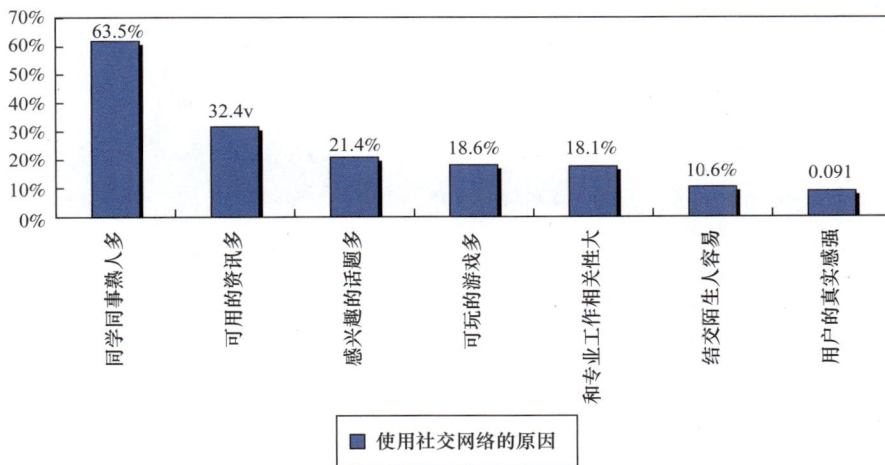

图 11-6　中国 SNS 用户的使用原因

数据来源：赛迪顾问，2012-11。

二、存在问题

SNS 能够长时间地吸引和维系用户，不仅是因为社交关系的存在，更是因为 SNS 作为开放平台开发出的各类应用具有强大的吸引力。从 API 组件、账号连接到社交关系、用户行为数据的开放，都给开发者带来了全方位的支持和资源，使开发者能够开发出更多贴近用户需求的应用。例如，人人网开放平台应用安装量超过 8 亿次，有超过 2000 款应用，插件日独立使用用户数超过 500 万。

SNS 的竞争，更多地倾向于 SNS 开发平台之间的竞争：成为最开放的平台、拥有最多的开发者和应用，就意味着更多的用户和消费者。因此，开心网在 2011 年 12 月大幅提高了开发者比例：针对月收入小于 5 万元的中小开发者，开发者获得全部收入，开心网不参与任何分成；月收入在 5 万～10 万元的开发者，开发者除获得 5 万元基础收入外，还给予额外的奖励基金，对于月收入在 10 万～50 万元的开发者，按 6:4 比例分成，而且开心网扣除的渠道成本仅为 12%。

SNS 作为用户界面，开始寻求整合上游开发者，以更好地参与市场竞争。2011 年 12 月，开心网大幅提高游戏开发者的收入分成比例，并推出新的推广与分成策略，以吸引开发者的参与热情和积极性。新推广及分成政策的调整，不仅针对游戏开发者，而是适用于所有第三方开发者，囊括音乐、影视、购物、实用工具等所有应用组件，只要是受用户欢迎的第三方应用，都在该政策的适用范畴内。提高分成比例后，开心网所打造的开放平台的竞争力将大幅提升。这一全新策略的付诸实施，将达成多方共赢的局面：第三方开发者的直接收益将提高，有望刺激更多的开发者加入，进而为用户提供更多数量、更全面和丰富的应用体验，同时，用户数量、黏性及活跃度的提升，反过来也会推动整个开放平台环境的成熟。

中国 SNS 产业链如图 11-7 所示。

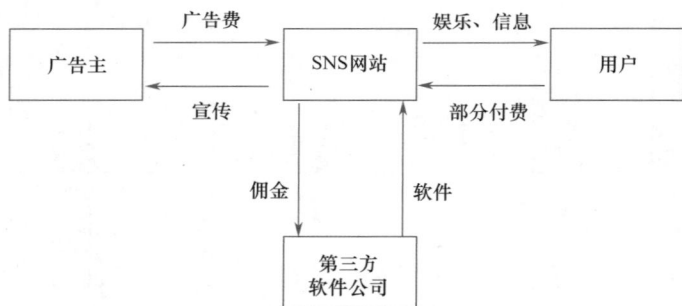

图 11-7   中国 SNS 产业链

数据来源：赛迪顾问，2012-01。

相比传统互联网，移动 SNS 产业链和业务模式更为复杂，盈利模式也有待考验，目前，移动 SNS 市场也存在以下问题。

（一）市场竞争激烈，企业产品同质化

目前，中国移动 SNS 由于近几年发展速度较快，产品数量迅速增长，市场竞争也更为激烈。国外 Facebook、Twitter 等企业的业务模式获得成功后，国内各类网站纷纷复制，而各门户网站也先后进入。门户网站凭借其用户规模因素在建立社区方面具备一定优势，而专业 SNS 网站在交互能力和人气聚集方面也具备较强的竞争实力。

然而，在市场竞争激烈的同时，企业产品同质化的现象也日趋严重。目前各企业间的业务产品类型、模式均出现同质的现象。单一的产品形态，相近的服务业务模式，市场中缺乏可

持续的创新能力。

（二）微博、即时通信对 SNS 形成分流

随着 SNS 娱乐卖点逐渐冷却，国内的众多 QQ 用户仍然首选即时通信来维系社交关系。基于共同兴趣、爱好、活动而建立起的 QQ 群对垂直类 SNS 形成了替代。

导致 SNS 增长趋缓的另一个重要原因是众多微博的兴起。SNS 的重度使用用户及其访问时间正逐渐向微博转移。以 Twitter 为代表的微博客产品在国外，更多的是定位为：轻应用、自媒体、弱关系。由此决定了微博是以信息流为核心的，社交的功能成为次要。但是在国内，以新浪微博为代表的微博产品正在不断地演进，越来越倾向于传统的 SNS，由此形成了对 SNS 的分流。

三、发展趋势

从发展趋势上来看，SNS 从产品、技术、应用、商业模式方面均面临机遇和挑战，详细阐述如下。

（一）产品趋势

1. 多重 SNS 时代，垂直 SNS 迎来大发展

每个 SNS 用户在现实生活中，存在于不同的社交群体。有些话题适合于特定的群体而不适合于其他。因此，用户必然存在潜在的需求——生存在不止一个 SNS 中，也就是能够区分出"公共网络"和"私人网络"。尽管现有的 SNS 已经开发出群组的功能，但这种群组的屏蔽性能较低，无法真正地实现群体间的区隔。

目前，国外已经建立起基于话题的 SNS，如 HackerNews 或 Quora；以及建立起基于兴趣的 SNS，如 StockTwits 服务于对股票市场和投资感兴趣的消费者。中国的互联网创新往往是跟随海外热门网站的趋势，即 C2C（Copy to China），因此我们相信，未来垂直类的 SNS 将迎来大的发展。

2. SOLOMO 趋势愈发明显

SOLOMO 是三个英文单词的组合，即 Social、Location、Mobile，意为社交＋地理信息＋移动应用的结合趋势。通过移动终端登录 SNS 的用户越来越多，人们在位置移动的过程中与社交关系实现沟通和互动，如果能够结合用户所在位置的信息，将使得这些线上沟通与线下生活紧密相连。如果将互联网产品分解为几个层面，最底层的是储存和处理，最上层是商业模式。未来，随着 SOLOMO 的进一步发展，"定位绘图层"将成为 SNS 中的重要组成，将提供地图上显示的位置以及每一个商业行为的地点，甚至从地图上获取有关人口统计的信息，以及不同类型的基于地理信息的活动，并能够让这些信息有针对性地服务于线上好友。

3. 结合电商应用的 O2O 产品

O2O 即 Online to Offline，即将线下商务的机会与互联网结合在一起，让互联网成为线下交

易的前台。这样线下服务就可以在线上揽客，消费者可以在线上筛选服务，成交可以在线结算，从而实现规模效应。SNS 所拥有的网络人气对于开展电子商务有着天然优势。SNSO2O 最典型的例子是沃尔玛在其 Facebook 页面上发布了 Shopycat，这款应用软件可以利用 Facebook 的数据向消费者推荐礼品。

电子商务的困局在于模式创新、吸引流量、提高转化率、增加用户黏性方面，而 SNS 的发展瓶颈在于缺乏稳定的盈利能力。因此，将二者的优势结合、劣势互补，即将 SNS 在聚集人气、增强用户黏性方面的优势嫁接到电子商务平台，肯定会给电子商务的发展提供动力，同时电子商务的高额营业额又能够为 SNS 提供充足的资金流。

（二）技术趋势

1. 服务于简化与速度的技术

SNS 不能一味追求开发越来越多的功能，简化与速度仍是必须坚持的基本原则。尤其是在中国，大部分地区仍然使用 ADSL 上网，或者是通过移动终端的 GPRS 上网，因此重视部分网络条件较差地区用户的体验，以保证用户的使用速度尤为关键。例如，Facebook 已在美国和印度推出简化版网站 FacebookLite，这种简化版更干净、更美观，速度更快，虽然它不支持一部分应用，但是并不影响用户使用 Facebook 获取社交信息，他们最核心的诉求是快速获取数据。

2. 引入微博的技术

SNS 积极吸收微博客的一些技术特点，能够增强互动性和即时性。据了解，Facebook 在网站的状态更新中加入基于"@"字符的好友标签功能。当用户发布一条带好友标签的状态更新时，该功能将使好友收到更新通知。"@"标签系统出自微博客网站 Twitter 的"@"消息转发系统。未来，群组共享、实时搜索及单向的"关注"功能将更广泛地被应用到 SNS 中，使 SNS 更便捷。

3. 多操作系统与终端

搭建 SNS 的架构时，将更加重视支持多种操作系统与终端，以扩大用户的使用范围。一方面，面对手机新媒体的迅速发展，SNS 推出了专用的手机客户端，甚至是定制手机；另一方面，考虑到满足不同计算机操作系统、智能手机操作系统用户的需求，SNS 还要开发基于 Windows、MAC 版本的桌面客户端，以及基于 iOS、Android、RIM 等系统的客户端，为扩大用户范围创造有利的条件。

4. 语音控制

苹果 iPhone 4S 提供的 Siri 语音助理服务以及以讯飞输入法为代表的语音输入功能，将在未来几年全面介入 SNS 的使用过程中，其他厂商也将在该业务领域陆续跟进，推动语音识别、语义识别的精确度不断提升。用户只需通过语音控制，就可以发布信息和评论、创建备忘录、分享内容并进行搜索和互动，尤其是通过移动终端登录 SNS 时，这种功能将发挥更大的价值。

5. HTML5 技术

开发者可以通过第五版 HTML 网络浏览标准创建更丰富、互动性更强的应用。使开发者实现"一次编写，随处可用"，即开发的程序可同步应用于 Android、iOS 和 Windows Phone 等各类操作系统。Adobe 此前宣布取消移动版 Flash，将刺激 HTML5 的快速发展。对于消费者而言，这意味着所有设备都将拥有更为丰富的应用和体验。

（三）应用趋势

1. 渗透到互联网甚至线下生活的各个领域

社会网络凭借群体筛选功能，向用户推荐过滤后的、更有价值的信息，这种信息的利用会渗透到互联网以及线下生活的各个领域。SNS会融入我们现实生活参与的一切活动中。在在线音乐网站上可以看到朋友们的音乐品味，在各种媒体上也能够看到朋友们推荐的文章。而这些喜好和推荐并不需要过多的操作，而是在SNS的使用过程中同步完成的。目前，在百度搜索的结果中，可以将来自微博的搜索结果置于第一页的顶端，突出这种有价值的信息。

2. 面向企业的第三方管理工具

SNS的重要性越来越为企业所重视，对该平台的使用和管理也逐步为企业所关心。目前，国外知名企业通常采用自建团队和系统的方式进行统一管理。但在国内，由于这一平台尚属新兴事物，所以大部分企业仍是使用人工方式对其进行管理。人工方式对企业了解和熟悉SNS有一定帮助，但是企业如要真正运营这一平台进行营销活动、塑造品牌形象、化解公关危机还是需要专业的团队和工具来实现。因此，能帮助企业应用和管理SNS平台，进而全面影响企业网络营销行为的第三方工具越来越受重视。企业SNS解决方案提供和服务商也可以帮助各类组织和机构建立、开发和管理SNS。

3. 开放平台吸引更多的应用

SNS正作为占主导地位的数字化沟通渠道脱颖而出，对许多人来说，SNS已成为首选的沟通渠道。目前，全球互联网用户在Facebook上停留的时间超过了谷歌，这标志着以SNS为核心的新一代互联网服务正在壮大，并且已经融入主流生活模式。

面对新一轮社交化浪潮，各大SNS实施开放平台战略，开放平台日益成为中国SNS新一轮发展趋势，是实现价值倍增、建立良好互联网生态环境的关键。例如，开心网、人人网、腾讯等在内的多家社交网站争相对第三方开发者开放平台，通过资源共享、利益分成的模式，吸引大量第三方应用入驻，从而实现丰富网站功能、增强用户黏性的效果。

（四）商业模式趋势

1. 广告收费模式

广告模式是所有商业模式中最直接，也是最原始的商业模式。目前在SNS上发布的广告形式主要有传统图文广告、植入式品牌广告。以开心网为例，除了首页上的品牌广告，开心网随处可见各种各样的植入式广告：争车位时有车型广告，菜园子有万科，装修房子时有联想，买卖朋友时有必胜客，等等。

在与广告主的结算方式方式来看，Facebook推出了基于受众动作的广告收费模式，即根据网民看到广告后进行的特定行动来收费，其中包括注册会员、消费或是安装应用软件。因此，广告主将面临更高的单次价格，但广告投入也会获得更好的回报，因为他们只需要针对广告做出有效互动的网民付费。同时，这种收费模式有效地驱动了SNS提升其广告的推送精准度。

此外，在进行SNS的广告宣传时，意见领袖和品牌拥护者能够极大地助推广告效果。SNS

在推送广告时，基于自有的数据采集体系，发现意见领袖，使其参与到针对品牌或产品的讨论中来，从而提升广告的曝光度。

2. 游戏商虚拟商品销售分成

PopCap"虚拟商品"是只存在于游戏中的虚拟物品。由于游戏日益受到大众的喜爱，使得虚拟商品创造了数十亿美元的现实利润。与 SNS 合作的游戏公司表示：只有不到 5% 的 SNS 用户购买虚拟商品，平均每月花费 12 美元。这些消费群体通常不会在意这类支付，就像买电影票或者付有线电视费一样。设计师利用精心制作的"强制环节"牢牢抓住游戏玩家，然后在玩家极端受挫之时销售虚拟商品。例如，在大众流行的休闲游戏愤怒的小鸟中，销售价值 1 美元的"力量之鹰"，当玩家不能通过某一关卡时，它可以让玩家粉碎一切障碍。

Facebook 是虚拟商品的大赢家之一，该公司收取的运营托管费用占游戏公司出售虚拟商品收入的 30%。Facebook 中的游戏可以使用 Facebook 积分系统购买虚拟商品。Facebook 积分实际上成为了虚拟货币，设置会转变为一个全面的网络商业小额支付系统。这种全面是指跨应用、跨终端、跨系统、跨国界的，将对信用卡行业甚至是国际金融系统形成挑战。

3. 增值服务

SNS 提供装扮空间、VIP 功能、会员快速升级道具等增值服务，这些种类繁多的增值服务收费已占到娱乐类 SNS 收入的一半以上。类似于苹果 App Store 的模式，SNS 的增值服务有免费项目，也包括收费项目。增值服务的提供方大多来自第三方公司，所获得的收入与 SNS 进行分成。增值服务贡献的收入不稳定，需要不断地推陈出新，由此带来的应用开发压力巨大。

4. 与线下活动的结合

SNS 与线下活动的结合往往能够带来迅速的市场回报，同时也会更加提高用户在现实生活中对 SNS 的记忆度和黏性。例如，餐厅或电影院等连锁娱乐场所通过 SNS 发放优惠券，会在短期内聚集大量的粉丝，实现口碑传播。在这类活动中，SNS 为企业提供了与消费者对接的平台。同时，SNS 也需要这类线下商家的促销活动来提升网站用户的活跃度。2011 年是团购业务快速发展的一年，但团购业务的宣传成本较高，未来通过 SNS 进行推广具有较强的可操作性。

5. 对资本的商业模式

国内大部分 SNS 尚未实现盈利，真正的收入来源是风险投资。因此，吸引更多用户，留住用户，再寻找更大的投资者，是目前 SNS 最本质的商业模式。Facebook 能够吸引大量的投资资金，正是凭借庞大的点击量和用户停留时间。Facebook 的成功上市将对其他 SNS 形成一定的示范效应，将会更加鼓励风险投资涌入尚未成熟的中国 SNS 行业。

第三节　移动 SNS 应用重点环节分析

目前，综合娱乐类 SNS 仍然占据市场主流地位，垂直类 SNS 普遍缺乏市场引爆点，低速发展，传统互联网巨头转型进入 SNS 对传统市场格局形成一定冲击。目前三大类移动 SNS

网站发展非常迅速，已成为带动市场的三股主流力量。一是以常规 SNS 网站为主，开设相应手机版本的移动 SNS 网站，如开心网、51.com、人人网等，这类网站发展非常迅速，并且在服务模式和盈利模式创新方面都有所突破；二是以门户网站为主的移动 SNS 网站，如新浪微博、搜狐白社会等，这类网站依托其门户网站积累的强大客户资源，迅速取得了市场的竞争优势；三是以移动运营商为主的移动 SNS 网站，如中国移动推出的 139.com，中国联通推出的 u-powerbook.com、中国电信推出的虚拟 3D 社区等，这类网站拥有优质的网络、庞大的用户基础、完善的计费平台，这些都是传统互联网企业所不具备的（见表 11-3）。

表 11-3 产业链关键环节厂商发展特点

主要参与者	发展特点
移动互联网厂商	在资金实力、用户规模、应用内容体系上都与互联网厂商有较大差距，市场发展空间逐渐减小。应考虑从用户体验及特色应用开发角度维系市场空间
传统互联网厂商	在资金端、用户端、内容端拥有较大优势，但对移动互联网市场理解度不够，需要转换的思维还有很多。发展前期应该从开发用户对平台持续性需求为入口，逐渐积累移动端流量
传统通信运营商	市场新入者，由于移动 SNS 可以对传统语音、增值业务进行垂直向下整合，所以移动 SNS 业务对于运营商有十分重要的战略意义

数据来源：赛迪顾问整理，2013-07。

一、运营商

移动运营商是移动 SNS 领域的重要新生力量，推出移动 SNS 业务也是移动运营商实现业务互联网化的布局之举。对于运营商而言，优质的网络、庞大的用户基础、完善的计费平台，这些都是传统互联网企业所不具备的，因此应充分利用自己的这些资源优势走出一条差异化的道路。第一，相比传统互联网，移动通信与个体的联系更加紧密和真实，这也决定了移动 SNS 用户群的差异将远远大于基于传统互联网的 SNS。第二，3G 时代，移动 SNS 还要破解在用户群规模和运营模式上的难题，和其他数据业务一样，相对较高的上网和流量费用是制约移动 SNS 普及的巨大阻碍。第三，相比语音业务和此前一些简单的数据业务，移动 SNS 涉及的产业链和业务模式更为复杂，这为运营商的运营管理和计费等支撑系统建设带来了更大的挑战。第四，移动 SNS 的盈利模式还不清晰，如何实现移动 SNS 的规模发展和寻找有效的盈利模式是运营商面临的关键问题。

中国移动关注移动 SNS 市场，在开放相关 SNS 网站之后，将旗下的数据大本营全面改版，并对域名进行了更换，从而转型为 SNS 社区。中国移动全面开放旗下的 SNS 网站 139.com。139.com 是中国移动下属互联网公司 139 移动互联的一个网站，它定位成"中国移动用户的网上家园"，目前提供的服务包括：在线短信、管理短信聊天记录和个人通讯录、免费网盘、SNS 以及互动游戏。

139 社区自公测以来发展得并不理想，其内容与开心网等其他的 SNS 社区同质化程度高，对用户没有形成很强的吸引力，8 月进行了改版转型为微博客，增强了互动性。中国移动在发布 SNS 网站 139.com 的同时还发布了手机版客户端，社区里除了可以直接对 139 邮箱进行操作外，还融合了时下流行的 SNS 社区的一切元素（博客、空间、娱乐等）。移动旨在通过 139 社区对网内用户进行进一步的融合及维系，同时通过社区内提供的各种增值服务进一步增加移动手机用户黏度，并有可能以此不断吸引新用户的加入。

139.com 作为中国移动进军移动互联网领域的重要战略，表明中国移动在试图建设一个移动网络和互联网"互联互通"，能够服务于政府，服务于企业，服务于公众，服务于自身的"适时的、互动的、多方共同参与的"综合数字服务平台。因为对于现在的中国移动而言，不是传统业务的渠道扩张，而是移动平台的扩张。中国移动主要竞争策略分析如表 11-4 所示。

表 11-4　中国移动主要竞争策略分析

竞争策略	中国移动
市场定位	➢ 建立综合数字服务平台； ➢ 在未来移动互联网市场中确立重要地位
产品与服务	➢ 向移动支付、LBS 等多项业务扩展产品和服务的覆盖范围； ➢ 结合自身运营商的特性，将多项业务整合形成融合产品
营销推广	➢ 积极推广宣传自身的移动 SNS 业务，推广 139 社区，精准化用户需求； ➢ 整合自身内容网站，实现资源优化
渠道策略	➢ 内置社交网站链接； ➢ 软件平台实现业务推广

数据来源：赛迪顾问，2012-11。

二、应用服务提供商

从目前中国各大 SNS 网站所提供的应用服务发展情况看，开心网最多，超过 1000 个。应用类型主要以休闲娱乐类网页游戏为主，包括"开心农场"等。开放平台的模式在 SNS 领域深入应用，在开放平台中，只要应用服务有吸引力，应用提供商很容易就能获得数十万的流量，这大大缩短了应用提供商以传统方式培育用户的时间成本，这是应用提供商对 SNS 趋之若鹜的重要初衷。

开心网 2009 年略微亏损，2010 年开始实现盈利，2011 年继续保持盈利。据赛迪顾问统计，开心网 2010 年收入达到 3 亿元，2011 年营业收入同比增长 35%。在融资方面，开心网于 2008 年 9 月获得北极光 300 万美元的第一轮投资；2009 年 4 月，启明创投与新浪又共同投资 2000 万美元。2011 年 10 月 31 日，腾讯宣布战略投资开心网。与腾讯的合作将极大地增强开心网的市场竞争能力，尤其是在流量引入、用户引入、游戏合作等方面。

开心网的发展方向是向实用化转型，具体策略则表现在开放平台、社会化电子商务、移动互联网上。2012 年将推出社会化电子商务全新产品。目前，开心网用户基本上是以娱乐为主，如开心网偷菜应用等，开心网更多体现的是娱乐化功能。而在未来，开心网将致力于实用化的发展，实用将超过娱乐的发展。例如，社会化网络本身应该给人们的工作、学习和生活带来更多真正有用的帮助。具体的发展策略是：开心网计划将社交网络与电子商务结合起来，即

"社会化电子商务"，在一个线上社区里面，来自用户好友的消费行为和消费评价，会比来自广告和市场推广的信息更有说服力。但是开心网自己不会直接去做电商，而是将社交网络平台的用户流量引入电商，为电商所有，未来的开心网将与各电商形成紧密、广泛的合作（见表 11-5）。

表 11-5　开心网发展策略

	开心网
市场定位	向实用性社交网络转型
运营成本	2009 年小额亏损；2010 年已经实现盈利
产品方向	社会化电商平台，如朋友过生日可以送虚拟的礼物，也可以通过社会化电商平台购买真实的礼物送给朋友
发展战略	做实用型的社交网络，与腾讯的战略合作将有助于开心网的市场拓展

数据来源：赛迪顾问，2012-11。

三、终端及平台厂商

苹果凭借自身独特的产品和模式，创新手机行业新的竞争规则，对所有的传统手机巨头都构成了严重的威胁，其 iPhone 在智能手机领域独领风骚。随着 3G 网络高速路的铺设完毕以及小型化、低功耗计算、3G 通信芯片、专注于移动互联网应用的操作系统等技术的突破和发展，让更小尺寸的终端设备具备了良好的诞生条件。新的移动互联网的时代已经到来，而苹果 iPhone 无疑取得了先机。

在移动 SNS 领域苹果也较为重视，苹果计划面向 iOS 应用推出社交网络。此前苹果推出 Facebook 应用软件商店，该社交网站的用户有望直接访问苹果公司的应用软件商店，并体验和购买 iPhone 及 iPod 触摸屏应用软件，这一举措将有利于吸引社交网站用户。未来苹果计划开发一款手机社交网络应用，可使得 iPhone 根据其所在地点分别组成各种团体，其名称为 "iGroups"。

2010 年 4 月，腾讯 QQ 空间 foriPhone 客户端软件正式在苹果 App Store 上发布。此外，搜狐也与苹果达成了基于 iPhone 手机客户端软件的合作，这也是国内 SNS 网站推出的首个手机客户端。苹果竞争策略分析如表 11-6 所示。

表 11-6　苹果竞争策略分析

竞争策略	内容
市场定位	高端娱乐手机定位；产品定位于年轻化、时尚化的消费群体
产品策略	把多媒体娱乐等功能作为产品重点；推广 App Store，提高产品利润率
价格策略	产品价格受竞争对手产品价格变化较小，坚持自有价格体系；产品定价较高，降价不太灵活
品牌策略	口碑营销是苹果的主要特色，通过软件带动终端产品销售
服务策略	App Store 各类业务及软件完善产品自身的各类功能

数据来源：赛迪顾问，2012-11。

　　尽管在国外 Twitter 和 Facebook 没有出现任何可能融合的迹象，但是在国内，以新浪微博为代表的微博客产品正在加速其 SNS 进程。例如，目前的新浪微博正在强化其强关系应用，实时私信聊天、个人中心、相册、微群等；同时在微博中提供投票、拓展微电商和在线游戏；以及"认证用户"搜索过滤；并提供团购、秒杀等电商服务；以及 SNS 赖以发展的开放平台，无不沿袭了近年来国内外 SNS 的产品和功能拓展之路。在国内，微博产品与 SNS 的界限越来越不清晰。

　　从产品界面的设计来看，新浪微博新版本与 QQ 空间发布的 6.0 版本极为相似。在页面布局、产品功能设置区域等几方面尤为明显。新浪微博此次新版本首次出现原本属于 QQ 空间特有的社交因素，标志着新浪微博正在向 SNS 进军，可能孕育出一款集信息传播与 SNS 于一体的"四不像"，对新浪微博的下一步产品开发提出了挑战。

　　主要的挑战包括：①如何融合弱关系和强关系。在同一款产品中实现无关系、弱关系、强关系的和谐并存并不容易，因为人们在处理不同关系时的行为习惯是完全不同的。②在中国现行的社会中，存在很多潜在的强关系，不方便公开。这些潜关系要融合到公开的微博产品中就必须现形，这是用户难以接受的。③ Twitter 和 Facebook 都有各自明确的战略定位和运营模式，微博如果走融合产品的路线，将失去成熟的标杆作为借鉴。④微博产品之间的对抗，微博产品与 SNS 产品的对抗都需要差异化的产品和功能，但中国目前最缺乏的就是差异化。新浪微博若演变成另一个 QQ 空间则失去了原有的产品属性，原有用户的产品体验将势必被削弱甚至被抑制，短时间造成用户分流，后续很可能出现由于同质化的产品定位导致原有用户的流失。

移动新媒体应用发展

第一节　移动新媒体应用概览

传统媒体与网络等新媒体通过多平台、多方位深层合作与互动，产生了"移动新媒体"，它以手机、平板电脑等移动智能终端作为载体，以文字、音频、视频等作为传播信息形式，具有对等、互动等特征，移动新媒体应用能够改变传统媒体的传播形态和状态，增强信息传送的互动性和即时性，实现多网络、多技术、多媒介的融合。

目前在移动互联网领域，微博是最为主要的移动新媒体应用。微博是基于用户关系的信息分享、传播以及获取平台，用户可以通过 Web、WAP 以及各种客户端组建个人社区，以 140 字左右的文字更新信息，并实现即时分享。在微博上，用户可通过电脑、手机、即时聊天工具等多种途径随时随地向网站发布文字、图片、视频，同时可以实时跟随或转发其他用户发布的信息，具备发布、关注、评论、转发、私信等功能，是一种开放互联网社交服务，也是一种新的传播形式、文化娱乐形式和人际交往方式。

随着全球互联网、移动互联网及智能手机等的快速发展，带动了以微博为主的移动新媒体的快速增长。在 2007 年，在全球市场以 Twitter 为代表的微博市场规模快速增长，增长率将近达到 500%。在 2008 年，微博增长率稍有减缓，但是随后的几年中，全球的微博市场呈现出快速增长的趋势。其中，2010 年增长率达到了 124.1%，用户数为 6.5 亿左右，是微博在全球金融危机后的又一次快速增长。

在中国市场，随着 Twitter 的风靡，以微博为主要应用的移动互联网新媒体应用也悄然兴起。从 2007 年起，饭否网、叽歪网、嘀咕网等先后进入微博阵营，但一直是在范围不大的圈子内流行，甚至走入低潮。2009 年，以一些国内门户网站开始强力加入为标志，中国微博开始进入蓬勃发展时期，国内微博市场明显升温，而且发展速度惊人。2009 年，随着对微博市场监管的加强，一些不规范的小网站淡出市场，门户网站纷纷借机开通微博，迎来了中国微博用户的爆发式增长时期。2009 年 8 月，中国最大的门户网站新浪网推出"新浪微博"内测版，成为门户网站中第一家提供微博服务的网站，微博正式进入中文上网主流人群视野。新浪微博以增加流量和网站黏性，以及内容审查监控为目的的技术改造，完成了微博的中国化过程（见图 12-1）。

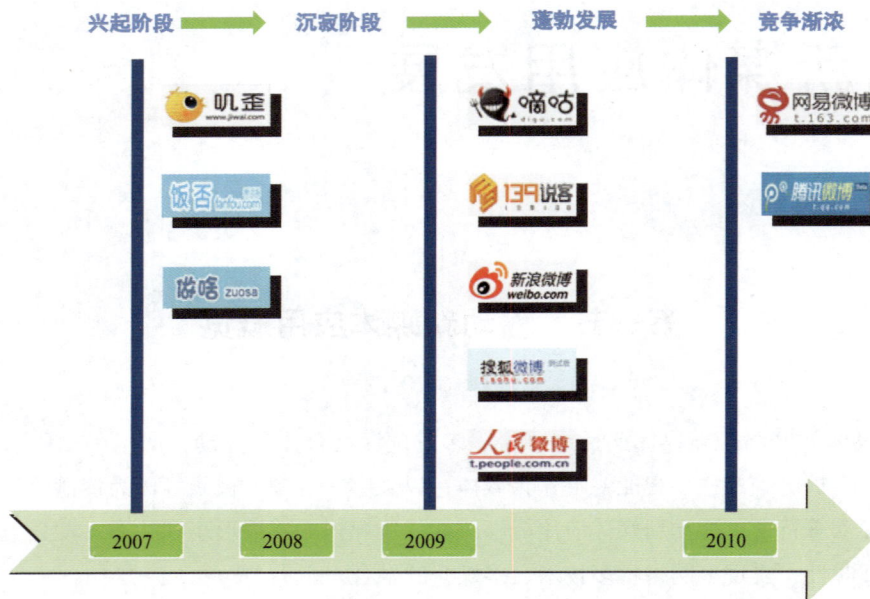

图 12-1　中国以微博为主的移动新媒体应用市场发展历程

数据来源：赛迪顾问整理，2012-11。

第二节　以微博为主的移动新媒体应用现状与发展趋势

一、应用现状

随着新媒体的不断创新和发展，微博作为近两年迅速发展的互联网新生力量，新增用户数量逐渐增多，不仅仅是四大门户相继推出了微博，还有一些其他网站也加入微博的行列。目前国内微博的用户群存在差异性，新浪微博主要以高端用户为主，营销方面主打名人效应，百度贴吧用户面比较宽泛，其他独立微博产品尽管也选择名人路线，但是用户增长速度不足。

微博在 2009—2011 年中，用户数呈现出爆发式增长，从 2010 年年底的 0.6 亿人爆发增长到现今的 2.5 亿人左右（见图 12-2），在我国互联网人数中占 50% 左右，接近了我国移动互联网的人数，成为用户增长最快的互联网应用模式。虽然微博市场的增长率在近几月中呈现出递减的增长趋势，但是微博市场的整体规模用户数仍然在不断增长。

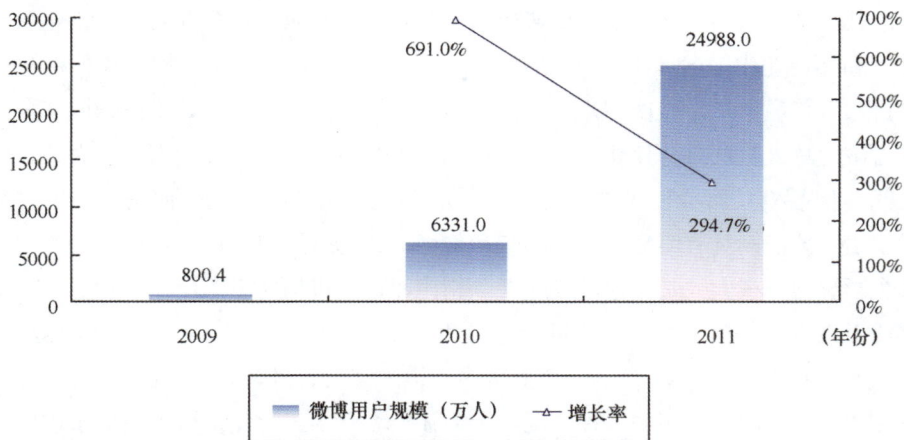

图 12-2　2009—2011 年中国微博市场用户规模及增长率

数据来源：赛迪顾问整理，2012-11。

　　在微博用户暴涨的过程中，移动微博的表现可圈可点，移动微博成为 2011 年上半年增长最快的手机应用。虽然目前移动微博使用率还不是很高，但增长速度惊人，2011 年上半年移动微博在手机网民中的使用率达到 39.0%，较 2010 年下半年的 15.5% 增加 18.5 个百分点（见图 12-3）。根据数据统计，微博用户通过手机登录访问的比例为 55.8%，超过 5 成。预计到 2013 年，手机网民数量将超越 PC 网民数量，占中国人口比例将达到 52.9%，移动微博的比例将不断增长。移动微博快速发展的原因主要源于智能手机等应用为微博的使用提供了一个新的平台，有助于用户随时随地使用手机登录微博，进一步增加了微博的灵活性。微博的即时性特性与手机的方便、及时等特性结合起来，将能带给用户更好的使用体验，因此，微博在手机平台上有巨大的发展潜力。

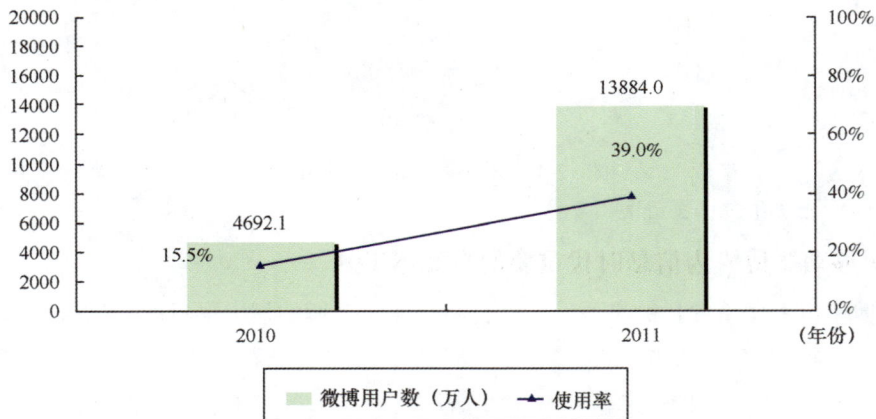

图 12-3　2010—2011 年我国移动微博用户规模及使用率

数据来源：赛迪顾问整理，2012-02。

（一）移动微博用户结构呈现多元化，高学历人群比重大

根据微博用户的规模、行为习惯及心理特征，可把微博用户分成两大类，个人用户和机构及组织。其中，个人用户又可以分成普通用户和名人（娱乐、体育等明星，企业领导人，媒体人、学者和其他业内知名人士）。而机构及组织可分为公司，公益机构、慈善组织，政府部门及相关机构。普通用户是微博用户中人数最多的群体，其群体博文数量占总博文量的百分比与其人数占微博总人数的百分比相近，因此这部分大众阶层的网络影响力是巨大的，信息在普通用户之间的传播模式属于裂变式传播（1:n:n），传播范围极广，是微博网络的主力军。而名人微博对于信息传播则具有明显的引领和带动作用，这部分用户的数量远低于普通用户，但其网络和社会影响力却很大，是舆论的发起者。相比而言，机构和组织用户不管是在数量还是影响力上都比个人用户略为逊色。但其近期也有两大发展亮点。首先，政务微博兴起。2011年，开通并认证的政府机构微博超过1300个。很多省市的官员、机关通过微博关注经济民生话题，掀起网民参政、网络问政的高潮，社会反响十分强烈。其次，企业微博关注形象推广和网络公关。2011年，有超过500家企业通过新浪微博认证，同时有上千家企业注册了新浪微博。很多企业进行微博营销，通过微博进行互动和促销活动。另外，微博传播速度快的特点也使其成为企业处理公关危机的重要平台。

而根据知识层次对微博个人用户进行划分，可发现高学历人群所占比例很高。如图12-4所示，大专以上学历的群体比例达到了86.6%。

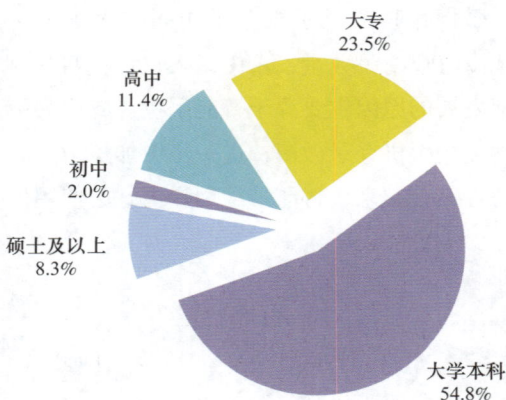

图 12-4　移动微博用户群体特征

数据来源：赛迪顾问整理，2012-02。

（二）移动微博成为信息时代重要的自媒体工具

从微博用户上微博的目的来看，关注自我是使用微博的最主要目的，包括表达自我情感占74.3%、记录生活与成长占59%，其次才是与别人分享信息和观点，占55.7%，休闲放松占54%、搜集资讯或者需要的信息占47%和了解朋友的状态占41.6%（见图12-5）。微博成为中国公众自我宣泄和表达的空间，在这个空间上，承载着用户释放情绪、记录生活以及发表观点的价值诉求。

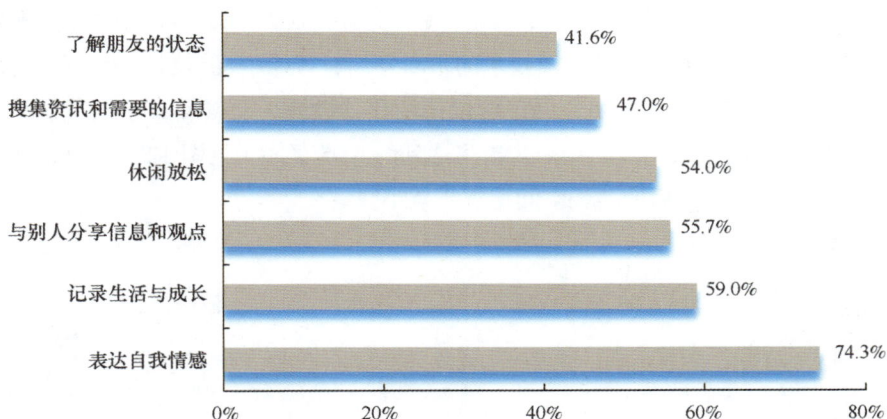

图 12-5　微博用户的使用情况

数据来源：赛迪顾问，2012-02。

（三）移动微博用户主要集中在发达地区

在我国，移动微博用户活跃度不断提高，地域分布和我国网民的地域分布基本吻合，主要集中在北京、广东、上海、浙江、江苏、山东等发达地区。移动微博用户主要来自一二线城市，其比例为87.2%，其中北京、上海、广州、深圳用户占比近五成。具体的移动微博用户地区分布情况如图12-6所示。

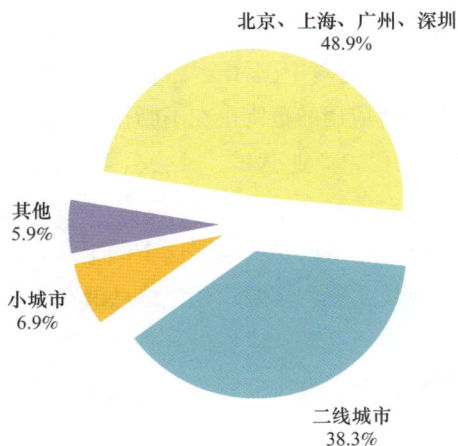

图 12-6　移动微博用户地区分布情况

数据来源：赛迪顾问整理，2012-02。

二、发展趋势

2009 年 3G 手机上网带动了网民增长的新浪潮，也带动了微博的快速发展。在 2013 年，我国的微博市场将走向成熟，随着技术与应用的普及，易转化群体逐渐被渗透和纳入微博群体，而非微博群体向互联网和微博群体的渗透难度加大，将减慢未来几年微博的发展速度。在

2012—2014 年，微博市场规模增长速度将逐步趋缓，在 2013 年后，我国的微博市场用户规模增长速度将会减慢。随着我国经济及技术的不断发展，智能手机市场和 3G 网络等的不断扩大，大部分人都能买得起智能手机，网民可以使用移动微博。2014 年，中国微博用户增长率将较 2013 年进一步减小为 20.2%，用户规模将达到约 5.05 亿人（见图 12-7），届时中国将有超过七成的网民使用微博，此后的增长空间将逐步减小。

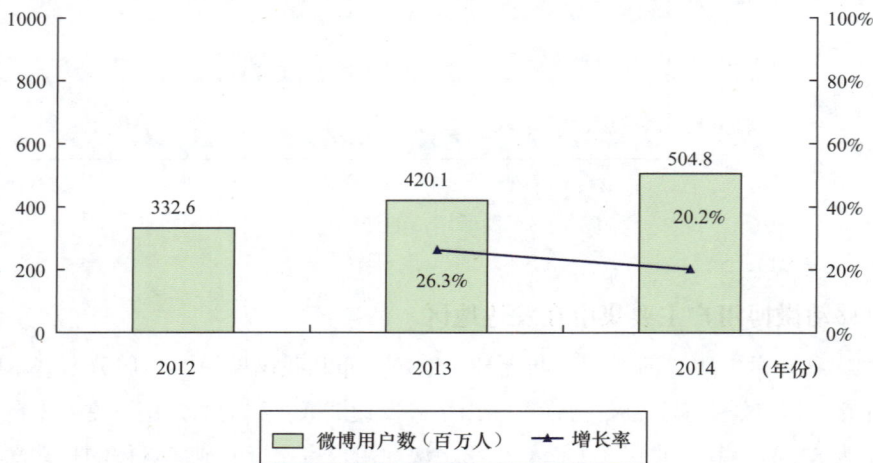

图 12-7　2012—2014 年中国微博用户规模及增长率

数据来源：赛迪顾问整理，2012-02。

　　随着移动微博的发展与普及，它对中国社会更深层次的影响和价值逐渐得以显现，并已成为一种新的社会生活方式。微博应用的范围也在不断拓展，涉及信息的发布与获取、社交拓展、社会事务讨论、政府问政网民、商业营销、社会公益等，微博开始全面渗透进社会各领域。微博作为现实社会与网络社会的媒介结点，在用"微力量"改变中国媒介生态的同时，也见证了社会生活方式的变迁。微博把"信息社会"这个概念推向新高，让谁都能成为新闻工作者、思想传播者，使信息来源更民主化。同时，也让信息消费者有更多、更广的选择权，喜欢看谁的、听谁的就关注谁，而且还能互动，这些因素决定了微博的影响力是前所未有的。微博最积极的贡献还是对公共事件的影响，为社会传递更多更真实的信息。

第三节　移动新媒体应用重点环节分析

一、以微博为主的移动新媒体应用产业链分析

　　随着移动微博的商业化进程不断推进，微博的商业生态系统将不断完善，微博平台处于产业生态链的核心地位，除此之外，企业用户（即广告主）、微博营销公司、第三方应用公司、第三方调研公司和个人用户、机构用户等都参与到微博商业化的生态系统中来（见图 12-8）。

微博商业生态图

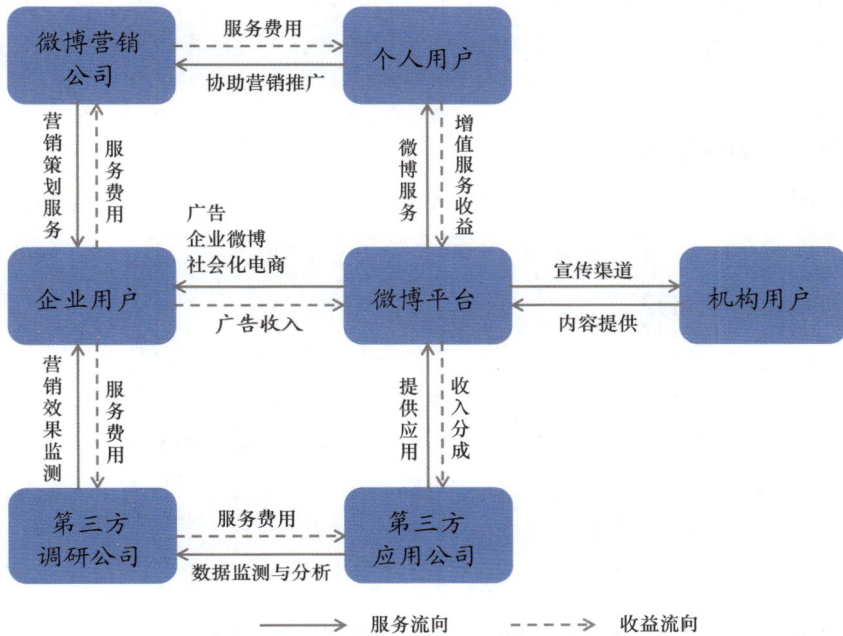

图 12-8　以微博为主的移动新媒体应用市场产业链全景图

数据来源：赛迪顾问整理，2012-11。

（一）微博平台

微博开放平台是基于微博系统，为广大第三方开发者和用户提供的开放数据分享与传播平台。广大开发者和用户登录平台后，就可以使用平台提供的开放 API 接口创建应用，从微博系统获取信息，或将新的信息传播到整个微博系统中，丰富多样的 API 接口和应用。微博平台向个人用户提供微博服务，同时向第三方应用公司收取收入分成。

（二）微博营销公司

微博营销以微博作为营销平台，每一个听众（粉丝）都是潜在的营销对象，每个企业用户及机构用户利用更新自己的微博向网友传播企业、产品的信息，树立良好的企业形象和产品形象。微博营销可以借助先进的多媒体技术手段，通过文字、图片、视频等展现形式对产品进行描述，从而使潜在消费者更形象、直接地接受信息。微博最显著的特征就是传播迅速，一条关注度较高的微博在互联网及与之关联的手机 WAP 平台上发出后，短时间内互动性转发就可以抵达微博世界的每一个角落。目前，微博营销公司最主要的商业模式是通过向个人用户（著名微博主）提供营销费用，让其协助营销公司的企业客户进行营销推广，同时向企业用户收取营销费用。

（三）第三方应用公司

通过各品牌微博的开发能力平台，国内第三方开发者在其基础上为用户提供应用服务并获取平台运营商的收入分成。目前在国内，众多第三方应用公司由于人员和资源有限，首先，希望更多地专注于产品研发本身，而由平台商提供营销、推广、计费等渠道；其次，更愿意跟随成熟的商业模式；最后，对平台商忠诚度较低，更关注平台商带来的价值而不是某家平台商本身。

（四）第三方调研公司

第三方调研公司通过向企业用户收取服务费用，向企业提供其微博营销宣传的效果评估和改进计划等的服务，第三方调研成为监测微博营销效果的重要手段。

（五）机构及企业用户

机构及企业用户通过微博平台为企业和机构用户定制的服务平台开展微博应用，企业及机构平台跟普通微博有一定的区别，目的是帮助企业更好地推广自己的公司和产品，提升与粉丝互动的效果和效率，功能相对更强大。微博的转发机制让任何企业都有机会把自己的内容传递给其他用户，同时企业在微博上也可以做客服、处理公关事件等。微博作为企业用户的重要营销宣传平台，向企业用户收取广告费用。

二、以微博为主的移动新媒体应用——重点企业竞争策略

（一）新浪微博

新浪对网络媒体的了解成就其微博的领先地位，微博服务在中国拥有较强的媒体特征。新浪是中国领先的门户网站，拥有丰富的媒体经验，这使得新浪最先意识到微博的价值，并领先竞争对手进入该市场。

新浪微博是媒体与社区的结合，新浪微博发展比 Twitter 更快，增加了更多的媒体和社区功能。就社交性而言，新浪微博现支持广播、一对多（群服务）和一对一（私信）服务。许多 MSN 用户将其联系人信息转移到新浪微博平台上。就媒体性而言，新浪微博拥有每日新闻、访谈和直播等。新浪微博通过方便用户转贴、评论和图片上传，大幅提升了用户的交互性。

新版微博正式上线余热尚在，新浪微博再掀业界热点，新浪"微博搜索"独立域名页悄然曝光，部分用户登录新浪微博后，输入 s.weibo.com 即可通过其搜索到相关的微博、微群、用户、活动等内容。早在 2009 年年初微博发展初期，新浪已经开始着手研究搜索技术，一方面，负责提供微博的相关信息搜索；另一方面，为微博平台、微博无线、产品运营等提供搜索服务的支持。新浪似乎在微博发展之初就已意识到潜在的竞争压力，通过积极推进开放平台战略，新浪已经成为中国互联网市场的开路先锋。一方面，用户可以在微博平台上共享第三方内容；另一方面，新浪积极向第三方厂商开放 API。

名人效应是新浪微博发展初期的核心优势，但规模和交互性是新浪微博未来发展的主要动力。名人微博用户一般在多个平台上开设了同名微博账号，并发布几乎相同的信息。我们的

研究显示，超过 80% 的名人微博用户以新浪微博为主，原因主要有三点：新浪的品牌、先发优势，以及新浪微博更好的互动性。由于拥有数百万的活跃用户，名人对新浪微博的依赖程度实际上高于新浪对他们的依赖程度。对于新浪的竞争对手而言，缺乏足够的粉丝或平台不够活跃，反而面临如何留住名人微博主的挑战。新版微博应用频道的上线，将为站内应用提供更多的推广资源。无论是微博导航菜单、应用频道首页，还是用户的个人微博首页，都将出现优秀的站内应用，其中佼佼者更有机会被打造成"明星应用"。新浪微博市场竞争策略 SWOT 分析如表 12-1 所示。

表 12-1　新浪微博市场竞争策略 SWOT 分析

内部 / 外部	优势（Strength）	劣势（Weakness）
内部	● 定位名人市场，是国内有一定地位的媒体平台； ● 整合营销为主体的渠道体系； ● 新浪是国内领先的门户网站，资金充裕，足以支持微博的研发推广； ● 注重产品研发，技术领先国内微博市场； ● 新浪微博率先推进开放平台，是媒体与社区的结合	● 微博政治敏锐性强，对于敏感性话题需投入较多精力检查； ● 自我审查可能影响长期利益，微博市场尚无盈利； ● 用户可能拒绝"社会营销"活动，一定程度上会影响微博的发展
机会（Opportunity）	SO 策略（利用）	WO 策略（改进）
● 以互联网应用为中心的手机微博的发展趋势； ● 中国微博市场向理性化、正规化、健康化发展； ● 微博平台对中国政府、企事业单位的作用； ● 中国 3G 市场快速发展，产品、技术、品牌综合实力强的品牌机会增多	● 提高新浪微博用户的忠诚度； ● 开发热门移动应用程序，利用产品创新和服务体系加强品牌影响力，争取更大的市场份额； ● 强化各地政府、企业以及民间组织的公关，争取更多的政府微博和企业微博用户； ● 打造交叉销售平台：互联网、广告、电子商务、移动支付，促进微博市场的发展	● 注重改善合作伙伴的发展能力； ● 进一步完善新浪的生态环境，扩大游戏及 App 应用； ● 创新经营理念，通过加强流量分析，以获得流量价值等，争取微博业务的盈利
威胁（Threat）	ST 策略（关注）	WT 策略（消除）
● 竞争对手，暂时不显著，但是来自腾讯的竞争压力将会增加； ● 微博用户很少关心服务品牌，而更加在意用户总规模和活跃度，新浪微博用户黏性不足	● 坚持技术创新的竞争策略，不断改进微博业务，尽可能大地满足用户需求，提升市场竞争力； ● 研发、推出能够加强用户黏性的微博业务产品，加入 LBS 和 IM 服务等功能，增加用户忠诚度及用户黏性	● 消除人才引进等对微博业务发展产生的不利影响； ● 通过产品创新和服务体系，尽量减少微博用户的"跳槽"

数据来源：赛迪顾问，2012-02。

（二）腾讯微博

腾讯依托 QQ 和 QQ 空间的资源，发展自身微博业务。自从 2007 年腾讯实验室推出了滔滔业务，定位于迷你、即时博客。但是由于腾讯滔滔的定位模糊，产品形态上过于依赖 QQ 空间造成用户体验打折，模式上介于博客与微博之间，创新度低和人力资源投入等问题，运营 3 年后被整合关闭。滔滔是腾讯的微博的尝试，虽然失败，但是为腾讯积累了宝贵的经验，后来腾讯开始重视微博，加大微博投入，才形成了腾讯微博现在的局面。

腾讯微博现在从产品形态上与 QQ 几乎完全独立，借助庞大的 QQ 用户进行微博账号的直接绑定，使其注册用户占据天然战略优势。腾讯微博依托的资源优势为 QQ 产品本身，具有草根化突出的特点，符合中国网民的网络文化特点。

腾讯 QQ 有 4 亿用户，同时在线用户数已经超过 1 亿，这是腾讯微博最大的资本。腾讯微博竞争策略最关键的一点，是让腾讯 QQ 的用户们在腾讯微博上活跃起来。腾讯微博实施奖励制度，用户每日发 5 条微博就可以在几种奖励的礼品当中进行选择，这样用户发微博的动力就会被激发起来，一旦大部分 QQ 的用户都在"奋力"发微博，腾讯微博的影响力自然大幅提升。腾讯微博与 QQ 客户端、QQ 空间、腾讯门户、腾讯游戏、QQ 邮箱等产品无缝接合，腾讯微博的各种措施激活了无数的 QQ 用户，使腾讯在微博市场中占有的份额越来越大。

腾讯微博主打年轻牌，以用户为中心。到腾讯微博上去"看"自己的同学、朋友在干什么，上新浪微博去"读"一些行业领袖、专家学者在说什么，这就是腾讯微博与新浪微博的差异所在。在新浪微博上学习到的新知识，了解到的新趋势，掌握到的新动向反过来成为用户在腾讯微博上发布的各种话题。而腾讯微博的价值在于，用户在这边发布的话题，关注同学、朋友发布的评论，对用户有吸引力，可以实现真正的互动。腾讯微博与新浪微博成为两大微博平台，一边是几亿人在发微博，以几亿人的圈子在讨论几亿个话题，但是大家全部都在互动，是几亿人的 Party；另一边是几千万名人在发微博，几千万草根在看，间或转发或评论，是名人们的 Party。腾讯 QQ 的用户中，年轻人居多，其中不乏快男超女、影视明星和体育明星，他们年轻，一直用 QQ，在 QQ 上也有自己的固定圈子。鼓励这样的一些人来多发微博，也是一种"明星效应"，但又完全有别于新浪微博的"名人效应"，可以配合作为"差异化手段"使用。腾讯微博市场竞争策略 SWOT 分析如表 12-2 所示。

表 12-2　腾讯微博市场竞争策略 SWOT 分析

		优势（Strength）	劣势（Weakness）
内部		● 腾讯是最早一批进入互联网领域的中国企业，互联网领域的技术已经非常成熟； ● 腾讯在中国社区应用程序市场占有绝对优势，对于微博的发展有一定的促进作用； ● 腾讯公司最早通过海外上市融资，稳定、充沛的现金流确定了其资金优势，也确保了微博的研究与发展； ● 腾讯 QQ 的大规模用户基础，为微博广告商的进驻提供了良好的平台	● 腾讯奉行追随者战略，长此以往，很难与其他创新型企业竞争； ● 腾讯公司缺乏革命性创新，长期的模仿和借鉴会给其品牌声誉带来毁灭性的打击
外部			

（续）

机会（Opportunity）	SO 策略（利用）	WO 策略（改进）
● 互联网产业的发展受到国家大力支持，带动了中国微博市场正规化、健康化发展； ● 中国政府对微博市场发展的大力支持； ● 微博对中国政府、企事业单位的重要作用与影响	● 找到相应国家号召、适合自身发展的竞争策略，提高微博用户忠诚度； ● 利用良好的营销渠道和服务体系加强品牌影响力，巩固微博市场发展； ● 大力宣传微博在政府部门、企事业单位中的重要作用，进一步争取政府微博、企业微博和组织微博用户	● 不断激发员工的产品创新能力，进行大规模的业务创新，推出更多、更好的微博产品； ● 针对政府、企业、组织等微博用户，设计具有针对性的产品，满足其需求，抢占更大的市场份额
威胁（Threat）	ST 策略（关注）	WT 策略（消除）
● 来自新浪、百度等互联网微博运营商的竞争压力； ● 微博替代产品产生的潜在压力； ● 互联网企业的革命性创新不断，对于只有模仿和借鉴的企业，会带来毁灭性的打击	● 大力投资产品研发，注重自主研发，推出创新型业务产品，增强市场竞争力； ● 坚持品牌效应和技术创新并重的策略，维护良好的品牌声誉，争取更大的市场份额	● 避免创新意识的缺乏，重视产品的自主研发，维护品牌声誉； ● 改变追随者战略，企业只有进行大规模的产品创新，才能拥有自己强大的竞争力，在微博市场占有一席之地

数据来源：赛迪顾问，2012-02。

（三）百度微博

百度贴吧是 2003 年 12 月 3 日创建的，当时创建这一想法的缘由是：结合搜索引擎建立一个在线的交流平台，让那些对同一个话题感兴趣的人们聚集在一起，方便地展开交流和互相帮助。它与搜索紧密结合，准确把握用户需求，通过用户输入的关键词，自动生成讨论区，使用户能立即参与交流，发布自己所拥有的感兴趣话题的信息和想法，如果有用户对某个主题感兴趣，他立刻可以在百度贴吧上建立相应的讨论区。

按照如今 Web 2.0 的发展思潮定义，贴吧完全是一种用户驱动的网络服务，强调用户的自主参与、协同创造及交流分享，也正是因为这些特性，百度贴吧得以以其最广泛的讨论主题（基于关键词），聚集了各种庞大的兴趣群体进行交流。

百度贴吧的诞生，让用户可以把头脑中的知识、想法和经验拿出来与大家分享，让中国网民不仅能搜寻网上"已存在"的有限信息，还能搜寻人类头脑中的无限信息。自其诞生以来，百度贴吧逐渐成为世界最大的中文交流平台，它为人们提供了一个表达和交流思想的自由网络空间。

百度微博市场竞争策略 SWOT 分析如表 12-3 所示。

表 12-3　百度微博市场竞争策略 SWOT 分析

	优势（Strength）	劣势（Weakness）
内部	● 百度贴吧支持 Web 网络，支持手机匿名登录； ● 百度贴吧注册简单，用户可以无条件、无身份入吧交流； ● 百度的"匿名发帖"诱发大量的跟帖、回复，使得贴吧成为不容忽视的网络舆论平台； ● 依托于百度中文搜索引擎，准确把握用户需求	● 产品研发技术不足，低层技术还有待加强； ● 贴吧中"先发帖，后审查"的模式往往使公司处于被动的局面，处理问题不当甚至会造成严重的负面影响
外部		

（续）

机会（Opportunity）	SO 策略（利用）	WO 策略（改进）
● 百度是国内互联网企业的领先者，形成了品牌效应和极高的用户认知度； ● 百度精于国内市场，具有本地优势和成功的本土化运作； ● 微博是企业进行产品营销、业务推广，政府部门进行官民沟通的有利平台，越来越多的企业、政府部门注册微博账号	● 利用百度中文搜索优势，了解、研究用户需求，推出符合需求的新业务、新产品，推进百度贴吧的快速发展； ● 以成功的营销模式巩固贴吧产品市场的发展； ● 凭借百度的品牌声誉，创新营销策略，吸引更多的政府、企业部门注册贴吧账号，关注贴吧话题	● 引进技术人才，注重产品的研发，以保证贴吧的长久稳定发展； ● 探索新的发帖审查模式，避免贴吧处于被动局面，造成不好影响
威胁（Threat）	ST 策略（关注）	WT 策略（消除）
● 新浪、腾讯微博已经在微博市场占有一定优势，其快速发展对百度贴吧造成了很大的竞争压力； ● 积极的网络舆论发挥积极作用，也不排除虚假的消息造成负面影响的可能	● 重点关注贴吧的各种舆论，积极警惕负面的消息，防止不好舆论的传播与影响； ● 学习新浪微博和腾讯微博的产品优势和竞争经验，不断增强自身实力，推进百度贴吧在微博市场的迈进	● 消除技术不足对贴吧发展产生的影响，只有拥有技术实力的企业，才能获得竞争力和发展力； ● 避免贴吧内网络舆论对社会公众产生消极影响

数据来源：赛迪顾问，2012-02。

移动位置服务应用发展

第一节 移动位置服务应用概览

移动位置服务（Location Based Service，LBS）是指移动网络通过特定的定位技术来获取移动终端用户的位置信息（经纬度坐标），在电子地图平台的支持下，为终端用户提供相应服务的一种增值业务。移动定位不仅能够帮助个人客户查询自己和他人的位置信息，而且还能提供基于位置的附加信息服务，包括用户所在位置的商店、银行、书店、医院、宾馆、餐馆等信息。

从国内市场目前的情况看，LBS 真正为大多数用户接受还有待时日；其间需要创业者更多地从市场环境、用户使用习惯、移动互联网业态等现实出发，结合本土市场和用户特性，基于地理位置应用提供创新性的服务。

随着 GPS 手机、智能手机的迅速崛起，2009 年中国移动位置服务市场实现了较快增长。市场的增长主要得益于智能手机、GPS 手机的快速发展；移动互联网应用迅速普及；电信运营商对 3G 业务差异化的追求；以谷歌为代表的免费位置服务软件厂商的推动。然而，移动位置服务市场表现仍低于预期，产品功能和商业模式的创新乏力是导致用户忠诚度低、缺乏黏性的主要原因。

移动位置服务是由移动通信网络和卫星定位系统结合在一起提供的一种增值业务，它是移动通信技术、空间定位技术、地理信息系统技术等多种技术融合发展到特定历史阶段的产物，是现代科学技术和经济社会发展需求的客观要求。随着国家对于 LBS 产业越来越重视，相应的 LBS 规范性方针的出台将规范整个行业的发展，特别是将影响 LBS 的应用趋势。同时，终端用户对于 LBS 的要求越来越高，LBS 的未来应用方向也随之变化。

预计，未来移动位置服务将延伸至智能手机以外的终端，但若想大规模部署仍会受到隐私和信息安全等因素的制约；虽然该服务在未来几年中最高使用率会是在中国。

第二节　移动位置服务应用现状与发展趋势

一、应用现状

　　2012 年，由于智能手机和移动互联网的发展推动，移动位置服务应用市场整体保持较高速增长，前期市场培育使得市场收入较往年有了爆发式的增长。2011 年市场收入达到 48 亿元，比 2010 年增长 95.92%（见图 13-1），2011 年中国移动位置服务应用用户规模达到 9450 万户，比 2010 年增长 121.3%，移动位置服务应用用户规模在 2010 年快速进入成长后，增长率略有下降，原因是移动互联网应用虽迅速普及，但渗透率依然不高，免费地图 / 导航软件的推动，但用户习惯的养成仍需时日，2012 年移动位置服务用户达到 21320 万用户左右，比 2011 年增长了 125.6%（见图 13-2）。可以预见的是，用户数量在未来几年也将保持相对平稳的增长。

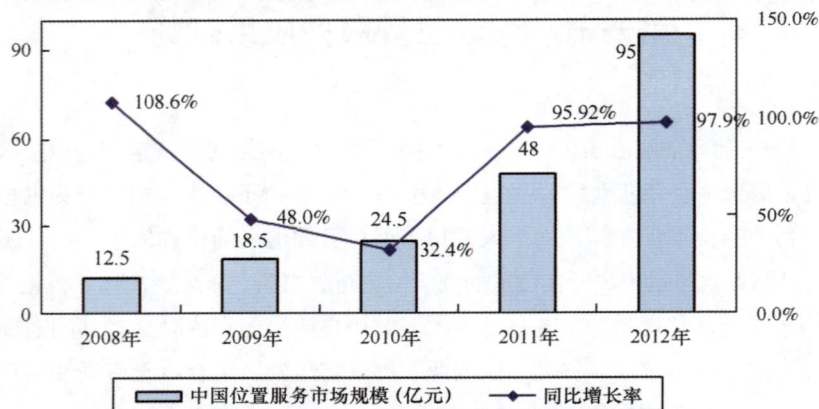

图 13-1　2008—2012 年中国移动位置服务市场规模及增长

数据来源：赛迪顾问，2012-12。

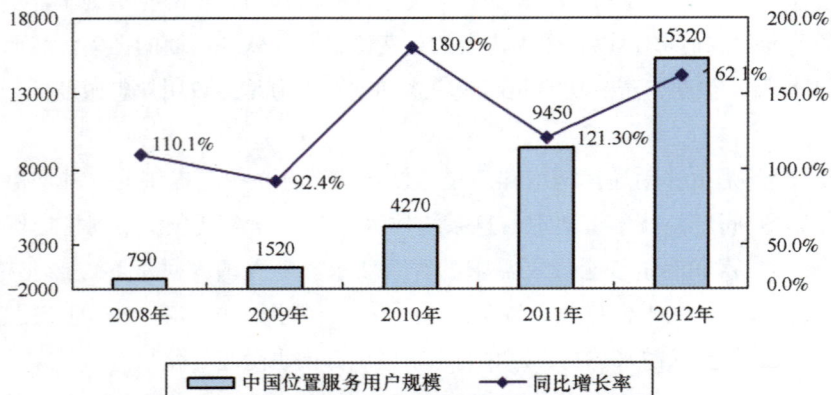

图 13-2　2008—2011 年中国移动位置服务用户规模及增长

数据来源：赛迪顾问，2012-12。

二、发展趋势

移动互联网的高速发展，智能手机出货量的进一步提高，移动位置服务产品逐步成熟，将促使未来 3 年位置服务用户规模的快速增长。用户规模的增长，有利于移动位置服务商业模式的探索和完善。基于对未来 3 年位置服务市场主要影响因素的分析，在未来 3 年，移动位置服务应用市场将持续高速增长：2015 年，移动位置服务应用用户数达到约 3.4 亿户，移动位置服务应用收入规模达到 455.6 亿元（见图 13-3 和图 13-4）。

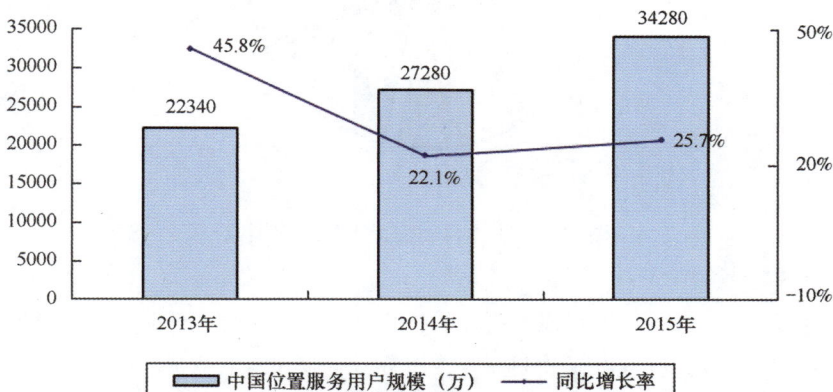

图 13-3　2013—2015 年中国位置服务用户规模及增长

数据来源：赛迪顾问，2012-12。

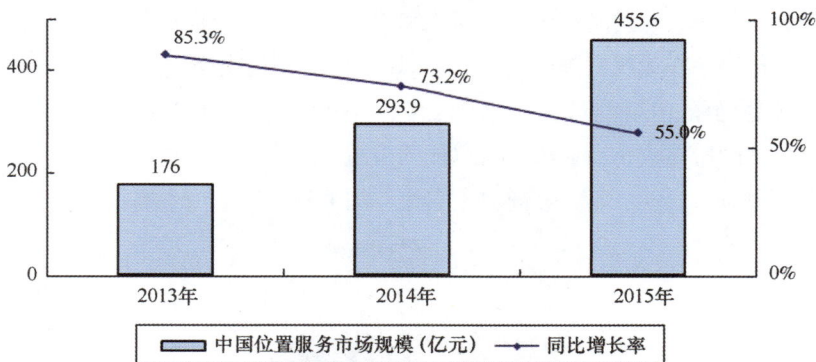

图 13-4　2013—2015 年中国位置服务收入及增长

数据来源：赛迪顾问，2012-12。

第三节　移动位置服务应用重点环节分析

从全球的情况来看，移动互联网的发展、智能手机的普及以及社交网站的流行，移动使位置服务成为最受开发者关注的 API 之一，相关应用领域也随之不断丰富。目前，移动位置服务在紧急救援、位置跟踪、定位导航、本地搜索、社交娱乐、广告促销等方面都有广泛应用，其中，应用最为广泛的是实时导航、本地搜索、定位查找（见图13-5）。随着技术的发展，软件研发的深入，网络环境的完善，未来的位置服务功能将趋于完善，应用领域也将不断拓展。

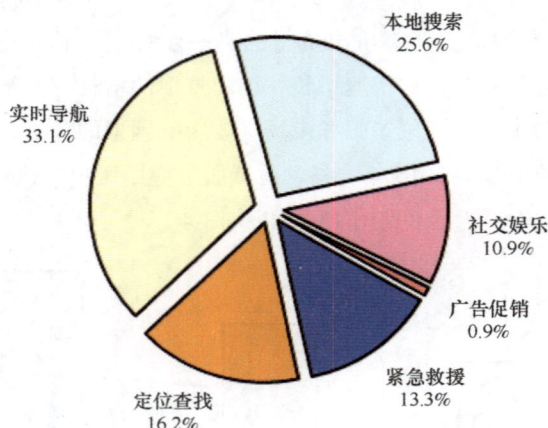

图13-5　中国移动位置服务应用领域

数据来源：赛迪顾问，2012-12。

O2O 即 Online to Offline，即将线下商务的机会与互联网结合在一起，让互联网成为线下交易的前台。这样线下服务就可以在线上揽客，消费者可以在线上筛选服务，还有成交可以在线结算，很快达到规模。未来企业的线下能力是企业竞争力的关键，而 SNS 类位置服务对于用户来说有两个吸引力：一是位置服务，搜索到周边的信息、获取优惠券、一键预订等功能；二才是 SNS，分享好友在该位置的经历。在商户和消费者之间，由地理位置信息相链接将使移动广告的效果突破传统。在无线广告吸引用户眼球的前提下，电子商务可更进一步，用户通过手机即可完成后续的操作。这样真正的受益方，除了获得便利的消费者，还有实现销售的商户。因此，向商户收费的后向收费商业模式可以作为位置服务发展的方向。由用户周边搜索需求统计数据可见，用户对于餐饮、娱乐、商场、宾馆、加油站的周边搜索需求最高（见图13-6）。

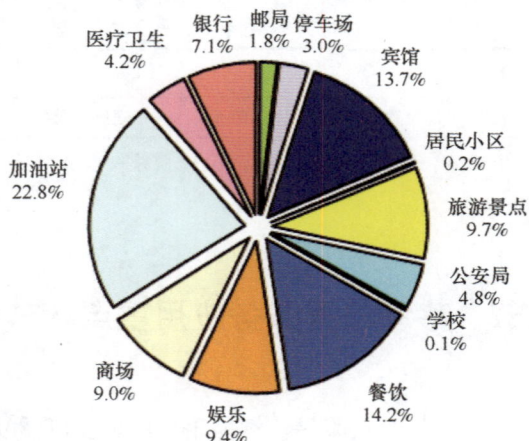

图13-6　中国位置服务业务中周边搜索功能查询需求

数据来源：赛迪顾问，2012-12。

LBS 市场蕴藏了巨大的商机，通信运营商、地图厂商、软件开发商、终端厂商等整个产业链中的众多参与者都积极投入其中，大力推进 LBS 服务以及应用，主要包括以下几个方面。

（一）手机导航

基于手机导航的位置服务，不仅是电子地图，还包括实时路况、3D 地图、实时天气、在线导航和周边资讯等多种增值信息服务。基于手机导航的位置服务目前边界较宽泛，如可向用户提供周边搜索查询服务，可向用户提供同城交友服务，可与即时通信相结合提供陌生人的沟通和交友服务，甚至还可与移动支付相结合，实现各类实体商品和服务的预约和扣费等。移动定位业务可提供与位置相关的各种信息服务。当用户在陌生地区想知道距离最近的商店、银行、书店、医院时，只需要数秒，手机显示屏上便可出现所需的位置信息。当用户随时随地想购买自己喜欢的商品时，定位系统与信息数据库结合可引导用户购买。还可和互联网站商合作，为用户提供丰富的信息服务。基于位置的信息业务允许用户根据其当前所处的位置进行内容裁剪的信息服务，包括：自定位服务（"我在哪儿"）、路边救援服务、交通信息服务（如驾车时实时指引前进方向）。基于位置信息业务承载方式主要有三种：短消息、话音、补充业务。

（二）基于位置的社会性网络服务

LBSNS（基于位置的社会性网络服务）的核心是 LBS，通过整合移动互联网和互联网的无缝网络服务，帮助用户寻找朋友位置和关联信息，同时激励用户分享位置等信息内容。位置服务为用户信息增加新的标记维度，LBSNS 通过时间序列、行为轨迹和地理未知的信息标记组合，帮助用户与外部世界创建更加广泛和密切的联系，增强社交网络与地理位置的关联性。

（三）智能汽车

汽车信息化为信息技术与汽车产业交叉融合而成的新兴产业，目前在国内外迅速普及和发展。智能汽车主要为用户提供汽车导航、跟踪定位、交通信息、娱乐信息以及安保监控服务，从目前的市场发展状况来看，运营商最具商业前景的位置服务应用莫过于智能汽车。基于不同位置出发的最典型的应用如计费业务，费率和用户当前所在的位置有关，这些位置是用户日常生活、工作所在的区域，只要用户签约了这些区域，在这些区域就可以得到优惠的费率。可以向单个用户开放，也可以向商务集团用户开放。基予位置的管理信息和计费等，物流管理，如对全国流动的货运车辆、火车车厢、专业车队和运钞车、邮政速递车等进行位置监控管理，合理调度车辆，减少空载。在许多情况下，集团车队和人员的管理者需要及时调度所述的车辆和人员，以提高工作销量，提升服务质量，如邮政快递、应急维护服务等。管理者希望距离客户最近的车辆和人员在最短的时间内到达用户所在的位置。借助于移动定位业务，管理者可随时了解车辆和人员的位置，因而可根据客户随时的要求，迅速调度车辆和人员。与 GPS 相比，移动定位业务所采用的定位技术的特点是当车辆和人员进入遮挡物下或建筑物内时，管理者仍可方便地确定其位置，进行调度管理。

（四）智能求助

智能救助类业务属于典型的面向个人的定位业务，此类业务早在 2002 年左右就已经在国内商用。智能救助业务主要是面向公众中的特殊群体，如为孤寡老人、空巢老人等人群外出提供应急救助。小学校园也是这一业务开拓的重要市场，如帮助家长和老师实时定位孩子是否到校、在哪里，如发生紧急情况，就可以提供紧急救助。跟踪及资产管理服务允许管理者跟踪某个成员的位置和状态，成员可以通过操作码主动向管理者通报位置信息。管理者可通过业务操作增加和删除成员。典型的应用为：出租车公司跟踪车辆的位置，父母了解子女的位置、子女了解老人的位置、雇主跟踪他的雇员的位置等。跟踪及资产管理服务承载方式有如下几种：短消息、语音查询、网站查询、电子地图显示。短消息承载方式是管理者发起短消息来查询手机的当前状态；语音查询承载方式是用接入码将呼叫接续到交互式语音响应系统或将呼叫接续到话务员，查到用户位置信息后语音通知管理者；网站查询承载方式是业务由网站运营，需要指定网站到定位服务器之间的位置请求接口；电子地图显示承载方式是在定位服务器查询位置信息之后，发送到网站，由网站和手机建立连接下载电子地图，该方式需要制定网站和手机之间的接口。

（五）智能交通

智能交通涉及的范围很广，其中典型应用有智能公交和智能出租车。智能公交是在定位服务的基础上，将各种应用添加到一个大的平台之上。例如，根据定位信息公交调度监控管理体系可生成最优化的行车计划，调度车辆和管理车辆；根据实时定位信息，公交调度监控管理体系也可根据预先设置好的各种数据库中的行车状况，向车辆发出调度指令，如加速、慢行、绕道或发车等。智能出租车的主要目的是实现出租车的智能监控和调度。

（六）智能医疗救援

智能医疗救援是一项极具商用前景的定位业务，其可帮助运营商绕过复杂的医疗信息化体系，直接发挥自己的网络优势，面向最终用户提供服务。通过用户携带的手机或手持终端，医疗调度中心可实时定位到患者的所在位置，甚至可以实时了解到患者的信息，调度距离患者最近的救护车；而接诊医生也可以通过救护车实时发回的病患体征信息，与救护车进行视频通话，指导急救。因此，可缩短急救时间，提高急救成功率。紧急医疗、紧急报警服务等，可以在用户需要紧急救援时获得精准的定位信息，以便政府公务人员施以及时救援。目前，我国人身安全和紧急救助报警只能依靠拨打110或者120，这使得用户在紧急情况下（如正受到人身攻击或疾病突发）的报警变得十分困难。利用移动定位业务，手机的持有者只要按几个按钮，警务中心和急救中心在几秒钟内便可知报警人的位置，从而提供及时的救助。

（七）物流监控

物流监控是运营商最希望开拓的定位市场之一，也是最难开拓的一个市场。一方面，货运行业业务覆盖地域广、车辆多，需要位置服务信息的用户多，要求数据共享的程度高。货运行业企业多而小，行业市场尚未完成整合，能够支付得起定位服务的大型企业不多，运营商进入这一市场商业模式挑战大。另一方面，现代物流监控不仅要确定物体的位置，同时还要保障货物运输最优安排，准确、及时运送，要求时刻跟踪货物的位置和状态，信息量大，网络压力也大，这对运营商也是一个挑战。

（八）广告、娱乐

移动位置服务应用的推广吸引了众多的广告商在定位业务中插入广告业务。具体做法是在用户接受定位信息服务显示前增加 1 ~ 2 秒钟广告显示，可达到好于一般纸业广告甚至电视广告的效果。用户可利用定位系统随时获知朋友的位置、发出问候信息，可和朋好友玩基于位置的游戏。

第十四章 CHAPTER 14

移动电子商务应用发展

第一节 移动电子商务应用概览

一、移动电子商务应用发展历程

　　中国移动电子商务经过三个阶段的演变，第一个阶段是以短信为基础的技术；第二个阶段是基于 WAP 技术的方式；第三个阶段是以 2009 年发放牌照为标志，能够实现无缝漫游和移动宽带的 3G 时代（见图 14-1）。移动电子商务现已成为融合了 3G 移动技术、智能移动终端、VPN、数据库同步、身份认证及 Web Service 等多种移动通信、信息处理和计算机网络等最新、最前沿技术，以专网和无线通信技术为依托的炙手可热的商务模式。

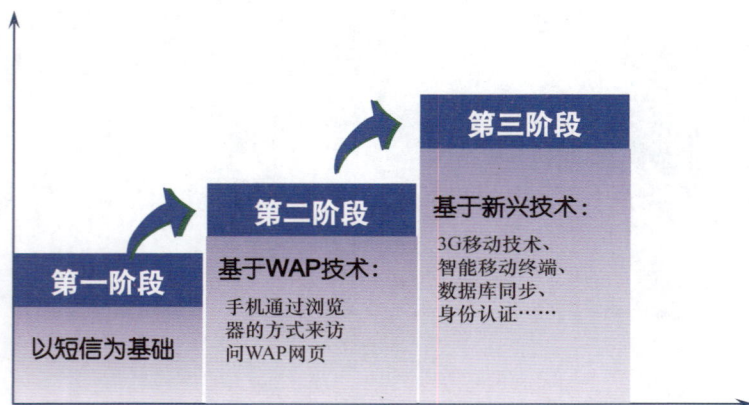

第三阶段

基于新兴技术：

3G移动技术、智能移动终端、数据库同步、身份认证……

第二阶段

基于WAP技术：

手机通过浏览器的方式来访问WAP网页

第一阶段

以短信为基础

图 14-1 移动电子商务发展历程

资料来源：赛迪顾问，2012-11。

（一）第一阶段：以短信为基础的移动电子商务应用

以短信为基础的技术存在着许多严重的缺陷，其中最严重的问题是实时性较差，查询请求不会立即得到回答；同时，由于信息长度的限制也使得一些查询无法得到一个全面而详尽的答案。这些令用户无法忍受的问题也导致了一些早期使用基于短信的移动电子商务系统体验较差，未得到较好的普及。

（二）第二阶段：基于 WAP 技术的移动电子商务应用

手机主要通过浏览器的方式来访问 WAP 网页，以实现信息的查询，部分地解决了第一阶段的移动访问技术问题。基于 WAP 技术的缺陷主要表现在 WAP 网页访问的交互能力极差，因此极大地限制了移动电子商务系统的灵活性和方便性。此外，由于 WAP 使用的加密认证的 WTLS 协议建立的安全通道必须在 WAP 网关上终止，形成安全隐患，所以 WAP 网页访问的安全问题对于安全性要求极为严格的商务系统来说也是一个严重的问题。这些问题也使得基于 WAP 技术的移动电子商务难以满足用户的要求。

（三）第三阶段：基于新兴技术的移动电子商务应用

这一阶段的移动电子商务应用融合了 3G 移动技术、智能移动终端、VPN、数据库同步、身份认证及 HTML5 等多种移动通信、信息处理和计算机网络的最新的前沿技术，以专网和无线通信技术为依托，使得系统的安全性和交互能力有了极大的提高，为电子商务人员提供了一种安全、快速的现代化移动电子商务体验。

二、全球移动电子商务应用发展概况

全球移动电子商务应用发展态势不均衡，目前日韩等东亚国家、美国、欧洲的移动电子商务应用发展水平较高。在这些国家，3G 网络较为普及、智能手机应用普遍，手机不仅是移动通信工具，而且与个人信息整合程度很高，因此移动电子商务等增值业务发展较好。

（一）日本

日本在全球范围内最早开始布局移动电子商务业务，目前移动电子商务应用水平全球领先。日本的 3G 网络十分发达，3G 渗透率高达 95%，大大超过了发达国家的平均水平；同时，日本的移动终端种类较少，市场标准化程度较高，降低了移动端电子商务开发的难度。3G 的普及和终端的标准化为日本开展移动电子商务奠定了基础，根据日本 Mobile Content Forum 发布的数据，早在 2008 年日本的移动电子商务交易规模已达到 1070 亿元，截至 2011 年年底日本移动电子商务交易规模已达到 1444.6 亿元。

日本的电信运营商在其移动电子商务应用发展的过程中发挥了重要作用，尤其是在支付领域，日本是全球移动支付发展最为成熟的区域之一。日本的三家移动运营商——NTT DoCoMo、KDDI 和软银分别于 2004 年 7 月、2005 年 7 月和 2005 年 11 月推出了移动支付业务。

日本移动支付市场发展的首要推动者是 NTT DoCoMo，在 NTT DoCoMo 发展移动支付业务的过程中，是通过对产业链的牢固掌握来推动移动支付业务顺利发展的。

（二）美国

美国移动电子商务比日本发展得晚，现阶段 3G 渗透率为 64%，与日本也有一定的差距，但是美国的物流发展水平全球领先，智能终端的普及率较高，因而移动电子商务应用发展良好。美国 2010 年至今移动电子商务市场迅速壮大，预计未来几年仍将保持高位增长的态势。

美国开展移动电子商务的企业涵盖了传统电子商务企业、旅游企业、餐饮企业等多个领域，但仍以传统电子商务企业为主。在移动支付方面，美国的移动支付业务发展水平和普及程度不如日本，美国的金融业高度发达，信用卡业务占据了电子支付的主导位置，用户习惯已经定型。美国早在 1999 年贝宝支付（PayPal）成立之初计划的移动支付业务，被基于互联网的支付方式所替代，直至 2008 年 3 月才推出"贝宝移动"(PayPal Mobile) 手机短信支付服务。

随着移动电子商务的普及，美国各企业开始发力移动支付领域，针对美国用户消费习惯和市场发展趋势相继推出多款移动支付产品。Google 于 2011 年 5 月推出了 Google Wallet 和 Google Offers，共同组成了 Google 最新的手机支付业务；此外，2010 年开始运营的 Square 现在风头正盛，Square 是基于 Square dangle（手机外设设备）的一种移动支付业务，它的本质是移动 Pos 机，但由于其便捷性，Square 应用得到了迅速普及。

第二节　移动电子商务应用现状与发展趋势

一、应用现状

（一）中国移动电子商务相关政策

《中共中央关于制定国民经济和社会发展第十二个五年规划的建议》提出，要积极发展电子商务，加强市场流通体系建设，发展新型消费业态，拓展新兴服务消费。"十一五"期间，电子商务的应用领域进一步拓宽，电子商务正成为中国跨国贸易的重要工具。近几年，随着移动互联网的迅速普及，电子商务正由传统 PC 端走向移动端，移动电子商务逐步占据了更多消费群体，受到人们越来越多的关注。

近几年，国家相关部门连续出台多项鼓励政策和优惠措施，加大对电子商务发展的支持力度（见表 14-1）；同时鼓励各地开展移动电子商务试点工程，推进移动电子商务的实施。虽然目前国家尚未出台促进移动电子商务发展的专项政策文件，但是部分省市现已出台移动电子商务应用发展专项政策，为移动电子商务的发展创造了良好的政策环境。

2008 年 2 月，原国务院信息化工作办公室授予湖南"国际移动电子商务试点示范省"称号，标志着国家移动电子商务的试点工程正式启动。随后，工业和信息化部、中国移动公司联合确定在湖南、重庆、上海、广东、湖北、福建、浙江、北京、吉林、内蒙古 10 个省份开始全面部署商用。

表 14-1　国家移动电子商务相关政策

序号	颁布机构	政策名称	发布时间
1	工业和信息化部	电子商务"十二五"发展规划	2012 年 3 月 27 日
2	商务部	商务部"十二五"电子商务发展指导意见	2011 年 10 月 1 日
3	商务部	第三方电子商务交易平台服务规范	2011 年 4 月 12 日
4	商务部	电子商务示范企业创建规范	2010 年 10 月 27 日
5	商务部	关于加快流通领域电子商务发展的意见	2009 年 11 月 30 日
6	商务部	网络购物服务规范	2008 年 4 月 24 日
7	商务部	商务部关于促进电子商务规范发展的意见	2007 年 12 月 17 日
8	国家发展改革委	电子商务发展"十一五"规划	2007 年 6 月 1 日
9	商务部	关于网上交易的指导意见（暂行）	2007 年 3 月 6 日
10	国务院办公厅	关于加快电子商务发展的若干意见	2005 年 1 月 8 日

资料来源：国务院与各部委相关政策文件，赛迪顾问整理，2012-11。

2009 年 1 月，随着工业和信息化部正式为三大运营商发放了 3G 牌照，标志着中国正式进入 3G 时代，电子商务也将迎来新的解决之道。以手机作为终端，进行查询、下订单、支付等方式为代表的移动电子商务模式，将为电子商务拓展出更加广袤的"疆域"。而众多网商也开始推出一系列产品进行提前布局，创建出一批极具代表性的移动电子商务示范省、城市、产业园区。

近年来，国家对国内移动电子商务的关注力度进一步加强，《电子商务"十二五"发展规划》就明确规定：鼓励各类主体加强合作，拓展基于新一代移动通信、物联网等新技术的移动电子商务应用。推动移动电子商务应用从生活服务和公共服务领域向工农业生产和生产性服务业领域延伸，积极推动移动电子商务在"三农"等重点领域的示范和推广。加强移动电子商务技术与装备的研发力度，完善移动电子商务技术体系。加快制定和完善移动电子商务相关技术标准和业务规范。

与此同时，伴随着国内移动电子商务产业的快速发展，国内移动支付标准已经推出，而各大银行和运营商针对移动支付的布局已经开始。随着标准的统一和确立，移动支付各方的角力也日益激烈。这为移动电子商务的长远发展提供了服务支撑。

（二）中国移动电子商务应用概况

随着中国网络购物的迅速发展，移动电子商务的优势得到凸显；随着智能手机的普及，手机上网用户规模的增加，以及各大电商企业的积极推动，使得移动电子商务应用深入中国手机用户生活的各个角落，移动电子商务正逐步成为网络购物生态系统中的重要环节。

当前中国的手机用户规模已经可以覆盖全国 80% 以上的人口，整体的用户环境已经基本成熟，且智能手机迅速普及，市场占有率过半。据中国互联网络信息中心统计，截至 2011 年

12 月底，中国手机用户达到 98625 万户，中国网民规模达到 51310 万户，中国移动互联网网民规模达到 35558 万户，且用户的手机使用时间远远高于通过 PC 访问互联网的时间。

在市场容量和质量双双提升的背景下，移动电子商务有了足够规模和坚实的市场承载体，移动电子商务的用户数量和市场规模也得到了大幅度提升。据赛迪顾问统计，2011 年中国移动电子商务用户规模超过了 1.5 亿人，中国移动电子商务实物商品交易市场规模达到 154.3 亿元，中国进入了移动电子商务快速发展期。

（三）中国移动电子商务应用布局

中国移动电子商务应用呈现出"以点带面、合纵连横"式发展，基本形成环渤海、长三角、珠三角，以及成渝地区"四轮驱动"的态势，并带动了河南、湖北、安徽、湖南等中部省份移动电子商务示范工程的启动，进而辐射全国移动电子商务产业发展（见图 14-2）。

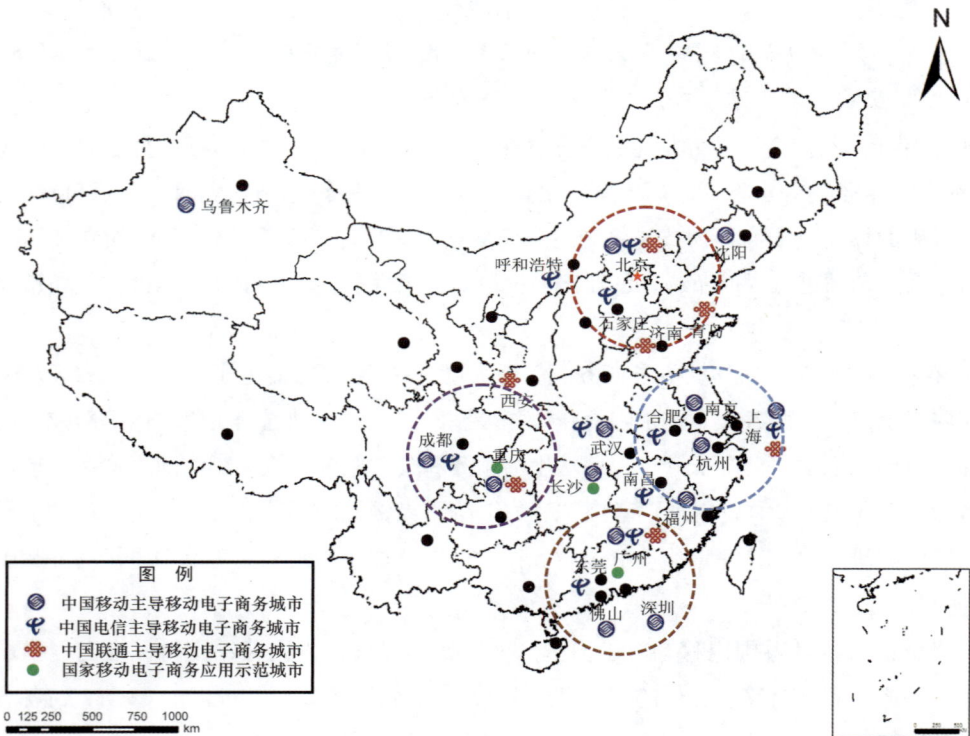

图 14-2　中国移动电子商务应用布局地图

资料来源：赛迪顾问，2012-11。

从运营商动作来看，目前国内三大电信运营商已经相继推出自己的移动电子商务应用，旨在抢占国内移动电子商务市场，中国电信已经在内蒙古、成都、宁波、河北、东莞等地推出"翼支付"业务作为试点，并已经开始在广东商用；中国联通已在北京、上海、广州、重庆等城市进行试点；中国移动则在湖南、广东、重庆、北京等地试点商用手机支付业务（见表 14-2）。

表 14-2　电信运营商移动电子商务业务分布

运营商	业务分布主要省市
中国移动	主要省级单位：湖南、重庆、上海、广东、湖北、江苏、福建、浙江、北京、天津、吉林、内蒙古、新疆、四川等； 主要城市：南京、长沙、广州、佛山、杭州、深圳、成都、宁波、福州等
中国联通	主要省级单位：北京、上海、重庆、广东、山东、陕西、福建等； 主要城市：广州、泰安、西安、宁波、青岛等
中国电信	主要省级单位：内蒙古、河北、湖南、广东、江西、湖北、安徽等； 主要城市：成都、宁波、东莞、长沙、汕头、南昌、合肥等

资料来源：赛迪顾问，2012-11。

（四）中国移动电子商务应用重点区域

在国家各项政策的支持鼓励，以及市场发展需求的双驱动下，各省市纷纷出台相应的政策、规划，并试点移动电子商务工程，促进当地移动电子商务应用的推广。中国移动电子商务应用的代表性省市为湖南、广东、重庆、四川、福建等，以上五个省市推出的移动电子商务重点工程如表 14-3 所示。

表 14-3　中国移动电子商务应用重点工程

省市	城市	移动电子商务重点工程
湖南	长沙	湖南省：国家移动电子商务首个试点示范省； 长沙市：国家移动电子商务试点示范城市
广东	广州	国家移动电子商务试点示范城市
	深圳	移动城市产业园发展城市
	东莞	中国电信"翼支付"推广城市
重庆	重庆	国家移动电子商务试点示范城市
四川	成都	四川省：移动电子商务信息化普及工程（移动电子商务信息中心）； 成都市：国家电子商务示范城市、移动电子商务示范基地（中国银联）
福建	福州	福建省：颁布《福建省电子商务"十一五"规划》、《关于加快福建省移动电子商务发展的实施意见》

资料来源：赛迪顾问，2012-11。

1. 北京：行业整合与产业融合并重

目前，北京市移动电子商务的发展聚集了大量的信息技术、商贸物流、资金人才、国际化资源对接等方面的优势，初步形成了移动电子商务产业集群，移动电子商务应用整合社会信息资源和服务资源，扩展社区服务范围和领域。

北京市移动电子商务应用开发与终端制造业发展迅速，产品提供企业通过移动电子商务平台实现商品交易、金融服务、物流配送、客户服务一体化，促进线上线下交易（O2O）双向发展。电信服务企业与银行展开深层次的合作，积极拓展移动支付、信息增值服务等电子商务服务新领域。培育移动电子商务平台，发展即时通信、信息搜索、文化娱乐、在线交易等电子商务应用功能，为用户打造更完美的体验计划。

2. 长沙：打造移动电子商务创新基地

湖南省作为全国首个"国家移动电子商务试点示范省"，省会长沙的移动电子商务创新总部基地的创新规划已经获得极大的落地成功，在当地政府和湖南移动的齐力推动下，打造出中国移动电子商务产品创新基地，推动移动电子商务产业链快速发展，引导湖南制造业集群化发展，促使安全芯片、SIM 卡、手机、智能读卡器、安全软件等基于移动电子商务应用的产业快速发展。

目前，包括友谊阿波罗集团、快乐购、新浪、TOM 公司等数家省内外优质企业的移动电子商务产品研发、生产、营销、客服、商户培训中心相继落户长沙高新区，初步形成了移动电子商务产业集群。与此同时，长沙市也将凭借位于长沙金霞经济开发区的国家级电子商务示范基地，为该地区移动电子商务的快速发展提供有力的支撑。

3. 广州：构建移动电子商务示范服务体系

广州市作为珠三角地区电子商务的领头羊，其移动电子商务已经成为广州市生产生活的主要方式之一，目前已经基本形成面向市民的移动便民服务体系和面向企业、商家的移动支付等商务服务体系。

通过政府与运营商协作，以第三方物流企业、广州国际信息港为其移动电子商务发展支撑体系，从政务和商务两个角度推动移动支付民生工程大改造、大发展，持续推进主要针对专业市场和中小企业的移动商务应用以及重大活动，推动广州市移动电子商务平台以及相关民生服务工程建设。广东省移动电子商务实施以点带面式发展，以广州、深圳为核心进而带动广东省、辐射华南、服务全国。

4. 重庆：重点打造便民移动支付

重庆市凭借其"国家移动电子商务试点示范城市"的环境优势，在渝中、江北、南岸、万州等地区率先展开了移动电子商务试点示范工程，逐步形成以小额消费、自动售卖、公共交通、公用事业缴费为主的移动电子商务体系，重点打造手机钱包、城市交通、餐饮娱乐移动支付应用，从移动电子商务基础环境、物流产业、移动支付平台及技术等方面加强人、财、物的投入，使其移动手机钱包卡的应用市场规模遥遥领先，方便市民生活。重庆市移动支付业务应用范围正进一步推进到重庆市周边地区，辐射整个西南。

5. 成都：政策扶持打造移动街区示范城市

目前，成都已初步形成了产业发展政策扶持体系，聚集了一批集研发、生产、服务、推广等多功能于一体的移动电子商务产业链企业，形成了一批具有自主知识产权的核心技术标准。特别是中国银联手机支付平台发展迅速，成都用户累计超过 130 万户，以中国银联手机支付平台为结算中心的全国交易额累计超过 10 亿元。

成都正在大力投入移动电子商务，许多大电商总部也设在四川，移动电子商务将会是成都最好的机会，按照成都市大力开展移动电子商务应用示范街区建设的精神，青羊区、金牛区、武侯区、成华区商务局等牵头建设锦里、财富又一城、优品道等移动电子商务示范街区，2012年年底前将完成试点街区公共区域无线网络 100% 覆盖；完成试点街区内 80% 入店经营商家加入试点街区综合服务平台，并开通符合国家金融标准的移动近场支付和移动远程支付应用。

6. 福州：海峡西岸移动电子商务发展示范区

福州在海峡西岸经济区建设成为科学发展的先行区、两岸人民交流合作的先行区"两个先行区"建设过程中一直起到表率作用，其移动电子商务示范城市、示范工作建设也取得了突出的成绩。在《福建省电子商务"十一五"发展规划》、《关于加强福建省电子商务发展的实施意见》等文件的要求下，福州市通过鼓励基础电信运营商、电信增值业务服务商、内容服务提供商和金融服务机构相互协作，建设移动电子商务服务平台、支付平台，推动移动电子商务在金融证券，关乎民生的公共事业，超市、百货等消费，居民社区和农村，文化娱乐，物流，涉税信息服务业务，国际贸易等重点领域的商业应用。加快福、厦、泉区域移动电子商务示范推广，逐步辐射与带动闽西北区域电子商务的兴起及应用，发挥福州海西移动电子商务先行区示范作用，促成福建成为海峡西岸经济区内移动电子商务的重要汇集地，成为国内电子交易、电子支付及信用体系的重要中心，将福建省建设成为海峡西岸移动电子商务发展先行区。

二、发展特点

（一）产业链初步形成

移动电子商务产业链以移动电子商务平台为核心，包括商品生产商或代理商、IT服务商、运营商、支付服务商、终端厂商等，通过移动电子商务平台提供商为下游消费者提供服务，在整个产业链中，由物流服务提供商提供商品运输、仓储、分拣、配送等服务（见图14-3）。

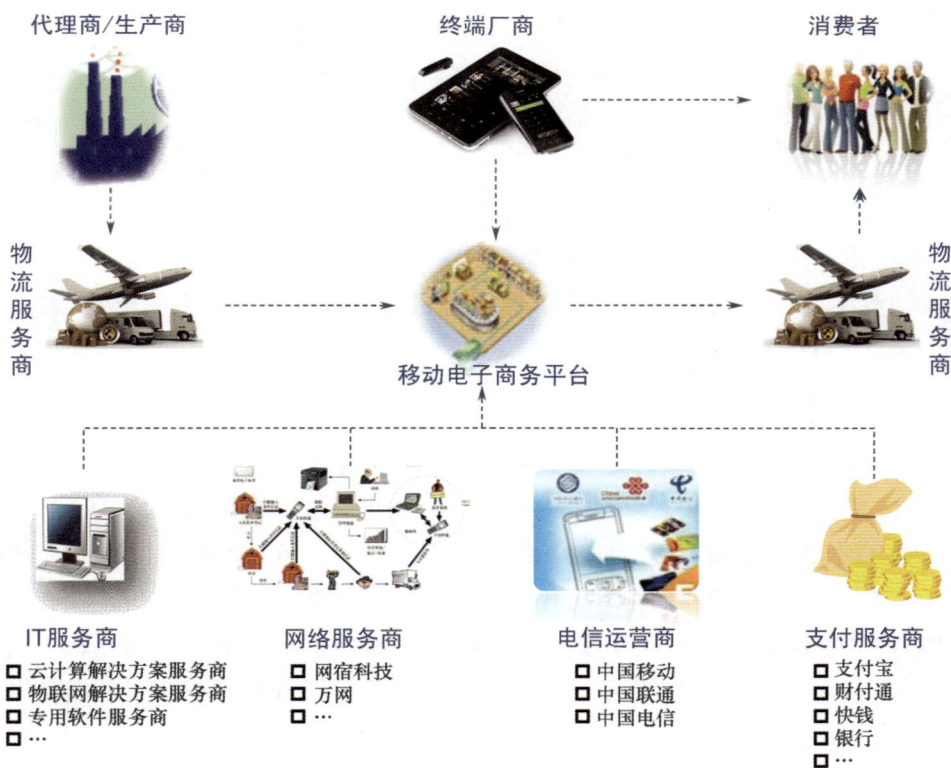

图 14-3　移动电子商务产业链

资料来源：赛迪顾问，2012-11。

移动电子商务产业链上各角色的功能如下。

（1）IT 服务商：为移动电子商务企业提供解决方案、应用软件开发等服务，主要包括用友、UC 浏览器、Opera、亿玛、耶客等。

（2）运营商：提供网络接入服务与运营，现阶段消费者进行移动电子商务活动的网络主要包括 2G、2.5G、3G、Wi-Fi，LTE 也进入试点阶段。电信运营商在通信技术领域拥有丰富的运营经验，且拥有庞大的渠道覆盖，中国的运营商主要是指电信运营商，包括中国移动、中国联通、中国电信。

（3）支付服务商：提供移动端资金交易以及在线支付服务，主要参与主体包括银联、各大银行等金融服务机构，支付宝等第三方支付机构。银行作为最终的支付清算机构，在支付清算管理和用户规模上也占有很大优势，而第三方支付厂商在互联网支付领域积累了较丰富的经验。

（4）移动电子商务平台提供商：平台提供商包括传统电子商务企业和新兴独立移动电子商务企业，传统电子商务龙头企业如淘宝网、京东商城、当当、凡客等，新兴独立移动电子商务企业包括立购网、爱购商城、移淘商城、欢购网等。这些平台提供商兼具应用开发商的角色，能不断开发满足消费者需求的终端应用。

（5）代理商/生产商：所有交易商品的提供者，进行商品的生产或者代理活动；移动电子商务所提供的商品种类与传统电子商务保持同步。

（6）物流服务商：为产品生产商或代理商提供仓储或运输服务，为移动电子商务企业提供产品仓储、分拣、配送服务。由于移动电子商务物流体系主要沿用传统电子商务企业物流体系，因而和传统电子商务一样，目前市场上主流移动电子商务物流服务商包括 EMS、顺丰、宅急送、"四通一达"等物流企业，以及京东、凡客、亚马逊等电商企业自建的物流体系。

（7）终端厂商：提供终端设备及其应用，中国市场现阶段主流终端厂商包括三星、苹果、小米、HTC、诺基亚、联想、中兴、华为等。

（8）消费者：通过手机、Pad 等移动终端设备进行移动购物活动，包括金融交易、虚拟商品交易、实物交易、酒店预订、机票预订等。

（二）商业模式多元化

移动电子商务的迅猛发展让很多企业看到了新的商机，几大主流的传统电子商务提供商纷纷宣布进入移动电子商务领域，为自己的传统电子商务平台扩展移动互联网的用户入口；电信运营商拥有规模庞大的潜在用户群，依据自身在用户入口方面的优势，搭建了基于移动互联网的电子商务平台；软件提供商也敏锐地洞察到了移动电子商务的商机，凭借自身在软件服务方面的优势，为移动电子商务商家和企业搭建了具有商街特色的移动电子商务平台；此外，移动互联网本身也诞生了一大批规模不等的、崛起于移动互联网的新兴移动电子商务提供商，这批企业专注于移动互联网开展电子商务，并不断推进移动电子商务的创新。

目前市场上主要的商业模式为传统电子商务龙头企业的"品牌＋运营"模式，此外还包括电信运营商主导的"通道＋平台"模式、软件厂商的"软件＋平台"模式和新兴独立移动电子商务模式，不同商业模式及其特点如表 14-4 所示。

表 14-4　移动电子商务商业模式比较

模式名称	主导厂商	商城代表	主营商品	支付模式	商业模式
品牌 + 运营	电子商务企业	手机淘宝网	基本覆盖淘宝全部商品	手机支付宝，货到付款	在传统淘宝网基础上加强与手机厂商的合作
通道 + 平台	电信运营商	中国移动广东移动商城	服饰，箱包，运动健康，图书	手机支付账户	代理商运营
软件 + 平台	软件提供商	用友移动商街	各类商户信息聚集的平台，类似移动 C2C 模式	环迅支付，货到付款	对于加入平台商家收费
创新模式	移动电子商务提供商	立购网	手机数码类产品	货到付款，账户转账付款	对于加入代销平台的商家收费
联盟 + 平台	平台提供商	移联通址	覆盖多种商品交易	覆盖多种支付模式	对注册的商家收取年费

资料来源：赛迪顾问，2012-11。

移动电子商务很大程度上是传统电子商务的延伸，因而传统电子商务普遍采用的"品牌 + 运营"的移动电子商务应用模式将引领未来移动电子商务发展。对于中国大部分中小企业而言，由于其运用电子商务和移动电子商务开展业务的基础还比较薄弱，因而"联盟 + 平台"商务模式对于中小企业品牌宣传、网络营销推广，获得客户关注和订单，构建品牌持续发展的需求，是较好的选择。以移联通址为代表的"联盟 + 平台"商务模式回避了需要与自身内部管理软件系统做对接集成使用的要求，对于中小企业移动电子商务的普及和深入具有重要的推动作用。

（三）传统电子商务企业主导移动端市场

信息流的改善使得用户通过手机浏览网页变得更加便利，也为电子商务企业以更丰富的媒体形式在手机上展示自己的产品提供了技术支持。接近两倍于传统互联网网民数量的庞大手机用户群体，以及基于位置的个性化商务服务，让电子商务服务提供商看到了移动电子商务巨大的市场潜力，目前主流电子商务企业，如淘宝、京东、当当和移动商街等企业纷纷建立了自己的移动电子商务平台，客户端下载量最大的依次为淘宝网、京东商城、当当网。传统电子商务龙头企业移动电子商务平台建设情况如表 14-5 所示。

当前中国移动电子商务应用仍以传统平台的移动终端 App 应用移植为主，2011 年传统电子商务企业移动端销售占整个移动电子商务销售规模的比例达到 90%，而这一比例随着传统电子商务企业发力移动端将会继续上升。

中国现阶段移动电子商务市场很大程度上是传统电子商务的延伸，在电子商务市场上具有较大优势的企业往往在移动电子商务领域也具有较大的优势。2011 年传统电子商务领域市场交易额领先的淘宝网、京东商城和凡客诚品在移动电子商务领域也占据了较大的市场份额。淘宝网 2011 年以超过中国移动电子商务实物商品交易额 70% 的市场份额位居移动电子商务市场份额之首，而京东商城和凡客诚品分别列第二和第三位。

表 14-5 传统电子商务龙头企业移动电子商务平台建设情况

类别	代表企业	iPhone客户端	Android客户端	iPad客户端	WinPhone客户端	是否具有下单功能	是否具有移动端支付功能	移动支付平台	是否支持二维码	是否具有LBS	是否具有社交互动平台
虚拟产品	大麦网（大麦）	√	√	√	×	√	√	支付宝／自有支付平台（电子钱包）	√	√	×
实物交易	淘宝网	√	√	√	√	√	√	余额支付、卡通支付、信用卡支付等	√	×	√
	天猫	√	√	√	√	√	√	余额支付、卡通支付、信用卡支付等	√	×	√
	京东	√	√	√	√	√	√	快捷支付（仅支持信用卡支付）、银联支付	√	×	√
	当当	√	√	√	√	√	√	信用卡快捷支付、快线账户支付、银行账户支付	√	×	√
	亚马逊	√	√	√	√	√	×	—	√	×	√
	凡客	√	√	√	√	√	√	银联支付	√	×	√
团购	拉手	√	√	√	×	√	√	银联在线支付、支付宝支付、财付通支付	×	√	√
	美团	√	√	√	×	√	√	支付宝账户支付、信用卡和储蓄卡快捷支付	×	√	√
在线旅游	携程	√	√	√	√	√	√	信用卡支付	×	√	√
	去哪儿	√	√	√	√	√	√	支付宝等	×	√	√
	艺龙	√	√	√	×	√	√	信用卡支付	×	√	√

资料来源：赛迪顾问，2012-11。

（四）支撑体系不成熟

移动电子商务支撑体系是移动电子商务应用发展和普及的基础，与传统电子商务类似，移动电子商务的支撑体系的发展速度滞后于移动电子商务应用发展的速度，成为制约移动电子商务应用发展的瓶颈之一。移动电子商务支撑体系现状如图 14-4 所示。

图 14-4　移动电子商务支撑体系现状

资料来源：赛迪顾问，2012-11。

为移动电子商务提供支撑的物流体系的发展更多地继承了传统电子商务平台的运营基础，随着中国物流发展水平的提升，移动购物用户物流体验将会随之改善，未来物流将成为移动电子商务发展的强有力支撑。

移动支付是阻碍移动电子商务发展的最大难题之一，中国移动电子商务应用普遍存在移动支付体验差、移动支付信任度低等问题。尽管中国移动支付已经发展多年且拥有多个试点，然而，成熟的商业模式尚未完全形成。就远场支付而言，业务发展已进入瓶颈状态，需要进一步创新；就近场支付而言，试点收入甚至不能覆盖其成本，不具备规模推广的可能。更深一层次的是，移动支付中涉及运营商、银联/银行、商户，以及第三方服务提供商等多方利益，运营模式与合作模式直接决定业务成败。因而，现阶段移动电子商务资金流主要采取货到付款的方式。货到付款对于商家来说成本较高，不利于移动电子商务应用的持续健康发展。

信用体系的缺失以及网络诈骗问题日益严重，制约着移动电子商务应用的持续发展。对于移动电子商务应用而言，账户的安全性是最首要的因素，也是用户选择使用的主要门槛。从产品技术的角度来看，现行的手机大多不具备较高的安全保密性，使用过程中信息很容易泄露。例如，目前大多数手机因受 SIM 卡容量的限制，所发送的信息全部为明码，本身没有加密功能，手机号码及密码等很容易被破译。这点在日常通信时算不了什么，但用做支付工具就显得不太安全。实际上，这个问题的技术解决并不是很难，但却必然要对大量正在使用中的手机进行改造或升级换代。对于由此扩大的应用成本，用户方面能否乐于接受，显然存在很大的疑问。

三、发展趋势

（一）移动电子商务市场规模将迎来爆发性增长

相对于传统的电子商务，移动电子商务增加了移动性和终端的多样性，无线系统允许用户访问移动网络覆盖范围内任何地方的服务，通过对话交谈和文本文件直接沟通。由于移动电话手持设备的广泛使用，使其将比个人计算机具有更广泛的用户基础。以移动电话为载体的移动电子商务不论在用户规模上，还是在用户消费能力上，都优于传统电子商务，其购物能力也高出传统电子商务数倍。

受移动互联网用户规模增长和手机用户规模增长的影响，移动电子商务潜在的用户规模持续扩大。赛迪顾问预计，中国整体移动电子商务市场规模仍然将保持较快的增长速度，未来3年内，中国的移动互联网用户将超过传统互联网用户；5年内，移动互联网业务规模将超过传统互联网业务规模。移动电子商务的发展同步于移动互联网的发展，也会在未来的几年内得到迅速发展，预计到2015年中国移动电子商务市场规模将突破1500亿元，未来3年的平均增长率将超过100%。

（二）新兴技术为移动电子商务注入新活力

技术进步对移动电子商务发展具有强大的支撑作用，可有效推动移动电子商务时空布局的展开和落地，壮大移动电子商务产业链。

首先，移动电子商务产业方兴未艾为NFC、SIMPASS、RFID-SIM等移动支付技术提供了广阔的发展空间，与此同时，移动支付标准的确立和完善也必将有效打开银行和运营商针对移动支付的布局，进而推动移动电子商务产业链的完善与快速发展；其次，基于位置信息服务（LBS）极大地促成了移动电子商务线上线下（O2O）的完美对接，成为移动电子商务主要应用领域之一，全球卫星定位技术（GPS）、地理信息系统（GIS）等技术的应用将会为旅游业、零售业、娱乐业和餐饮业的发展带来巨大商机；最后，二维码、社交平台等技术的应用与推广可以助力商家推出全新的无线购物方式，用户可以利用手机识读商品二维码并实现快捷支付功能，这种用户体验式购物必然将使移动电子商务提升到一个里程碑式的全新阶段。

（三）商业模式创新成为移动电子商务又一增长极

互联网未来发展的三大趋势是电子商务、社会化媒体和移动互联网，这三者相结合势必将会带来更多全新的商业模式。尼尔森的数据显示，亚太地区有59%的社交网络用户通过移动设备访问Twitter、Facebook、人人网等社交网络，较全球平均水平高12%，远高于欧洲和美国的33%，社交化移动电子商务或将成为移动电子商务市场的催化剂，促进线上线下（O2O）新兴移动电子商业模式的发展。企业可以通过两种模式在人人网、开心网、微博等社交网站上进行电子商务活动。在第一种模式下，整个购物交易直接在人人网、开心网、微博等上进行；第二种模式则是利用社交网络平台将用户引导到自己的电子商务网站上。比如，商家可以在人人网、开心网、微博等上开设店面，并提供折扣和奖励措施，在线上吸引顾客并将费者引导到自己的实体店面里参与购买，目前团购模式就是较为成功的一种O2O模式应用。

（四）产业链上下游业务整合成为长期趋势

移动电子商务是一个新兴的市场领域，产业链整合将成为移动电子商务发展的一个长期趋势。产业链上各成员的合作形式将突破原有的界限、形式和格局，由原有的上下游的链状合作逐渐过渡到产业链主体和多层次协作的网状合作，不同的参与主体都在适应和找寻在产业链中新的角色和定位，通过产业链整合提供创新的移动电子商务服务模式，实现服务资源的合理配置与组合。

在未来中国移动电子商务的发展过程中，手机支付和创新服务模式将成为产业链整合的核心。在移动支付方面，由于其产业链较长，涉及商户、个人用户、支付服务提供商、电信运营商、银行/银联等金融机构、中间业务承载服务商等众多环节，而且每个环节厂商又都拥有较独特的资源，所以，基于各方拥有的独特资源，移动支付市场将出现多元化的合作模式，如支付厂商和终端厂商的合作、银行和运营商的合作、银联和运营商的合作、支付产业联盟等；在创新服务方面，综合信息服务及LBS将大放异彩，移动电子商务提供商和传统互联网CP、SP将进行更密切的协作，服务形式将更加多样，电信运营商将从单纯的通道转为综合信息服务提供者，成为电子商务服务业的中坚力量。

第三节　移动电子商务应用重点环节分析

一、重点应用环节

随着人们生活节奏的加快，时间的碎片化趋势越发明显，越来越多的割裂时间将逐渐成为市场竞争的下一个焦点。而移动电子商务应用则是将人们日常的工作和生活活动与碎片应用时间进行了有效的结合，在碎片化时代，用户希望使用更少的时间、做更少分析和对比，通过越小的点击达到越好的目的。

针对特定时间工作和生活活动周期短、决策快、效率高的特点，移动电子商务的应用领域更多地呈现出信息集中、图片展示、流程优化和行为追踪的特点，其宗旨在于尽可能地减少用户的使用等待和界面切换时间，降低整个商务活动的完成时间和操作次数。在二者的相互促进当中，当前用户正逐步养成在移动终端进行购物、支付、即时通信、订票、信息浏览、搜索、定位导航、社交、娱乐等应用习惯。

基于以上用户需求，移动电子商务企业致力于通过随时随地为用户提供各种类型的服务，与用户建立密切的关系，并提供新的用户体验。通过移动电子商务，用户可以随时随地获取所需的购物、服务、信息和娱乐等多种服务。目前中国移动电子商务应用较为广泛的领域可分为网购、交易、支付、分享、团购、比价六大类（见图14-5）。

图 14-5　移动电子商务重点应用领域

资料来源：赛迪顾问，2012-11。

移动电子商务不仅给用户提供了一种移动化电子购物环境，还提供了一种全新的销售和信息发布渠道。从信息流的角度，移动电子商务应用的重点领域可以分为三大类。

（1）"推（Push）"业务：主要用于公共信息发布，包括时事新闻、天气预报、股票行情、彩票中奖公布、交通路况信息、招聘信息和广告，等等。在购物领域、交易领域、分享领域、团购领域，移动电子商务企业通过"推"业务为用户提供最新的购物信息或其他交易类信息，用于增加用户黏度和产品推广。

（2）"拉（Pull）"业务：主要用于信息的个人定制接收，包括服务账单、电话号码、旅游信息、航班信息、影院节目安排、列车时刻表、行业产品信息，等等。"拉"业务在支付领域、交易领域有着较为广泛的应用，是用户定制化服务、个性化服务领域最典型的业务。

（3）"交互式（Interactive）"业务：包括电子购物、博彩、游戏、证券交易、在线竞拍，等等。分享领域和比价领域主要是通过用户之间的交互来实现商品信息的对比，满足用户"货比三家"的需求。

二、移动购物

随着移动电子商务的快速发展，消费者可以随时随地携带和使用联网移动设备，无论是逛街还是商场购物，消费者都可以通过掌上装置了解大量的零售商品信息。和 PC 端网购逐渐进入市场成熟期不同，移动端网购正处在早期迅速成长的阶段，增速明显快于 PC 端网购；各大电商企业积极布局和应对，移动端购物成为了各方争夺的新战场，移动电子商务购物应用也显现出其巨大的潜力市场。伴随智能终端的普及，用户移动购物的习惯已经逐渐形成，以淘宝为代表的电子商务企业发力移动端，进一步影响了用户的网购行为，刺激了移动购物市场的发展。

与传统电子商务相比，移动购物具有操作的随时随地性，以及用户的针对性，移动购物的优势主要体现在以下三个方面。

（1）移动终端往往可以通过更短的时间完成交易，在一些商户的促销、秒杀等活动当中，移动购物往往比 PC 端购物有更大的优势；

（2）移动购物以 SIM 卡作为认证基础，可以成为移动购物用户天然的身份识别工具，甚至还可以储存用户的各类账户和证书信息，从而提供更好的支付安全保证；

（3）当前的移动终端已经逐渐将 NFC 等物联网应用模块作为标准化配置，辅以智能系统丰富的移动终端应用，可以将各种门类的信息流和资金流融会贯通，并在移动电子商务环境当中实现更大范围、更高效和更安全的流通。

移动购物场景描绘如图 14-6 所示。

图 14-6　移动购物场景描绘

资料来源：赛迪顾问，2012-11。

移动电子商务应用在移动购物领域主要的功能包括如下四个方面。

（1）信息查询服务。用户在利用移动电子商务平台购物时主要运用移动设备查找、搜索商品相关信息以及商家的具体位置，统计显示，即使是到实体店进行购物，消费者还是喜欢在购物的所有环节中都利用手机获取价格、收费信息、商品信息等参考资料。另外，用户还可以利用二维码来获取更多有关商品及商家的额外信息，如优惠券等。

（2）产品比价服务。购物体验除了逛商店外，还包括搜索不同的商家并对商品进行比价。消费者可以利用移动智能终端设备扫描商品条码，获得各个商家对同一件产品的报价并比较各商家的报价，从而决定其最终的购买行为。

（3）商品购买服务。消费者可以利用直接移动终端连接商家网站或移动电子商务平台获取商家信息，也可以通过街头二维码、NFC 等途径来获取商家及其产品信息，通过移动终端直接下订单，并可以对其订单进行修改、撤销等管理。例如，淘宝网就可以通过下载其支付宝控件在智能终端上直接实现订单管理；团购类网站也可以利用相应的应用软件对消费者订单实施管理。

（4）移动支付服务。消费者在完成移动终端订单下达后可以通过在线支付功能直接从移动终端上对所购得的商品进行支付。例如，UC 浏览器与银联合作达成后，UC 浏览器 8.3 版本的用户可以直接在 UC 浏览器内使用银联信用卡或借记卡完成移动支付，持有银联卡的用户只需要在商家支付界面下载银联手机安全支付插件，输入卡号和密码就能完成支付，甚至不必开通该银行卡的网上银行。

三、移动支付

移动支付是移动购物和移动电子商务其他应用领域的重要辅助手段，中国移动支付业务于 2000 年起步，近几年来，移动运营商进行了各类移动支付业务的试商用，但总体市场发展缓慢。2010 年，银行监管部门、运营商等相继发力，从政策、业务、技术等各层面接连发力，推动了业务的成熟与市场增长。2011 年 5 月—2011 年 12 月，央行分 3 次共发放了 101 张第三方支付牌照。从发放牌照的业务类型来看，获牌照企业共涉及互联网支付、移动电话支付、预付卡发行与受理、POS 收单、货币汇兑、固定电话支付等七大业务类型。这标志着移动支付的监管体系日渐成熟，对于市场秩序也起到了规范作用。

中国远程支付业务重点面向网上虚拟物品交易，在相关产业链构成上主要包括金融机构、运营商、第三方、合作商户以及最终用户等环节，其中第三方负责业务的具体运营工作，多具备运营商背景；合作商户提供的商品以虚拟物品为主（见图 14-7）。中国近场支付业务尚未形成稳定的运营模式。在近场支付中，在相关产业链构成上除了包括金融机构、运营商、第三方、合作商户及最终用户等环节之外，还包含有 SIM 卡（技术提供方），以及系统集成方，即在近场支付中还存在着较大的系统建设费用问题；需要注意的是，目前近场支付仍然处于试点运营阶段，各地试点大多由运营商本身负责执行；此外，中国还存在由银联主导的近场支付试点项目。

图 14-7　中国移动支付业务产业链参与方

资料来源：赛迪顾问，2012-11。

　　移动支付业务经过多年发展，技术已经成熟。技术新应用主要体现在移动支付的应用形式上。总体来说，移动电子应用根据交易对象，可以分为企业对消费者移动支付（B2C）、企业对企业移动支付（B2B）、消费者对消费者移动支付（C2C）、个人对个人移动支付（P2P）四种类型。

　　移动支付应用早已经摆脱了单一的网上支付模式，移动平台业务的扩展以及未来的增长潜力已经为业界所认可，基于智能终端的移动支付方式也必将成为未来的主流。从目前中国手机市场的发展情况看，相当长的一段时间内智能手机和功能手机还将共存，因此，基于应用的移动支付方式和传统的短信支付及 WAP 支付还将作为移动支付的载体而长时间共存。

四、其他重点环节

　　在移动团购领域，移动电子商务应用的普及为团购行业的发展带来了新契机。伴随用户按需团购的消费习惯变化，能随时随地帮助消费者迅速买到附近商户的团购，已成为未来更有前景的新场景、新需求，用户购买团购的交易平台也从 PC 端迁移到手机。目前，不少涉足团购业务的网站已开拓移动端的新领域，推出了独立的手机团购应用。从聚划算到近日上线的大众点评团购，从糯米网到拉手网，如今消费者在手机上也能享受到与 PC 端同样优质的团购服务，而且还能随时随地查看和购买。

　　在移动交易领域，由于移动技术使得用户可以在任何时间和地点进行通信，可以大大提高用户的反应速度，因而对于股票价格、市场信息变化、移动零售交易、移动拍卖等交易过程中实时沟通等事件的处理具有独特的优势。移动设备可用于接收实时财务新闻和信息，也可确认订单并安全地在线管理交易信息。

在移动分享领域，作为新的媒介，移动终端所承载的信息趋于海量，无论是从信息传播的角度，还是从受众的广泛性来看，手机的媒体特质已逐步显现，甚至被称为第五媒体。随着3G时代的来临和移动宽带速度的加快，移动分享将作为新的媒体引发移动电子商务应用商业模式的巨大变革。

在移动比价服务领域，消费者可以利用移动智能终端设备扫描商品条码，获得各个商家对同一件产品的报价，比较各商家的报价从而决定其最终的购买行为。通过随时随地比价服务能够更好地刺激消费者的购物欲，同时能够为消费者省钱、省时间。现阶段移动比价领域已开发多种适合中国消费者使用的比价软件，如 Quick 拍、我查查、魔印等，大多为免费下载。

移动安全应用发展

第一节　移动安全应用概览

移动安全涵盖系统安全、通信安全、数据安全和核心安全等领域。其中，系统安全具体包括手机体检、加速、流量监控、联网防火墙、节电管理、手机防盗等；通信安全包括骚扰拦截、欺诈拦截、云拦截平台、隐私通信加密、防窃听等；数据安全包含数据本地加密、云存储、同步备份、远程数据删除等；核心安全包括杀毒、杀木马、查杀恶意软件、联网云查杀、恶意网址拦截等。移动安全的应用对象包括个人用户及企业用户。随着智能手机、智能终端、Pad类终端等的快速普及，移动互联网快速崛起，智能手机操作系统漏洞、移动远程办公的身份认证和数据传输安全问题、网上交易钓鱼网站泛滥等问题愈发严重，移动安全漏洞的数量迅速增加，新的漏洞和更复杂的黑客技术最终会对新兴移动网络技术形成威胁，信息安全产品必须进行持续创新，以应对新问题和新威胁。目前，中国安全厂商已经意识到移动互联网安全以及用户隐私保护的广阔前景，并各自加大了技术开发力度。中国移动安全软件市场已经启动，随着移动智能终端的飞速增长，移动互联网应用的日益丰富，移动安全市场进入高速增长通道。

第二节　移动安全应用现状与发展趋势

一、应用现状

（一）新技术、新应用带来移动安全新需求

以智能手机、平板电脑为终端的移动计算，正在从个人消费市场逐步向企业应用市场推

进。随着智能手机等移动终端的飞速增长，移动互联网日益普及，催生了各类移动应用的诞生，与此同时，新的安全威胁也随之而来：垃圾短信、手机病毒、窃听软件等恶意程序对个人隐私、财务信息甚至企业商业机密构成威胁。手机病毒可通过短信、彩信、邮件、网站浏览以及铃声下载等方式进行传播。手机病毒会导致用户手机中的信息被窃、资料被删、局部网络通信瘫痪，甚至还会损毁 SIM 卡、芯片等手机硬件，使得移动互联网时代面临更多新的安全挑战。对用户而言，用户在移动终端上使用移动电子商务、移动办公、即时通信等应用，会有大量的重要数据流，黑客等信息窃取者将关注这一平台，安全问题成为重要话题。对于移动互联网本身，作为定位于开放的信息承载网络，向固定用户和移动用户在内的所有用户提供 IP 电话、电子邮件、Web 业务、FTP 业务、电子商务等业务、WAP 业务、基于位置信息的业务、短消息结合业务等具有移动特色的因特网服务，移动互联网自身的安全性越来越受到重视。移动互联网带来的通信安全挑战包括垃圾短信、欺诈短信、骚扰电话、欺诈电话、响一声吸费电话、恶意网址、钓鱼网站、未经用户许可的联网访问等。而从国家层面，通过移动终端多样化的获取敏感信息方式，再辅之以强后台的同步分析，很容易获取国家的社情民意、舆情动向。这使中国对信息资源生产、传播和监管的能力面临严峻挑战。针对用户、网络和国家安全层面的移动信息安全技术必须要引起关注。

（二）移动安全威胁呈现产业化扩散趋势

随着产业协作的紧密，一方面，产业链中重要环节的安全厂商和产业链各方的合作达到了前所未有的深度，发挥着越来越重要的作用；另一方面，恶意软件和木马也将进一步渗透到产业链各个环节，呈现产业化扩散趋势。在产业链中，应用层能够迅速、准确地反映用户需求，因此在整个产业链中具有得天独厚的地位。而内置应用软件、提供应用服务也成为终端厂商争夺市场的重要手段，可以预见的是，恶意软件和木马将持续渗透到操作系统、手机品牌商、应用开发商、应用市场以及移动网站五大环节中。主要原因有：操作系统的安全机制存在先天缺陷；手机品牌商对第三方软件预装的甄选标准不一；部分不法应用开发商在软件中携带木马；部分应用市场的市场监管力度、木马甄别标准以及软件认证机制建设不够完善；手机网站、论坛对木马传播途径缺乏监管，广告、不良链接的筛选过于松散。在这种情况下，产业环境的安全，用户获取内容的安全，就成为整个产业必须关注的问题，也成为整个产业健康可持续发展的前提。

二、发展趋势

（一）移动安全将全面影响社会经济生活

移动互联网是新兴事物，是移动通信和互联网的二次革命，移动互联网的技术安全隐患最终将通过海量的用户、终端和应用等导致发生机密信息泄露等严重后果。智能手机正在快速改变着人们的生活方式，利用手机进行信息获取、购物、社交、学习、娱乐，越来越与每个人的日常生活息息相关。与现实物理世界不同的是，虚拟世界每个人的身份是以数字代码的形式体现的，包括能够对主体构成识别的各种信息，例如姓名、住址、出生日期、身份证号码、特征、指纹、婚姻、家庭、教育、职业、健康、病历、财务情况、社会活动、照片，等等。网络上的个人信息已经超越了单纯的"人身权"范畴，由于其在网络交易活动中的重要作用，也具有了非常重要的财产功能。账户、身份盗用、隐私的泄露等问题愈演愈烈。层出不穷的"木马"软件可以窃取重要的身份认证密码，包括网络银行、网络游戏账号等，在此基础上甚至形成了庞大的地下产业链。

在涉及个人信息利用的移动互联网领域，强大的云应用后台处理能力加上海量的移动终端，借助同步、双向备份，海量数据汇聚到后台进行综合处理、分析、预判，信息的不对称使得消费者无法辨别谁在收集自己的信息，如何收集自己的信息，更无法知晓是谁卖掉了自己的信息，是谁滥用了自己的信息。移动应用服务商"劣币驱逐良币"的态势开始出现，努力保护用户个人隐私信息的服务提供商，面临高成本压力却无法取得消费者相应的认可，无法在竞争中处于优势地位。而对于整个社会来说，未来海量的金融、产业、消费者甚至是经济安全领域的信息就有可能通过数据挖掘等技术为人所用，中国数据主权面临的局势将极为严峻。

（二）移动隐私保护问题将更加突出

伴随着信息技术的广泛应用和互联网的不断普及，个人信息在社会、经济活动中的地位日益凸显。与此同时，滥用个人信息的现象随之出现，给社会秩序和人民切身利益带来了危害。由于网络传播的广泛性，一旦个人信息泄露，将有可能造成非常严重的后果。同样，手机安全与手机隐私也息息相关，事实上，许多恶意软件已经悄无声息地窃取了大量手机用户的隐私，手机用户隐私泄漏风险加大。移动互联网一方面给用户带来了快捷、便利的良好体验，另一方面也带来了严峻的信息安全挑战。一方面是病毒、木马、恶意软件的大肆横行，另一方面则是恶意软件等对用户的侵害，如非法自启动、私自联网、私自发短信、恶意扣费、恶意加书签、通讯记录、通讯录、账号、个人私密文件丢失泄露和被窥视等。移动互联网本身固有的主体分散性、匿名性，传播手段的瞬间性，控制技术的专业性，对于政府管理者、企业及用户有效的防范带来诸多壁垒。手机隐私保护的信息不对称是一个关键障碍：消费者无法具备专业知识来辨别谁在收集自己的信息，如何收集自己的信息，更无法知晓是谁卖掉了自己的信息，是谁滥用了自己的信息。消费者的雾里看花，导致了服务商的"劣币驱逐良币"：越是努力保护用户个人信息的商人，面临的成本就越高，却无法取得消费者相应的认可，无法在竞争中处于优势地位。移动互联网的技术安全隐患最终将通过海量的用户、终端和应用等导致发生机密信息泄露等严重后果。在涉及个人信息利用的移动互联网领域，强大的云应用后台处理能力加上海量的移动终端，借助同步、双向备份，海量数据汇聚到后台进行综合处理、分析、预判。而对于整个社会来说，未来海量的金融、产业、消费者甚至是经济安全领域的信息就有可能通过数据挖掘等技术为人所用，中国数据主权面临的局势将极为严峻。

（三）单一产品将向整体解决方案转型

用户正亟待获取专业移动安全厂商提供的一站式安全服务，跨平台、跨终端、跨国家、跨运营商的移动互联网安全产品将大受欢迎。通过创新技术的融合解决用户的应用所需，在传统产品基础上，要融合更多的安全防护能力，发展整体解决方案。移动安全解决方案从移动用户身份安全、移动终端接入安全、网络通信安全、应用访问控制和移动终端信息存储安全等环节进行综合安全防护，构成多层次、全方位的移动安全接入体系，为智能手机用户、掌上电脑以及移动 PC 用户提供安全的移动信息安全服务，为用户提供强有力的数据信息安全支撑。

（四）产品与移动电子商务的结合将更加紧密

随着电子商务的快递发展，移动支付市场也在迅速发展，在 2012 年中国的移动支付市场规模接近千亿元，谷歌、苹果、诺基亚、HTC 等在内的国内外智能手机超级厂商们都已把"移动支付"列为未来的重要发展方向，这也是在信息时代下又一次的浪潮。关于移动支付的安全问题再次成为关心的焦点，对于新的支付方式"支付安全"的质疑声音从未间断过。在交易过程中存在安全隐患将间接导致交易失败，如果手机不慎丢失等，最终会严重威胁到用户的财产安全。未来，国内移动手机支付将执行统一的技术标准，相互兼容，减少安全隐患，数字签名、电子认证和 SET 标准等安全控制技术将广泛应用，移动安全产品与移动电子商务结合将更加紧密。

第三节　移动安全应用重点环节分析

一、信息资源的生产、传播和监管

为了解决终端的计算能力、存储能力、续航能力等问题，"强后台"＋"薄客户端"的"云＋端"模式成为趋势，前后台随时同步。强大的云侧处理能力加上海量的移动终端，无数信息汇聚到后台进行综合处理、分析、预判，如是这般，我国的敏感信息和涉密信息等可能将无所遁形。因此，如何面对移动互联网时代强大的"云＋端"信息获取和处理分析能力，保护国家信息安全是我国移动云服务领域的一大挑战。端功能（存储、定位、拍摄等）日益强大，可获取敏感信息的渠道越来越多、能力越来越强。终端能力的增强带来的是获取和共享信息的便捷性，大大降低了获取敏感信息的能力门槛，提高了海量移动用户随手获取敏感信息的能力和手段，但是管理难度大大增加。终端应用的功能日益增强，将会导致对用户的监管难度增加。如何在保证新型终端和应用在积极、有效地传达舆情民意，保持良性官民互动的同时，使得监管不至于失控，这个问题值得深思。

二、面向个人用户的移动云服务安全

随着个人用户开始使用移动云服务，安全问题越来越受到关注。智能移动终端承载了丰富的应用，在为个人用户带来良好的移动体验的同时，也带来了潜在的安全威胁。从移动云服务应用的角度，个人用户将面临三个方面的安全威胁：恶意软件，保密性和访问认证。由于安全问题直接关系到用户的切身利益，一旦私人信息泄露将会造成巨大的危害。因此围绕应对这三个方面安全威胁开发移动云安全服务将会衍生出巨大的市场需求，潜力无限。

三、移动通信安全

（1）移动通信网原有的安全优势荡然无存。2G 时代终端类型单一，网络封闭，终端智能化程度低，移动通信网络相对比较安全。3G 时代，终端类型繁多，处理能力强大，各类软件漏洞日益暴露和增多；接入方式多样、承载的业务和应用空前繁荣，用户数目海量，这些都造成攻击者呈现爆炸式增长。

（2）传统互联网安全问题尚未解决。基于 IP 的开放式架构、接入类型多样、业务丰富，上网终端智能化程度高是互联网安全问题的主要原因。随着移动互联时代的到来，这些因素非但没有得到解决，反而由于丰富的应用和多样化的终端加重了信息安全问题。

四、移动数据安全

移动互联网独特的随身性、身份可识别性产生了基于位置和身份的各种服务，移动行业信息化、移动办公、移动电子商务发展迅速。这些都是容易受到攻击的热点区域。移动互联网的安全环境比传统互联网复杂，威胁来源和易被攻击范围更加广泛，包含大量个人信息和机密信息的移动数据更容易引起黑客关注。而且，移动互联网所特有的"应用平台商店 + 个体应用开发者"的前店后场模式，使得监管和审查难度加大，恶意软件和黑客软件更加容易得手，从而造成了全民开发可能也是全民黑客的特殊局面。

五、移动应用安全

为保证移动应用安全，要采取手机安全软件、云访问保护以及嵌入式身份保护等安全措施。这些安全特征和政策特别是在合作的氛围里能使移动设备的安全性最大化。伴随移动互联网的迅速普及和移动终端智能化，各类针对移动设备的病毒也汹涌而至。手机病毒可以从原先简单的系统破坏、恶意扣费扩展到隐私窃取、金融盗号和窃听监控等，对用户的威胁性进一步加大。同时，手机病毒可以利用发送短信、彩信、电子邮件、移动网站、下载 App 应用、蓝牙等方式传播，非常容易造成泛滥之势。由于安全问题直接关系到用户的切身利益，一旦私人信息泄露将会造成巨大的危害。此外，对于现在商业领域和日常生活中普遍使用的智能手机，在为个人用户带来良好的移动体验的同时，也带来了潜在的安全威胁。

政府领域移动应用发展

第一节　政府领域移动应用概览

政府领域移动行业应用，又称移动电子政务，是政府部门在其电子政务的建设和运营中，应对移动性诉求及移动交互提供的机遇，响应公共服务一线及公众本身的信息及服务需求，充分运用现代移动通信技术在终端功能、接入速度、接入安全性、移动互联网等方面的优势，通过手机、PDA 等移动终端，以及相关的接入、认证和应用协议技术等，实现电子政务的可移动化，为政府工作人员、社会单位和公众提供信息和服务，使得政府工作人员之间和政府与公众之间可以随时随地实现信息的相互传递。

目前，主流的移动电子政务系统以专网和无线通信技术为依托，融合了 3G 移动技术、智能移动终端、VPN、数据库同步、身份认证等多种移动通信、信息处理和计算机网络的最新的前沿技术，主要是实现使用手机、掌上电脑等移动终端，通过 GSM、GPRS、CDMA 和无线局域网（Wireless Local Area Network，WLAN）来实现电子政务接入，有效提升了政府公众服务能力。

由于智能手机的迅速普及，移动互联网服务成为发展最迅速的增长点，政府领域移动行业应用进入高速发展期，用信息化成果为人民谋福利、提高社会管理水平成为各级政府的重要一环。在一些重点省市，移动电子政务已经成型，提高了政府的办事效率，整合了政府各项服务，在促进社会和谐方面起到了不可忽视的作用。

受制约于中国电子政务的整体发展水平，中国移动电子政务的发展尚处于初步发展阶段，业务水平不高，主要呈现的特点与传统的电子政务相似，区域发展不平衡、标准不统一、相关法律法规不完善。

由于我国各地的社会经济发展不平衡，移动电子政务的发展也差距较大，呈现多层次的特点。北京、上海、广东、浙江和山东等经济较发达地区的移动政务建设比较好。陕西、内蒙古、甘肃、青海、新疆等省份也加快了前进步伐，他们在积极借鉴发达省市电子政务建设经验的基础上，从本地实际出发，实事求是，通过利用自身拥有的稀缺资源换取资金来源，与广大企业开展公私合作以及吸收民间投资等途径解决自身电子政务建设的资金和技术等困难，不断探索出适合自己发展的新路子。

标准不统一。电子政务的相关标准工作有很多，资源目录、信息资源交换标准只是其中的一小部分，另外如用户需求的标准化、系统融合的标准化等均需要尽快确立。目前的标准大多比较宏观，一旦进入实际应用，则有很多的差异。但这些工作难以在短期内完成。标准的统一需要政府牵头引导，以电信运营商和 IT 公司为主体，加上用户的配合，共同推进。

相关法律法规不完善，在摸索中前进。电子政务的每个环节与法律法规的各种条件都相互影响，相互作用，电子政务的发展状态直接为有关法律法规的制定提供依据。目前，我国整体电子政务领域没有一部完全意义上的法律。法律法规的实施也左右着电子政务的发展前程，制约电子政务的发展速度。

第二节　政府领域移动应用现状与发展趋势

一、应用现状

移动电子政务在我国尚处于起步阶段，还不成熟，但随着移动用户数量的进一步上升，技术的进一步优化和升级，加上公众的移动服务需求等，将为移动电子政务的发展提供广阔的前景。

（一）北京

结合移动互联网的特点，北京首都之窗为市民提供 81 项服务，包括交通、医疗、社保、住房、教育、文化等，是供市民了解政务信息和办理相关业务的信息服务聚合平台。市民不用登录网站，通过手机就可以进行咨询和投诉。公积金查询，手机图书馆等是北京市政府精心建设的精品服务。其中，关注较多的是政务服务，包括政务热点信息、应急信息和交通，如违章查询，交通流量查询等。另外，首都之窗还提供个性化的服务，如住房公积金查询和事业缴费服务。个性化的提醒和服务定制有效提升了用户体验。市民可以钩选自己感兴趣的服务，这些服务变更时会自动通知用户，通过个性定制功能用户可以根据自己的需求进行个性化的定制服务。

（二）上海

上海长宁区政府实现移动办公，成为上海首个市区及政府移动办公的成功案例。政府原有的 OA 系统功能几乎可全部搭载到移动终端上，工作人员可通过 3G 网络和智能终端登录使用单位的办公系统，随时网上办公、提交资料等。领导可以在移动平台上审批文件、监督工作流程。教育局的人员可以通过移动终端处理文件，可以通过 3G 网络随时上网浏览，并可以实现实时、多模式的交流。公安部门在外出执行任务时，移动办公得到很好的利用，可以推进移动警务的实施。上海海关开展了"上海海关移动查验"项目，海关管理人员通过指派现场查验员进行通关查验，查验员可通过移动终端进行 3G 实时视频采集，并与后台鉴定人员互动，完成查验工作，实现信息化、交互性的移动办公，在提供工作效率的同时保障了工作质量。

上海"物价信息"应用可为市民提供常用农贸商产品的市场价格行情和市场价格动态。用户可通过"物价信息"查询到上海市 18 个区县水果、蔬菜、肉禽蛋、粮油、水产等 100 多种产品的价格及其所在区县的价格指数，点击具体产品还能查看该产品近两个月的价格走势图。

（三）广东

围绕广州市政府构筑国际化区域性"信息港"，建设"数字城市"，推动现代化国际大都市建设的宏伟目标，广州市政府推动电子政务的建设，在"易办事"、"移动办公"、"数字广州"、"无忧沟通"四个方面全面打造无址化"移动政务"，确保继续保持在电子政务方面的领先地位。

"易办事"是以广州移动语音信息服务平台为核心，结合短信和 GPRS 网络服务，在政府与公众之间搭建的高效、畅通的事务处理平台，包括公共信息服务、预约办事、自助业务办理、手机支付费用等功能。市民使用各种移动终端（如手提电话、PDA、手提电脑等），通过移动通信服务，如短信息、GPRS、WAP、MPS（手机定位）、CBS（小区广播）等，获取电子政务系统中与自身利益有关的信息服务。同时，政府工作人员通过短信业务通知、短信／WAP、信息查询、12580 人工预约业务办理等应用系统来延展、完善"易办事"，促使政府运作进一步透明化、公开化，提高公众对政府工作的满意度。

移动办公解决方案是通过将先进的移动网络平台与政府机关内部办公信息系统相结合，实现移动办公、公文通知、会议活动通知等移动政务的需求。例如，广州移动针对广东省海关总署进出口船舶和货柜车的庞大出入关处理量以及低成本快速处理报关通关的迫切需求，设计了专门的移动办公解决方案，对外实现了移动报关系统以及海关的船舶定位等功能，对内实现了内部集群通话、移动信息互联等功能。

数字广州的蓝图包括了建立电子化、数字化、网络化的实时监控、监测、指挥、信息发布及路径诱导体系。例如，利用无线通信网络，出租车控制中心可对每一辆安装了综合智能设备的出租车进行精确定位和实现无线报警功能的 110 联动处理。

"无忧沟通"使得政府部门中的每一个环节都可以通过更便捷地使用固话、手机、多方电话会谈等种种形式进行准确、有效的沟通。同时，公务员除随时随地实现相互间的信息传递之外，还能有效控制公务通信成本。"天忧沟通"所构筑的政府部门协调运作的基础信息渠道，直接针对每一环信息传递和抵达的链接，令政府部门从整体到局部的信息传达都通透明了，最终达致和谐的运作。

二、存在问题

（一）信息共享不够充分

政府部门政务系统的信息不能完全共享，各自为政，这对不同政府部门之间的协同合作带来了一定障碍。比如，税务部门需要与海关联手打击走私和偷骗税，进行出口退税工作；需要从工商部门得到企业登记、信息变更、注销、吊销等信息；需要与财政部门一同进行税源调查；需要与公安部门紧密合作打击涉税犯罪等。因此，如果不能实现不同政府部门间的信息交流共享，将会加大工作成本，降低工作效率。

（二）信息安全要求较高

同传统政务系统比较，移动政务系统在信息安全方面需要特别注意的是无线数据通道的安全以及终端设备的安全问题。CDMA 网络比 GSM 网络安全，但是无线信号在公共空间传播这一特性，导致其安全方面天然的较为脆弱性。在终端设备安全问题（丢失、密码被攻破、病毒问题）方面，培养用户良好的安全使用习惯非常重要。移动政务的开展提高了手机的重要程度，用户需要培养安全使用的习惯，充分利用各种密码（例如，SIM 卡密码、设备开机密码、设备屏幕保护密码、设备键盘锁密码）保护信息安全。

（三）信息时效日益重要

身份鉴别问题是信息收集过程中非常关键的问题。中国存在大量的预付费手机用户，这使得很多用户的身份无法有效识别。除此之外，远程办公方面，利用手机操作后台系统时，单凭手机号码不足以鉴别操作者的身份，这包括 SIM 卡复制问题，也有手机借用问题。

由于无法识别有效身份，信息的有效性也大打折扣。例如，有人用短信报告有火灾发生，消防人员赶到现场却发现什么事情都没有，很可能是恶作剧行为。因此，设计信息收集系统时，可以采用用户信用等级管理、创建黑名单等方法。针对远程办公系统，采用登录密码是一个简单、有效的方式。针对较为敏感的系统，则可以考虑生物识别技术。

法律法规是保障信息系统良好运行的基础。与移动政务相关的法律法规问题，包括短信的有效性问题以及短信警报系统的操作流程问题。

很多部门规定特定事宜需要领导签字，那么领导不在现场时发送短信传递信息是否有效，需要制定相关规定。

中国香港地区已经建立了短信早期预警系统，如果更多的城市借鉴这一做法，比较重要的一环就是制定管理流程规范。各种信息，如高温、暴雨、地震、疫情分别需要哪个部门什么级别的人员发布，这需要进行行之有效的规定。

此外，公民发送的短信息具有什么级别的法律效力，值得关注。

（四）人性化设计的需求

手机屏幕的限制、短信长度的限制以及无线通信稳定性的限制，系统设计者应该充分考虑，系统发给用户的文字、图片应该进行优化，以方便阅读。此外，如果采用短信方式提供服务，用户发送短信格式错误时应该发送帮助信息，引导用户正确使用。移动运营商应该在各自的呼叫中心服务内容中，增加对于移动政务的介绍，以推动民众应用。

移动政务的关键不在于技术，而在于如何针对自身业务特点进行流程重组。对于政府以及公共部门而言，同移动运营商、SP 共同探讨，充分借鉴已有的成功案例，是非常重要的。

三、发展趋势

（一）将与传统电子政务活动并驾齐驱

由于移动互联网在生活中的逐步渗透和普及，移动电子政务可以更好地发挥移动通信用户数量多、分布面广的优势，因此，在电子政务发展领域内将会发挥更大的作用。移动电子政务的应用将会越来越普遍，特别是移动通信技术的发展，将会使移动式办公变得更加重要，所体现的价值也会越来越明显。

（二）应用项目趋于丰富和平民化

目前，应用项目缺乏是国内移动电子政府普遍存在的问题。一方面，是由于移动通信技术的带宽、速度、容量方面的限制，使得一些有价值的政府服务还无法通过移动方式获得；另一方面，是因为移动电子政务还处于发展初期，一些相应的应用系统还没有得到有效开发。在我国，除了已有一些政府部门开通短信应用外，其他应用基本还是空白。移动电子政务的应用涉及政府的方方面面，其应用开发是一个渐进过程，随着各方面的发展，移动电子政务将会走向成熟，相应的应用项目建会变得更加丰富多彩，对公众的吸引力会越来越高，实际价值也会越来越大。

在应用方面，民生问题被摆在了首要位置，各项应用服务陆续与之结合，旨在让大众获得更优惠、更便捷的生活。目前，公众对移动电子政务的了解还很有限，能够参与的项目微乎其微，所以，一方面，要加快移动电子政务应用项目的开发和建设；另一方面，也要通过有效的宣传和推广，鼓励公众关心、支持和参与移动电子政务活动。从国外的发展经验看，那些与人民群众息息相关、使用相强、操作简便的电子政务项目最受公众的欢迎。

（三）政企部门之间的合作将日渐加强

移动电子政务的大部分业务需要通过政府、公众、移动运营商三者之间的共同参与才能运作，而且包括公众隐私的信息和重要的专用信息需要在移动通信网络传递，所以，政府和运营商有责任和义务保障公民隐私信息不被泄漏，确保系统的安全、稳定与可靠，要共同保证公民接入移动电子政务系统的方便性，政府服务的可获得性。

政企合作还包括政府与移动运营商之间所开展的合作，比如与移动终端设备制造商一起共同开发适合于移动电子政务需要的通信终端，与软件开发商合作共同开发专门的移动电子政务应用系统，等等。对于政府而言，在法律法规允许的范围内，开放信息资源供增值服务提供商（Service Provider，SP）使用，可以获得适当的经济回报，以更好地推动政府信息化项目。例如，北京开通了机动车违章短信查询系统，司机可以发送特定信息查询自己的违章信息，从而避免逾期不交导致罚款。政府在为司机及时了解违章信息、减少损失的同时，也促使 SP 赚到了利润。如果政府热点问题调查中引入短信参与的方式，政府部门可以从电信运营商或者 SP 的收入中提取一部分，用于奖励群众的参与，以实现更好的互动。

可以说，移动电子政务的实施是一个复杂的系统工程，政府必须充分整合社会资源，以提高移动电子政务的业务能力和服务水准。

第三节　政府领域移动应用重点环节分析

政府领域移动行业应用要通过"一个技术平台、四个资源整合"构成一个有机整体。"一个平台"指数字化、网络化的技术集成平台，在移动电子政务中，相应的电子政务接入平台要在原有的只提供固定互联网和公共交换传输网接入基础上，增加 GSM、GPRS、CDMA 和无线局域网等移动或无线接入平台。而"四个整合"指政府资源整合、企业资源整合、社会资源整合以及社会服务整合，电子政务的移动化将大大提高上述四类资源的整合力度和效率，为政府行政管理实现资源信息化和决策科学化提供强有力的技术和网络保障。

基础网络设施是构建电子政务的基础。移动电子政务的实现需考虑 GSM、GPRS、CDMA 和 WLAN 等移动或无线网络的建设和运营情况，所涉及层面复杂、部门多。

终端是移动电子政务全面推广的主要实现形式。在移动电子政务的建设和实施过程中，政府工作人员、企业、社会公众等在使用电子政务具体业务的过程中，可以使用掌上电脑、平板电脑、智能手机等终端，接入终端非常多元化。

企业级移动应用发展

第一节　企业级移动应用概览

　　企业级移动应用主要是通过移动方案切实为企业管理和流程的优化寻求新的可能，是企业用户使用移动终端，利用移动或无线通信网络，来扩展其内部管理和对外商务交流及交易范围的一种商业运作模式。企业级移动应用架构如图 17-1 所示。

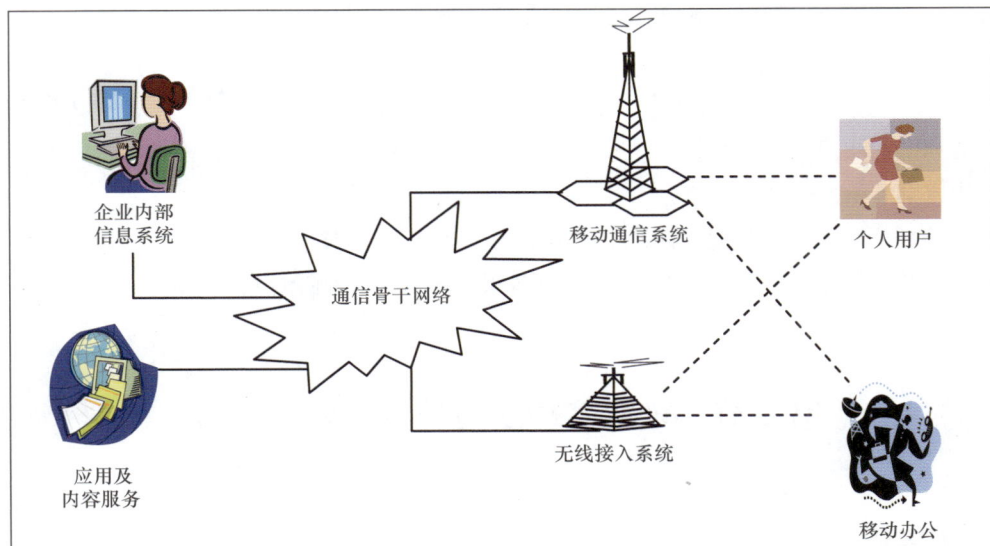

图 17-1　企业级移动应用架构图

数据来源：赛迪顾问整理，2013-07。

　　企业移动应用层次可以分为四层，即通信系统层、业务平台层、增值服务层和业务应用层（见图 17-2）。

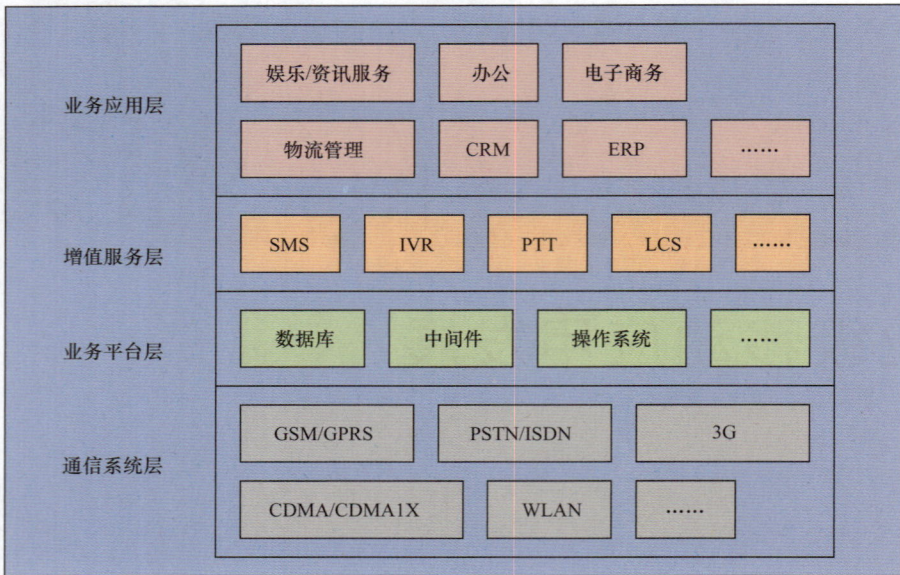

图 17-2　移动商务应用层次模型

数据来源：赛迪顾问整理，2013-07。

通信系统层主要指基础的移动或无线通信网络，目前就是各大运营商负责运作的网络系统，这是移动商务实现的物理和传输系统基础。通信系统层规定了其上的业务平台层的实现逻辑。

业务平台层包括移动设备的操作系统、移动数据库、中间件等移动平台软件。此层与通信系统层就构成了一个完整的移动商务应用平台，为其上的业务开发提供设计、操作、安全等的支持。

增值服务层是由在移动商务应用平台上开发出的基本增值服务组成，此层可以看成技术实现可能和企业用户需求之间的工具库，它从开发平台的技术实现可能中创建，为面向实际需求的解决方案开发提供实现支持。

业务应用层是整个移动商务体系中的最上层，这是企业用户需求实现方案的集合，是移动商务体系最终价值的体现层。对移动商务体系各层次的承载和价值创造就组成了产业价值链。

第二节　企业移动应用现状与发展趋势

一、应用现状

2011 年，中国移动互联网市场规模为 2500 亿元，其中移动终端占据市场的 78%；中国移动互联网人数从 2004 年的 350 万增长到 2011 年年底的 3.56 亿，其中 3G 用户达到 1.1 亿。人们在移动互联网领域的需求涵盖了衣食住行、安全以及社交与自我实现等不同层次的需求，并可以在移动中获取和处理信息，移动互联网已经深刻地改变着人们的生产、生活方式。未来 3 年，我国互联网市场将保持较快的增长速度，预计到 2014 年，中国移动互联网市场将接近万亿元规模。移动已经成为继云计算之后的又一个亮点，移动带来的竞争优势也获得了企业的认可，移动应用的需求也随之增长。移动已经成为继云计算之后的又一个亮点，移动带来的竞争优势也获得了企业的认可，移动应用的需求也随之增长。

（一）移动营销开启企业移动应用先河

据统计，2012 年第一季度中国移动互联网市场规模达到 158.7 亿元，同比增长 167.2%，面对移动终端如此快速的发展，企业移动商务的发展获得了强大的市场环境，随着精确营销的理念逐渐深入人心，移动营销作为一种重要的精确营销手段越来越受到企业的重视，2007 年移动营销在企业移动商务市场所占比例超过 1/4，成为移动商务在企业中成长最快的应用，不仅如此，移动营销的手段也不仅局限于短信群发，WAP、PUSH MAIL、位置服务、行业移动终端、二维条码以及移动流媒体等新技术不断涌现，成为移动营销新的应用领域。随着移动 ERP、移动 OA 等技术的应用，企业信息化的步伐在不断加速，预计随着北京奥运会以及上海世博会的临近，企业移动商务将迎来一个快速发展的时期。

（二）移动支付推动企业移动应用整合

随着 3G 网络和移动终端的爆发式发展，无线城市概念的提出和逐步普及，移动网络发展无疑给数据传输提供了高速通道，移动视频、移动购物已不是新鲜概念，尤其是移动购物已经成为商家必争之地，纷纷推出移动应用平台来满足用户的需求，而相应的传统支付手段和渠道已经不能满足人们快速、便捷的生活方式的需要，因此，《电子商务发展"十二五"规划》明确提出，"大力推广银行卡等电子支付工具，推动网上支付、电话支付和移动支付等新兴支付工具的发展"，以满足巨大的市场需求。

移动支付的潜在需求巨大，包括软件厂商、运营商、金融机构在内的各大公司纷纷布局移动支付，Google 跟大量商户合作，联手万事达信用卡，花旗银行、CitiBand、Sprint 等其他 NFC 合作伙伴，进军移动支付领域，推出谷歌钱包支付服务；Paypal 不光宣布在未来将支持像 Google 一样的 NFC 支付方式，还已经推出了一种支持分摊付费的解决方案；中国移动、中国联通、中国电信等也正式成立了支付公司；支付宝、财付通等互联网支付厂商推出了移动支付产品。

二、发展趋势

（一）技术趋势

1. 移动中间件、移动安全产品需求将是市场热点

无论是移动通信网，还是移动互联网，跨平台的企业移动商务应用对中间件的需求是基础和刚性的。所以移动中间件在移动平台软件中会与操作系统和数据库获得同步的发展。而移动安全的需求则是与移动安全环境的恶化紧密联系的，攻击移动装置、尤其是智能手机的恶意

程序数量持续增长，随着广泛使用的移动网络成为更吸引计算机犯罪者的攻击目标，移动数据相关的风险将持续增加。安全性考量是现今全球企业在广泛采用无线技术及远程计算时所面临的最大障碍之一。而移动的安全应该从基础平台做起，预期这一领域将会成为未来企业移动商务平台软件中的另一热点。

2. 营销、CRM 由于其自身特性成为应用的主力

个性化营销理念的普及使得许多企业在营销领域选择移动业务为其服务，移动营销可以使企业在同样的成本下实现比传统营销更加有针对性、定制化的营销。同样，在企业客户关系管理当中，企业移动商务作为对桌面系统的有效延伸，能够为物流等流动性强的行业提供有效的服务。从目前的应用来看，个性化要求较高的移动广告、CRM 和对移动要求高的业务，如销售是企业移动商务应用最重要的业务，未来这些业务无疑还将是主力。但针对目前的移动广告和 CRM 缺乏个性化和目标性的群发，未来对用户的辨识和针对性服务将是重点。对移动销售的支持也要扩展到支付和交易等核心业务上来，而不仅是信息的查询。

3. SaaS 模式在企业移动商务领域将获得更多认可

SaaS 是中小企业发展电子商务的助推剂，而移动 SaaS 将会比在计算机环境下 SaaS 的应用获得更多的认可。原因是移动应用是可以附加到企业已有的信息系统上的新投资，并且目前还不会承担起很重的业务量，而企业内现有的资源，包括系统和人力都没有移动应用系统的运行经验，这是 SaaS 模式的优势所在。所以，相比传统信息系统的 SaaS 模式，移动 SaaS 将会获得一个真正的企业市场机会。

（二）盈利模式趋势

移动互联网的应用服务是指直接为用户提供各种移动应用的服务，包括移动门户、移动浏览器、移动即时通信、移动搜索、移动广告、移动阅读、移动电子商务、移动视频、移动游戏、移动支付等。据调查，游戏软件用户最喜爱移动应用，约有超过 1/3 的用户选择了该类软件。大屏幕智能手机、平板电脑满足了用户随时随地休闲娱乐的需要，也成就了游戏软件在移动应用中的重要地位。此外，聊天工具、网页浏览、电子阅读等在传统互联网取得成功的应用在移动互联网环境中得以迅速普及。未来，像移动音乐识别、移动餐馆推荐等极具创意的移动互联网应用软件将越来越多。随着 3G 时代的到来，增值服务和软件业务在企业移动商务产业中所占规模的扩大，运营费用会进一步降低，而盈利中心向增值服务和软件方向转移，基础网络建设费用在一段时间内将会是企业投资的主流，但同时，企业在成本压力下，会更加注重利用原有企业网络来开展移动信息化的建设。

（三）渠道趋势

1. 运营商业务向增值服务倾斜

当前移动增值产业链上的各个环节都在主动或被动地进行调整。运营商与内容提供商（CP）正越走越近，从"综合信息服务提供商"的战略转型方向也能看出，运营商正在向增值服务商（SP）转化。同时，SP 在被挤压的情况下，被迫向 CP 转型。

运营商在业务管理中主要采取了和内容服务商直接合作的形式，如广东移动采取内容买断的形式购买彩信、向唱片公司公开发送发行邀请函，并选择一定规模的唱片公司合作。这些举动进一步表明，运营商向上游增值服务领域的扩展和迈进，运营商进一步做大 SP 的趋势越来越明显。

2. 运营商加大集团业务产品投入

2007 年 6 月，北京移动正式推出了专为中小企业设计的四款行业应用托管解决方案（ADC）新业务，包括手机邮箱中小企业版、无线网站、移动 OA 及移动进销存业务，在此之前中国移动就已经加大了针对企业的集团业务，其主要思路是，面向两类目标客户，采取两种模式推进信息化——面向信息化程度较高的集团客户部署移动代理服务器（MAS）应用；面向信息化程度较低的行业客户提供应用托管（ADC）业务。在企业移动商务领域，中国联通公司也不甘落后。从 2007 年开始，中国联通推出了面向中小企业的"e 企连通"业务，它可以提供协同工作、企业自助建网站及企业邮箱等系统，满足这些企业的异地分公司、办事处的办公需要，并降低办公费用开支。截至目前，尽管移动运营商在企业移动商务领域还处于尝试阶段，但是，预计未来两年，企业移动商务将成为企业移动商务领域最有潜力的应用。

（四）服务趋势

1. 传统媒体加速进入增值业务领域

手机的媒体化使用户能够通过手机更方便地获取信息，在挤压传统媒体生存空间的同时，手机报、手机电视等增值业务也为传统媒体带来了新的市场机会。在内容资源方面，拥有强大优势的传统媒体受高速增长及高额利润的吸引越来越多地涌入增值业务领域，一方面，为业务发展提供充实的内容；另一方面，对原来的增值业务产业链带来巨大影响——传统媒体与运营商直接合作，开发新媒体业务。

2. 3G 增值业务将面临更多专利风险

随着国内移动增值业务的快速发展，相关专利在移动增值业务发展的长期性影响与系统性影响将开始凸显；目前移动增值业务领域涉及的知识产权纠纷主要是著作权问题。日韩运营商及系统供应商目前已经在中国申请了大量的移动增值业务专利，其中有很多是 3G 应用方面的专利，而国内运营商在相关专利申请数量和申请质量方面，还远远落后于国外运营商及系统供应商，势必会对其未来运营 3G 业务带来专利风险。

第三节　企业移动应用重点环节分析

一、移动 OA

移动办公将人们从桌面办公的方式解放出来，拓展了办公空间，使员工处理公务时不再受到时间和地点的限制，提高了办公效率，又减少了办公成本。其实现方式多样，但绝大多数移动办公系统是通过短信／彩信／WAP 方式实现的，所以对终端一般没有特殊要求，只要能正常地使用相应业务即可。

移动办公主要包括无线上网远程办公、短信辅助移动办公、WAP 辅助移动办公三种方式，其中短信辅助办公是基于手机的移动办公的主要形式，它可以实现短信通知与查询、短信／邮件互动等功能。

二、移动 CRM

移动 CRM 业务为移动专业人员提供实时无连接的访问能力，以便更有效地管理客户关系和销售流程。授权移动专业人员更新机会，回顾账户信息并及时响应客户、潜在客户和合作伙伴的需求。为现场服务人员提供在线访问，监测以及服务事件更新，能使其有效地管理闭环客户服务与支持流程。销售队伍自动化（SFA）很长时间以来一直是以移动 CRM 为重点的，预计未来现场服务管理将会得到越来越大的促进。而较低的市场需求和复杂的技术问题延缓了大型 CRM 软件厂商进入移动市场的速度，因此许多移动技术公司已经在利用这个机会开辟新的边缘市场。目前在无线 CRM 领域的主要厂商有 Sybase、IBM、SAP 和 Oracle 等。

目前中国移动 CRM 在整个 CRM 市场中的占比还非常小，中国目前的应用更多的是利用短信进行用户关怀。

三、移动 ERP

移动 ERP 是移动商务与 ERP 应用软件融合的产物，顺应了 IT 业电信移动服务和其他业务的融合趋势，是传统 ERP 的拓展和补充。移动 ERP 的出现实现了随时管理的功能。在全球化经济背景下，企业面临的市场环境越来越多变，对于随时管理的要求越来越多。而凭借无所不在的移动服务，出差在外的商务人士可以凭借手机等通信终端随时随地处理重要问题。同时，对于一些中小企业来说，在没有配备传统 ERP 所需的硬件设备时，可以采用价格较低廉的手机等终端，通过实现移动办公来提升企业的信息化水平，这也是节约成本的一种方式。

传统 ERP 厂商认识到移动业务的市场潜力，在移动领域展开了竞争。在移动 ERP 方面，用友进入得比较早，2005 年 10 月用友就推出了 UFmobile（移动商务）产品，该产品整合了 ERP 系统、移动通信和网络等多种技术，2006 年用友明确提出将战略加强管理软件业务，战略培植移动商务业务，致力于成就"世界级的管理软件和移动商务服务提供商"。2007 年年初，用友与世界领先的移动通信公司 NTT DoCoMo 共同成立合资公司，专注于发展企业移动信息化技术，从事移动商务平台的应用开发，这使得用友在移动商务的推广上具有较强的技术和经验优势。2007 年 9 月，用友正式推出了其移动企业移动信息化管理平台 M-ERP。金蝶公司也于 2005 年正式踏入移动商务领域，推出其移动 ERP 产品，发展至今其移动商务产品包括 iFly 移动商务、移动 ERP、BOS 移动商务通信平台等。

　　尽管用友、金蝶等国内大型软件厂商纷纷进入移动商务市场，推出自己的移动 ERP 产品，但目前移动 ERP 产品还存在着许多问题，移动 ERP 的商业模式还不够成熟，并且目前已有的移动 ERP 软件操作还比较复杂，易用性不高，以及存在访问权限、数据安全问题。移动业务作为一个新兴市场，软件厂商普遍认识到了潜力，广大企业用户也对移动时代的到来充满期待，相信在未来厂商不断培育市场的同时，移动业务会给广大企业用户带来更多的实惠。

管・理・篇

第十八章 CHAPTER 18

向移动互联网转型的企业业务体系设计

第一节　企业业务转型趋势

一、企业业务转型背景

（一）移动互联网驱动产业价值链形态及重心演变

苹果的成功来自其特立独行的模式——将终端、软件、内容、服务集于一身。苹果这种垂直整合自下而上：硬件终端拥有 iPod、iPhone、iPad；软件有移动操作系统 iOS、中间件、集结第三方开发的应用软件；内容和服务实时更新，丰富充实。这种模式主要有两个盈利途径：一是通过定位准确、设计优秀的终端产品获取高额利润；二是通过应用商店 App Store 之上构建的内容和服务赢取持续利润。两种途径相互加强，互利互补。追随抑或模仿这种成功模式，成为移动互联网产业变化重组后的演进趋势，整个产业正进入"终端＋软件＋内容＋服务"融合发展阶段。

（二）国家政策接连发力，支持移动互联网产业集聚发展

中国移动互联网产业具有良好的产业政策环境，中国政府重视移动互联网发展的基础设施建设，并且积极为移动互联网相关企业营造良好的园区环境，促进其发展。移动互联网产业本身非常复杂，涉及包括内容与应用服务、系统平台以及终端设计与制造等多个领域。目前全国各区域纷纷试水移动互联网产业，但当前各区域对移动互联网产业认知不完全，一方面，没有结合当地的产业优势；另一方面，并未从整个产业链角度出发，导致移动互联网布局缺乏体系性。中国移动互联网产业主要集中于珠三角、环渤海、长三角，以及以成都、重庆和西安为核心的"西三角"这四大区域，该四大区域 2012 年的产业规模占当年中国移动互联网产业总体规模的 90% 以上。结合国内移动互联网产业的自身特点和国内各区域的资源禀赋，未

来 5 ～ 10 年的时间段内，中国移动互联网产业的总体空间布局将呈现"重点集聚、东缓西重"的特点。在中国移动互联网产业的区域分布向中心区域与重点城市聚集的同时，以北京、上海、广州、深圳为代表的传统强市将会增长趋缓；而以成都、西安、重庆为代表的"西部组团"将会在整体产业格局中占据越来越重要的位置。

（三）商业模式创新不断涌现，引起了新一轮的 ICT 企业重组与产业整合

在移动互联网时代，平台厂商和操作系统等领域的上下游合作伙伴一起打造生态系统变得日益重要。开发者在寻找用户最多即成功概率最高的平台厂商，而聚集了众多成功开发者的平台厂商将树立更稳固的市场地位。众多大鳄积极打造开发者平台的举动印证了这一观点。在新的技术背景下，传统 ICT 企业以重组和整合来应对挑战。微软与诺基亚达成合作协议，放弃死守自身操作系统 Symbian，转而采用微软的 Windows Phone 8 为主要操作系统；惠普宣布停止 WebOS 操作系统开发以及 TouchPad 平板电脑业务；互联网巨头谷歌进行了历史上最大规模的并购——收购摩托罗拉移动，形成了互联网和移动通信业的一次大融合，实现了硬件和软件的"双核统一"；阿里巴巴希望打造面向移动网页的服务平台；创新工场基于安卓系统本土化的"点心"项目摩拳擦掌；3G 门户正在进行从门户到平台的转型。此外，ICT 领域也发生了其他数不胜数的垂直整合并购案例，整个产业的重组和裂变正以从前所未有的频度和规模向纵深发展。

二、企业业务转型趋势

（一）传统行业向移动互联网转型将成大势所趋

随着移动互联网领域企业的异军突起，以及对传统行业一些业务的侵蚀和颠覆，传统行业很多企业也在谋求向移动互联网领域转型发展，希望通过互联网移动分发和内容聚合平台重塑自身的传统商业模式和企业基因。未来，在毋庸置疑的市场绝对优势下，中国传统行业的互联网战略转型的核心，不在于是否开展了电商，或者成立了自己的网络部门，又或者请了专家，挖了高人，抑或重金开发了互联网或者移动互联的平台。而是在于行业的网络化，这个网络化是行业和企业出于对互联网的全面认识而自觉形成的整体运营方案、关键的细节执行细则、效果监测等，或者说是建立起来的另外一种标准或企业文化。它应该是骨子里面的互联网化意识，是一种态度。传统行业的从业者，是否能在尊重开放、平等、协作、分享的互联网精神的前提下，系统地进行网络营销、建立新商业模式，而不只是把互联网当成一个低成本的渠道。

（二）并购重组已经成为企业转型升级的加速器

随着手机超越电脑成为第一大上网终端，移动互联网将实现井喷式发展。2012 年，优酷网与土豆网以 100% 换股方式合并，土豆所有已发行股及土豆的美国存托凭证，均退市兑换成优酷股，合并后的新公司命名为优酷土豆股份有限公司。作为中国互联网历史上第一次由同一领域排名第一和排名第二上市公司的并购，以高效的方式确立了自身在行业内的龙头地位。2013 年百度全资收购网龙旗下 91 无线业务，为国内移动互联网上市公司的并购重组热潮再添

重量级事件。2013 年以来，手机游戏大举升温，移动互联网进入高速发展期，诸多互联网巨头包括上市公司纷纷以高溢价大力并购移动应用公司，力图抢占移动互联高地。

（三）平台与入口正在成为企业转型中争夺的制高点

随着国内移动通信网络环境的改善，以及手机上网用户的不断增长，越来越多的厂商加入移动互联网的"淘金"热潮中。而各个厂家彼此之间的竞争也逐渐趋于白热化，特别是在移动互联网未来重点渠道、重点资源的卡位上，竞争显得尤为激烈。基于行业现有格局，平台化的入口将成为移动互联网初期竞争的战略高地。主要原因有以下两点。

首先，平台化入口能够提供更好的集成化、简约化信息获取渠道，从而更好地满足用户需求。区别于 PC 终端，现阶段手机终端受屏幕以及操作方式的限制，影响了用户体验，给用户接触信息带来了比较大的操作难度。针对这种低体验及繁操作的客观限制，用户将会更倾向于选择具有信息集成化、简约化的平台渠道。而平台化入口的建立，一方面使用户可以更加方便地在网络入口处获取信息；另一方面也为用户提供了集成化的平台，使用户能够更加便利地获取多样化信息。所以整体来看，平台化入口对用户需求的契合度更高。

其次，平台化入口能够确保厂商优先接触并截留用户，从而快速地建立自己的用户群。移动互联网厂商现阶段盈利模式尚不成型，前期主要战略任务还是对用户的积累。但是面对用户比传统通信增值服务更加细化的需求，移动互联网厂商很难通过单一的应用满足所有用户的需求。而平台化入口的建立，一方面，通过平台化整合的内容，可以满足多数用户的大部分需求；另一方面，网络入口处平台化的布局，也能够使厂商拥有接触客户、满足客户需求的优先权。所以综合来看，平台化入口的布局能够更好地确保厂商优先接触并截留客户，从而快速地建立自己的用户群。

第二节　移动互联网企业业务转型模式

一、基于互联网平台的产业链垂直整合模式

谷歌从搜索、邮箱、LBS 服务到 Google+ 社交平台，借传统搜索优势发起转型，很多企业像谷歌一样，对所在的生态系统进行扩充推广，形成合作伙伴关系，包括软件企业、硬件企业、零部件制造商甚至移动运营商，虽然很难像苹果一样形成企业内部的垂直整合，但通过产业链竞争分配，在产业内部实现链条联动，形成移动互联网产业新格局。谷歌收购摩托罗拉移动业务旨在增强其自身在移动互联网产业中的竞争力，其作用是避免专利战取代市场战，并借以专利收购效应安抚其合作伙伴，稳定安卓阵营局面，继续移动操作系统安卓的开放成长。微软阵营也在加强与诺基亚的合作，并通过操作系统优势吸引更多的终端厂商加入，借此展开产业链各个环节上的激烈竞争，抢位在先，占据产业链竞争战略制高点。

二、基于互联网平台的业务多元化模式

和早期 PC 互联网时代一样，当前的移动互联网领域是一个充满着无限创新与机遇的时代。位于中国互联网的核心位置的桌面互联网巨头正在继续拥抱变化，引领未来以移动和云为核心的互联网发展。近年来，互联网企业将地图、图像识别等搜索相关的产品和服务，与其传统业务中积累的品牌优势、存量用户、搜索引擎等资源进行整合，并取得了巨大的进展。在此基础上，互联网企业还将继续提升产品功能、开发新产品，并通过投资来扩大和巩固现有的渠道，使更多用户有机会使用其新型产品。

百度作为传统互联网领域的巨头，收入增长和盈利能力都保持在健康的轨道上，与此同时，面临移动互联网领域的爆发式增长，百度也一直积极投资，构建移动和云的综合生态系统。基于对在线视频平台爱奇艺快速增长的看好，在 2012 年 12 月，百度完成了对爱奇艺的股份收购，2013 年又大手笔收够了 91 无线。

三、基于终端制造的纵向一体化模式

苹果作为"垂直整合"的领先企业，已经在这种模式下获得了巨大发展。苹果的"垂直整合"分为两个层次：第一个层次是"自身整合"，苹果不仅有自己的全球零售店，硬件、软件全是自己设计，而且还运营数字内容平台。第二个层次是"外部整合"，这种整合的结果形成了芯片厂商、液晶显示面板商、组装代工商、内存厂商和大批非直接供货商围绕在苹果周围，苹果通过较大的采购量可以从这些供应商处获得较低的价格和较快的供货速度，从而降低成本。

四、基于软件优势的业务平台化模式

一些成功的软件领域的企业已在各自细分领域拥有绝对优势，拥有广泛的前端产品及用户优势。移动互联网是一个多平台的时代，为软件业转型提供了多种途径，但进入新领域，软件企业需要革新思维。面向移动互联网的潮流，他们更希望打造一个开放的平台，向广泛的第三方合作伙伴、第三方应用提供的接口，来提供基于位置方面的各种技术、人力和服务。这类平台未来是更多地要支撑多种端口，包括桌面的 PC 端、移动终端、汽车端口、智能电视，等等，通过这些端口延展其应用和服务。例如，目前金山软件已经不再把与微软竞争作为目标，而是抓住移动互联网时代多平台的机遇，继续以 WPS 个人版本的免费策略推动其长久发展。下一步金山 WPS 要实现全平台覆盖，适应移动互联网时代各种版本的需求。此外，高德也正在基于地图数据内容来做应用和服务，从一个传统做导航的公司，向移动互联网领域谋求重大转型。

五、基于电信管道资源的资源聚合模式

移动互联网时代，电信行业的生态发生改变，电信运营商面临一系列挑战，例如，数据流量的快速增长导致网络压力不断增大，电信运营商的无线上网业务收入上升，但是并没有与流量增长同步；推出包括手机音乐、手机阅读、手机电视等多种增值业务，在移动互联网领域"遍地开花"，但这些业务品牌效应不足，用户规模相对有限；苹果、谷歌等传统的 IT 和互联网企业也进入移动互联网领域，App Store 和谷歌应用商店等为手机用户提供了大量的优质第三方应用，而这些服务均绕过了电信运营商，电信运营商面临被边缘化的困局；管道价值日益萎缩，管道服务水平备受诟病。电信运营商需要面向移动互联网进行转型，目前普遍做法是加强对内容和应用业务的开发，提升移动互联网增值服务在收入中的比重。从电信运营商的财报看，这一比例确实在逐渐上升。不过受制于创新能力等多项因素，电信运营商在此领域优势并不明显，特别是在面临腾讯、谷歌等互联网企业竞争的情况之下，更是捉襟见肘。

目前，中国电信已确定下一步的发展思路，明确提出新转型战略，即"新三步走"战略，其中提出，中国电信不再只扮演各种新业务成长的管道，而应该实现管道的智能化。这包括中国电信要成为移动互联网综合平台的提供者，中国电信希望能为所有移动互联网的新技术、新模式建立一个综合平台。另外，中国电信将大力发展内容应用，中国电信在这个过程中应该只是作为"参与者"出现，大量的增值业务应该跟 SP、CP 进行广泛合作。

中国移动亦根据自身优势制定了全新的移动互联网战略，归纳起来包括四个方面：构筑智能管道、搭建开放平台、打造特色业务与提供用户体验友好界面。其中，构筑智能管道包括数据中心和网络，是以管道为基础构建基础设施平台；大力开展流量经营，为客户提供更快捷、更方便、更高效的上网体验，构筑好用、易用、智能的信息传送管道。搭建开放平台是以移动应用商城、无线城市、云计算、位置服务等平台为核心，集中搭建聚合的内容型平台、开放的能力型平台，打造使用方便、反应灵敏的统一门户，引导产业链为客户提供更多、更优质的业务和应用服务。打造特色业务是在部分能够充分发挥运营商优势的领域，有选择地形成业务先导、品牌统一、价值创新、竞争力强的核心业务。展现友好界面是通过推动各种平台能力在终端的适配以及特色业务在终端体验的优化，为客户提供友好的终端和业务界面。

中国联通发布了"Wo+ 开放体系"战略，由产品聚合能力、能力共享、渠道能力、智能管道四部分组成。其中，产品聚合能力是指中国联通为产业合作所打造的"平台的平台"。合作伙伴依托中国联通的业务平台，将互联网优质的应用服务资源展现给用户，无缝对接应用资源，供用户搜索、并且一键下载。能力共享是指提供联通的短、彩信，语音通话，IVR，统一账号以及云通讯录等通信能力调用，同时汇聚互联网各类资源，有效整合，输出给应用提供商、行业应用开发商以及个人开发者。渠道能力是指根据用户需求，一方面，在营业厅及卖场等线下场所为用户提供业务体验、订购，并协助用户下载、安装、使用等服务；另一方面，在 App 插件中植入各种应用，实现 App 聚合、转发分享、社区交流和通讯录整合等功能，从

而形成由互联网的新型传播渠道。智能管道是指智能地对网络资源实现差异的调度和动态精确配置，具有对用户业务及流量分层管理和控制能力，实现用户可识别、业务可区分、流量可优化、网络可管理、计费可灵活等差异化的服务功能。

第三节　移动互联网企业业务转型体系设计

一、组织体系设计

（一）组织体系设计目的

企业为了实现业务向移动互联的转型，需要对现有组织体系予以调整和优化，主要目的如下。

第一，贯彻企业面向移动互联网的发展战略，设置对应的公司治理和组织架构，形成业务推进的组织体系。

第二，规范部门运作，强化业务衔接，提高对外服务效率和市场竞争力。

第三，完成工作职责，推动经营活动开展。

（二）组织体系设计原则

企业面向移动互联网转型的组织体系设计，应该满足战略实施、业务发展和内部控制等需要。企业组织体系设计需要依据移动互联网业务和竞争特点，遵循以下原则。

第一，战略适应性。组织体系设计必须与企业移动互联网战略保持一致，能够有利于企业战略的顺利实施。

第二，层级简化。企业的组织体系应该尽可能减少层级，体现工作效率。

第三，成本可控。企业组织体系设计应考虑成本因素，在成本可控的前提下，确立必要的组织体系和岗位规模等。

（三）组织体系设计步骤

依据移动互联网企业组织体系设计的基本原则，企业的组织体系设计分为三个过程。

第一，定义。对企业移动互联网相关业务和活动进行定义和分析，明确组织体系设计的思路和框架。

第二，分层。企业将根据自身业务与客户需求，确立分层次的组织体系设计，分别构建股东会、董事会、监事会和经理层，并根据业务需要设计各职能部门和业务单元等。

第三，体系设计。依据组织体系设计的框架体系，设立公司治理和经营管理体系。要突出移动互联网业务的特征和管理要求，有利于本企业的优势发挥和市场竞争。针对不同的市场和客户，进行资源、技术、人员的配备。

（四）组织体系内容

企业移动互联网组织体系建设的主要内容包括组织架构、部门设置与岗位职责等。

目前，从事移动互联网业务企业的组织架构设计各不相同，尚无统一的模式。不同业务规模、不同股权性质和处于不同发展阶段的各类企业，其组织结构存在显著的差异，目前业内还没有成熟的标准模式。

组织体系设计是移动互联网企业经营管理的重要内容，是移动互联网企业发挥自身优势，推进业务创新，强化客户服务，实现企业发展战略的核心工作。随着移动互联网企业业务转型升级，要求不同企业的组织体系适应转型要求，进行相应调整和适时优化。

二、市场营销体系设计

（一）市场营销体系设计目的

移动互联网企业为了通过移动互联网平台搭建一个适合业务和管理需要的移动信息化应用平台，需要强化营销体系建设，市场营销体系设计的主要目的如下。

第一，贯彻企业移动互联网营销专项战略，设置对应的营销体系和营销网络。

第二，应对同行业竞争，优化本企业的移动互联网营销布局，完善营销团队运行的机制和体系。

第三，完成既定的营销工作，实现阶段性营销目标。

（二）市场营销体系设计原则

移动互联网企业设立市场营销体系，应该满足营销战略的贯彻实施，客户需求和内部控制等基本需要。移动互联网企业市场营销体系设计需要依据移动互联网业务和竞争特点，遵循以下原则。

第一，高度的服务特性和用户黏性。移动互联网最大的优势是其移动和贴身特性，碎片化的时间应用特性吸引了广泛的用户和关注。在移动互联网领域，"服务即渠道"的特性已经发挥到极致，如何通过好用的服务构建一个用户通道是关键性的问题。

第二，高度的精准性。移动互联网企业的市场营销应结合用户使用习惯和用户体验特性，瞄准目标细分市场用户开展。

第三，效益性。移动互联网企业市场营销体系的设计，应该考虑成本、收益和未来增长潜力，并且控制在合理的规模之内。

（三）市场营销体系设计步骤

依据移动互联网企业市场营销体系设计的基本原则，企业的市场营销体系设计分为三个过程。

第一，定义。对所属领域的市场和营销活动进行定义和分析，明确市场营销体系设计思路和基本框架。

第二，分层。根据自身业务与客户需求，结合营销任务和工作重点，确立分层次、分区域的市场营销体系，在全国、部分区域等进行科学布局，制定管理办法，实现有效管理等。

第三，体系设计。依据市场营销战略要求和业务发展需要，设立总部、分子公司、地域性营销公司、办事处或地域性的营销人员，明确工作职责，明确营销范围，进行相应的资源、技术、人员的配备。

（四）市场营销体系内容

基于移动互联网的组织架构和客户层次，根据移动互联网不同发展阶段，不同类型的企业，可以设立适合本企业发展需要的市场营销体系。

目前，国内移动互联网企业更关注如何保障其业务发展，增加业务收入，而与营销支撑相关的技术与以前相比并无本质的变化，只是在不断完善营销数据库的建设、提高深度数据挖掘能力，随着云计算等技术的快速发展，移动互联网企业普遍关注自身 IT 系统能力的建设。而体验式营销、电子渠道营销、外包式营销的受运营商重视的共同点就是自身对技术支撑的要求并不高，更多的是通过营销模式方面的改进创新，满足运营商增强市场竞争力，提高业务收入的要求。

近年来，中国移动互联网企业为了有效地应对市场竞争和提高未来的竞争力，逐年增加在营销渠道建设、营销支撑技术升级以及营销活动方面的投入。在营销渠道建设方面，逐步完善和弥补社区渠道、连锁渠道、直销渠道和在线渠道等渠道短板，搭建适应移动互联网应用平台化、服务化的多元、开放、协同、掌控的营销渠道体系。

三、管控体系设计

（一）管控体系设计目的

移动互联网企业为了实现业务转型，需要对现有管控体系予以调整和优化，主要目的包括以下三个方面。

第一，贯彻企业移动互联网发展战略，设置总部和分子公司的管控模式、核心职能和核心流程。

第二，完善部门和岗位职责，形成严谨的管控体系和运作机制。

第三，强化内控管理，避免经营风险。

（二）管控体系设计原则

移动互联网企业设立相应的管控体系，应该满足企业移动互联网战略实施、业务发展和内部管理的基本需要。移动互联网企业管控体系的设计，需要依据移动互联网业务和竞争特点，遵循以下原则。

第一，战略适应性。移动互联网管控体系设计必须与企业移动互联网战略保持一致，能够有利于企业战略的顺利实施和业务拓展。

第二，规范性。移动互联网企业的管控体系应该以规范的组织机构和实施细则予以明确，避免职权交叉和责任不清。

第三，高效性。移动互联网企业管控体系设计应既要提高竞争力，满足资源统筹的要求，同时又要改进工作效率，避免内部决策和管理流程过于烦琐等。

（三）管控体系设计步骤

依据移动互联网管控体系设计的原则，移动互联网企业的管控体系设计分为三个过程。

第一，定义。对企业移动互联网组织体系和重点进行定义和分析，明确管控体系设计的思路和框架。

第二，分层。移动互联网企业根据自身发展和管理需要，确立分层次的管控体系，分别构建股东会、董事会、监事会和经理层的责任，确立集团总部、职能部门、业务部门和分子公司的职责权限，制定规范的流程和制度等。

第三，体系设计。根据规范管理和发展需要，确立各层级、各部门、各岗位的管控职责和实施细则，以制度化的形式，进行规范和确定，并保证在经营管理中予以落实。

（四）管控体系内容

移动互联网企业业务转型的顺利实施，需要合理调整与规范管控体系，主要包括以下内容。

第一，业务战略管理体系。集团战略决定子公司的业务战略，子集团的业务战略要依靠母公司的资源配置，子公司在母公司统一管理框架下进行战略规划，同时子公司的战略规划要由母公司直接或间接进行干预，子公司业务战略的规划过程就是母公司进行资源配置，把母公司战略落实到子公司层面的一个过程。由战略反思会议，战略规划启动会，战略规划模板管理，战略汇报管理流程等多个层面组成这一集团管控机制。

第二，投资管理体系。对投资战略管理，投资质量标准要求，投资财务标准要求，投资筛选标准，投资领域要求等问题做出规定。

第三，业务管理体系。通过公司经营计划的分解，通过总裁、副总层层会议，形成一个跨层级的以会议进行命令传递和沟通的主要渠道，把本级各个例会化的会议程序与追踪流程化，母、子公司之间的会议关联化，不同部门职责履行和信息交流的平台就是各种会议。减少一对一审批和个别点状接触，把母、子公司之间的界面会议化、广泛化，实现多点联系，交叉渗透。

第四，管理报告体系。把经济分析、业务报告、财务信息、例外事项等多个方面需要层层上交的报告进行统一格式和统一时间节点设计，通过大量管理报告的流动，部分消除母、子公司之间信息不对称，建立对管理者决策的准确资讯支持，建立母、子公司之间正常的信息流。

第五，全面预算。全面预算管理超越传统的纯财务预算范畴，将预测、规划、计划、预算、报告和绩效考核通过目标体系紧密相连、协调一致。

四、服务体系设计

（一）服务体系设计目的

移动互联网企业为了适应业务转型，需要对现有服务体系进行调整和设计，主要目的包括以下两个方面。

第一，支撑企业移动互联网战略的成功实施，优化服务流程，降低服务成本，推动企业业务转型的顺利实施，进一步形成品牌优势。

第二，为客户提供更好的服务，不断改善用户体验，强化用户使用习惯，增加用户黏性，改善客户 IT 系统，创造价值。

（二）服务体系设计原则

移动互联网企业顺利实现业务转型必须进行服务体系的重新设计，以适应转型的需要。移动互联网企业服务体系设计需要依据移动互联网业务和服务的特点，遵循以下原则。

第一，全程性。移动互联网服务体系设计必须包括用户需求分析、业务服务设计、业务开通、持续维护等必要的环节，且贯穿整个服务的全程。

第二，多业务特性性。移动互联网企业的业务转型的重要特点之一就是从单一的业务或者服务向全方位的解决方案转型，因此，服务体系的设计必须适应这种全方位的解决方案，保证方案各个方面的资源、人员、技术、软件和硬件的配备。

第三，个性化。依据用户需求提供具备个性化的服务也是移动互联网服务区别于传统互联网服务的重要特征，服务体系的设计也应该针对不同用户进行个性化定制，依据用户的需求和等级，配备相应的服务资源，实现服务体系设计的个性化。

（三）服务体系设计步骤

依据全程性、全方案性和个性化的设计原则，移动互联网企业的服务体系设计分为三个过程。

第一，定义。一方面，对自身提供的移动互联网业务和服务进行定义和分析；另一方面，对客户的需求进行定义，明确客户对移动互联网的服务要求。

第二，分类。移动互联网企业将自身提供的服务与客户的需求进行匹配和分析，对客户进行分类，明确重要客户。

第三，体系设计。依据对客户进行的分类，设计两类服务体系。其中，标准化服务体系针对需求较为简单，业务和服务标准化程度较高的客户；个性化服务体系针对需求较为复杂，业务和服务定制化程度较高，且对持续服务要求较高的客户。同时，针对不同的服务体系进行资源、技术、人员的配备。

（四）服务体系内容

移动互联网服务体系建设的主要内容包括三部分：业务体系建设、服务标准制定与流程规范、服务团队建设。

业务体系建设指在梳理企业现有业务的同时，明确移动互联网相关业务的研发与完善，形成适应客户需求的完整的移动互联网业务体系，重点建设移动互联网系统解决方案。

服务标准制定与流程规范指针对移动互联网服务的特点，从服务质量、服务态度、服务方式、沟通与反馈等方面制定标准与规范化的流程，能够对移动互联网服务进行相应的评估。

服务团队建设指建设为客户提供专业化移动互联网服务的团队，团队中应该包括移动互联网专业咨询人员、技术实施人员与售后维护人员等，通过服务团队的建设，为客户提供高质量、专业化的移动互联网服务。

第四节　移动互联网企业业务转型风险分析

一、业务价值定位差异

传统行业和电信业的传统业务很大程度上已经成为个人、家庭与政企客户的生存必需品。因此，传统业务的价值主张往往定位于功能强大、成本低廉，从而提高客户的购买意愿。而移动互联网业务的价值主张需要紧密地立足于对客户生活、娱乐、学习、消费等行为的深刻理解与紧密嵌套，它所力图建立的客户印象大多在于便利、快捷、流畅与时尚。

二、成长规律差异

传统业务一般而言更多属于必需品而非时尚品，其业务为客户的接受过程往往从高端客户开始，逐渐走向大众化。过程中定价因素具有相当重要的作用。移动互联网业务早期客户往往与支付能力无直接关联，大多是低支付能力、低语音 ARPU、高数据 ARPU 的用户成为真正的先锋用户。客户规模的延伸拓展，往往与这些先锋客户的向外传播与口碑影响力密切相关。而作为语音业务早期使用者的社会中坚群体，却往往成为移动互联网业务的保守用户。这意味着，移动互联网业务的成长生命周期特点，一般遵循着客户对于时尚流行行为的追赶捕捉速度，按客户对流行时尚的敏感度由高向低蔓延。

三、营销手段差异

由于传统业务的必需品、标准品特征，其售卖过程相对适宜以固定的模式开展。而各类移动互联网业务由于各自业务模式的不同，在销售手段上与传统业务差别很大。例如，面向政企客户综合信息解决方案的销售过程中，需要融合客户 IT 与 CT 的整合需求，呈现出非常典型的咨询式方案销售特征，往往需要团队化配合、定制化投标运作以及相对更漫长的销售周期。

四、运营模式差异

传统业务的运营大量集中于对于客户基础通信行为的分析与跟踪之上，包括按照客户贡献价值的细分切割以及对应的方案设计等。移动互联网业务的运营复杂度则大大提高。例如，在面向移动互联网的融合转型过程中，企业不仅需要站在业务的角度理解客户，还要从客户与客户、客户与信息内容、客户与其他商业资源实体的多种角度去全面、完整地理解客户行为，从中激发流量并诱发进一步的商机。这至少意味着，从经营分析的角度看，电信运营商对于客户行为轨迹的刻画需要更完整，分析的维度需要更丰富，数据的挖掘需要更深刻。这也意味着，移动互联网业务可能在尚未发生订购关系时，就已经开始需要围绕体验试用、交互行为开展高质量的运营维护了。在发生订购关系后，仍要围绕应用推介、内容信息进行持续的深度运营。

五、服务支持差异

传统行业业务服务支持的重点一般在于对标准化业务的服务标准、规范、流程的建设管控与客户感知的评测优化。移动互联网业务呈现出明显的分众化、定制化与泛价值链化的特征，这决定了在转型过程中，服务范围将明显拓宽，服务差异化程度将显著放大，服务管控范围将大大延伸。例如，在面向政企客户的综合 ICT 解决方案中，服务支持的范围需要延伸至客户的内部网，服务支持的标准将以差异化 SLA（服务等级协议）的形式成为对客户的基本承诺，服务管控需要以客户为导向，面向全程化端到端服务进行品质保障。

支撑保障的流程、模式一般是企业多年经营的沉淀产物。在企业向移动互联网转型的过程中，其不适之处往往表现于由于长期服务于规模化、标准化客户群体，当需要围绕重要移动互联网业务进行差异化的网络质量保障时，缺乏形成差异化的能力。支撑保障的转型跟进不畅，是最有可能导致移动互联网业务失败的因素。

六、组织保障差异

移动互联网业务往往在组织结构、文化与人员能力上也大多显著差异化于传统业务，但往往不适当地沿用了传统业务的组织结构、文化特征与人员技能模式。例如，移动互联网业务需要具备鼓励尝试、包容失败、兼容多元精神的文化特征，如果简单沿袭传统业务所鼓励的最小化风险、保持稳定增长的文化特征，将会是非常痛苦的事情。同样，移动互联网业务与传统业务的内在差异，决定了组织结构与人员技能要求必然存在显著不同，简单地沿用既有模式可能会从机制基础上扼杀移动互联网业务。综上所述，若不能围绕移动互联网业务的特质为其创造生存发展的基础土壤环境，而是简单沿袭传统业务的土壤环境，移动互联网业务很难成功。

对于已进入稳定轨道的传统业务来说，管理中的发展预测与考核评估方式也已经相对稳定，包括在充分的历史数据积累基础与稳定、低速增长预期基础上的趋势外推。同时，在考核中一般要求将市场份额、收入与利润的增长纳入企业的 KPI 指标之中。但如果将类似的预测与考核模式简单运用于移动互联网业务，很可能会扼杀移动互联网业务或导致移动互联网业务发展"注水"。考核评估的简单化沿袭，是很容易把移动互联网业务推向传统业务路径依赖的危险做法。这启发我们，移动互联网业务的成功，不仅需要业务经营本身，更需要企业各项配套经营管理行为的全面转型变革。

中国移动互联网产业人才发展

第一节　移动互联网产业人才界定

一、移动互联网产业人才定义

移动互联网产业人才涉及的范围极其广泛，在产业链的各个环节均能得到体现，因此移动互联网产业人才并不是一个特定的概念，而是泛指移动互联网产业发展领域的各类技术人才、经营管理人才和技能人才，是移动互联网各产业链中具备一技之长且能够为移动互联网产业发展在移动终端、移动软件、移动应用等环节创造价值的人才总称。

二、移动互联网产业人才规划背景

为了实现移动互联网产业的快速、持续发展，国家和地方政府相继出台了一系列产业人才培养发展政策和鼓励措施，明确移动互联网产业人才发展的重点与目标，这为移动互联网产业发展提供了强有力的人才保障与智力支撑。例如，北京出台"中关村国家自主创新示范区的1+6政策"推动中关村移动互联网产业高速发展；天津重点在滨海新区先行先试一批重大人才政策和工程，打造海内外高层次人才的聚集高地；上海以"浦东国际人才创新试验区"为突破口，推进国际化人才高地建设。除此之外，深圳、武汉、广州、重庆等地先后分别推出移动互联网产业人才发展相关规划，为移动互联网产业发展提供了得天独厚的政策环境和人才保障。

第二节　移动互联网产业人才概况

一、人才供需分析

（一）移动互联网产业人才需求特点

1. 产业高速发展拉动人才需求数量

移动互联网产业属于知识高度密集的产业，需要大量的科技人才。在 3G 演进和三网融合的推动下，我国移动互联网产业已进入市场规模高速增长阶段，围绕移动互联网产业的人才需求也日趋旺盛，尤其是技术型人才和运营管理人才。以移动应用开发人才为例，2012 年我国移动互联网行业应用开发人员需求量超过 100 万人，但目前实际从业人员不到 5 万人，差距相当悬殊。

2. 产业专业性决定人才需求质量

移动互联网产业是集移动通信和互联网于一体，需要运作种类繁多的业务，维护共同的网络业务平台，管理控制整个产业链。这决定了移动互联网产业所需人才应当是同时熟悉移动通信技术和互联网技术的复合型人才，不仅要具备多种软、硬件技术开发能力，还应掌握跨学科的相关知识，同时还要具备较强的适应能力、应变能力，以及对产业发展敏锐的洞察力。

3. 产业发展阶段影响人才需求结构

移动互联网产业发展时间较短，发展速度较快，这从根本上影响着产业人才的需求结构。从所需人才类型看，移动互联网产业发展需要工程技术、产品研发、平台维护、业务销售、企业管理、后台运营、优化设计等各方面的人才，而高级技术工人、中高端工程师以及具备行业知识的销售工程师为目前移动互联网产业发展最迫切的人才需求。

（二）移动互联网产业人才供给特征

1. 产业人才供给量严重不足

移动互联网产业作为一个新兴产业，之前无论是高等院校还是科研机构都没有设置对口专业教育，目前也仅有北京邮电大学、北京航空航天大学、广州大学三所高校设立了移动互联网对口专业，尽管清华、北大、中科院等国内教育机构正积极筹备设置移动互联网相关专业，但人才供给暂不能满足当前产业发展的需要。而从传统通信或互联网行业转入移动互联网领域的人才则需要时间去学习与成长，并不能即时投身到新兴的移动互联网领域中，造成了移动互联网产业人才供不应求的现象。

2. 产业人才区域供给差异较大

从人才区域供给情况来看，当前我国移动互联网产业主要集中于东部沿海地带和"西三角"地区，这些地区的社会、经济信息化水平普遍较高，教育、技术、人才、区位、资源等优势明显，往往能够吸引优秀的产业人才集聚。而其他欠发达地区，尽管相继出台了移动互联网产业发展规划，但由于社会、经济、信息发展相对滞后，教育资源相对短缺，激励措施相对不足，使得产业人才培养力度不够，人才外流现象严重，从而导致移动互联网产业人才区域供给失衡。

3. 产业人才供给结构参差不齐

由于缺乏系统性人才培养，移动互联网"产学研"发展力度也不足，导致产业人才供给结构参差不齐。从从事移动互联网产业的人员构成来看，多以长期从事传统的通信或互联网产业人才为主，缺乏专业性的技术研究人才、中高端工程师以及具备行业知识的销售工程师。另外，由于受到我国移动互联网产业发展的磁吸效应，大量海外人才归国创业，将弥补我国移动互联网产业在高层研发与经营管理方面的人才不足。

二、人才特点分析

（一）人才技术多元化

移动互联网是通信、互联网、媒体、娱乐等众多产业融合的汇聚点，各种宽带无线通信、移动通信和互联网技术都在移动互联网业务上得到了很好的应用。因此，从事移动互联网产业的技术人才，特别是技术研发人员和中高端工程师必须具备多元化技术。以技术研发人员为例，既要熟悉手机平台，又要熟悉互联网编程，甚至对 PHP 也要熟悉。

（二）人才能力复合化

移动互联网产业是行业复合的结果，结合了移动通信和传统互联网两个不同的行业。对移动互联网产业所需人才来说，相应地也要求具备这种行业复合的能力，即不但要求具有移动通信的基本知识和能力，而且也要掌握互联网的有关信息和技术。复合型人才这种跨行业、跨学科能力对移动互联网产业的发展非常重要。以销售工程师为例，既要熟悉业务知识，又要掌握营销方法，还要对产品的相关技术有所了解。

（三）人才区域集聚化

伴随移动互联网产业集群式发展，产业人才区域集聚效应也日益明显。各地方通过利用本地高等院校、科研机构等人才资源，引进移动互联网产业发展所需人才，建立一系列重点实验室和研发中心，加强移动互联网产业产学研合作机构，实现人才资源的优化配置和集聚优势。例如，北京市"海外人才集聚工程"和"高端领军人才集聚工程"，进一步提升了北京市移动互联网产业的发展能力。

三、人才发展机遇与挑战

（一）移动互联网产业人才发展的机遇

1. 优惠政策扶持极大促进移动互联网产业人才发展

围绕移动互联网产业，我国政府及移动互联网产业重点发展的主要城市和地方政府相继出台了优惠政策，大力扶持移动互联网产业人才发展，制定了一系列有利于高端人才发展的鼓励政策，为移动互联网产业人才的发展提供良好的政策环境。例如，北京依托"海外人才集聚工程"和中关村"高端领军人才集聚工程",给予产业人才享受人才特区的特殊优惠政策。

2. 市场需求拉动移动互联网产业人才就业

在国家战略性新兴产业政策的带动下,我国移动互联网产业得到了快速发展,市场规模不断扩大。从2008年到2011年,中国移动互联网产业增速都在40%以上。根据赛迪顾问的研究,2010年中国移动互联网产业实现产值就达到2936.9亿元。移动互联网产业发展壮大将不断拉动产业相关人才就业,加速产业人才队伍成长,促进移动互联网产业人才的发展。

3. 院校机构注重移动互联网产业人才培养

为了满足移动互联网产业快速发展的需要,各地方纷纷通过成立移动互联网产业联盟、建设移动互联网产业基地等形式,充分与高等院校、科研机构进行对接,形成移动互联网"产学研"合作机制,促进了院校机构对产业人才的培养。例如,成都高新区成立"移动互联网应用开发实训基地",促进3G人才孵化,加大高校移动互联网相关专业的设置,丰富人才储备。

4. 中介平台支撑移动互联网产业人才服务

移动互联网产业的蓬勃发展带动了相关中介服务平台的发展,并在产业人才发展中扮演着越来越重要的角色。中介平台通过建立快速联动机制,畅通服务工作绿色通道,形成"一口式受理、一门式服务、一站式办结"的综合服务保障体系,为产业人才提供了全方位、全过程的服务支撑。例如,重庆建设"服务支撑试点工程",打造"移动电子商务互动体验中心",推动移动电子商务人才队伍的培养;成都开展"川籍人才回流工程"和海聚高端人才工程,全力吸引移动互联网企业赴蓉创业投资。

(二)移动互联网产业人才发展的挑战

1. 人才供给量不足

从目前人才资源存量来看,一方面,移动互联网产业人才总体供给量处于供不应求的状态;另一方面,产业人才主要集中在传统的通信领域或者互联网领域,既懂通信又熟悉互联网的专业人才明显不足,特别是创新型人才、高新技术人才和复合型人才尤其缺乏。

2. 人才区域分布不均

从人才区域分布来看,珠三角、环渤海、长三角和"西三角"地区,是移动互联网产业人才最为密集的区域。从城市分布来看,北京、广州、深圳、重庆、成都和杭州集聚了移动互联网产业一半以上的人才。而广大中部、西北以及东北等地区由于信息产业发展缓慢、配套设施薄弱、人才激励措施不足等原因,移动互联网产业人才相对偏少。

3. 人才培养相对滞后

从人才培养角度来看,由于移动互联网产业发展时间较短、发展速度较快,高等院校和科研机构相关专业设置滞后,形成愈发激增的人才需求与滞后的人才培养之间的矛盾,并且这一矛盾在一定时期内将无法得到有效解决。

4. 人才体系化规划缺乏

从人才规划角度来看,由于移动互联网产业本身尚不成熟,大部分从业人员都是从传统的通信或互联网行业转变而来,导致产业人才规划缺乏体系化。目前,移动互联网企业往往采用高薪聘用手段吸引和留住人才,而不愿投入资金和时间系统地培养人才。从长远看,这不仅不能增大产业人才的总体储量，而且还会造成骨干人才的归属感不足，以及导致人才流失问题的出现。

第三节　移动互联网产业人才分析

一、产业链关键人才分析

（一）复合型产业人才绝对紧缺

从移动互联网产业链整体人才需求来看，产业链各个环节对人才需求都表现相当旺盛，特别是熟悉整个产业链的复合型人才绝对紧缺。移动互联网产业是基于互联网技术与移动通信技术结合的基础上发展起来的，这一特点使复合型人才相对稀缺。长期以来，从运营商到终端厂商再到应用技术开发商经营业务单一，所培养的人才业务经验也单一。3G、IPTV 等的出现不仅需要企业拓宽业务领域，还必须维护共同的网络平台，从而有效地掌握整个产业链的制高点。因此，目前移动互联网产业中 3G 业务运营工程师、商务总监、市场运营工程师等复合型人才绝对紧缺，这类复合型人才也日益成为各企业争相"抢夺"的关键人才。

（二）移动终端人才偏向专业能力

移动终端是移动互联网产业链中发展相对成熟，也是整个移动互联网产业市场产值最大的产业链环节，对从业人才专业知识与能力掌握要求较高。移动终端涉及芯片、MID、智能手机、平板电脑等设备部件，发展时间相对较长，产品（服务）完善，市场竞争激烈。因此，移动终端人才是整个移动互联网产业链中从业人才比例最大，市场竞争最激烈的群体。该环节更加注重人才能力的精通性，更加青睐高端专业性人才。由此可见，移动终端环节对人才的需求将更多地偏向人才专业性能力；其培养与开发是移动互联网产业关键人才发展重点之一。

（三）移动软件人才侧重研发技术

移动软件是移动互联网产业链中技术研发比例最大，对技术研发人才依赖程度较重的产业链环节。技术研发人才作为移动软件环节最重要的资源，对移动互联网产业软件的开发、应用和运维起着至关重要的作用，是整个移动互联网产业软件发展的中坚力量。但由于目前移动互联网产业软件开发的大部分人才是从 Web 人才转型过来的，而一个手机开发平台技术员正常学习时间最少需要半年，Android 软件开发工程师、DSP 软件工程师等培养周期更加漫长。因此，移动软件环节对人才的需求将集中在技术研发人才上，尤其是高端技术研发人才；其培养与开发也是移动互联网产业关键人才发展重点之一。

（四）移动应用人才注重跨学科能力

移动应用是移动互联网产业链中涉及相关领域最广，消费者对产品或服务切身感受最直接的产业链环节，对从业人才跨学科知识与能力掌握要求较高。移动应用涉及商务财政、娱乐休闲、位置服务等生活的方方面面，其产品或服务具有领域的专业性。因此，移动应用人才不仅需要具备移动互联网相关知识技能，还应掌握多个学科的基础知识与基本技能，同时还要具备较强的适应能力和应对能力，对相关行业要有敏锐的"嗅觉"。例如，在数字传媒领域，经营者一方面要熟悉数字传媒应用软件技术，另一方面要具备数字传媒的设计、制作、集成、开发、应用、传播等基本能力。由此可见，移动应用环节对人才的需求将更多关注人才跨学科能力；其培养与开发仍是移动互联网产业关键人才发展重点之一。

二、人才区域策略分析

（一）环渤海地区

环渤海地区是中国重要的移动终端、软件和应用的研发、设计和制造基地，拥有完整的移动互联网产业链，形成了以北京为中心的核心集聚发展态势。为了抢占移动互联网产业发展的制高点，各地相继制定出与之相适应的人才发展措施，加强对移动互联网产业发展的人才支撑。北京率先成立移动互联网产业联盟，出台"海聚工程"、"高聚工程"等政策；天津建立移动互联网行业人才培养和孵化基地，出台《引进海外人才智力"十二五"规划》；山东加大专项财政资金补贴，完善人才培养模式，强化人才激励机制；河北围绕首都打造高层次人才创业、科技成果孵化、新兴产业示范基地等园区（见图19-1）。

图 19-1　环渤海地区移动互联网产业人才发展策略分析

数据来源：赛迪顾问，2012-06。

（二）长三角地区

长三角地区也是中国移动互联网产业发展的重要集聚区之一，该地区的移动软件和应用的研发设计能力较强，但移动终端生产能力较弱。为了促进移动互联网产业快速发展，各地相继推出了与之相适应的人才发展规划，加强对移动互联网产业发展的人才支撑。上海推行《张江国家自主创新示范区企业股权和分红激励试行办法》，完善人才激励制度；江苏在全省范围内实施"双创"引才计划，各城市随后出台各地人才培养与引进政策；浙江实施高技能人才培养计划、海外高层次人才引进"千人计划"、"151"人才工程、重点创新团队推进计划等措施（见图 19-2）。

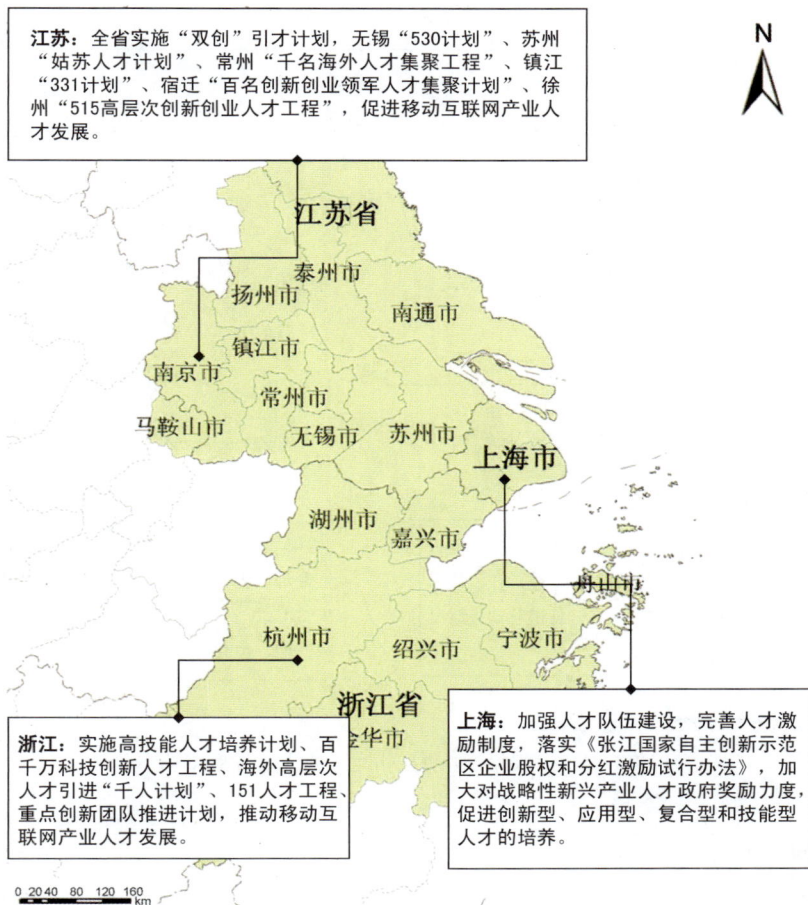

图 19-2　长三角地区移动互联网产业人才发展策略分析

数据来源：赛迪顾问，2012-06。

（三）珠三角地区

珠三角地区是中国移动互联网产业发展的领先者，凭借其移动终端制造业的巨大优势，产业规模超过中国移动互联网产业整体规模的40%。为了促进移动互联网产业可持续发展，各地相继推出了与之相适应的人才发展规划，加强对移动互联网产业发展的人才支撑。广州出台

《关于加快吸引培养高层次人才的意见》及 10 个配套实施办法，形成高层次人才队伍建设的"1+10"政策体系；深圳出台《深圳互联网产业振兴发展规划（2009—2015 年）》政策，加大对高端人才的引进力度；东莞出台《东莞市人才发展专项资金管理暂行办法》和《关于培养科技创新团队和领军人才的实施意见》政策，加大对高层次人才的培养和引进力度（见图 19-3）。

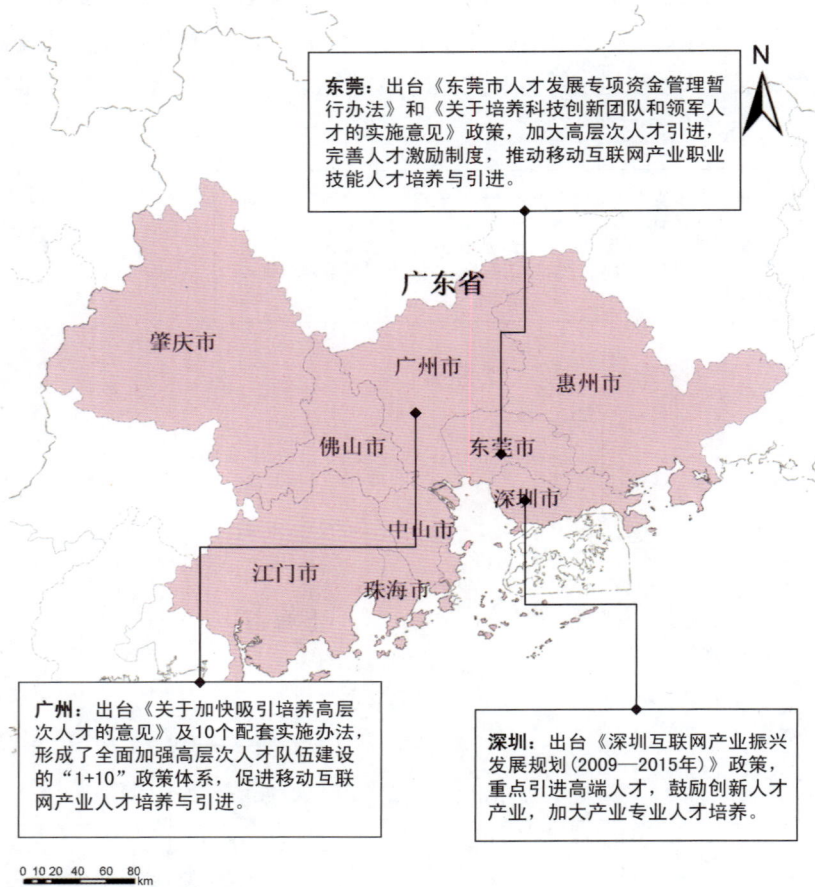

东莞：出台《东莞市人才发展专项资金管理暂行办法》和《关于培养科技创新团队和领军人才的实施意见》政策，加大高层次人才引进，完善人才激励制度，推动移动互联网产业职业技能人才培养与引进。

广东省

肇庆市

广州市

惠州市

佛山市

东莞市

深圳市

中山市

江门市

珠海市

广州：出台《关于加快吸引培养高层次人才的意见》及10个配套实施办法，形成了全面加强高层次人才队伍建设的"1+10"政策体系，促进移动互联网产业人才培养与引进。

深圳：出台《深圳互联网产业振兴发展规划(2009—2015年)》政策，重点引进高端人才，鼓励创新人才产业，加大产业专业人才培养。

图 19-3　珠三角地区移动互联网产业人才发展策略分析

数据来源：赛迪顾问，2012-06。

（四）西三角地区

西三角地区是中国西部经济崛起的桥头堡，其传统通信设备制造基础较为扎实，也是承接智能手机、平板电脑等产业转移的重要地区，具有很大的移动互联网产业发展潜力。为了加快移动互联网产业发展速度，各地相继推出了与之相适应的人才发展规划，加强对移动互联网产业发展的人才支撑。重庆依托"2+10"战略性新兴产业集群建设方案，实施"百名学术学科领军人才"、"百名工程技术高端人才"、"百名海外高层次人才聚集计划"等人才培养与引进措施；四川实施"企业科技创新团队建设工程"、"专业技术人员知识更新工程"，"集聚工程"和"塔尖人才"引进培养工程；陕西实施"百人计划"、"三秦学者"、"115 人才工程"和"新世纪三五人才"工程（见图 19-4）。

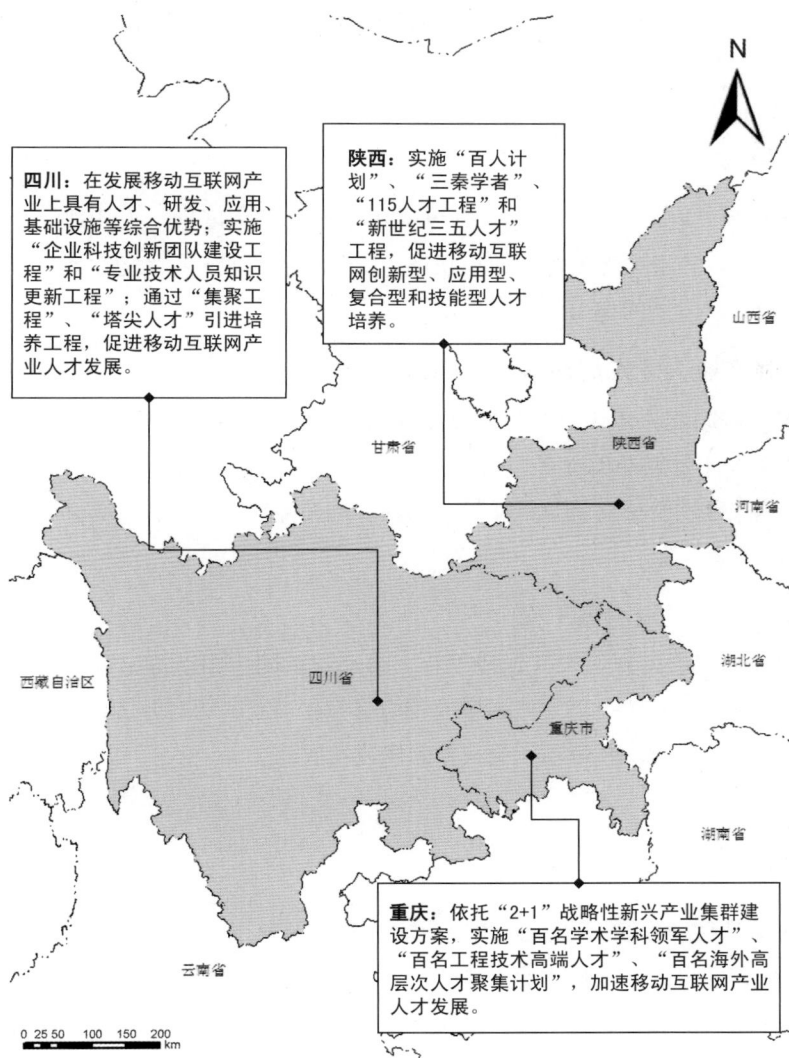

图 19-4　西三角地区移动互联网产业人才发展策略分析

数据来源：赛迪顾问，2012-06。

（五）其他地区

除上述四个重点区域外，我国其他一些地区移动互联网产业也呈现不同程度的发展态势。面对移动互联网产业人才竞争，各地方政府先后出台一系列人才发展规划，以加大人才培养和引进力度。例如，福建实施人才投资、人才创业、产学研合作等扶持政策，推行"新世纪百千万人才工程"，带动移动互联网产业人才发展；湖北实施创新创业领军人才开发工程、海内外人才回归、引进工程，促进移动互联网产业人才培养与引进。

第四节　移动互联网产业人才发展对策

一、政府层面

政府要从移动互联网产业宏观层面，站在整个产业链角度进行人才规划，建立健全相关政策支持体系，加大产业人才发展的政策扶持力度，推动产业应用示范工程，充分发挥政府对移动互联网产业人才发展的顶层引导性作用。

（一）加强产业人才发展政策扶持力度

有效发挥政府职能作用，出台促进移动互联网产业人才发展需要的政策，加大财政支持力度，设立产业人才发展专项资金。同时，要协调相关部门，消除产业人才流动在行政管理、户籍、档案管理、购房及子女就学就业等方面的体制性障碍，加大优秀人才及家人的养老、医疗等社会保障服务。

（二）推动产业应用示范工程

努力推进移动互联网产业园区示范工程、移动互联网应用示范工程等的实施，促进移动互联网产业集群和产业人才集聚发展，形成较为完善移动互联网产业链，从而实现以应用示范工程促产业发展，以产业发展带动产业人才的快速发展。

二、企业层面

企业要从提升移动互联网产业人才专业能力水平的角度出发，在人才培养、引进和使用等环节形成更完善的机制，加强产业人才队伍建设，充分发挥企业对移动互联网产业人才发展的基础功能性作用。

（一）完善人才引进机制，提升企业创新应用能力

加大人才引进力度，优化产业人才培训机制，完善人才发展的激励机制，实施技术要素参与分配制度，调动产业人才积极性，建立健全引进开发、评价发现、选拔任用、流动配置等人才管理机制，全面提升企业创新应用能力。

（二）加强研发投入，培养复合型人才

加强企业技术研发投入，积极参与国家、行业、企业技术标准的研究和制定，营造尊重人才、开发人才、留住人才的企业环境，不断提升产业人才专业技术能力，培养企业发展迫切需要的移动互联网产业复合型人才。

三、高校及研究机构层面

高等院校、科研机构等人才培养基地应围绕人才市场需求，夯实促进移动互联网产业发展相关教育，促进产业人才培养，充分发挥高等院校、科研机构对移动互联网产业人才发展的储备性培养作用。

（一）创新学科体系，培育高端人才

结合移动互联网产业发展，提升高校及研究机构移动互联网产业相关专业的软、硬件能力，加大教育基础设施，提高师资科研能力，创新产业相关学科体系，完善产业人才培养模式，实现持续地为产业发展输送高端人才。

（二）积极推进科研成果转化，促进产业快速发展

建立健全移动互联网产业"产学研"合作机制，依托企业、实验室及工程项目，积极推进科研成果产业转化，加快提升产业人才的实战工作能力，促进移动互联网产业的快速发展。

中国移动互联网产业投融资与并购

第一节 移动互联网产业投融资机遇

一、移动互联网产业发展现状

2011 年中国移动互联网产业实现产值 5566.1 亿元，其中移动终端达到 5003.8 亿元，移动软件和移动应用各为 186.4 亿元和 375.9 亿元。由于其庞大的产业基础，移动终端以 89.9% 的份额成为中国移动互联网产业的最大份额持有者；虽然移动软件和移动应用的绝对份额只占到 10% 左右，但近几年来呈现飞速发展的态势。预计未来 3 年，在运营商、CP、SP、ISV 以及终端等产业各方的共同推动下，移动互联网产业依然会保持快速增长的势头。2012—2014 年，将是中国移动互联网产业飞速发展的时期，其产业规模增长将保持在 45% 以上。

中国移动互联网产业目前已初步形成"南北呼应，西部崛起"的空间分布格局，产业主要集中于珠三角、环渤海、长三角以及以成都、重庆、西安为核心的西三角这四大区域，该四大区域的产业规模超过全国整体的 90% 以上。其中，广东省的优势尤为明显，广东省移动互联网产业凭借终端制造的巨大优势，稳居中国移动互联网产业产值的龙头；环渤海区域是中国移动互联网产业的第二中心，这一地区在移动终端制造、移动互联网软件与服务等领域都具有较强的实力；长三角地区也是中国移动互联网产业的重镇，该区域在与移动互联网有关的软件和服务方面具有较强的实力，终端制造能力相对较弱；西部地区是中国移动互联网产业最具成长性的区域。

（一）珠三角地区

珠三角地区是中国移动互联网产业发展的领先者。位于该区域的广东省拥有较为完备的移动互联网产业链，在移动互联网软件、网络设备及终端制造、互联网应用等多个领域具备优势，2011 年广东省移动互联网产业产值高达 1900 亿元以上，稳居中国移动互联网产业产值的龙头，增长 50% 以上，占中国移动互联网产业规模的 35.1%；深圳在移动互联网产业拥有像华为、中兴等实力较强的通信设备制造商，产业基础雄厚，同时深圳拥有众多的手机制造商，是中国最重要的手机制造基地，其 2010 年出货量占全球规模的 1/4 左右，也是全球重要的平板电脑生产基地，拥有富士康这样的实力雄厚的代工企业，在移动软件和应用方面深圳拥有类似腾讯这样的移动互联网领军企业。

（二）环渤海地区

包括北京、天津、河北、山东和辽宁等省市在内的环渤海地区是中国重要的移动终端、软件和应用的研发、设计和制造基地，拥有完整的移动互联网产业链，形成了以北京为中心的核心集聚发展态势。

2011 年北京市移动互联网产业规模达到 1052.0 亿元，在全国位列第二，增长速度为 63.0%。北京是中国移动互联网产业的决策中心，众多移动互联网终端制造、运营商、软件提供商、内容服务商以及跨国公司的总部都设在北京，它引领着移动互联网产业的发展大趋势。此外，北京初步形成了包括移动互联网设备制造、软件平台、内容与服务等在内的完整产业链布局，产业协同优势明显；天津是中国移动终端制造中心之一，是中国移动互联网终端设备的主要生产基地之一；辽宁在移动互联网嵌入式软件具有良好基础，在手机位置服务方面具有先发优势；山东在网络设备、芯片制造方面具有良好基础。

（三）长三角地区

包括上海、江苏和浙江在内的长三角地区是中国移动互联网产业发展的重要集聚区之一，该地区的移动软件和应用的研发设计能力较强，但移动终端生产能力较弱，从而造成了该地区在移动互联网产业规模上不及珠三角和环渤海地区。

浙江具有良好的网络基础设施，2011 年整个浙江省移动互联网产业规模达到 83.5 亿元，比上年有 259.9% 的增长，其省会杭州是三网融合的试点城市之一，在移动电子商务、移动阅读等领域实力领先，拥有阿里巴巴这样的电子商务领军企业，是移动互联网的应用创新中心之一；江苏凭借雄厚的软件产业基础，成为移动互联网软件产业的重要聚集区，在移动游戏领域优势突出；上海在网络基础设施方面基础较好，已经开始试点 TD-LTE 网络，在移动视频、移动游戏等领域具有发展优势。

（四）西三角地区

包括四川、重庆和陕西，以其三大中心城市为核心的西三角地区是中国西部经济崛起的桥头堡，具有很大的发展潜力。西三角地区在传统的通信设备制造方面基础较为扎实，同时也是承接智能手机、平板电脑等产业转移的重要地区，其中，成都发展移动互联网产业的综合实力最为突出，从终端到软件和应用都有布局，是中国移动互联网产业的西部先锋；重庆在平板电脑和通信设备制造方面具备优势，但软件和应用是其短板；西安在通信设备制造、手机设计和制造方面实力较强，近年来十分重视移动互联网产业的发展，努力在产业链培养、产业环境完善方面加快发展，发展势头迅猛。

二、移动互联网产业投融资发展机遇

（一）相关政策陆续出台推动了移动互联网产业投融资的发展

移动互联网产业在全球及中国的高速发展已经引起了中国政府的高度重视，移动互联网作为新一代信息技术的重要组成部分已经被纳入中国战略性新兴产业的范围之内。中国政府相关主管部门包括国家发展和改革委员会、工业和信息化部对移动互联网表现出极大的关注，相关主管部门领导多次在不同场合表达了对移动互联网产业的重视，《电子信息产业调整和振兴规划》、《国务院关于加快培育和发展战略性新兴产业的决定》、《进一步鼓励软件产业和集成电路产业发展的若干政策》等相关政策也陆续出台。

《电子信息产业调整和振兴规划》要求在通信设备、信息服务、信息技术应用等领域培育新的增长点，加快第三代移动通信网络、下一代互联网和宽带光纤接入网建设，开发适应新一代移动通信网络特点和移动互联网需求的新业务、新应用，带动系统和终端产品的升级换代，加大国家投入，国家新增投资向电子信息产业倾斜，加大引导资金投入，实施集成电路升级、新型显示和彩电工业转型、TD-SCDMA第三代移动通信产业新跨越、数字电视电影推广、计算机提升和下一代互联网应用、软件及信息服务培育等六项重大工程，支持自主创新和技术改造项目建设。

在《国务院关于加快培育和发展战略性新兴产业的决定》中新一代信息技术作为重点发展和培育的产业之一，从健全财税金融政策支持体系，加大扶持力度，引导和鼓励社会资金投入等多方面政策支持推动新一代移动通信的发展。

围绕落实国家"十二五"规划纲要，工信部从2010年开始组织编制了多项涉及行业发展的规划纲要，包括《"十二五"信息产业发展规划》、《互联网"十二五"发展规划》，以及《宽带网络发展规划》，下一步结合各相关规划实施和落实，工信部将不断加大政策扶持力度，积极引导和推动移动互联网产业快速健康发展。《互联网行业发展"十二五"规划》也已审议通过，"移动互联网"发展将受到重点扶持。

工信部《软件和信息服务业"十二五"规划》指出移动互联网是发展重点："以国家重大专项和电子发展基金为抓手，扎实提升技术能力，支持云计算、物联网、移动互联网等新兴技术研发和产业化，建立以企业为主体的高效的产业创新体系"。

为推进产业健康发展，2011年12月9日工业和信息化部发布了《移动互联网恶意程序监测与处置机制》，不仅对移动互联网恶意程序的认定、监测及惩治措施等做出具体规定，还进一步明确了移动通信运营企业、安全企业、科研机构等移动互联网领域相关方的责任、义务，以切实保障移动用户利益，维护用户安全。这是中国在移动互联网安全管理方面首次出台的规范性文件。

（二）LTE 试点启动、Wi-Fi 热点普及等移动互联网技术更新换代进一步助推了行业创新

LTE 试点启动和 Wi-Fi 热点的普及，都表明国内带宽环境不断优化，并助推移动互联网产业创新发展。LTE 试点方面：2011 年 3 月，工业和信息化部正式发文启动 TD-LTE 规模试验网测试，其后各厂商开始纷纷建网；截至 2011 年 6 月，6 个城市 TD-LTE 规模试验第一阶段，已经入场的各系统设备厂商均已完成热点连片覆盖规划，并开通首个基站，部分城市已完成传输领域的测试，同时启动核心网、安全领域的测试，无线领域已经启动预测试；2011 年 10 月，中国移动启动了第二阶段的 TD-LTE 试验，预计试验工作已在 2012 年 6 月底结束，建成超过 1 万个 eNodeB。第二阶段试验新增了北京、天津和青岛 3 个城市，并主要测试 TD/SCDMA 和 TD-LTE 双模设备与终端，这将允许中国移动实践大规模商业部署，增强及互联与组网能力，如漫游以及在不同厂商的 TD-LTE 设备与终端之间切换。Wi-Fi 热点普及方面：中移动提出 3 年内建设百万热点的计划，而联通和电信也加大了对于 Wi-Fi 热点的建设力度。

（三）随着创业板的日渐成熟，移动互联网企业将进一步得到资本市场的青睐

自 2009 年 10 月中国创业板推出以来，作为"两高六新"（成长性高、科技含量高，为新经济、新服务、新农业、新材料、新能源和新商业模式）的中小企业融资平台，其对创新型企业发展的支持效果逐步显现。截至 2011 年年底，创业板已为上市企业共融资近 2000 亿元，同时，创业板对战略性新兴产业的促进作用逐步凸显。从现实状况来看，以移动互联网产业为代表的战略性新兴产业通过创业板融资平台，已同资本市场实现良好对接和有效互动，创业板的推出极大地促进了相关企业的发展；同时，移动互联网企业上市后品牌影响力度大幅度提高，其运作更加规范，直接推动行业发展迈上新阶段。

第二节　移动互联网产业股权融资

一、移动互联网产业股权融资情况概述

（一）总体情况

2010—2011 年，中国移动互联网企业共披露股权融资案例数量 274 例，其融资渠道主要包括 VC/PE 投资、战略投资和天使投资三类。已披露金额的融资案例 153 例，融资金额为 326.4 亿元，平均每笔融资金额为 2.1 亿元（见表 20-1）。2010—2011 年，移动互联网产业的重大股权融资事件主要集中于电子商务和网络视频领域，包括 2011 年 3 月京东商城获得 DST、KPCB 15 亿美元投资，以及奇艺网获得弘毅投资注资 3 亿美元等事件。

表 20-1　2010—2011 年移动互联网企业股权融资案例情况

融资类型分布	数量（例）	披露数量（例）	金额（亿元）	平均融资金额（亿元）
VC/PE 投资	222	135	305.6	2.3
战略投资	26	9	20.1	0.2
天使投资	26	9	0.6	0.0
总计	274	153	326.4	2.1

资料来源：国家统计局、工信部，赛迪投资顾问整理，2012-12。

（二）细分领域

从移动互联网股权融资细分领域来看，2010—2011 年披露融资金额的 153 个案例主要分布于电子商务、网络游戏和网络社区 3 个领域上，分别占总案例数量的 37.9%、11.8% 和 8.5%，其融资金额占比分别为 59.0%、4.3% 和 4.3%（见表 20-2）。

表 20-2　2010—2011 年移动互联网股权融资业务类型情况（已披露金额）

投资领域	案例数量（例）	占比	金额（亿元）	占比
电子商务	58	37.9%	192.6	59.0%
网络游戏	18	11.8%	14.1	4.3%
网络社区	13	8.5%	14.1	4.3%
其他	8	5.2%	2.7	0.8%
网络视频	8	5.2%	48.0	14.7%
手机游戏	7	4.6%	5.0	1.5%
无线互联网服务	6	3.9%	4.7	1.5%
网络服务	5	3.3%	3.5	1.1%
终端设备及技术服务	4	2.6%	1.7	0.5%
行业网站	3	2.0%	0.8	0.3%
手机软件	3	2.0%	11.9	3.6%
网络教育	3	2.0%	1.2	0.4%
网络应用及服务	3	2.0%	0.9	0.3%
无线增值	3	2.0%	1.5	0.5%
电子支付	2	1.3%	4.5	1.4%
搜索引擎	2	1.3%	3.7	1.1%
应用软件	2	1.3%	1.8	0.6%
IT 服务	1	0.7%	1.0	0.3%
电信运营	1	0.7%	5.0	1.5%
软件服务	1	0.7%	0.2	0.1%
网络安全	1	0.7%	1.2	0.4%
网络阅读	1	0.7%	6.2	1.9%
总计	153	100%	326.4	100%

资料来源：国家统计局、工信部，赛迪投资顾问整理，2012-12。

（三）企业区域

2010—2011 年，已披露股权融资金额的移动互联网企业融资案例数量和融资金额区域性分布集中程度较高。统计期内，移动互联网企业股权融资主要集中在北京、上海和广东等地，其中北京市发生股权融资事件 86 例，占比为 56.2%，融资金额 237.8 亿元，占比为 72.9%；上海市 27 例，占比为 17.6%，融资金额 44.3 亿元，占比为 13.6%；广东省 14 例，占比为 9.2%，融资金额 22.4 亿元，占比为 6.9%。

二、移动互联网企业股权融资方式分析

（一）VC/PE 股权融资分析

2010—2011 年，移动互联网 VC/PE 股权融资企业总计 222 家，其中披露金额的 135 家，融资金额达到 305.6 亿元，平均融资额为 2.3 亿元 / 家。就 VC/PE 股权融资的行业分布来看，主要集中于电子商务（50 例）、网络游戏（16 例）和网络社区（11 例）等领域（见表 20-3）；就 VC/PE 股权融资的区域分布来看，主要集中于北京（79 例）、上海（22 例）和广东（12 例），分别吸引 VC/PE 股权融资 231.9 亿元、35.7 亿元和 20.4 亿元。

表 20-3 2010—2011 年移动互联网 VC/PE 股权融资业务类型分布情况（已披露金额）

投资领域	案例数量（例）	占比	金额（亿元）	占比
电子商务	50	37.0%	186.1	60.9%
网络游戏	16	11.9%	12.0	3.9%
网络社区	11	8.1%	13.4	4.4%
其他	8	5.9%	2.7	0.9%
手机游戏	7	5.2%	5.0	1.6%
网络视频	7	5.2%	43.8	14.3%
无线互联网服务	6	4.4%	4.7	1.5%
网络服务	5	3.7%	3.5	1.1%
终端设备及技术服务	4	3.0%	1.7	0.6%
手机软件	3	2.2%	11.9	3.9%
网络教育	3	2.2%	1.2	0.4%
行业网站	2	1.5%	0.8	0.3%
搜索引擎	2	1.5%	3.7	1.2%
网络应用及服务	2	1.5%	0.9	0.3%
无线增值	2	1.5%	1.5	0.5%
应用软件	2	1.5%	1.8	0.6%
IT 服务	1	0.7%	1.0	0.3%
电子支付	1	0.7%	2.3	0.7%
软件服务	1	0.7%	0.2	0.1%
网络安全	1	0.7%	1.2	0.4%
网络阅读	1	0.7%	6.2	2.0%
总计	135	100%	305.6	100%

资料来源：国家统计局、工信部，赛迪投资顾问整理，2012-12。

（二）战略投资分析

与 VC/PE 股权融资相比，战略投资数量相对较少，2010—2011 年，移动互联网战略投资股权共计 26 例，披露金额的案例总计 9 例，涉及投资总额为 20.1 亿元，平均融资额为 2.2 亿元 / 家，与 VC/PE 平均融资额基本相同。就战略投资股权融资的行业分布来看，主要集中于电子商务（3 例），涉及投资总额为 6.0 亿元，平均融资额为 2.0 亿元 / 家；就区域分布来看，分布在上海（4 例）、北京（2 例）、浙江（2 例）和广东（1 例）。

（三）天使投资分析

2010—2011 年，投资于移动互联网行业的天使投资数量与战略投资保持一致，披露金额的案例总计 9 例，涉及投资总额为 0.6 亿元，平均融资额为 0.07 亿元，为 3 种股权融资方式中平均投资额度最低。

三、股权融资案例

（一）事件

2011 年 2 月 3 日，上海聚力传媒技术有限公司获得软银中国投资，投资金额为 2.5 亿美元。本次投资是金融危机以来私募基金投放移动互联网行业金额最大的单笔融资之一，其投资规模超过优酷上市融资总额。

（二）股权融资方——聚力传媒

聚力传媒（PPLive）创立于 2005 年，主打产品是网络电视产品 PPTV，用户通过在电脑上安装其客户端收看各类直播和影视剧节目。此前，PPLive 已完成 3 轮融资，其中第三轮融资于 2008 年 12 月进行，获得了来自软银中国、蓝驰创投和德丰杰基金的 2000 万美元投资。

投资方软银中国（SBCVC）成立于 2000 年，总部位于新加坡，是全球著名的风险投资基金，其投资领域主要涉及广义 IT（互联网、移动互联网、新媒体、电子商务、通信及信息技术）、清洁能源、医疗、新材料、消费与零售等行业。对 PPLive 的投资反映出软银中国对以 PPC（Professional Produced Content）内容为主流的网络媒体发展前景和投资价值的高度认同。

第三节　移动互联网产业上市融资

一、企业 IPO 情况概述

（一）总体情况

2009 年 6 月 IPO 正式重启开闸，10 月 23 日创业板正式开板。在此形式下，2010—2011

年中国移动互联网企业 IPO 数量增加，融资金额有较大幅度提升。2010—2011 年，中国移动互联网企业 IFO 共 33 例，IPO 金额总计 262.0 亿元，IPO 平均融资额度为 7.9 亿元 / 家。其中，移动互联网企业境内 IPO 19 例，融资总额 127.3 亿元，平均融资额度为 6.7 亿元 / 家；境外 IPO 融资企业共有 14 家，融资金额为 134.7 亿，平均融资额度为 9.6 亿元 / 家。

2010—2011 年，中国移动互联网企业上市集中于深圳创业板（9 例）、深圳中小板（9 例）、美国纳斯达克（6 例）、纽交所（5 例）、香港（3 例）、上交所（1 例），如图 20-1 所示。其中，深圳创业板与深圳中小板各有 9 家移动互联网企业上市，分别募集资金 38.1 亿元和 64.0 亿元，分别占境内外移动互联网 IPO 融资总额的 14.5% 和 24.4%；美国纳斯达克共有 6 例，募集资金 41.2 亿元，占境内外移动互联网 IPO 融资总额的 15.7%；美国纽交所共有 5 例，募集资金 83.9 亿元，占比为 32.0%；香港的 3 家移动互联网上市企业共募集资金 9.6 亿元，占比为 3.7%；上交所的 1 家移动互联网上市公司募集资金 25.3 亿元，占比为 9.7%（见图 20-2 和表 20-4）。

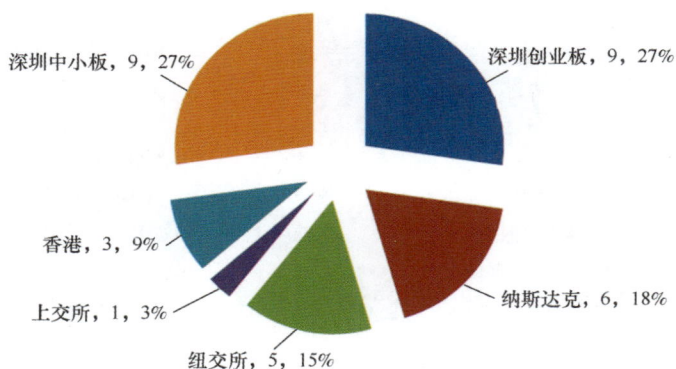

图 20-1　2010—2011 年中国移动互联网企业境内 / 境外 IPO 数量分布

资料来源：国家统计局、工信部，赛迪投资顾问整理，2012-12。

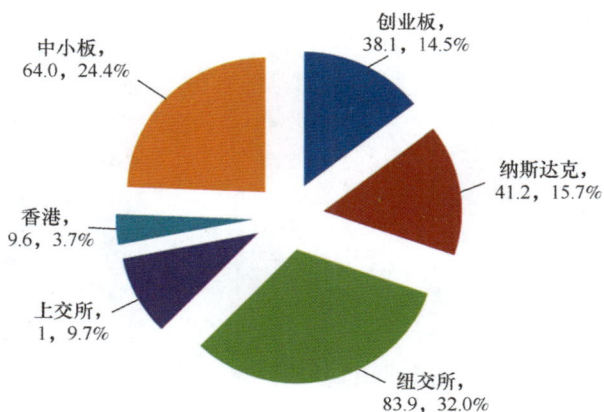

图 20-2　2010—2011 年中国移动互联网企业境内 / 境外 IPO 金额分布

资料来源：国家统计局、工信部，赛迪投资顾问整理，2012-12。

表 20-4　2010—2011 年中国移动互联网企业 IPO 情况

企业名称	上市板块	地区	发生时间	融资金额（亿元）
新华网络电视台	香港	北京	2011 年 12 月	1.4
紫光华宇	深圳创业板	北京	2011 年 10 月	5.7
土豆网	纳斯达克	上海	2011 年 8 月	10.6
初灵信息	深圳创业板	浙江	2011 年 8 月	2.5
方直科技	深圳创业板	广东	2011 年 6 月	2.2
淘米网	纳斯达克	上海	2011 年 6 月	4.0
人人公司	纽交所	北京	2011 年 5 月	46.0
凤凰新媒体	纽交所	北京	2011 年 5 月	8.7
网秦	纽交所	北京	2011 年 5 月	5.5
奇虎 360	纽交所	北京	2011 年 3 月	11.2
大智慧	上交所	上海	2011 年 1 月	25.3
杰赛科技	深圳中小板	广东	2011 年 1 月	6.2
当当网	纳斯达克	北京	2010 年 12 月	16.9
斯凯网络	纳斯达克	浙江	2010 年 12 月	3.6
优酷	纽交所	北京	2010 年 12 月	12.4
好孩子	香港	上海	2010 年 11 月	7.2
麦考林	纳斯达克	上海	2010 年 10 月	0.8
蓝汛通信	纳斯达克	北京	2010 年 10 月	5.2
263 通信	深圳中小板	北京	2010 年 9 月	0.8
乐视网	深圳创业板	北京	2010 年 8 月	0.7
高新兴	深圳创业板	广东	2010 年 7 月	6.2
三元达	深圳中小板	福建	2010 年 6 月	5.4
启明星辰	深圳中小板	北京	2010 年 6 月	5.9
四维图新	深圳中小板	北京	2010 年 5 月	13.7
恒信移动	深圳创业板	河北	2010 年 5 月	0.7
合众思壮	中小板	北京	2010 年 4 月	10.5
数字政通	深圳创业板	北京	2010 年 4 月	7.0
Z-obee	香港	广东	2010 年 3 月	1.0
汉王科技	深圳中小板	北京	2010 年 3 月	11.3
卓翼科技	深圳中小板	广东	2010 年 3 月	5.3
联信永益	深圳中小板	北京	2010 年 3 月	4.9
中青宝网	深圳创业板	广东	2010 年 2 月	0.8
世纪鼎利	深圳创业板	广东	2010 年 1 月	12.3

资料来源：国家统计局、工信部，赛迪投资顾问整理，2012-12。

（二）细分领域

2010—2011 年，中国移动互联网企业 IPO 领域分布较为分散。从 IPO 案例数量分布来看，以移动互联网终端及配套服务、网络视频、电子商务、网络社区、位置服务、移动互联网通信技术等为主，以上 6 个领域 IPO 案例总计 21 例，占统计期内中国移动互联网行业 IPO 案例数目总体的 63.6%；从 IPO 募集资金金额的分布来看则相对集中，网络社区、软件服务、位置服务 3 个领域共募集资金 128.1 亿元，占统计期内中国移动互联网行业 IPO 总体募集资金的 48.9%（见表 20-5）。

表 20-5　2010—2011 年中国移动互联网企业 IPO 业务类型情况

IPO 业务类型	案例数量（例）	占比	金额（亿元）	占比
移动互联网终端及配套服务	5	15.2%	23.7	9.1%
网络视频	4	12.1%	25.2	9.6%
电子商务	3	9.1%	24.9	9.5%
网络社区	3	9.1%	65.9	25.2%
位置服务	3	9.1%	31.2	11.9%
移动互联网通信技术	3	9.1%	24.7	9.4%
软件服务	2	6.1%	31.0	11.8%
网络教育	2	6.1%	4.7	1.8%
网络游戏	2	6.1%	4.8	1.8%
电信运营	1	3.0%	5.2	2.0%
互联网通信	1	3.0%	0.8	0.3%
手机安全	1	3.0%	5.5	2.1%
手机软件	1	3.0%	3.6	1.4%
网络安全	1	3.0%	5.9	2.3%
移动互联网服务	1	3.0%	4.9	1.9%
总计	33	100%	262	100%

资料来源：国家统计局、工信部，赛迪投资顾问整理，2012-12。

（三）企业区域

2010—2011 年，中国移动互联网 IPO 上市企业覆盖了北京、广东、上海、浙江、河北、福建 6 个省市。北京市有 17 家移动互联网企业上市，融资金额为 168.0 亿元，占 IPO 总额的 64.1%；广东省有 7 家移动互联网企业上市，融资金额为 34.0 亿元，占 IPO 总额的 13.0%；上海市有 5 家移动互联网，融资金额占比为 18.2%；浙江省有 2 家移动互联网企业上市，融资金额为 6.1 亿元，占 IPO 总金额的 2.3%;河北和福建各有 1 家移动互联网企业上市，分别融资 5.4 亿元、6.1 亿元，占比分别为 0.3% 和 2.1%（见图 20-3 和图 20-4）。

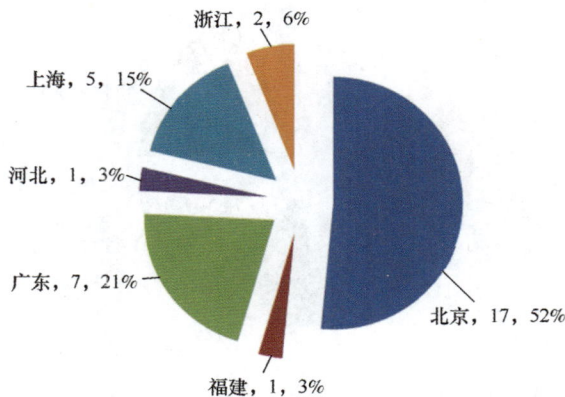

图 20-3 2010—2011 年中国移动互联网企业 IPO 案例地区分布

资料来源：国家统计局、工信部，赛迪投资顾问整理，2012-12。

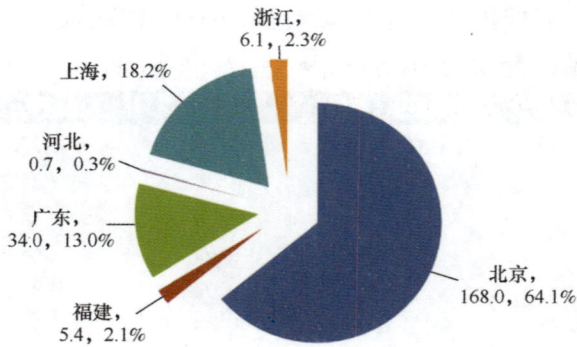

图 20-4   2010—2011 年中国移动互联网企业 IPO 融资金额规模地区分布

资料来源：国家统计局、工信部，赛迪投资顾问整理，2012-12。

（四）募投项目分析

2010—2011 年上市的移动互联网企业中，对外公布募集资金使用项目总计 106 例。其中，用于新建项目 36 例，投资项目 19 例，营销网络建设与补充流动资金项目各 12 例，改扩建项目与技术研发中心各 11 例，偿还银行贷款 5 例（见图 20-5）。

在募集资金运用金额统计中，用于新建项目投资的募集资金金额为 72.7 亿元，占募集资金总额的 27.7%，用于补充营运流动资金的比例为 24.6%。主要原因是：企业在上市募投项目选择过程中，首先会考虑满足现有市场的需求，新建项目能够紧密结合市场需求趋势，建成后的风险较小，而用募集资金补充营运资金可以帮助企业大量节省利息成本，对企业净利润的提升带来较大帮助。此外，募集资金用于营销网络与建设的资金为 42.2 亿元（占募集资金总额的 16.1%），投资项目 39.7 亿元（占募集资金总额的 15.1%），技术研发中心 21.1 亿元（占募集资金总额的 8.1%），改扩建项目 17.5 亿元（占募集资金总额的 6.7%），偿还银行贷款 4.3 亿元（占募集资金总额的 1.6%），如图 20-6 所示。

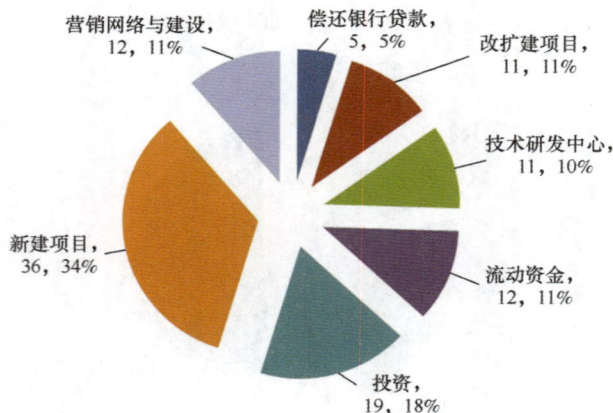

图 20-5 2010—2011 年中国移动互联网企业 IPO 融资投向分布（数量）

资料来源：国家统计局、工信部，赛迪投资顾问整理，2012-12。

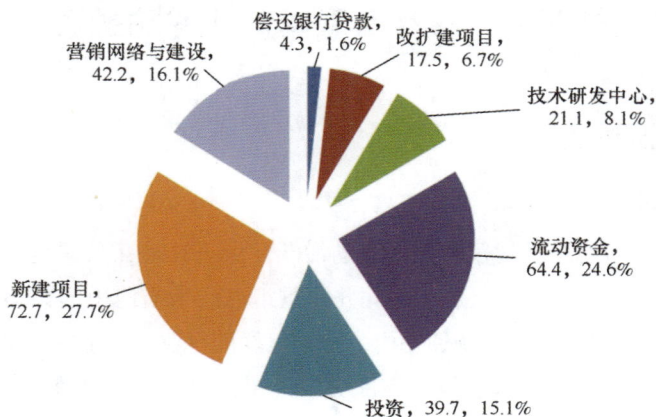

图 20-6　2010—2011 年中国移动互联网企业 IPO 融资投向分布（金额）

资料来源：国家统计局、工信部，赛迪投资顾问整理，2012-12。

二、IPO 企业特征

（一）移动互联网企业上市平台较广，海外板、创业板与中小板成为主流选择

2010—2011 年，中国移动互联网共有 33 家企业上市，其中，海外上市共计 14 例，创业板上市共计 9 例，中小板上市共计 9 例，其数目占比分别为 42.4%、27.3% 和 27.3%，以上三地成为移动互联网企业上市的主流选择。分析原因，一方面来，长久以来，国内众多中小型移动互联网企业由于资产规模和业务规模较小等多个原因很难达到上市要求，而创业板、中小板作为国家鼓励创新的重要举措，为其提供了与多层次资本市场结合的历史机遇，能够有效助推行业发展规模、资本聚集速度；另一方面，中国大陆地区大型移动互联网企业纷纷选择美国纳斯达克、纽交所、中国香港等地申报并成功上市，从一定程度上也反映出中国大陆地区移动互联网行业的迅猛发展。

（二）IPO 企业地区分布集中，业务类型分散

2010—2011 年，中国移动互联网企业 IPO 地区分布较为集中，涉及业务类型相对分散。从地域分布来看，统计期内中国移动互联网 IPO 上市企业覆盖了北京、广东、上海、浙江、河北、福建 6 个省市的 33 家企业，而北京、广东、上海 3 个省市独占 29 家，其募集资金金额与案例数量占比分别为 95.3% 和 87.9%，IPO 地区分布集中程度较高；从涉及业务类型来看，2010—2011 年，中国移动互联网行业 IPO 业务类型遍及移动互联网终端及配套服务、网络视频、电子商务、网络社区、位置服务、移动互联网通信技术、软件服务、网络教育、网络游戏、电信运营、互联网通信、手机安全、手机软件、网络安全、移动互联网服务 15 个领域，分布状况较为分散。

第四节　移动互联网产业并购融资

一、企业并购情况概述

（一）总体情况

2010—2011 年，移动互联网领域并购活动活跃。由于移动互联网是一个典型的技术和资金密集型产业，其发展迅猛竞争激烈，因此并购重组已成为当前中国移动互联网产业做大做强、产业链协调发展的必然趋势。统计期内，移动互联网行业并购事件包括盛大游戏有限公司收购 Eyedentity Games 和麻吉媒体，腾讯控股有限公司收购易迅网和网域，北京四维图新科技股份有限公司收购中交宇科空间信息技术有限公司，等等。

具体来看，2010—2011 年，移动互联网行业并购事件总计 58 例，披露金额的并购事件共有 38 例。其中，境内并购事件 44 例，披露金额的有 28 例，涉及并购金额总计 38.5 亿元，平均每例 1.4 亿元；境外并购事件 14 例，披露金额的有 10 例，涉及并购金额总计 19.2 亿元，平均每例 1.9 亿元，境外并购的平均金额高于境内并购（见表 20-6）。

表 20-6　2010—2011 年移动互联网企业并购总体情况

类别	案例数（例）	已披露并购金额案例数量（例）	已披露并购金额（亿元）	平均每笔并购金额（亿元）
境内	44	28	38.5	1.4
跨境	14	10	19.2	1.9
总计	58	38	57.7	1.5

资料来源：国家统计局、工信部，赛迪投资顾问整理，2012-12。

（二）地区分布

2010—2011 年，移动互联网行业并购企业分布较广，但主要集中于北京（19 家，占比为 50.0%；35.4 亿元，占比为 61.3%）、广东（8 家，占比为 21.1%；8.1 亿元，占比为 14.1%）和上海（5 家，占比为 13.2%；12.5 亿元，占比为 21.7%），如图 20-7 和图 20-8 所示。

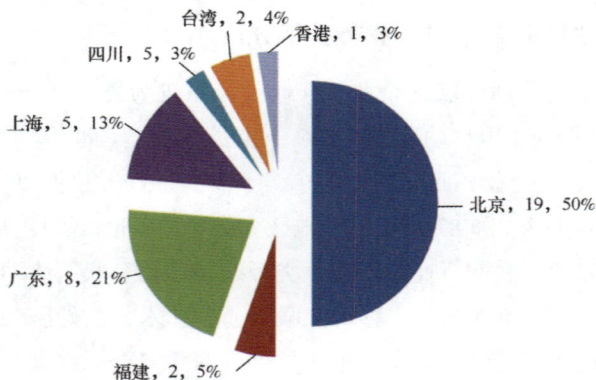

台湾，2，4%　香港，1，3%
四川，5，3%
上海，5，13%
北京，19，50%
广东，8，21%
福建，2，5%

图 20-7　2010—2011 年移动互联网企业并购案例地区分布（并购方，已披露金额）

资料来源：国家统计局、工信部，赛迪投资顾问整理，2012-12。

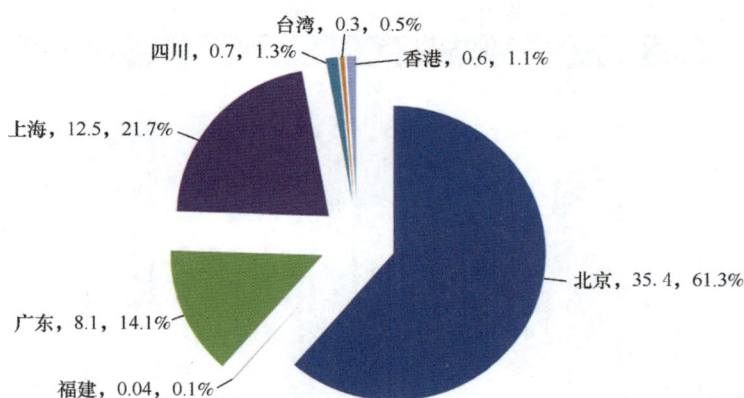

图 20-8　2010—2011 年移动互联网企业并购金额地区分布（并购方，已披露金额）

资料来源：国家统计局、工信部，赛迪投资顾问整理，2012-12。

（三）细分领域

2010—2011 年，移动互联网企业并购业务类型集中程度较高。从已披露金额的并购方业务类型来看，移动互联网并购企业以网络游戏为主，并购案例为 19 例，占比为 50%，并购总金额为 33.8 亿元，占总体并购金额的 58.5%；被并购企业则以网络游戏（14 家，占比为 36.8%；31.6 亿元，占比为 54.8%）、软件服务（4 家，占比为 10.5%；0.9 亿元，占比为 1.6%）和手机游戏（3 家，占比为 7.9%；3.1 亿元，占比为 5.3%）为主，如表 20-7 和表 20-8 所示。

表 20-7　2010—2011 年移动互联网企业并购方业务类型情况（已披露金额）

并购方行业分布	案例数量（例）	占比	金额（亿元）	占比
网络游戏	19	50.0%	33.8	58.5%
位置服务	4	10.5%	1.3	2.3%
传统媒体	2	5.3%	2.2	3.9%
网络安全	2	5.3%	0.3	0.5%
网络视频	2	5.3%	3.0	5.1%
终端设备及技术服务	2	5.3%	3.2	5.6%
网络安全	1	2.6%	3.2	5.6%
行业应用	1	2.6%	0.2	0.3%
互联网技术	1	2.6%	2.7	4.6%
软件服务	1	2.6%	0.9	1.5%
网络服务	1	2.6%	1.4	2.4%
网络社区	1	2.6%	5.0	8.6%
网络阅读	1	2.6%	0.6	1.1%
总计	38	100%	57.7	100%

资料来源：国家统计局、工信部，赛迪投资顾问整理，2012-12。

表 20-8   2010—2011 年移动互联网企业被并购方业务类型情况（已披露金额）

被并购方行业分布	案例数量（例）	占比	金额（亿元）	占比
网络游戏	14	36.8%	31.6	54.8%
软件服务	4	10.5%	0.9	1.6%
手机游戏	3	7.9%	3.1	5.3%
网络阅读	2	5.3%	0.8	1.4%
位置服务	2	5.3%	1.9	3.3%
终端设备及技术服务	2	5.3%	3.2	5.6%
电信运营	1	2.6%	0.1	0.2%
电子商务	1	2.6%	2.0	3.5%
行业应用	1	2.6%	0.2	0.3%
互联网技术	1	2.6%	2.7	4.6%
其他	1	2.6%	0.5	0.8%
搜索引擎	1	2.6%	0.1	0.2%
网络安全	1	2.6%	3.2	5.6%
网络服务	1	2.6%	0.6	1.0%
网络软件	1	2.6%	1.0	1.7%
网络视频	1	2.6%	5.0	8.6%
无线增值	1	2.6%	0.9	1.5%
总计	38	100%	57.7	100%

资料来源：国家统计局、工信部，赛迪投资顾问整理，2012-12。

二、并购企业特征

（一）移动互联网行业以横向并购为主，加强业务扩展和市场影响力

移动互联网企业通过横向并购能够迅速减少竞争对手，增强业务扩展和市场影响力，现阶段产业整合以横向并购整合趋势最为突出。2010—2011 年，已披露并购金额的移动互联网企业横向并购 24 例，涉及金额 43.7 亿元，纵向并购 14 例，涉及金额 14.0 亿元。

从以上数据可以看出，移动互联网企业投融资活跃并有横向扩张的巨大需求，预计受 LTE 试点启动、Wi-Fi 热点普及等技术驱动力加强，以及中低端移动互联网终端市场繁荣等因素影响，移动互联网应用领域将会继续拓宽，对移动互联网终端及配套服务、网络游戏、网络视频、电子商务、移动互联网通信技术、电信运营、互联网通信、手机软件、移动互联网服务等各个领域企业规模的要求将进一步提高，企业并购浪潮仍将持续。

（二）上市企业借助资本优势并购行为频繁，两类企业成为并购热点

2010—2011 年，中国移动互联网上市企业发生并购事件 27 例，占总体并购数目的 71.1%，涉及并购金额 50.2 亿元，占总并购金额的 86.9%。以上情况说明，移动互联网企业通过 IPO 在内的资本运作方式能够有效掌握资本渠道及其运作能力，并通过并购方式迅速获得技术延伸，减少研发和管理成本，实现市场的快速扩张。根据目前移动互联网企业并购情况来看，两类移动互联网企业将成为并购热点。

第一，具有突出渠道优势和产品特色的移动互联网企业。统计期内移动互联网企业并购以横向并购类型为主，并购方往往侧重于被并购企业的突出渠道优势和特色产品，据此扩大企业自身的市场占有率和品牌优势。以盛大游戏并购美国 Mochi Media 和韩国 Eyedentity Games 为例，盛大收购 Mochi media 的主要目的在于运用其在美国市场最大在线游戏分销商的渠道优势，收购后能够有效拓展盛大游戏的营销网络渠道和品牌影响力，而收购韩国 Eyedentity Games 的主要原因在于该公司是"龙之谷"游戏的开发商，该产品具有突出的产品特色。

第二，具有独特技术和研发能力的企业。独特的技术将成为移动互联网企业的核心竞争力，使企业在未来具备一定的盈利能力。

三、并购案例——盛大游戏并购麻吉媒体和 Eyedentity Games

（一）事件

2010 年 1 月，盛大游戏以 8000 万美元收购美国麻吉媒体（Mochi Media），包括 6000 万美元现金及 2000 万美元股权；同年 9 月，盛大游戏以 9500 万美元收购韩国 Eyedentity Games。

（二）并购对象

美国游戏商 Mochi Media（麻吉传媒）是美国最大的在线游戏分销商，其总部位于旧金山，拥有 1.4 亿月度活跃用户和 15000 多款网页游戏，拥有近 40000 家发行商的网站渠道合作关系，已经建立起包括游戏玩家、开发商、广告商和发行商在内的庞大网络和强大品牌，其业务涉及 48 个国家和地区。本次收购是中国移动互联网游戏公司首次进行的国际化并购，为盛大游戏将国内的游戏规模化输出到海外市场提供了历史性机遇，同时为探索移动互联网游在垂直化媒体平台方向明确了可操作性。

韩国网游开发商 Eyedentity Games 是"龙之谷"游戏的开发商，在与 NHN、NEXON 等韩国多家企业的竞争中，中国盛大游戏最终成功以 9500 万美元完成了对 Eyedentity Games 的收购。本次并购有助于盛大游戏获得 Eyedentity Games 旗下游戏的完全利益，并强化了盛大游戏的游戏研发能力，提升了国际影响力。

（三）并购方

盛大游戏有限公司（NASDAQ：GAME）是中国领先的网络游戏开发商、运营商和发行商，致力于打造国际化的网游平台。盛大游戏有限公司拥有 2000 多名研发和运营人员，并与 2 万多名游戏开发者展开合作，一直勇于创新和开放，坚持优秀和丰富多样的产品线，向用户提供基于 PC 客户端、浏览器以及智能移动终端等多平台 70 多款大型网络游戏产品，以及 4 万余款 Flash 休闲游戏，居行业之首。盛大游戏注重通过对外投资进行移动互联网横向、纵向产业链条整合，其网络游戏投资基金——18 基金投资领域覆盖大型多人在线游戏（MMO）、网页游戏（Web Game）、单机游戏（Console Game）、社交游戏（Social Game）以及移动平台游戏（IOS/Android 系统手机平台，iPad 平台）等多个领域，投资阶段覆盖从早期到 Pre-IPO 各阶段。

实·践·篇

第二十一章 **CHAPTER** 21

移动互联网区域创新实践

第一节　北京中关村

一、产业定位：占据高端，打造移动互联网产业中心

北京中关村科技园采用了全产业协同发展的思路，尚未重点布局特定的战略性新兴产业方向。整体上采用了"1+2+8"发展战略，即依托于国家创新中心，北部研发服务和高技术产业带以及南部高技术制造业和战略性新兴产业带两个产业带，协同推进电子信息产业等8个战略性新兴产业集群的发展。

从移动互联网产业发展来看，北京中关村是中国最重要的移动互联网产业聚集区，产业链完整，集群效应突出，龙头企业带动作用显著。在未来的移动互联网产业发展中，注重开放合作与内生发展相结合，注重产业集群与空间布局相结合，注重园区提升与城市功能相结合，以"创新、活力、集聚、整合"为主题，构建"定位差异、创新驱动、集聚发展"的移动互联网产业发展格局，推动中关村移动互联网产业集聚式发展，促进我国移动互联网产业可持续发展，支撑北京自主创新发展战略，占据移动互联网产业链的高端环节，进而辐射全国。

二、重点领域与环节：全产业链协同发展

从产业链来看，中关村的移动互联网产业链完整，覆盖了核心芯片、操作系统、移动网络运营、互联网应用、移动终端、移动互联网服务、内容提供和应用开发等多个方面，在终端、软件、应用各个环节优势明显。不仅拥有"亦庄硅谷"通信产业基地，也拥有石景山区3G应用产业示范基地，同时也聚集了大量的互联网企业、独立软件提供商，在手机游戏、手机视频、移动电子商务、移动阅读、移动LBS、移动支付、移动搜索、SNS等众多移动互联网

应用领域拥有众多的领军企业。

三、产业布局：多园区联动，联盟聚合产业资源

从产业布局来看，中关村是北京移动互联网产业的主要聚集区，汇聚了优势科技、百度、联想等核心企业。中关村目前"一区多园"的空间格局包括海淀园、丰台园、昌平园、电子城、亦庄园、德胜园、雍和园、石景山园、通州园、中关村大兴生物医药基地10个园区，其中海淀园、昌平园、电子城、亦庄园、德胜园、雍和园、石景山园等均在移动互联网产业不同环节正在或将要布局。

海淀园拥有联想、搜狐、百度等龙头企业。昌平园规划建设中的未来科技城将重点发展新一代信息技术等战略性新兴产业，落实中国移动（微博）国际信息港等重大项目。朝阳区电子城是中关村科技园区发展新一代移动通信、光电显示、计算机与网络三大产业的重要基地，有中国移动谷之称。亦庄园拥有以诺基亚为龙头的世界上最完整、最具竞争力的集技术研发、产品设计、零配件供应、物流、生产和地区总部于一体的移动通信产业链。德胜园拥有联动优势、互信互通等企业，以研发设计为主要产业。雍和园以数字内容产业为特色产业，重点培育大型传媒企业，以及数字内容关键技术服务商，集聚了当当网、光线传媒、中文在线、网尚文化等高成长企业。石景山园建立了3G应用产业示范基地，拥有搜狐畅游、暴风网际、东土科技、东方信联等企业（见图21-1）。

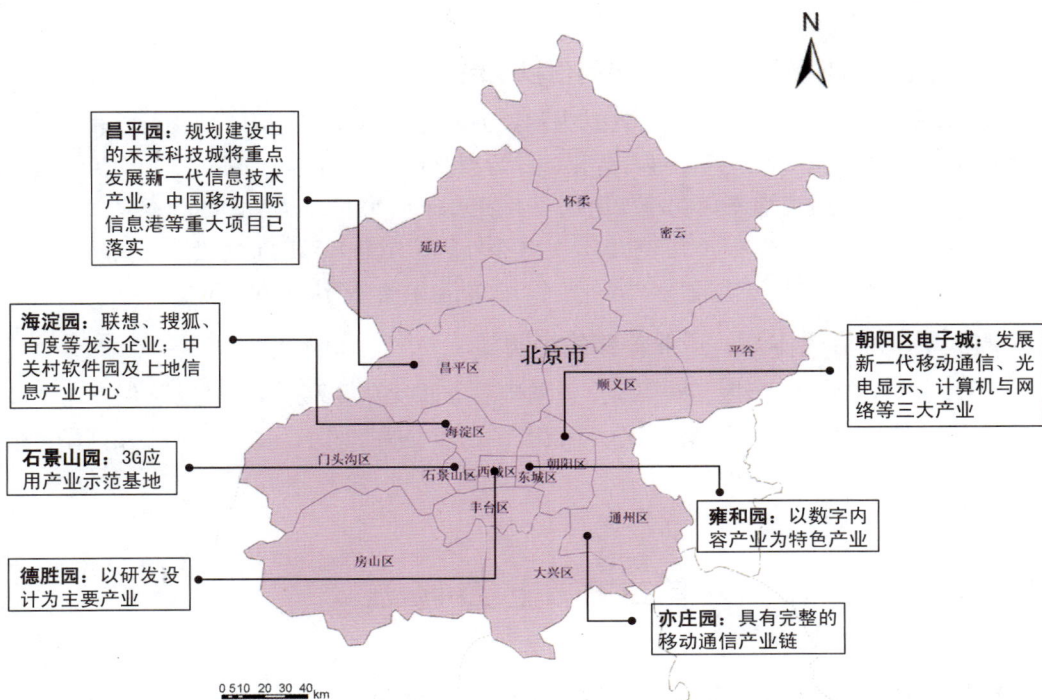

图 21-1　北京中关村移动互联网产业布局示意

资料来源：赛迪顾问整理，2012-12。

未来，北京将以中关村软件园、上地信息产业基地为中心，规划建设移动互联网产业园；在电子城科技园和亦庄科技园建设移动芯片研发和制造基地，一批围绕移动互联网产业的重大项目即将落地。同时，中关村于 2011 年 1 月 26 日成立了中关村移动互联网产业联盟，由北京电信、北京移动、北京联通、盛拓传媒等 17 家企业发起成立，目前已经聚集了上百家移动互联网企业作为成员单位，推动了中关村移动互联产业圈的加速发展。

四、借鉴与启示

（一）采用立体式协同推进策略，实现产业联动发展

中关村产业实力雄厚，可从整体上推进移动互联网和以下一代互联网、集成电路、云计算、位置导航为代表的新一代信息技术产业的发展。而这几大产业关联度高、彼此间交叉渗透显著。中关村拟将以区内联合重大专项为抓手，针对各条产业链间的交互环节予以重点推进，融化不同产业链条，充分发挥关联产业发展的溢出效应。在推进移动互联网产业发展时，需积极优化配置区内产业资源，完善移动互联网产业链建设，在巩固原有产业优势的基础上培育自身的核心竞争力。

（二）中关村移动互联网产业联盟作用显著

中关村以移动互联网产业联盟为依托，积极推动公共技术服务平台的建设，在促进区域企业交流、科研成果转化以及产学研一体化方面成果显著，实现了区内的企业、高等院校和科研院所的良性互动。

（三）"车库咖啡效应"凸显，民间创投氛围浓厚

以民营资本投资创办的车库咖啡厅，为初期创业者提供近乎免费的办公场所和设施，来援助和支持高科技成果和创意产品进行孵化，并为创业者和风投公司提供了一个交流平台。北京创业氛围浓厚，现在常驻车库咖啡厅的创业者团队有近 20 家。从车库咖啡成立以来，已获得机构投资的创业者团队也有近 20 家，其中 15 个获得了 100 万元以上的投资。同时，车库咖啡的模式呈连锁效应，"贝塔咖啡"、"3W 咖啡"等也在中关村西区相继开业。

（四）城市综合成本高，产业外移趋势明显

北京中关村在人才、园区、融资、产业基础等方面具有得天独厚的优势，但其他城市和北京的产业载体配套设施差距已逐渐缩小。北京的产业发展空间小，员工生活费用高昂，企业运营成本高，产业外移趋势明显。

第二节　上海张江

一、产业定位：以创新为驱动，打造国内一流品牌

上海市政府将移动互联网产业作为推动上海实现产业结构调整和经济发展方式转变的重

要抓手之一，率先印发了《上海推进移动互联网产业发展 2012—2015 年行动计划》。在深入贯彻落实科学发展观的基础上，紧紧围绕实现"四个率先"、建设"四个中心"和现代化国际大都市的战略目标，以提升创新水平、发展高端产业集群为总体要求，坚持"市场驱动、企业主体、政府引导、特色鲜明"的发展原则，突出"四个聚焦"，即聚焦技术创新，突破关键核心技术；聚焦模式创新，培育新业态、新模式；聚焦产业协同，推动芯片、终端、传输、软件、平台、应用联动发展；聚焦环境建设，优化产业发展环境，打造国内一流、国际知名的移动互联网产业品牌。结合"智慧城市"、"云海计划"的实施推进，驱动上海移动互联网产业的发展。

二、重点领域与环节：产业非均衡发展，终端环节薄弱

上海市是中国移动互联网产业的发展重镇，拥有良好的网络基础设施，在应用环节的移动视频、移动游戏等领域优势尤其明显，聚集了一批优秀的企业，在终端制造环节的企业则相对较少，基础相对薄弱。

2012 年 8 月出台的《上海推进移动互联网产业发展 2012—2015 年行动计划》中提出，未来 3 年，上海市将在基础支持和应用服务两个层面推进移动互联网产业的发展。在基础支持层面，结合国家科技重大专项，重点发展面向各类智能移动终端的应用处理器芯片，研发包括 FDD（频分双工）—LTE、TD（时分双工）—LTE 等在内的终端基带和射频商用芯片，实现在通信核心芯片领域的突破；提升网络基础设施等级，加快建设城市光纤宽带网和下一代广播电视网，构建多层次、广覆盖、多热点的无线宽带网络，保持城域网出口容量国内最大、海光缆通信总容量占全国 50% 以上，创建亚太通信枢纽。在应用服务层面，积极打造促进具有自主知识产权的底层软件研发；结合云海计划的推进，重点突破数据挖掘、海量数据处理、计费、访问控制等平台关键核心技术；拓展移动互联网对行业应用等重点领域。

三、产业布局：多园区综合布局

从产业布局来看，上海市移动互联网主要分布在张江高科技园区、浦东金桥出口加工区、漕河泾新兴技术开发区等国家级开发区（见图 21-2），部分分布在紫竹高新技术产业开发区等市级开发区。这些园区的基础设施配套都比较完善。按照上海市未来的发展规划，浦东金桥区、张江地区、徐汇漕河泾将加快网络交换设备、移动通信设备的研发和制造，加快以 3G 芯片研发为主的通信产品芯片及移动通信终端设备的研发、设计和制造。

图 21-2　上海张江移动互联网产业布局示意

资料来源：赛迪顾问整理，2012-12。

四、借鉴与启示

（一）打造创业环境，培育创新能力

上海作为中国国家中心城市之一，其在人才、城市品牌度、基础设施配套、产学研结合、下游市场需求等方面的优势明显，整体产业环境比较好。在通信、IC 设计以及移动互联网行业应用方面创新能力强，占据了产业链的高端环节。其他城市在推进移动互联网产业发展的过程中，要充分借鉴上海经验，不断优化产业环境，提升自身的自主创新能力。

（二）融资渠道多，政府积极引导社会资本投入

上海在引导社会资本、风险投资等方面积累了丰富的经验。其他城市在推进移动互联网产业发展的过程中，也要拓展资深投融资渠道，保证产业发展资金能够及时得到补充。鼓励创业基金支持中小移动互联网企业创业，引导风险投资机构加大对移动互联网领域的投资力度；鼓励各类担保资金向移动互联网领域倾斜，引导金融机构通过贷款贴息等方式支持移动互联网产业发展。

（三）产业链环节有所侧重，放弃全产业链发展方式

上海移动互联网产业主要集中在应用服务领域，终端制造领域相对薄弱，因此针对移动终端整机，上海没有任何布局和措施。这也造就了上海明晰的产业定位，有利于资源集聚。

第三节　深 圳 蛇 口

一、产业定位：抢占产业前沿，打造国际一流移动互联网产业集群

作为中国科技产业的核心之一，深圳具有发展移动互联网产业的雄厚基础和实力。深圳正努力抓住新机遇抢先布局移动互联网，抢占互联网产业发展的制高点和最前沿，并积极探索全国移动互联网产业发展新道路、新模式。以"国际一流"作为目标，以"深圳质量"作为标准，以服务为宗旨，推动深圳移动互联网产业集群发展。力争将移动互联网产业打造成为深圳战略性新兴产业发展新的亮点，成为深圳加快转变经济发展方式的重要引领力量。

二、重点领域与环节：产业链条完整，终端产值优势明显

深圳是中国移动互联网产业的产品中心，是我国移动互联网产业的产值高地。产业链条覆盖完整，囊括了智能手机、平板电脑、GPS、移动应用软件、移动服务内容等，尤其在终端制造方面，实力尤为强劲。

在 2010 年全球手机总出货量（14.3 亿部）中，深圳占到 1/4 左右，其代表企业中兴通讯和华为跻身全球手机销量十强。深圳集中了中国 75% 的手机制造、60% 的手机研发设计商和 90% 的全国手机包销商，手机生产零部件配套率达到 99%。在移动应用方面，腾讯早在 2G 时代就与主要运营商合作开展移动互联网业务。如今，腾讯加快了其移动互联网业务的发展步伐，积极将已有的成熟互联网业务迁移到移动终端，在移动电子商务、手机游戏、手机支付等领域也具有明显优势。

三、产业布局：区域规划集中，软硬并举发展

在产业布局方面，深圳工业园区的产业基础较为雄厚，而深圳高新区聚集着华为、中兴通讯等实力较强的移动通信设备制造商，同时还拥有众多的手机制造商，园区企业生产的产品囊括智能手机、平板电脑、GPS 导航产品、移动应用软件、移动服务内容等移动互联网产业领域。为促进移动互联网产业发展，深圳市建立了移动互联网产业园，以促进产业集聚发展，目前位于蛇口的移动互联网产业园已完成招商，将成为深圳市移动互联网产业发展的新焦点（见图 21-3）。

图 21-3　深圳蛇口移动互联网产业布局示意

资料来源：赛迪顾问整理，2012-12。

深圳市 2009 年制定的《深圳互联网产业振兴发展规划（2009—2015 年）》指出，无线网络建设工程、移动互联网推广工程、三网融合推进工程是未来深圳市互联网产业的重点工程。同时，在 2011 年 8 月深圳已经成立移动互联网产学研资联盟，集合政府、企业、高等院校、科研机构和资本的力量，共同突破产业发展的技术瓶颈和资本瓶颈，整合整个产业链，促进产业发展。

四、借鉴与启示

（一）终端制造实力强大，成为全国性中心

在移动终端生产领域，深圳具有全球领先的实力，聚集了中国最密集的移动终端产业链厂家。全国半数手机企业在深圳，手机年产能上亿部，辐射效应强。

（二）产学研资联盟主要以市场为导向，政府以平台搭建为主要手段

针对深圳移动互联网产业缺乏有效组织和产业化、成体系的布局指引等问题，由深圳市

政府主导倡议戍立深圳移动互联网产学研资联盟。联盟仍以市场为导向，推动产业技术创新、技术转移、产业标准、知识产权共享、科技成果商业化、人才培养等一系列问题的协调，政府则较少干预，重点搭建公共服务平台，保持产业发展的活力，促进深圳在移动互联网领域核心竞争力的持续提升。

第四节　成都高新区

一、产业定位：以移动应用服务为突破口，打造国际影响力产业基地

成都是继北京、上海、深圳之后的第四大通信技术及设备研发中心，通信产业发展、通信服务能力在中西部地区居领先地位，在发展移动互联网产业方面具有良好的产业和资源基础，并率先创建了首个国家移动互联网产业基地。2012 年 6 月，成都高新区在全国范围内率先出台了《关于加快推进移动互联网产业发展的意见》。到 2017 年，要将成都高新区建设成为我国移动互联网产业创新先导区、高端人才汇聚区、应用服务示范区；力争培育企业上千家、新增创新产业载体过百万平方米、聚集人才超十万人，产业规模 2000 亿元（其中应用与服务收入过 500 亿元），形成创新动力强劲、产业环境优越、产业特色鲜明、企业规模聚集、品牌效应显著的移动互联网产业之域。

2012 年 9 月，成都高新区又宣布《成都高新区加快移动互联网产业发展的若干政策》，这是国内首个由地区政府发布的针对移动互联网产业发展的政策，从资金、人才和服务等方面入手，旨在鼓励移动互联网产业领域的创新创业和要素聚集，在引进外地优秀企业、项目、人才的同时，激发本地企业的创新发展。同时，成都高新区设立"移动互联网产业发展专项资金"，初期为 10 亿元，并根据实际需要逐年递增，主要用于重点项目（企业）的引进、优势潜力企业培育、公共服务平台的建设与运营、高端人才引进等。此外，考虑到移动互联网企业具有"轻资产"特质，对于移动互联网企业贷款，高新区将给予贷款贴息等扶持，满足企业在种子期、初创期、成长期和成熟期等不同成长阶段的融资需求。

在发展思路上，以移动智能终端等硬件研发制造为基础，以移动互联网软件平台为核心，以基于移动互联网应用开发及服务为突破，以打造领域龙头企业及产业链关键环节为重点，创业驱动、创新带动、平台拉动、应用联动相结合，以产用融合带动集聚发展，不断拓展移动互联网产业空间，加快移动互联网产业集聚化、高级化、示范化、引领化发展。努力把高新区打造成为国内一流、有国际影响力的移动互联网产业基地，使之成为全球移动互联网应用创新的核心区、中国移动互联网经济发展的增长极和成都高新区未来产业倍增的新名片。

二、重点领域与环节：产业链均衡发展，终端和业务应用优势明显

成都高新区移动互联网产业分布较广泛，在移动终端、移动软件与业务应用等方面都有覆盖，尤其是核心部件和终端、业务应用和服务两方面占据一定优势，形成了软硬结合的产业基础。

目前，成都高新区有移动互联网企业近200家，核心部件与整机制造以高新区西部园区为载体，是移动互联网先进制造业的代表。核心部件生产企业有深天马、京东方、虹视、TCL、Intel、TI等10余家，涉及领域包括晶圆制造与封装测试、显示面板、玻璃基板和背光模组制造等。技术研发与应用服务以高新区南部园区为主要载体，是高端现代服务业的代表。该领域主要包括：①移动通信研发，以华为成都研究所为龙头，聚集了联发芯、展讯等20余家国内外一流的移动通信研发企业；②应用开发及外包，代表企业有数字天空、梦想兄弟、尼比鲁、优聚、恒图等近100家企业；③移动支付及移动电子商务，代表企业有摩宝、中联信通、天志大行等，是高新区最具潜力的领域之一；④移动互联网信息服务，代表企业有百纳信息、天翼空间、索贝数码、九柚时空等，涉及应用商城、浏览器、视频服务、城市生活服务等领域。

三、产业布局：产业布局清晰，各区功能明确

在成都高新区南区重点集聚软件、移动游戏、移动支付、LBS、移动浏览器、行业应用、应用商店、移动内容服务等领域的创业企业，重点打造和引进内容聚集平台、应用分发平台等，将园区打造成中国互联网应用与服务的"创业第一园"。积极推进3G、4G/LTE等领域的研发力度，整合现有资源，大力发展面向各类智能移动终端的应用处理器芯片和面向各类移动应用的芯片。重点发展和推广面向网络通信、卫星导航、数字家庭、电子政务、城市管理、医疗健康、教育、交通、金融、物流、安防等行业的新型移动互联网应用。

在成都高新区西区主要推动移动互联网硬件的发展，形成以移动终端制造为核心，终端研发测试为引领的产业基地。重点集聚国内外著名芯片、设备及终端制造企业；积极开展智能手机、平板电脑等多种类移动终端共同发展，加强高集成度、多模、跨操作系统的移动终端制造能力，加强基于自主知识产权芯片、操作系统的移动终端研发及制造能力。

在高新南区新川科技园，主要承接本地培育的龙头企业，吸引全球及全国龙头企业的入驻，大力发展移动互联网技术研发产业、移动互联网应用服务业、互联网基础软件、中间件、信息安全和数据库软件。推进移动互联网与云计算、物联网和三网融合产业的协同发展，充分发挥产业的聚集效应，加快移动互联网产业集群的建设。

成都高新区移动互联网产业园布局示意如图21-4所示。

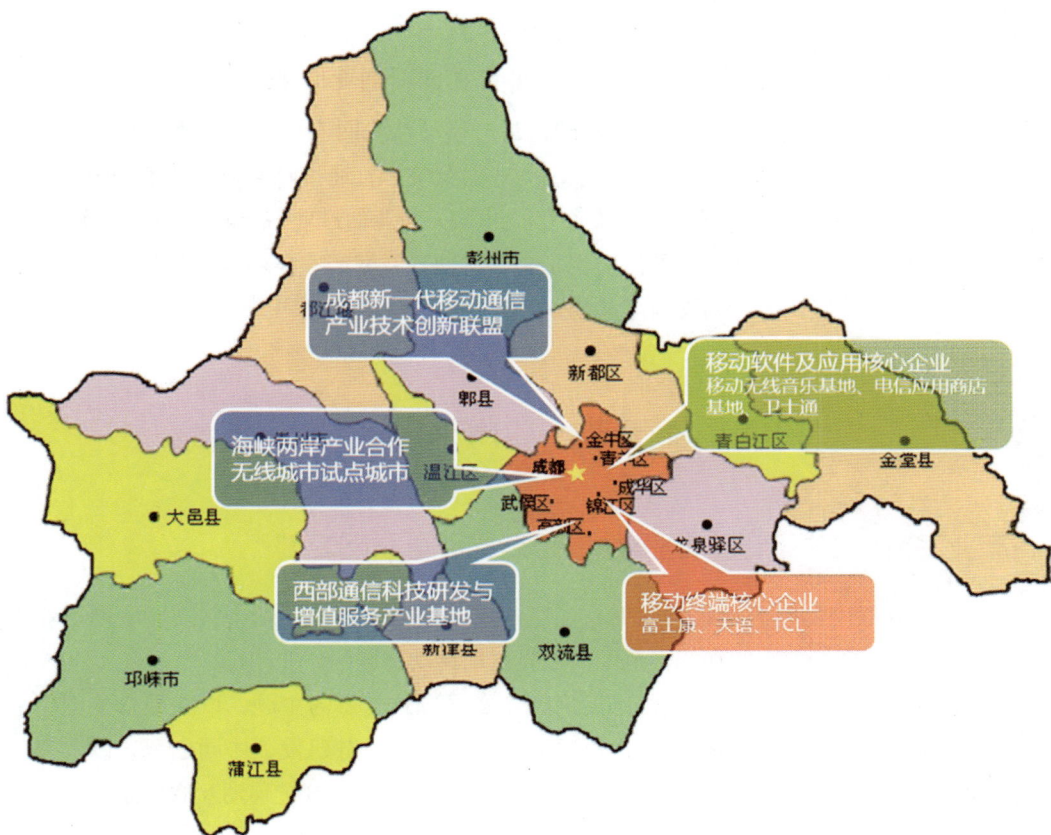

图 21-4 成都高新区移动互联网产业园布局示意

资料来源：赛迪顾问整理，2012-12。

四、借鉴与启示

（一）规划先行，发展思路清晰

成都高新区率先在全国创建了移动互联网产业基地，并出台了一系列的规划和政策，提出了清晰的产业发展目标，保证产业有序发展。以基础设施建设为途径，通过创新扩散与关键技术研发，大力发展移动互联网应用服务业，推动创新辐射型产业发展。通过配套型产业发展，加速创新的生产和应用进程，形成移动互联网应用创新的良好环境。在现有产业良好发展的基础上，发挥集群创新的优势，进行创新拓展，发展创新拓展型产业。

（二）鼓励创新创业，打造产业发展良好氛围

成都高新区在推动移动互联网产业发展上，明确将创新创业作为发展的重要举措，设立担保基金和天使基金，把移动互联网产业作为引领成都高新区未来发展的战略性新兴产业加以培育扶持。一方面，激发和支持移动互联网领域创新创业，在大力引进外来团队、项目和人才的同时，激励本土企业创新发展；另一方面，在产业发展的关键要素——人才和金融方面，给

予移动互联网企业更大力度的支持，营造适宜移动互联网企业发展的软硬环境。

（三）营造移动互联网应用与服务集聚平台和创新创业服务平台

立足于成都高新区移动互联网产业基础，营造移动互联网应用与服务集聚平台和创新创业服务平台，旨在提升成都高新区移动互联网产业的竞争力，通过政策引领和市场引导大力发展移动互联网应用与服务业，强调形成移动互联网相关产业的产业融合功能和产业聚集功能。通过"两大平台"的建设，成都高新区实现了整合移动互联网产业高端资源和领军型创业人才资源，提升了移动互联网产业的繁荣度及创新性。

第五节　广州天河区

一、产业定位：占据产业战略高地，打造移动互联网之都

作为移动互联网的发源地，广州拥有深厚的产业根基，在中国城市移动互联网产业发展竞争力排行榜中名列榜首，并在全国范围内抢先布局移动互联网产业园。

广州在移动互联网产业发展上，以促进经济发展方式转变为主题，以增强自主创新能力为主线，以世界先进城市为标杆，优化资源配置，完善产业链建设，协同创新，以"智慧广州"战略实施为依托，巩固广州在移动互联网产业的战略高地，打造移动互联网之都。

二、重点领域与环节：产业链较完整，应用服务全国领先

广州是全国移动互联网产业的南方基地，国家移动电子商务试点示范城市，运营商资源优势得天独厚，在移动互联网产业的终端与软件环节业优势明显。

在产业发展上，充分把握第三代移动通信技术（3G）和 LTE 发展机遇，形成新一代移动通信产业集群；广州抓住珠三角打造无线宽带城市群以及 3G 商用化、未来 4G 发展带来的庞大商机，加速推动移动消费电子终端产品的研发生产，拓展移动互联网增值服务链。同时，大力推进嵌入式软件、中间件、信息安全软件、绿色数据中心、云计算、移动互联网和下一代互联网服务平台等技术产品和服务产业发展。

三、产业布局：规划先行，政府率先布局移动互联网

广州经济技术开发区、科学城及萝岗周边地区、天河软件园等产业园区是广州移动互联网产业的主要聚集区，2010 年 11 月越秀建立了广州移动互联网（越秀）产业园，以促进产业集聚发展。广州移动互联网（越秀）产业园将同步分期规划建设移动互联网创业孵化集聚区、技术研发集聚区、公共服务集聚区、核心产业集聚区以及移动数字内容产业集聚区五大集聚

区，形成建筑面积达 50 万平方米的移动互联网产业聚集区。广州高新区在移动互联网软件、网络设备及终端制造、互联网应用等多个领域具备优势。

同时，广州作为中国三大电信枢纽互联网交换中心和国际互联网出口之一，中国移动、中国联通、中国电信纷纷将自己的主要业务基地落户广州，运营商资源明显。此外，广州也拥有像网易这样的互联网巨头。这些龙头企业在区域移动互联网产业的带动作用十分明显。

四、借鉴与启示

（一）善加利用运营商资源优势

作为全国重要的电信枢纽和国际互联网出口，国内三大运营商纷纷将自己的主要业务基地落户广州，广州已成为中国重要的通信产业基地。同时，3G 信号已经覆盖广州市 95% 以上区域。且广州作为 LTE 试点城市，2012 年已建成 3700 个站点，也为移动互联网产业的发展提供了肥沃的土壤。

（二）借助国家示范与授牌机会

广州在推进移动互联网产业的发展，着重向移动电子商务这一细分领域进军。自 2008 年 3 月国务院信息化工作办公室批准广州市为国家移动电子商务试点示范城市以来，广州在在平台建设、产品研发、试点应用、用户发展、模式创新等方面取得了相应进展，并积极建设国家级移动电子商务产业园，进一步提升产业集聚和辐射能力。在产业推进过程中力争国家授牌和示范工程项目，从而推动产业不断深化。

（三）政府统筹规划，快速推进产业发展

广州对移动互联网产业予以度重视，统筹规划以快速推进产业的发展，在产业支持上积极布局，抢先在越秀区部署了我国第一个移动互联网产业园，并对区内资源进行优化整合，出台相应的政策来推进产业的发展。越秀移动互联网产业园层级相对较低，在园区载体建设上，包括旧城改造、招商引资上还有很长的路要走。

第六节　武汉东湖高新区

一、产业定位：以光电子信息为核心产业的总体发展战略，龙头领域、龙头企业带动产业聚集

光通信产业是支持武汉东湖"中国光谷"发展的主导产业，整体技术实力雄厚，产业链完备，居于全国前列。东湖区以光通信发展为核心，以此全面推进移动互联网产业的发展。同时，依托武汉"智慧城市"建设，全面推动包括光通信、地理信息、云计算、物联网及移动互

联网在内多产业协同发展，多点并进。

具体的思路上，武汉全面优化政策环境，积极打造园区载体环境，着力引进一批龙头企业，大力支持企业创业，支持企业与运营商等平台资源开展战略合作，加快技术和商业模式创新，在移动互联网技术研发、平台建设、内容聚合、应用服务等方面形成突破，构建有机互动的产业生态，营造创新发展的产业氛围，推动东湖高新区移动互联网产业向规模化、集群化、特色化方向发展，将东湖高新区打造成为具有国际竞争力的移动互联网产业基地。

二、重点领域与环节：硬件层大企业入驻，应用层小企业遍布

东湖高新区的移动终端产业有较好的基础，尤其以多普达和联想为代表。近几年来，受手机更新换代、产品降价等冲击，作为高新区生产移动终端的重点企业的多普达不得不停产、限产。2012 年 5 月，联想集团宣布未来将在武汉投资 167 亿元建设新的移动互联网产业基地，建成后该基地的移动终端年产能将新增 1 亿部。这对未来东湖高新区布局移动终端产业将带来巨大而深远的影响。

东湖高新区移动互联网应用层具有服务主体众多，服务类型多样化的特点，即参与厂商众多，产品涉及面广。其中，在电信增值业务、移动电子商务、移动游戏和行业应用方面的企业较多，在即时通信、位置服务、移动内容方面也有零星企业分布。由于目前的参与者以中小企业为主，缺乏龙头企业的带动，产业集中度不高。

三、产业布局：园区产学研结合

武汉东湖高新技术开发区是仅次于北京中关村的中国第二大智力密集区，拥有非常丰富的高新技术人才资源。武汉东湖高新区 50 平方公里范围内集聚了 18 所高等院校，56 个省部属科研院所，65 个国家重点学科，10 个国家重点实验室，7 个国家工程技术研究中心，43 名两院院士，20 多万名各类专业科技人员。武汉地区共有超过百万的在校大学生，每年有近 10 万余名大学生从这里走向四面八方。园区内关东光电子产业园、关南生物医药产业园、汤逊湖大学科技园、光谷软件园、佛祖岭产业园、机电产业园等园各具特色，2000 家高新技术企业分类聚集。雄厚的科教研实力，为东湖区科学技术成果向产业成果转化提供了基础。

武汉移动互联网产业布局示意如图 21-5 所示。

四、借鉴与启示

（一）借光电子信息产业优势切入移动互联网产业

2001 年 7 月，原国家计委同意在武汉东湖国家高新区建立国家光电子产业基地，也就是"中国光谷"，自此光电产业就在东湖高新区快速发展起来。借助东湖高新区"中国光谷"的强大产业优势，以光电子信息产业带动移动互联网产业发展是东湖高新区的重要思路。

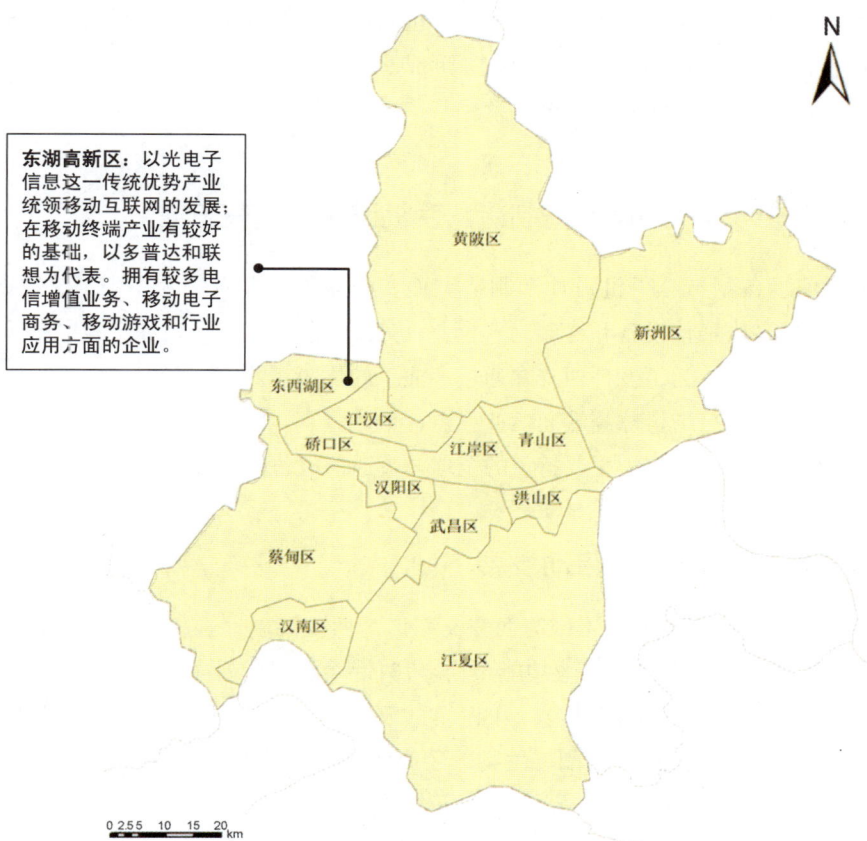

图 21-5　武汉移动互联网产业布局示意

资料来源：赛迪顾问整理，2012-12。

（二）以招大引强实现产业快速集聚

联想在武汉东湖区布局其移动智能终端全球研发与生产基地对东湖区发展移动互联网企业意义重大，首先是未来亿台规模的产能将带来几百亿元的产业规模，其次是终端巨头的存在将会吸附产业链上下游企业形成产业集聚，这将为武汉东湖区的移动互联网产业发展打下坚实基础。腾讯目前也将斥资在江夏区庙山开发区，拟建设"无线互联网技术研发总部"，积极寻求下一个业务增长点并招引巨头一直是产业快速突破的捷径之一。

第七节　西安高新区

一、产业定位：以研发为基础，完善产业链

西安高新区在发展移动互联网产业时，将以移动互联网产业研发基地为载体，以移动宽带通信芯片设计研发为基础，推动中国半导体集成电路产业及无线通信等相关产业发展；并在

移动宽带通信芯片研发的基础上，致力于开发手机软件平台和应用，以此吸引第三方应用开发者入驻软件平台。最终在移动互联网领域中，形成一个集终端研发、芯片创意设计、手机软件平台和应用开发及运营于一体的产业链体系。

二、重点领域与环节：通信设备制造、手机设计和制造占优

西安在通信设备制造、手机设计和制造方面实力较强，拥有华为、中兴、宇龙、普天、大唐移动等在内的各类通信设备和终端制造企业，其产品包括智能手机和平板电脑等移动智能终端和通信设备产品等。为了发挥西安在通信产业上的优势，西安高新区成立了长安通讯产业园，计划用 6 年时间，打造全球高端通信产业链，形成具有一定规模和综合服务功能的物流集结点，并以拥有自主知识产权为主要特色的全球一流通信设备研发和生产基地。

三、产业布局：一园一基地带动发展

西安移动互联网主要产业集聚区为西安高新区。西安高新区在 107 平方公里范围内，确立了"两带四区七园（基地）"的产业功能布局。"两带"即贯穿现代商业聚集区、总部经济聚集区、创意产业聚集区、金融商务聚集区四区的"万亿元现代服务产业带"，以及贯穿创业研发园、国际软件园、先进制造产业园、生物医药产业园、出口加工区 B 区、长安通讯产业园、草堂科技产业基地七园（基地）的"万亿元高新技术产业带"。

除了长安通讯产业园外，目前西安高新区已完成《西安高新区移动互联网产业发展思路与策略》，提出移动互联网产业的发展方向、发展重点以及创新突破口。2011 年 11 月，西部移动互联网研发产业基地落户高新区，移动互联网产业基地建设总投资规模共计 5 亿元，建成后将从手机集成电路设计与测试、手机软件平台、手机设计和制造等几大领域着手发展移动互联网产业。

四、借鉴与启示

在发展移动互联网产业时，西安紧抓产业链两个重要环节：网络通信设备和各类终端产品，从硬件入手，通过制定有针对性的相关优惠政策引进全球先进的芯片产品厂商，以硬件带动平台和软件发展，从而拉动移动互联网产业发展。

第八节　杭州高新区

一、产业定位：发挥特色优势，加强产业聚集度

杭州是首批"三网融合"试点城市、首批云计算试点城市、首批 TD-LTE 试点城市之

一，也是国内唯一的"电子商务之都"。杭州高新区相继出台了支持移动互联网等新兴产业发展的"1+X"政策，扶持移动互联网产业发展。杭州高新区通过该区的中国互联网经济示范区（核心区），发挥其在电子商务领域的特殊优势，以优势产业带动发展；通过宽带接入和测试平台、交易平台与手机软件平台等平台建设，加强产业聚集度，协同发展当地移动互联网产业。

二、重点领域与环节：手机阅读、电子商务优势明显

杭州在移动互联网产业应用领域具备较强的实力，尤其在手机阅读领域优势明显，中国移动、中国电信先后将其移动阅读业务基地落户在杭州。杭州是中国电子商务的重要产业基地，拥有阿里巴巴等众多电子商务企业，是移动互联网产业新兴业态的创新中心。近年来，随着移动互联网产业的飞速发展，电子商务厂商纷纷进军移动互联网产业，杭州有望成为中国移动互联网移动电子商务领域的领跑城市。

在通信基础设施方面，杭州也具备一定基础。以国芯科技、华三等为代表的芯片、通信企业带领着杭州通信基础设施的发展。试点 TD-LTE 技术有利于改善杭州移动互联网产业的宽带网络环境，对其长期发展效果利好。

三、产业布局：杭州高新区产业园主导

杭州市移动互联网的重要聚集区为杭州开发区、杭州高新区等产业园区，其中杭州高新区是"国家电子信息产业基地（国家通信产业园）"，在通信设备制造业有一定的产业基础，其软件产业基地为国家级软件基地之一，入驻了诺基亚 3G 软件研发中心等企业，在手机软件开发与应用领域，拥有凯斯网络等一批实力较强的企业。

在园区建设上，杭州高新区规划 3.77 平方公里、建筑面积 400 万平方米的中国互联网经济示范区（核心区），致力于打造以互联网经济体系为主导的，国际领先、国内一流的互联网经济示范区，加快移动购物、移动互联网平台软件等移动互联网产业的发展。

四、借鉴与启示

（一）政府引导产业健康协调发展

政府重视产业发展，不断推出有针对性的政策推动产业发展。杭州市政府对城市信息化有着较完整的规划，使得移动互联网产业和其他产业相互促进，协同发展，形成了互动有效、全面协调的生态系统。

（二）本地优势产业带动

杭州利用自身在电子商务和手机阅读这两个方面独特的优势，以优势产业带动移动互联

网其他领域发展，这种思路值得借鉴。

第九节　重庆两江新区

一、产业定位：多重借力，发展产业

重庆将从移动互联网终端设备入手，加大产业集群效应，同时培育下游应用市场，提高3G 覆盖水平。HP 已与重庆市达成协议，将其在重庆的生产基地功能扩展到平板电脑、手机等移动终端。重庆市在 2008 年通过了《重庆市移动电子商务发展规划》，该《规划》指出，2012年建成国家移动电子商务示范区。实施包括以体制创新为驱动力等的五大机制、三大平台和两大基地建设的"532 工程"。中国联通则在 2010 年与重庆市签署协议，5 年计划投资 100 亿元，重点发展 NFC(近距离无线通信) 产业，同时大力提高 3G 网络的覆盖水平，加速"智能重庆"的建设。

二、重点领域与环节：移动终端值得期待，借助云计算等发展移动互联网

截至 2012 年，全球 IBM、HP、华硕、宏基等七大 IT 信息知名企业都已群聚重庆。借助全球知名大厂的终端研发与生产能力，未来重庆发展移动智能终端的潜力不容忽视。2012 年 8月，重庆北部新区管委会、重庆市通信管理局与三大运营商签署"打造云端智能城市示范区、共促软件与信息服务业发展"战略合作协议，五方将共同推进北部新区城市信息化建设，这也将成为重庆市发展移动互联网方面的抓手之一。

三、产业布局：以两江新区产业园为主，多个园区为辅

重庆市移动互联网产业集中在重庆高新技术开发区和重庆经济技术开发区，两江新区高新技术产业园。另外，重庆市南岸区也已启动打造中国西部手机之都的计划，欲进一步扩大重庆移动终端制造领域的优势。同时，在重庆部分区县的地方政府也出台了一些政策，采取了相应措施来发展移动互联网。2012 年 5 月，合川区宣布着力打造年产 50 亿级的"中国合川全球移动网谷"。

四、借鉴与启示

重庆发展移动互联网产业并没有统一规划，合川的"全球移动网谷"更多地着力于软件与服务外包产业。在移动终端、移动电子商务和 NFC 等方面，重庆多有布局，但是并没有形成主

导性产业发展态势，多是结合云计算、物联网、智慧城市等战略性新兴产业方向协同发展。

第十节　城市和园区实践总结

一、四种发展模式对比分析

从全国范围来看，在强烈的市场需求推动下，中国移动互联网产业发展迅速，主要集中于珠三角、环渤海、长三角及西三角四大区域，本书选取了四大区域内的北京、上海、深圳、成都、广州、武汉、西安、杭州、重庆这九个移动互联网产业重点城市进行了分析。

通过对这些重点城市的移动互联网产业的发展战略与思路、布局情况、产业的重点环节进行梳理后发现，九大重点城市均积极布局、制定相应的政策来推动移动互联网产业的发展，但是在产业推进的路径上存在差异，从整体来看，可划分为四种典型的发展模式：北京模式、上海模式、杭州模式及广州模式。

（一）北京模式：立体式推进的全面发展之路

以北京和深圳为代表。采用整体协同推进新一代信息技术产业的思路来发展移动互联网产业。

北京和深圳移动互联网基础实力雄厚。北京移动互联网产业链完整，覆盖了核心芯片、操作系统、移动网络运营、互联网应用、移动终端、移动互联网服务、内容提供和应用开发等多个方面，在终端、软件、应用各个环节优势明显。深圳是中国移动互联网产业的产品中心，是我国移动互联网产业的产值高地，涵盖了智能手机、平板电脑、GPS、移动应用软件、移动服务内容等，尤其在终端制造方面实力强劲。同时，北京和深圳在移动互联网和以下一代互联网、集成电路、云计算、物联网、位置导航为代表的新一代信息技术产业方面均具有深厚的产业基础，产业链条比较完整，产值也居全国前列。

在具体产业推进上，北京和深圳充分利用新一代信息技术产业中移动互联网、云计算等细分产业之间的高关联度，对细分产业之间交互环节进行重点突破，融化不同产业链条，全面推动以移动互联网为代表的新一代信息技术产业的发展，并以关联产业协同发展的溢出效应进一步巩固自身的竞争优势。

（二）上海模式：关联性主导产业引领的发展之路

以上海、武汉和重庆为代表。上海模式主要结合"智慧城市"、云计算示范工程等关联性主导产业的建设来推动移动互联网产业的发展。

上海结合"智慧城市"、"云海计划"的实施来驱动上海移动互联网产业的发展。聚焦技术创新、模式创新、产业协同、环境建设，培育新业态、新模式；推动芯片、终端、传输、软件、平台、应用联动发展；优化产业发展环境，打造国内一流、国际知名的移动互联网产业品牌。武汉"智慧城市"建设总投资超过800亿元，其建设覆盖了光通信、地理信息、云计算、物联网及移动互联网在内的多条产业链，同时，依托其在光通信领域的技术优势，多点并进，推动移动互联网产业的发展，但发展思路选择并不清晰。重庆将从移动互联网终端设备入手，加大产业集群效应，同时培育下游应用市场，并结合"云端计划"、"云端智能城市"建设，从而带动移动互联网产业的发展，应用层的重点瞄准了移动电子商务领域，但是其布局过于分散，发展重点及发展实际效果还有待考察。

（三）杭州模式：聚焦优势产业的特色化发展之路

以杭州、西安为代表。杭州模式则是依据城市、产业的禀赋，在推动移动互联网产业发展上走上了特色化发展之路。

杭州高新区通过该区的中国互联网经济示范区，发挥其在电子商务领域的特殊优势，以优势产业带动发展，通过宽带接入和测试平台、交易平台与手机软件平台等平台建设，加强产业聚集度，在传统互联网优势方向上进行重点推进，集中在电子商务和阅读服务等应用层的发展，从而引导移动互联网产业的发展。西安则是依托于良好的通信产业基础和硬件研发设计上的优势，紧抓产业链两个重要环节：网络通信设备和各类终端产品，从硬件入手，通过制定有针对性的相关优惠政策引进全球先进的芯片产品厂商，以硬件带动平台和软件发展，从而拉动整个移动互联网产业前进，走上一条由硬入手，不断向软件拓展的特色化发展道路。

（四）广州模式：政府统筹的产业均衡发展之路

以广州、成都为代表。广州模式则是政府系统规划、有序布局的全产业链均衡发展模式。广州是全国移动互联网产业的南方基地，国家移动电子商务试点示范城市，运营商资源优势得天独厚，移动互联网产业链条完整，在终端与软件环节业优势明显。在推进移动互联网产业的发展上，广州市在全国率先布局移动互联网产业园，发展思路清晰，构筑了"启动区＋扩展区＋辐射区"的规划。同时，依托区内运营商、互联网巨头，以及终端企业等资源，实行政府主导的、全产业链推进的均衡发展模式。同时，大力推进嵌入式软件、中间件、信息安全软件、绿色数据中心、云计算、移动互联网和下一代互联网服务平台等技术产品和服务，不断利用和集聚战略性信息资源，实现关联产业的协同发展。成都高新区移动互联网产业发展比较均衡，产业基础和资源优势从整体上看与广州类似。成都则是政府统一规划，以打造互联网产业基地为目的积极布局。在产业发展上一是注重高附加值，特别发展移动电子商务、移动行业应用、移动云平台等新业务领域；二是注重高关联性，与成都高新区乃至成都市整个高科技产业形成一体化发展，形成涵盖电子信息制造、芯片设计、软件和互联网服务的全产业链；三是注重高集聚性，形成"要素集聚、产业集群、人才集中"的产业发展格局。

从产业规模上看，二者均具有比较健全的产业链，产业产值差异也不大；从产业基础上看，二者均具有相对雄厚的软件、硬件、信息服务产业以及游戏产业基础；在资源禀赋上，二者均具有良好的运营商资源，广州作为中国三大电信枢纽互联网交换中心和国际互联网出口之一，三大运营商纷纷将自己的主要业务基地落户广州，运营商资源得天独厚；而成都市运营商的优势也很明显，西部信息中心、天翼空间、中国移动音乐基地等均落户成都，在推进移动互联网产业发展上，优势明显。

二、城市和园区实践的经验借鉴

各个重点城市依据自身的资源禀赋和产业基础，在推进移动互联网产业的发展思路和政策取向上各有侧重。例如，北京、深圳信息技术产业整体基础雄厚，移动互联网产值大并占据移动互联网产业链高端环节；又如，上海、武汉、重庆云计算产业、"智能城市"建设背景下的产业推进思路；再如，杭州基于传统互联网产业以及特色领域优势进行推进。地方政府、园区在推进移动互联网的发展过程中，应该充分审视自身的资源和优势，结合先进城市的移动互联网产业发展经验，探寻一条与自身情况相匹配的差异化发展道路。

同时，各大重点城市在移动互联网产业发展中也存在不同程度的困难和制约因素。例如，北京、深圳的城市综合成本高，产业间资源竞争加剧、外部转移趋势明显、发展空间较小等问题；又如，上海、武汉、重庆产业连不完整，产业链薄弱环节比较明显；再如，杭州、西安的产业局部优势明显，产业容量小；此外，还有广州产业载体建设不充分等问题，成都高新区发展移动互联网产业的难点有：同质化企业多、根植性大企业较少、明星业态缺乏、高端人才吸聚能力薄弱、产业辐射效应不强、知识产权保护氛围淡薄等问题。这些难点在后期推进产业发展时上亟须克服。

总体来说，各政府、园区在加大移动互联网产业推进力度，为确保产业快速发展，要有的放矢，主要体现在以下四个方面。

（一）政府统一的顶层设计，保证产业有序发展

移动互联网产业目前尚处于成长期，各种新兴业态在技术实现、商业模式上仍不成熟。因此，各政府、园区在推进移动互联网产业的整体思路上，应做好顶层设计，统筹规划，确保产业发展思路清晰，配套政策措施完善和落实，从而保证产业健康、有序地发展。

（二）产业推进应有重点，选择适当的产业发展取向

整体看来，移动互联网产业链长，细分领域多，各政府、园区在产业推进上，应充分结合区内已有产业基础优势和资源禀赋，对重点细分方向积极布局，并对产业发展中的核心环节和优势领域予以重点推进，选择适当的产业发展取向，从而起到以点带面的发展效果。

（三）充分发挥社会力量，共同构建良好的产业氛围

各政府、园区在移动互联网产业推进上，应充分借鉴北京和深圳的产业联盟建设经验，在推动产业技术创新、技术转移、产业标准、知识产权共享、科技成果商业化、人才培养等一系列问题上进行协调，打造良好的产业氛围。同时，对"车库咖啡"这种以民营资本为主的微型孵化器模式也应大力支持和推广。充分发挥社会资源和力量，构建产业发展的良好氛围。

（四）以平台建设为抓手，增强辐射效应

各政府、园区应该以产业服务平台建设为重要工作内容，促使国内、国际相应资源的积聚，重点支持第三方内容平台、第三方服务平台、数字内容加工平台、公共测试平台、政府主导的信息交互平台等建设，并促进各类平台开放融合，在终端接入方式、接入内容、接入对象等方面实现开放与共享，提升产业辐射效应，进而提高全球化发展的产业竞争力和影响力。

（五）向产业高端环节延伸，发挥区域间产业的协同效应

各政府、园区在推进移动互联网产业发展时，应充分吸取重点城市产业发展的经验和不足，在不断完善配套产业支撑体系、扶植政策和基础设施建设的基础上，进一步向高端环节延伸，推进产业集约化、集群化、系统化发展；在产业的综合布局上，应统一规划，合理布局，推进实施"区位联动"发展战略，通过重点区域及城市间双向资源流动，打破信息孤岛，充分发挥产业合作协同效应，增加产业的辐射能力。

移动互联网企业创新实践

第一节 运 营 商

一、中国移动

（一）企业概况

中国移动通信集团公司（以下简称"中国移动"）于 2000 年 4 月 20 日成立，注册资本 3000 亿元，资产规模超过万亿元人民币，拥有全球第一的网络和客户规模。中国移动全资拥有中国移动（香港）集团有限公司，由其控股的中国移动有限公司（以下简称"上市公司"）在国内 31 个省（自治区、直辖市）和香港特别行政区设立了全资子公司，并在香港和纽约上市。2011 年列《财富》杂志世界 500 强第 87 位，品牌价值位列全球电信品牌前列，成为全球最具创新力企业 50 强。

中国移动主要经营移动语音、数据、IP 电话和多媒体业务，并具有计算机互联网国际联网单位经营权和国际出入口局业务经营权。除提供基本语音业务外，还提供传真、数据、IP 电话等多种增值业务，拥有"全球通"、"神州行"、"动感地带"等著名客户品牌。

2011 年 12 月，中国移动首次面向开发者集中发布了包括"MM 云"、"飞信 +"在内的五大开放能力，携手 14 家产业链合作伙伴正式启动"开放合作新模式"。为应对市场环境的变化，中国移动根据自身优势制定了全新的移动互联网战略，即"智能管道、开放平台、特色业务、友好界面"的发展策略，积极构筑智能管道，搭建开放平台，打造特色业务，展现友好界面，以此来推动中国移动在移动互联网领域的拓展，夯实自身的竞争力（见表 22-1）。

表 22-1　中国移动移动互联网战略

构筑智能管道	包括数据中心和网络，是以管道为基础构建基础设施平台；大力开展流量经营，为客户提供更快捷、更方便、更高效的上网体验，构筑好用、易用、智能的信息传送管道
搭建开放平台	以移动应用商城、无线城市、云计算、位置服务等平台为核心，集中搭建聚合的内容型平台、开放的能力型平台，打造使用方便、反应灵敏的统一门户，引导产业链为客户提供更多、更优质的业务和应用服务
打造特色业务	在部分能够充分发挥运营商优势的领域，有选择地形成业务先导、品牌统一、价值创新、竞争力强的核心业务
展现友好界面	推动各种平台能力在终端的适配以及特色业务在终端体验的优化，为客户提供友好的终端和业务界面

资料来源：赛迪顾问整理，2012-12。

（二）移动互联网产品家族

在移动互联网产品发展上，中国移动采用了业务基地的模式来发展移动互联网。自 2006 年 3 月在成都设立第一个产品创新基地——中国无线音乐基地以来，陆续成立了上海手机视频基地、辽宁位置服务基地、湖南电子商务基地、浙江手机阅读基地、江苏游戏及 12580 基地、福建手机动漫基地、重庆物联网基地、广东互联网基地、四川无线音乐基地九大基地（见图 22-1）。中国移动首创的业务基地模式，是中国移动在移动互联网时代的最核心增值业务布局思路。

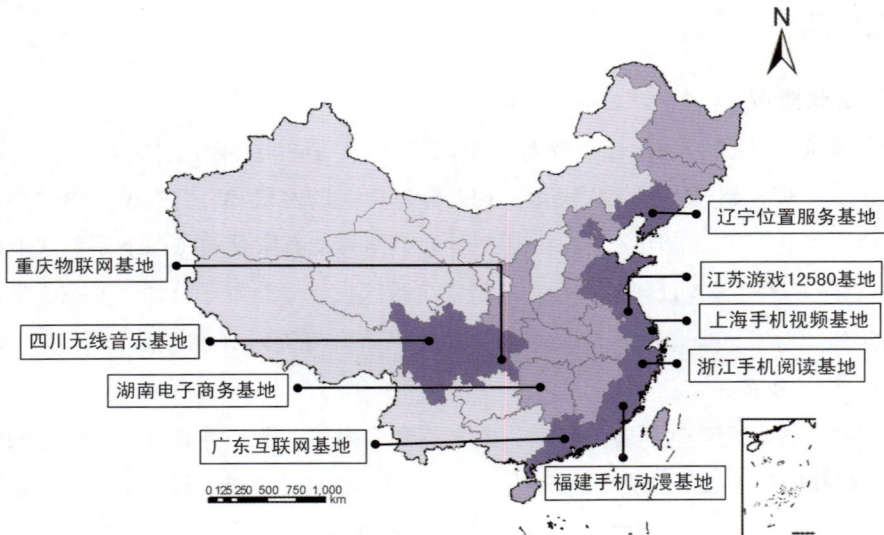

图 22-1　中国移动九大产业基地布局

资料来源：赛迪顾问，2012-12。

从时间先后上来看，九大基地起步于 2G，发展于 3G，也将积极应对 4G 市场的发展；从横向业务范畴来看，九大基地涉及音乐、手机视频、位置服务、电子商务、物联网、互联网、手机阅读、游戏、12580、手机动漫、物联网、移动云服务等，基本上包涵了移动互联网时代的所有客户需求。可以说，中国移动从空间上和时间上九大基地都实现了完整布局，并不断向行业应用领域渗透，从而引领移动互联网产业的发展（见表 22-2）。

表 22-2　中国移动九大基地移动互联网产品家族

无线音乐基地	中国最大的正版音乐无线首发地、中国最大的正版音乐内容发布平台、中国最大的音乐内容交易平台、中国最大的音乐会员互动平台
手机视频基地	未来将发展成为全国最大的无线视频产品和内容运营中心。 目前已经和上海文广新闻传媒集团、中央电视台、国际广播电台、中央人民广播电台、国务院互联网新闻中心、人民日报社、新华社、团中央等开展内容合作。中国移动手机视频基地团队现已建立了编制专职运营团队，涉及产品开发、项目建设、内容合作、业务运营、全网支撑、系统维护等环节
位置服务基地	做世界一流的位置服务提供商。 位置服务基地以 CELL ID 定位、Wi-Fi 定位、区号定位、GIS 与互联网地图、增值POI、实时交通等位置能力为基础，以多种大众应用和行业应用为表现形式，通过语音、短信、WAP/Web 等方式服务于社会，满足不同层次、不同领域的用户需求
电子商务基地	打造"最通用的支付工具、最便利的移动电子商务应用平台"。 处理商户、用户之间收款、付款等资金流流转和现金管理的支付及清结算能力，包括订单支付、批量付款、分账结算三类；用于营销活动中用户激励、刺激交易的营销工具，包括手机支付电子券、虚拟商品资源等
手机阅读基地	目前汇聚了超过 26 万册的精品内容，涵盖图书、杂志、漫画、听书、图片等，覆盖80% 以上的榜单图书，基本构建了国内正版图书最多的内容汇聚平台；实现用户在手机 WAP、客户端、电子书、平板电脑、WWW 间的无缝阅读及一站式实体书购买服务
手机游戏基地	主要运营各种类型的手机游戏，包括千余款精品单机游戏和精品手机网游以及各具特色权益丰富的各类游戏包产品
手机动漫基地	实现动漫业务的"一点接入，全网服务"。 一是提供内容浏览型产品，将动漫作品以手机作为载体进行展现，全面覆盖如手机、平板电脑、PC 等终端载体，实现动漫手机化，满足用户"看动漫"的诉求，如漫画、动画；二是提供动漫数字衍生品，将动漫元素植入通信过程、驻留手机屏幕，在实现沟通的基础上进一步提升用户的视听体验，充分迎合用户个性化诉求
物联网基地	打造中国移动低成本、标准化、开放性物联网发展体系，切入物联网发展关键环节，促进移动信息服务应用拓展，取得移动物联网市场领先地位
互联网基地	以"做好开发者聚集的平台，做好用户喜爱的产品"为目标。 负责 MM、社区、公共服务等运营建设；逐步承接飞信、梦网门户、139 邮箱、PUSHMAIL、语音信箱客户端、体育（全体育、无线体育俱乐部）、企业飞信、手机证券、WLAN、无线城市、号簿管家等业务的运营建设，成为聚合开发者和消费者的双边平台

资料来源：赛迪顾问整理，2012-12。

（三）企业案例

中国移动在移动互联网领域布局广，主要侧重于移动应用服务上。下面将以其典型的移动音乐服务为例，来探讨中国移动的移动互联网发展思路。

移动音乐基地是全国唯一的一个为近 6 亿手机用户提供无线音乐的服务商，目前是中国最大的正版音乐无线首发地、中国最大的正版音乐内容发布平台、中国最大的音乐内容交易平台、中国最大的音乐会员互动平台。中国移动音乐基地采用了"6+2+7"的运营体系，包括运营分析系统、客服支撑系统、业务评审系统、渠道管理系统、版权管理系统、工单管理系统六大支撑系统，中央音乐平台、会员管理平台两大平台和 WWW 门户、WAP 门户、短信门户、IVR 门户、手机客户端、PC 客户端七大门户（见图 22-2）。

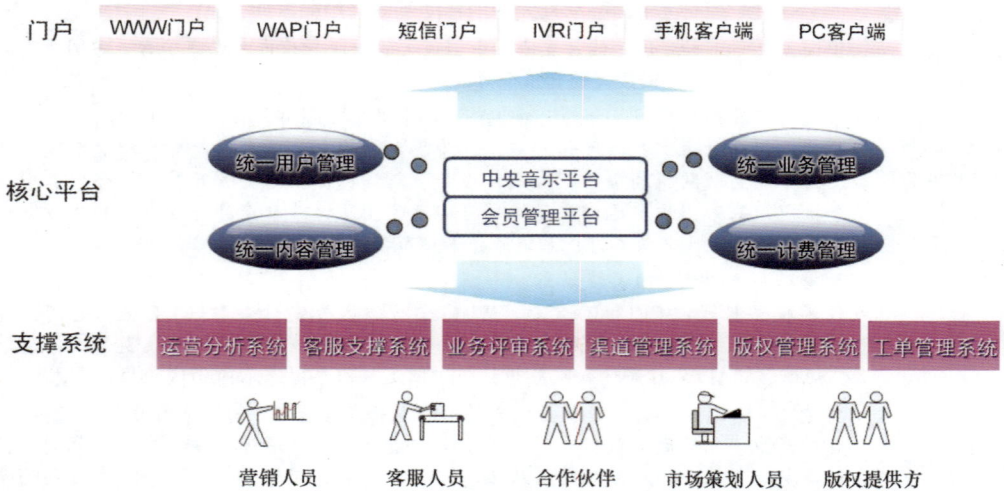

图 22-2　中国移动音乐基地产品运营体系

资料来源：赛迪顾问整理，2012-12。

同时，在此基础上，积极打造数字音乐公园，构筑国内最大的无线音乐内容交易中心、线下互动中心、研发体验中心和内容制作中心（多媒体制作中心），形成以中国移动为龙头的数字音乐上下游企业集成，建立全面对接、服务大众娱乐消费市场的综合性、体验式基地，构筑覆盖数字音乐全产业链并兼容多元文化的产业生态系统。

（1）以用户体验为中心：建立移动第一个研究用户体验的 CE 实验室，准确了解、挖掘用户需求；所有的新产品、新功能上线前都需要通过 CE 实验室的用户体验，并根据用户体验优化后才能上线。

（2）内容为王：建立丰富的音乐正版版权库和音乐多媒体内容库；加强内容的整合和运营。

（3）坚持创新：设立了创新基金和创新管理机制，鼓励员工创新；营造鼓励创新的宽松环境和氛围；在鼓励创新的前提下，允许失败。

（4）专注运营：相对灵活的人才引入机制，引入"音乐达人"和"互联网狂人"等专业人才；建立了完善的运营体系架构和管理机制；专注于音乐，不断做深做大。

（四）创新特点

在网络方面，中国移动积极推进 2G/3G/WLAN/TD-LTE 四网协同发展。截至 2011 年年底，基站总数超过 92 万个，3G 实现全部县级以上城市的覆盖，网络质量持续领先；WLAN 无线接入点近 220 万个；顺利完成了六城市 TD-LTE 规模技术试验，九城市第二阶段试验相继展开；发起成立的 TD-LTE 全球发展倡议，已有 40 家运营商加入，5 家运营商已推出商用服务。中国移动 2011 年通过四网协同发展，充分发挥四网各自优势，实现了网络效益最大化。

在业务创新方面，中国移动提出了"智能管道＋开放平台＋特色业务＋友好界面"的移动互联网发展策略，形成了 Mobile Market 云服务、物联网能力、电子商务能力、位置能力、飞信＋等五大开放平台能力，建立了九大业务基地。MM 移动应用商场累计已有应用 11.5 万个，超过370万开发者，超过1.7亿户注册用户，应用下载达到6.7亿次。中国移动还与31省（自治区、直辖市）、217个城市签署了无线城市合作协议，全国布局和平台建设基本完成，上线应用超过1.3万个，形成了面向政务、民生、企业生产营销、各地特色服务四大领域行业应用的规模化发展，已有上千万客户享受到无线城市应用。同时，中国移动2011年还大力发展客户端与智能终端，通过终端内置受欢迎的自有业务和第三方业务，推动终端与业务的深度耦合，提供友好的业务界面，形成客户最佳体验。

在管理创新方面，中国移动的专业化运营也在2011年迈出实质步伐。国际公司投入运营，拓展了国际业务市场份额，推动了香港国际海缆登陆站建设，为低成本快速形成全球网络能力做好了准备；通过与国际运营商谈判降低结算价格，大幅下调了38个重点方向的国际漫游资费；组建终端公司，加强终端集中采购，单台终端平均采购价下降近20%。通过实施专业化市场化运营，中国移动有力地支撑了业务发展，提高了运营管理效率。

二、中国联通

（一）企业概况

中国联合网络通信集团有限公司（以下简称"中国联通"）于2009年1月6日在原中国网通和原中国联通的基础上合并组建而成，在国内31个省（自治区、直辖市）和境外多个国家和地区设有分支机构，是中国唯一一家在纽约、香港、上海三地同时上市的电信运营企业，连续多年入选"世界500强企业"。中国联通主要业务经营范围包括：GSM移动通信业务、WCDMA移动通信业务、固网通信业务（包括固定电话、宽带）、国内/国际长途电话业务（接入号193）、批准范围的本地电话业务、数据通信业务、互联网业务（接入号16500）、IP电话业务（接入号17910/17911）、卫星通信业务、电信增值业务，以及与主营业务有关的其他电信业务。2011年12月底中国联通3G用户净增348.5万户，增长较2010年11月加快，累计用户达4001.9万户，3G网络中联通增速最快，居行业第一位。另外，2011年12月宽带用户净增71.8万户，累计达5565.1万户。

在向移动互联网领域进军的过程中，中国联通占据了WCDMA网络的优势技术，并提出了"Wo+开放体系"的整体战略。"Wo+开放体系"由产品聚合能力、能力共享、渠道能力、智能管道四部分组成。其中，产品聚合能力是指中国联通为产业合作所打造的"平台的平台"。合作伙伴依托中国联通的业务平台，将互联网优质的应用服务资源展现给用户，无缝对接应用资源，供用户搜索、并且一键下载。能力共享是指提供联通的短、彩信，语音通话，IVR，统一账号以及云通讯录等通信能力调用，同时汇聚互联网各类资源，有效整合，输出给应用提供商、行业应用开发商以及个人开发者。渠道能力是指根据用户需求，一方面在营业厅及卖场等线下场所为用户提供业务体验、订购，并协助用户下载、安装、使用等服务；另一方面在App插件中植入各种应用，实现App聚合、转发分享、社区交流和通讯录整合等功能，从而形成互联网的新型传播渠道。智能管道是指智能地对网络资源实现差异的调度和动态精确配置，具有对用户业务及流量分层管理和控制的能力，实现用户可识别、业务可区分、流量可优化、网络可管理、计费可灵活等差异化的服务功能。中国联通将在移动互联网业务方面采取开放合作的政策，旨在进一步提升整个移动互联网产业的聚合能力，与广大合作伙伴共创移动互联生态产业。

（二）移动互联网产品家族

移动互联网相比于传统互联网，竞争主体大大增多，竞争形式更为多样化。"内容＋终端"成为一种重要的竞争模式，以内容应用为导向的产业链整合成为一个重要趋势。中国联通宣布"Wo+开放体系"，构筑开放的平台以促进促进在这一领域的发展。中国联通的综合门户集成了手机电视、手机音乐、沃商店、沃阅读、手机报、手机资讯、手机生活、手机营业厅等精品增值业务，"沃友"、"红围脖"、"联通之声"、"沃Phone"、"手机营业厅客户端"等产品，为用户提供了在即时通信、微博、智能终端、电子渠道业务办理等全方位、互动性强的移动互联网应用。同时，联通借助终端领域，借助于苹果iPhone的优势来拓展高端客户。此外，中国联通也积极向移动云服务领域布局，在避免被管道化的同时，也在攫取新的竞争优势。

移动警务、掌上证券、智能交通、移动采编、移动定损、移动办公等3G应用则以物联网技术为各个行业提供了信息化解决方案，通过提供跨行业解决方案促进了工业化与信息化的"两化融合"。中国联通先后与五矿集团、中信集团等国有大型企业签订了战略合作协议，结成了战略合作伙伴关系，协助他们加快推进企业自身的信息化建设，极大地提升了这些企业的核心竞争力。目前，中国联通现已在全国累计发展集团客户800多家，终端用户数规模已经超过50万。中国联通将一如既往地利用自身在行业应用和信息化领域积累的丰富经验，发挥在3G网络和服务能力方面的优势，全力调配各类资源，为广大客户提供更为便捷、高效的信息化服务（见图22-3）。中国联通移动互联网产品家族如表22-3所示。

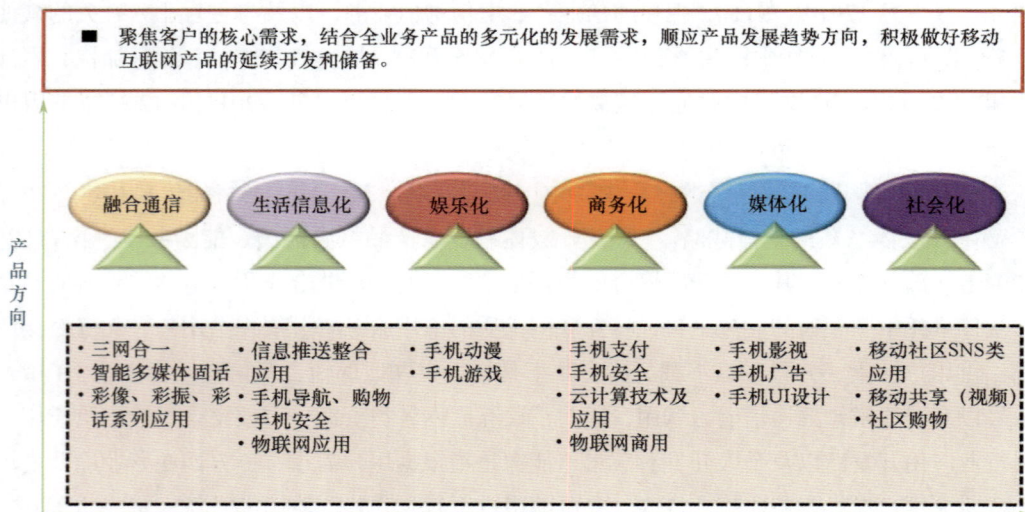

■ 聚焦客户的核心需求，结合全业务产品的多元化的发展需求，顺应产品发展趋势方向，积极做好移动互联网产品的延续开发和储备。

产品方向

| 融合通信 | 生活信息化 | 娱乐化 | 商务化 | 媒体化 | 社会化 |

| ·三网合一
·智能多媒体固话
·彩像、彩振、彩话系列应用 | ·信息推送整合应用
·手机导航、购物
·手机安全
·物联网应用 | ·手机动漫
·手机游戏 | ·手机支付
·手机安全
·云计算技术及应用
·物联网商用 | ·手机影视
·手机广告
·手机UI设计 | ·移动社区SNS类应用
·移动共享（视频）
·社区购物 |

图 22-3　中国联通产品发展策略

资料来源：赛迪顾问整理，2012-12。

表 22-3　　中国联通移动互联网产品家族

产品	简介	特点
手机电视	中国联通手机电视可以提供 34 个直播电视频道的节目，包括新闻、财经、生活、电影、电视剧、体育、娱乐等 16 个栏目，以及上千个点播内容	视频画面达到了 320×240 的分辨率，画面流畅且清晰
手机邮箱	中国联通提供手机邮箱的应用，将手机电话号码作为手机邮箱账号，方便用户随时随地接收邮件。而且当邮件寄达时，会以短信方式让用户知道	方便、快捷
手机报	联通手机报提供各类的手机报信息，涵盖了文化、生活、军事、时尚、旅游、教育、影视等各大类，并可通过营业厅受理、短信营业厅受理、电话营业厅受理三种方式来办理	联通公司结合了各大报刊，提供多元广泛、且附有权威性的信息
沃阅读	口国联通推出沃阅读的应用服务，涵盖移动互联网、有线电视网、互联网三大载体，基于客户对于各类图书等内容的阅读需要，整合具备内容出版或发行资质的机构，并将各类丰富的内容资源以移动互联网浏览方式、客户端、彩信、短信、Web、电视互联网等多屏互动的产品形式展现给用户	增加用户的多重阅读体验，并提供出版排行的最新消息
沃商店	中国联通的沃商店服务目前适用于诺基亚、HTC、三星、黑莓、联想、中兴、华为等 20 个品牌左右，共计 600 多种型号的手机终端。现在可供用户选择的应用大致为游戏、阅读、娱乐、生活等六大类别	在支付上，沃商店采用了中国联通的专用实时在线通信账户，用户可以使用联通一卡充及银行卡等不同的方式对沃账户实时充值
手机音乐	中国联通提供沃音乐项目的服务，包括了音乐下载、音乐试听、音乐搜索、音乐信息等服务内容，以及当下最新的排行消息	联通的沃音乐以云计算服务为基础，并结合微博，利用微博来使有共同音乐爱好的朋友相互交流，甚至还可以关注喜爱的歌星

资料来源：赛迪顾问整理，2012-12。

（三）企业案例

中国联通在加快移动互联网发展的过程中，采用了终端营销的策略，与苹果公司合作，利用终端优势来拓展高端客户群。2009 年，联通与苹果就在华销售 iPhone 达成了 3 年独家销售协议：苹果公司以每台 3000 元的价格向联通销售裸机，联通每年负责包销 100 万～200 万台手机，保证销售额不低于 50 亿元；苹果不参与联通的业务分成，但是手机内置了苹果在线软件商店，苹果可以向消费者卖软件和服务。中国联通与苹果合作运营模式如图 22-4 所示。

对终端厂商而言，手机定制最大的好处莫过于将销售压力转移到运营商，自己可以专注于手机研发与创新等核心业务；而运营商虽然在表面上承担了手机的销售风险，但是凭借其所掌握的用户数据和详细资料，完全可以通过精确的用户行为分析和市场预测将潜在风险化解为高利润。但是，在收益分配方面，苹果公司不仅要求运营商提供高额的终端补贴，还要求对 iPhone 用户的套餐收入进行分成；在内容业务方面，苹果公司要求 iPhone 应用程序的下载只能通过 iTunes 获取，内容业务的排他性改变了以往运营商发展的合作模式，削弱了运营商对内容业务的主导权，将运营商的作用管道化；在终端掌控方面，iPhone 的激活不仅需要运营商的

SIM 卡，而且还需要在 iTunes 上进行注册才能完成，与传统模式相比，这一模式弱化了运营商对用户的掌控关系，而突出了 iTunes 对用户的管理。

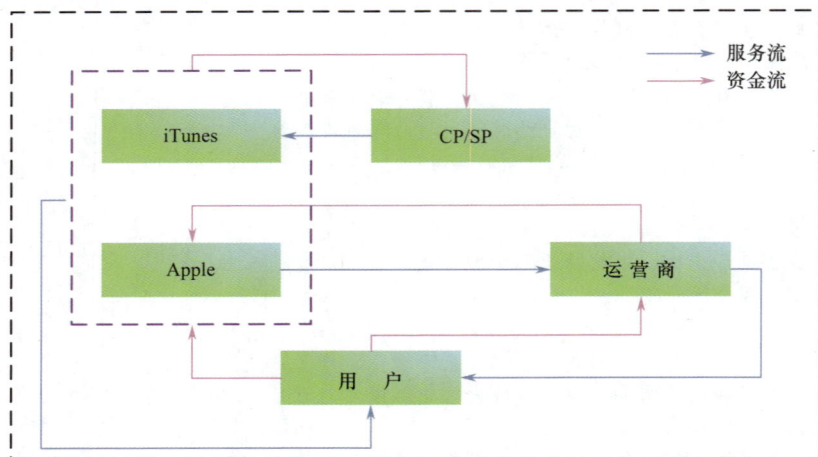

图 22-4　中国联通与苹果合作运营模式

资料来源：赛迪顾问整理，2012-12。

　　然而，这种合作模式在拓展高端客户群的同时，也存在很多诟病，与苹果深度合作的过程中，苹果公司不仅拒绝深度定制，坚持原有模式，而且品牌体现和营销渠道方面，都明确而强烈地体现出苹果的主导性，不仅管道化了运营商的作用，而且管道化了运营商的品牌。中国联通正试图摆脱对苹果的依赖，通过多元化终端策略取胜，中国联通提出了千元智能机战略。

（四）创新特点

　　中国联通研发自己的操作系统，推出自己的"沃 Phone"手机操作系统。采用战略性智能终端策略，并推进 3G 技术在各行业的应用。中国联通抢先布局物联网领域，凭借 WCDMA 网相对成熟的优势，占据未来物联网相关市场的先机。依靠所把持的产业链、业务、终端及较为成熟的 WCDMA，为其在移动互联网领域带来了相应的竞争优势。同时，积极向移动手机支付、导航应用、出租车调度、汽车信息化等拓展，逐渐形成了自身的比较完备的市场格局。但是，不得不承认的是，联通在企业活力、企业文化、创新能力等"软实力"与中国移动相比有一定差距，现阶段的目标集中在"多方位争夺用户"上，其生态系统构筑还需要进一步深化。

三、中国电信

（一）企业概况

　　中国电信集团公司（以下简称"中国电信"）成立于 2002 年，是我国特大型国有通信企业，连续多年入选"世界 500 强企业"，注册资本 1580 亿元。中国电信作为中国主体电信企业和最大的基础网络运营商，拥有世界第一大固定电话网络，覆盖全国城乡，通达世界各地，成员单位包括遍布全国的 31 个省级企业，在全国范围内经营电信业务，并在美洲、欧洲、中国香港地区、中国澳门地区等地设有分支机构。中国电信集团公司旗下有两大上市公司——中国电信股份有限公司和中国通信服务股份有限公司，其中中国电信股份有限公司于 2002 年在香港、纽约上市。而中国通信服务股份有限公司于 2006 年在香港上市。中国电信主要经营固定电话、移动通信、卫星通信、互联网接入及应用等综合信息服务。旗下拥有"天翼"、"天翼飞 Young"、"天翼 e 家"、"天翼领航"、"号码百事通"、"互联星空"等知名品牌，具备电信全业务、多产品融合的服务能力和渠道体系。2011 年 3 月 30 日，中国电信移动 CDMA 用户数突破 1.17 亿户，中国电信成为全球最大的 CDMA 运营商。

中国电信按照"统一、开放、聚合、服务"的特征，于 2010 年 12 月 28 日提出了自己在移动互联网领域的新定位：在规模发展移动、宽带业务的基础上，拓展 ICT 行业应用、固定和移动互联网以及物联网、云计算等新一代信息技术应用；通过多业务、多平台、多网络、多终端的融合以及价值链的开放合作，为客户提供便捷、丰富、差异化、高性价比的综合信息服务；成为智能管道的主导者、综合平台的提供者、内容和应用的参与者，即"新三者"。

中国电信在移动互联网上正表现出明显的后来者居上的势头。中国电信在应对移动互联网产业发展上出现一系列大动作，包括天翼视讯引资、建立产品孵化基地、成立创投公司、组建中国电信国际公司、阅读和游戏基地公司化运作、号百重组上市等。中国电信先后在全国部署了天翼阅读、协同通信、物联网、爱音乐、爱游戏、天翼视讯、天翼空间、动漫八大天翼基地，并不断追求业务上的品牌化、差异化，服务上追求一体化、显性化。

在终端领域通过定制集采和强化社会化推广，提升 3G 用户渗透率，为深化流量经营奠定基础。截至 2011 年年底，天翼 3G 手机累计销量已达到 6288 万部，3G 手机流量全年完成 15652TB。此外，中国电信还成功引入了苹果 iPhone 等终端，并已于 2012 年年末向市场投放，试图进一步抢占市场高端客户。中国电信天翼系列三大客户品牌介绍如表 22-4 所示。

表 22-4　中国电信天翼系列三大客户品牌介绍

品牌名	目标客户群	介绍
天翼飞 Young	年轻群体	主要是针对学生群体提供的各类套餐优惠活动
天翼 e 家	家庭用户	包含"e9 共享版"、"e9 自主版"、"e8"、"e6"四类套餐，全面融合了最优质的信息通信产品，提供家庭信息服务解决方案
天翼领航	中小企业客户	针对不同类型企业客户的综合通信和信息需求，提供通信应用、信息应用、行业应用，满足客户提升企业形象、降低运营成本、增加商业机会、促进业务增长、提高工作效率及一站式服务等方面的需求

资料来源：赛迪顾问整理，2012-04。

（二）移动互联网产品家族：基地＋终端

在移动互联网领域，中国电信已经在全国布置了八大基地。它们分别是：浙江的天翼阅读基地和协同通信基地、江苏无锡的物联网基地和爱游戏基地、广东的爱音乐基地、上海的视讯基地、四川成都的天翼空间基地、福建厦门的动漫基地。这八大基地几乎囊括了 3G 时代手机前沿发展的各种命题（见图 22-5 和表 22-5）。

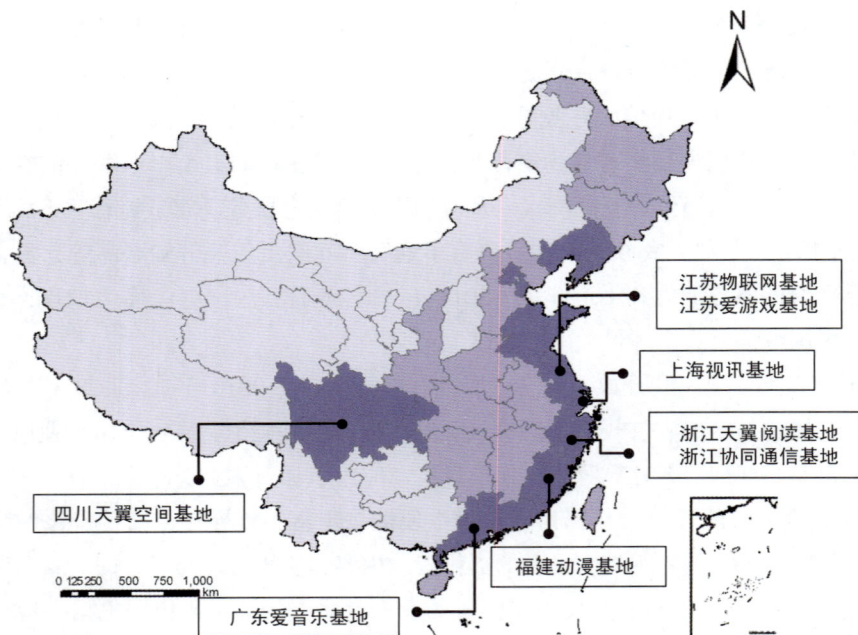

图 22-5   中国电信八大基地分布图

资料来源：赛迪顾问整理，2012-12。

表 22-5   中国电信八大基地介绍

天翼阅读基地	定位：不是手机阅读基地，而是数字阅读基地； 支持多种终端接入：天翼用户可以通过互联网、Wap 以及客户端等多种方式登录； 涉及诸多产业链上下游企业，内容方、终端方等。在终端层面，电信的阅读业务支持 在电视、电脑、手机、电纸书等多终端无缝阅读；在内容层面，中国电信在发布会上 与 10 多家出版社签订了合作协议
协同通信基地	中国电信浙江公司与微软公司共同研发、推出的信息化项目——协同通信 ECP，是 以电信全业务通信网络和微软软件为平台，以企业通讯录和个人通信为基础，将固话、 移动手机、即时沟通、电子邮件以及音视频网络会议等多种沟通方式融为一体
物联网基地	物联网技术重点实验室：重点开展中国电信有线、无线宽带网及天翼 3G 网络与传 感技术融合的技术研究和应用开发； 物联网应用和推广中心：主要是商用各类物联网应用产品，探索物联网项目的市场 化运作商业模式，支撑物联网相关业务投入规模商用
爱游戏基地	主题：绿色健康、快乐在手； 目标：基于手机、PC、TV、专用游戏机等多种终端，提供绿色健康的融合性游戏业务； 产品种类：角色扮演、动作格斗、体育竞技、益智休闲、冒险推理等。目前"爱游 戏"已推出三屏融合游戏、手机体感游戏等多款创新型游戏业务
爱音乐基地	爱音乐业务包括了七彩铃音、振铃、音乐下载、在线试听、音乐资讯、音乐搜索、 音乐社区、会员服务等多种音乐服务功能，可为手机、小灵通、固话、宽带和互联网 用户提供海量高价值音乐内容的一站式音乐娱乐服务
视讯基地	通过"天翼视讯"，用户不仅可以通过 Wap 方式来收看电视直播节目、点播节目， 更可以通过客户端方式来更清晰、有效地观看各类视频信息和内容。 视讯基地统一运营中国电信 IPTV、手机视讯、互联网视讯的业务，负责全国视讯中 央级平台的业务运营，支撑各省视讯业务发展

（续）

天翼空间基地	由中国电信四川公司与华为合作建设。在应用产品类型方面，天翼空间应用商城分为游戏、主题、娱乐、生活、通信、阅读、旅行、商务、教育、财经、工具11类应用产品；在终端覆盖方面，其应用产品在初期兼顾PC和手机，后续将发展包含上网卡、IPTV等终端在内的适配应用
动漫基地	动漫运营中心担负着集团级重大产品创新开发和运营集约化管理的任务，为中国动漫生产原创能力提供强有力的市场支持，也为全国乃至全世界的动漫创作者与动漫需求者搭建了一个沟通交易的便捷平台

资料来源：赛迪顾问整理，2012-12。

中国电信推出了天翼定制机，近年来还开展千元天翼智能机活动，扩大终端优势，弥补了以往终端上的缺陷。例如，与小米公司合作推出小米电信定制机，抢占年轻市场。中国电信还与苹果合作，推出苹果电信定制机，试图抢占高端市场。

（三）企业案例

中国电信最具特色的就是天翼系列产品，天翼系列体现了中国电信进军移动互联网产业的决心和信心。下面将以天翼空间为例，体现中国电信开放、融合的特征。天翼空间在推出两年多以来，一直致力于打造一个开放平台，在服务自身老客户的基础上，繁荣客户和开发者双边甚至多边市场，通过发展从而提升流量经营；目前旗下已拥有"应用工厂"、"应用商店"（应用空间）、手机助手三大品牌，分别提供手机应用的分发、销售、测试、运营等服务，并将自己定位为移动应用服务提供商（见图22-6）。

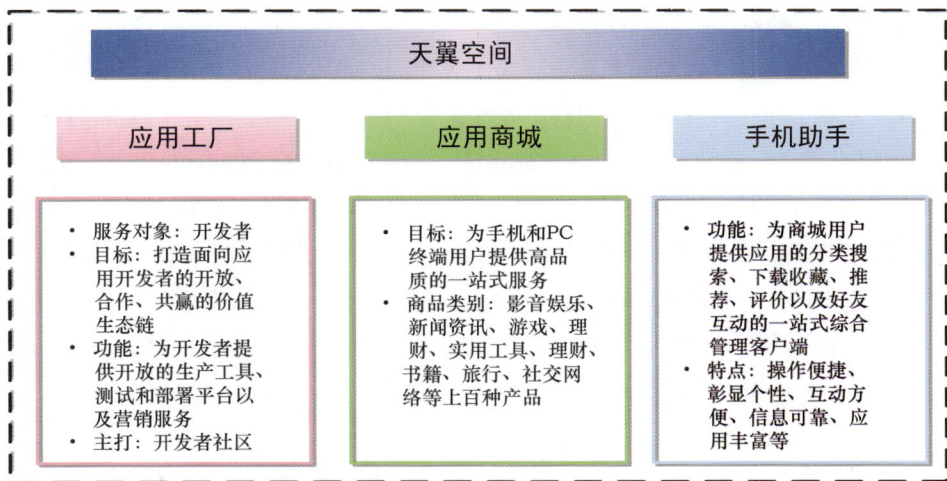

图22-6 中国电信天翼空间三大品牌介绍

资料来源：赛迪顾问整理，2012-12。

从天翼空间的品牌分类中可以看出，天翼空间并不只是应用商城，因为单纯的应用商城对客户的黏度并不大，而是创造性地提出了"前店＋后场"的格局，其中前店是应用商店，后场是应用后场，后场是真正可以实现盈利并且差异化的重要体现。天翼手机助手用于自己的渠道推广。三大品牌相辅相成，构筑天翼空间完整的价值链。

天翼空间最大的特色就在于"开发者社区"，作为应用开发平台，聚合开发者能力。2012年9月开始，天翼空间联合华为、网易等合作伙伴举办了第二届移动应用创新大赛，向开发者提供丰厚奖金以及百万级营销推广支持，发掘了众多优秀应用；在两年多的发展历程中，天翼空间不断强化同应用提供者、开发者的合作，目前已经与超过4000家合作伙伴以及40多万开发者开展合作，并每年举办"全球开发者大会"。

截至2012年11月底，由中国电信官方运营的手机应用商店"天翼空间"应用数已突破15万个。其中软件8.7万个，游戏3.3万个，阅读和影音内容共计3.5万个，拥有用户超过9600万户，下载量超过3亿。

（四）创新特点

1. 结合品牌特点融合创新发展、深度细分客户群开展体验营销

与竞争对手相比，中国电信有着两个方面的优势。

（1）具有互联网宽带的内容基础和运营经验。"互联星空"平台上的优质内容资源经过整合可以迅速移植到移动互联网平台，甚至形成手机和PC的统一界面，提升移动互联网用户的体验；不仅如此，"互联星空"平台的运营经验也对中国电信运营移动互联网大有裨益。

（2）政企和家庭客户群的运营有一定基础。中国电信将客户群分成个人、政企和家庭三类，并形成了相应的客户品牌。在发展和运营移动互联网的过程中，中国电信也将这种客户细分的思想融入其中，形成针对个人、政企和家庭用户的应用专题，形成差异化的移动互联网运营模式，并且反向强化原有各品牌的影响力。

2. 成立创新孵化处：鼓励员工创业、吸引外部创新点

中国电信2011年3月就成立了创新业务事业部，仅隔一年事业部下属创新项目孵化处也应运而生。公司出资金，员工出创意，为鼓励员工创业，在给予全力支持的情况下还保证保留原岗位，解决员工的后顾之忧。但是项目运营成熟后，会面临利润分成的问题，为避免这种纠纷，2012年3月，中国电信在上海挂牌成立创新孵化基地，6月，中国电信成立天翼创投公司，做起VC。创新孵化项目聚焦在移动互联网、云计算、电子商务等业务领域。第一批入驻上海孵化基地孵化的有14个项目，主要来自电信内部员工，目前这些项目有的还在孵化，有的已破壳。

第二节　终　端　企　业

一、华为

（一）企业概况

华为技术有限公司是一家生产、销售通信设备的民营通信科技公司，于1987年由任正非

创建于中国深圳，注册资本 2.1 万元。经过多年的发展，华为技术有限公司已在深圳市龙岗区坂田设立华为基地，并将华为总部设立于此。华为的主要业务范围是交换，传输，无线，数据通信类电信产品，在电信领域为世界各地的客户提供网络设备、服务、解决方案。在 2011 年 11 月 8 日公布的 2011 年中国民营 500 强企业榜单中，华为技术有限公司名列第一，同时华为也是世界 500 强中唯一一家没有上市的公司。

华为技术（华为）是全球领先的电信解决方案供应商，产品和解决方案已经应用于全球 100 多个国家，服务全球运营商 50 强中的 45 家及全球 1/3 的人口。产品具体包括如下：①无线接入；②固定接入；③核心网；④传送网；⑤数据通信；⑥能源与基础设施；⑦业务与软件；⑧ OSS；⑨安全存储；⑩华为终端。

目前，随着传统通信领域发展的疲软，以及移动互联网和云计算的热点的快速兴起，华为的发展战略重心正在转变。华为将从电信运营商网络向企业业务、消费者领域延伸，协同发展"云 - 管 - 端"业务，提供大容量和智能化的信息管道、更多的智能终端以及新一代业务平台和应用，以此来提升客户应用解决方案的体验。

（二）移动互联网产品家族

华为终端公司隶属于华为于华为技术有限公司，其产品主要覆盖手机、移动宽带、融合终端、视讯等多种形态的产品系列。目前，智能手机已经成为华为终端公司发展的重点，其中较强的代表性的产品系列包括：华为 Honour 系列以及 Ascend 系列手机。

华为 Honour 系列手机：2011 年，云计算如火如荼地发展，作为云计算应用的重要平台的"云手机"也成为智能手机产业新兴的热点，备受业界关注。华为基于"云 - 管 - 端"战略布局，在终端推出 Honour 系列手机，深化"云手机"概念。

华为 Honour 系列手机作为"云手机"中的战略型手机机型，主要定位于中高端用户市场，寻求产品的实用性与精品性的平衡。目前，华为推出的 Honour 系列手机具有代表性的机型是 U8860 和 U9508。华为 Honour 系列手机为用户提供超大的网络存储空间，并深度融合了 Cloud 服务，如通讯录以及重要文件的安全备份以及同步更新。在产品的硬件层面，华为 Honour 系列手机保持了较有竞争力的配置——强劲的处理器、更大的电池储备以及更纤薄的外观设计。

华为 Ascend 系列：2012 年，华为引入了全新的终端品牌——Ascend 产品家族。在 Ascend 品牌体系下分为 D、P、G、Y 四大产品系列，分别对应钻石、铂金、黄金、年轻；对应旗舰、高端、中端、入门。其中，D 和 P 系列手机是华为推出的旗舰型产品，华为希望借此产品系列发力智能手机高端市场，重塑华为智能手机品牌形象，提升自身在市场中的影响力。

（三）企业案例

目前，华为已全面布局智能手机市场，其中比较具有代表性的机型有 U8860 和 Ascend D1 Quad

1. 华为 U3860

华为 U8860 参数如表 22-6 所示。

表 22-6 华为 U8860 参数

	参数
上市时间	2011 年 11 月
网络制式	支持 WCDMA，支持 GPRS/EDGE/HSDPA
体积	115.3mm×51.4mm×14.6mm
重量	112g
颜色	黑色、白色
处理器	高通 QualcommMSM8255T 1.4GHz
操作系统	Android 2.3
屏幕	1600 万色 TFT；480×854 像素，4.0 英寸
摄像头	800 万像素
电池容量	1930mAh
内存容量	512MB RAM，4G ROM

数据来源：赛迪顾问整理，2012-12。

点评：①华为 U8860 作为云手机中的战略性机型，是华为整合内部资源深化"云 - 管 - 端"的战略重要标志；②具有"云服务 Cloud+ 支持"，并且为用户提供 160GB 的网络存储空间，为用户带来了更便捷的应用服务，也使用户对华为终端产品产生了较强的用户黏性；③ U8860 配置了 1930mAh 的电池，相比于当时主流 1500mAh 的规格，具有更强的待机时间。

2. 华为 Ascend D1 Quad

华为 Ascend D1 Quad 参数如表 22-7 所示。

表 22-7 华为 Ascend D1 Quad 参数

	参数
上市时间	2012 年 8 月
网络制式	单卡双模，WCDMA，GSM
体积	129.9mm×64.9mm×8.9mm
重量	132.0g
颜色	黑色、白色
处理器	海思 K3V2，1228MHz
操作系统	Android 4.0
屏幕	1600 万色 TFT；1280×720 像素，4.5 英寸
摄像头	800 万像素
内存容量	1GB RAM+8GB ROM

数据来源：赛迪顾问整理，2012-12。

点评：①华为 Ascend D1 Quad 是 Ascend 品牌中首款手机，同时也是华为的第一款四核处理器手机，是华为转向布局中高端市场的重要标志；②应用了基于 Cortex A9 架构下自行开发的四核处理芯片：海思 K3V2，1228MHz，并成为当时业界体积最小的芯片，标志着华为在智能手机核心元器件领域已经取得了一定成绩；③较高的性价比，该机型的上市定价为 2699 元，相对于相同配置的其他品牌手机，突出性价比；④针对全球市场的手机，该机型将在中国、澳大利亚、欧洲、北非、南北美洲和中东地区销售。

（四）创新特点

1. 依托'千元智能机'，大力拓展大众市场

移动互联网时代，拉动 3G 用户增长，带动 3G 流量提升成为电信运营商重要的利润增长点。而手机厂商也希望通过智能手机的销售来提升市场份额，并在新一轮竞争中占据主动地位。因此，现阶段，普及智能手机成为电信运营商和终端厂商的共同的利益诉求。"千元智能机"的出现在保留了智能手机大部分功能的基础上，有效地突破了大众市场的价格瓶颈，掀起了智能手机普及的风潮。

华为已经将"千元智能机"纳入终端产品线的重要组成部分中，通过和三大电信运营商的紧密绑定，推出高性价比的智能手机，如 C8500、C8500S、C8650、C8810、C8812、U8818、T8828 等机型。丰富的机型选择以及较高的性价比，使华为的"千元智能机"在市场中获得了较高的用户认知，并成为华为拓展市场的利器。

2. 全面布局社会渠道，提升用户体验

华为一直以来都将电信运营商作为最主要的销售渠道，并通过与电信运营的绑定使自身销量获得了快速的增长。但是，这样的过度依赖电信运营商的渠道策略也导致了华为"低利润、难塑品牌形象"的尴尬处境。由于华为对终端市场的日趋重视，也在逐渐调整渠道的策略，加速社会渠道的布局。目前，华为已经与大型国代商天音、爱施德，手机以及家电连锁卖场迪信通、国美和苏宁展开全面的合作；同时，在电商渠道上也与京东商城、天猫以及亚马逊合作，并开始运营自有的华为商城。

为了提升用户体验，打造高端品牌形象。华为推行"体验店"渠道策略，用户可以在体验店中感受"明星产品真机任意体验＋概念产品机模＋美女店员定时演示"，在互动的过程中，提升用户对产品的认知。

二、联想

（一）企业概况

联想集团成立于 1984 年，由中科院计算所投资 20 万元人民币、11 名科技人员所创办。1994 年联想香港电脑有限公司在香港主板市场上市。2004 年中国联想集团收购美国 IBM 全球 PC 业务后，同时在中国北京和美国北卡罗莱纳州的罗利设立两个主要运营中心，通过联想自己的销售机构、联想业务合作伙伴以及与 IBM 的联盟，新联想的销售网络遍及全世界。联想在全球有 27000 多名员工，是全球第二大个人电脑厂商，名列《财富》世界 500 强，为全球前四大电脑厂商中增长最快的厂商。自 1997 年起，联想一直蝉联中国国内市场销量第一，占中国个人电脑市场超过三成份额，联想集团现在已经发展成为一家在信息产业内多元化发展的大型企业集团。

联想产品系列包括 Think 品牌商用个人电脑、Idea 品牌的消费个人电脑、服务器、工作站、平板电脑、智能手机和智能电视等移动互联网终端产品。2011 年，联想开始发力智能手机市场；凭借联想在个人电脑市场的技术和品牌优势，2012 年年初联想智能手机销量成功进入中国市场前三名。

随着业绩与市场的趋好，联想在近年来开始大范围在国际市场合纵连横。2011 年先与 NEC 成立合资公司主攻日本，随后收购德国 Medion 布局欧洲。2012 年联想集团首次提出了"PC+"概念。未来联想计划通过智能手机、平板电脑、个人电脑和智能电视四大终端全面覆盖各个细分市场，同时推出以乐云为核心的完整"个人云"解决方案，将上述"四屏"与乐云服务融合，完成硬件、软件、云端的全面布局。

（二）移动互联网产品家族

联想的移动互联网产品家族包括：乐 Phone 智能手机、功能手机、Idea Tab 平板电脑以及 Idea TV 等产品。其中智能手机以乐 Phone 手机的 K、S、P、A 产品系列为主。

乐 Phone 系列：乐 Phone（LePhone）是联想公司 2010 年 1 月 7 日在美国的 CES 2010 大展开幕之际，发布的一款全新的智能手机，这款取名"乐 Phone"的智能手机，是联想高调宣布移动互联网战略后，推出的一款战略性产品。取名"乐 Phone"用意是希望用户能够在使用该产品时拥有更多的快乐体验，其中中文"乐"的拼音"Le"正是联想英文品牌"Lenovo"的前两个字母。

乐 Phone 产品系列均属于智能手机，普遍采用直板加触屏的设计，外观时尚。拥有基于 Android 系统的界面，在拥有功能性手机的基本功能的同时，乐 Phone 产品愈加注重用户体验。内置众多本土化的互联网应用服务，如人人网、开心网、新浪微博等，借助联想乐 Phone 的互联网信息推送服务，将信息和内容自动更新在手机 widget 中，为用户带来全新的互联网体验。

乐 Phone 产品陆续推出了 K、S、P、A 产品系列，扩充了产品线，使其覆盖低、中、高端市场，其中畅销的机型包括 K860、A288t、A790e、S880i、S899t、P700i、P700 等。

（三）企业案例

1. 乐 Phone K860

伴随智能手机大屏与平板电脑跨界发展的趋势，联想乐 Phone 系列从 2012 年第三季度起开始进入 5 英寸大屏市场，向中高端智能手机市场进军，其代表机型为乐 Phone K860（见表 22-8）。

表 22-8　乐 Phone K860 参数

	参数
上市时间	2012 年 8 月
网络制式	支持 GSM WCDMA，支持 GPRS/EDGE/HSDPA
体积	143.54mm × 74.44mm × 9.6mm
重量	193.5g
颜色	星夜黑色，玫瑰红色

（续）

参数	
处理器	三星 Exynos 4412 1433MHz
操作系统	Android OS 4.0
屏幕	1600 万色；1280×720 像素，5.0 英寸
摄像头	前：200 万像素，后：800 万像素
电池容量	2250mAh
内存容量	1G RAM，8G ROM

数据来源：赛迪顾问整理，2012-12。

点评：①外形上整体偏向商务风格，采用 5 英寸屏幕，机身三围也达到了 143.6mm×74.5mm×9.6mm，重量约为 193.5g，手持感觉厚重扎实；②系统 UI 上，联想 K860 取消手势区操作，以内置在屏幕的四颗虚拟按键取而代之，方便操作，减少了对机身 HOME 键重复操作的损伤；③联想 K860 采用了 800 万像素第二代 CMOS 摄像头，拍照性能达到了国产手机新的高度，拍照功能非常丰富。

2. 联想 A288t

联想 A288t 参数如表 22-9 所示。

表 22-9 联想 A288t 参数

参数	
上市时间	2012 年 1 月
网络制式	GSM TD-SCDMA，支持 GPRS/EDGE
体积	114.1mm×60.5mm×11.5mm
重量	105g
颜色	黑色，粉色
处理器	展讯 8810 1GHz
操作系统	Android OS 2.3
屏幕	26 万色；480×320 像素，3.5 英寸
摄像头	320 万像素
电池容量	1500mAh
内存容量	256MB RAM，512 ROM

数据来源：赛迪顾问整理，2012-12。

点评：联想 A288t 薄边框和斜收设计比较时尚，双扬声器设计。3.5 英寸的电容触控屏，分辨率达到了 480×320 像素的水平，显示效果清晰，320 万像素摄像头可以满足日常拍摄需求。基础硬件配置展讯 8810 1GHz 处理器，整机运行速度流畅。从定价策略可以看出，联想 A288t 是一款低端智能手机，主要是面向低端市场，但是由于这款手机造型时尚、小巧；加之配置适中，基本满足日常生活和娱乐使用需求，性价比很高，所以还是受到不少消费者的喜爱，尤其是女性消费者，其自上市以来一直十分畅销。

（四）创新特点

1. 紧握运营商定制机合作渠道，建立联想智能手机品牌影响力，助力销量提升

2012 年运营商定制智能手机最新统计数据显示，在中国三大电信运营商 9 月定制手机市场中，联想市场份额高达 16.2%，综合排名第一。联想与三大运营商中的合作业务均衡发展，定制手机领域均有涉及，其中中国移动的定制机联想市场份额达 23%，居中国移动运营商定制手机份额首位。中国联通的定制机业务，联想以 16% 的市场份额同样高居第一位。而中国电信定制机业务，排名大幅上升，智能手机业务市场份额排名已攀升至第二位。

"联想模式"的出现被认为是最行之有效的"运营商定制机合作模式"。联想运营商定制机合作模式的成功源于其五大竞争力：第一是关系和政策；第二是产品和推广；第三是渠道和销售；第四是行业和方案；第五是组织和运营。联想在重视产品和渠道的同时，充分重视运营商定制机的发展战略，积极配合运营商的产品规划和销售政策，与运营商之间形成了一种稳定而高度契合的合作关系。

2. "农村包围城市"战略，以中低端手机市场为基础，逐渐向高端手机市场领域进军

联想的农村包围城市战略重点在于，主打低端市场，抢占市场份额，在占据了足够的市场份额后，再调整产品定位进军中高端市场。在移动终端产品市场上，联想一改以往靠单一乐Phone 产品走高端市场的路线，近两年靠中低端的庞大产品线占据了市场。目前联想运营商市场的千元机，产品售价大都维持在 1500 元以下，已经形成了 S、A、P、K 四大产品系列。在利用千元级产品占据低端市场的份额、提高品牌价值和零部件采购成本之后，逐渐开始布局高端市场。在运营商渠道支撑住联想手机销售的前提下，联想开始在开放渠道覆盖中高端的价位段，计划推出以"K"系列为代表的中高端产品，以争取更高的产品利润率。

3. 提高产业链各环节资源整合优势，建立完整的研发、生产、销售体系

研发、生产和销售产业链条整合是联想着重的战略方向。联想集团不断加大对研发技术的投入和研发体系的建立。目前，已成立了以联想研究院为指引的二级研发体系，拥有国家专利百余项。在产业链条中，联想注重产品的更新速度，在保持新品快速推出市场的同时，保证库存的健康。联想在北京、上海和广东惠阳各建有一个现代化的生产基地，生产台式电脑、服务器、笔记本电脑、掌上电脑等产品；同时在厦门、成都、武汉等地设有大规模的移动互联终端产品的研发生产基地。联想已逐步建立起成熟而完整的生产销售链条。

4. "PC+"战略，打造 PC 范围生态圈

为适应移动互联网发展的大潮，以及未来"多屏合一"的移动终端发展趋势，联想集团提出"PC+"的概念，要立足于联想在 PC 时代所积累下的优势来打造超过 PC 范围的生态圈。即通过云服务把智能手机、平板电脑、智能电视与个人电脑等终端产品连接起来，形成"四屏一云"的产品格局。无论是智能手机、平板电脑、智能电视或个人电脑，以上系统均支持云服务功能，用户在使用这四屏中的任意一种产品时，都能享受到相同的云服务。而联想的盈利模式可以不仅基于销售硬件本身，同时也能够凭借新的业务模式为联想带来新的盈利点。

三、小米

（一）企业概况

小米科技有限公司成立于 2010 年 4 月，是一家从事高端智能手机软件开发与热点移动互联网业务运营的公司。小米科技由天使投资人雷军带领创建，共计 7 名创始人，分别为董事长兼 CEO 雷军，联合创始人兼总裁林斌，联合创始人及副总裁黎万强、周光平、黄江吉、刘德、洪锋，在公司成立之初获得了天使投资人及风险投资 Morningside、启明的巨额投资。小米的研发团队主要由来自微软、谷歌、金山、MOTO 等国内外 IT 公司的资深员工所组成。公司的目标是"做顶级的智能手机，用手机取代电脑"。

在小米科技正式成立当年的 8 月 16 日，推出了基于 Android 原生系统深度开发，并按照中国用户的使用习惯改进的 MIUI 系统首个内测版。并在 12 月正式发布了手机实名社区米聊 Android 内测版。2011 年 7 月，小米科技正式推出了国内首款双核处理器 3G 手机——小米手机，2011 年 9 月 5 日，小米手机开始接受用户网上预订。

小米手机、MIUI、米聊是小米科技旗下三大核心业务。"小米手机"的市场定位是"发烧友级"高性价比的手机，同时也承载了小米科技的市场核心价值和品牌发展战略；"MIUI"是小米科技基于 Android 进行深度定制开发的手机操作系统平台，小米的策略是在深度定值的系统平台上加载应用服务，以提高用户对终端品牌的依赖性，从而实现终端和应用服务互相促进的完整的产业生态链；"米聊"是小米科技出品的一款支持跨手机操作系统平台、跨通信运营商的手机端免费即时通信工具，为用户提供免费的文字聊天、语音对讲聊天、群聊、免费发送图片、手写涂鸦以及语音微博等功能。

小米公司的企业战略是要通过低价格、高配置终端迅速占领市场，然后面向终端用户提供定制化的应用服务，通过终端的高市场占比带动应用服务的渗透率来实现盈利目标。但事实上当前的小米科技除了低价硬件之外，如何通过软件服务和热点应用来构建公司产业生态体系的发展方向的策略并不清晰，还没有推出持续有影响力的应用服务产品，因此整个公司需要建立清晰的互联网应用服务发展方向来推动终端产品和软件服务的有机结合。

（二）移动互联网产品家族

小米手机是小米科技的核心产品之一，也是公司的终端品牌名称，是针对手机发烧友专门研发的一款智能手机。小米科技在 2011 年 8 月 16 日正式发布了小米手机一代，主要采用线上销售模式。小米手机一代是搭载了世界上首款双核处理器 1.5GHz 主频的智能手机，Scorpion 双核引擎比其他单核 1GHz 处理器手机的性能提升了 200%。其产品系列还包括了小米手机 1S、小米 M1 联通版、小米 M1 电信版、小米手机二代等陆续上市的机型。小米手机产品系列以超过同类品牌机型的高配置和基于 Android 原生系统深度定制 MIUI 的手机平台定位于"高性能发烧级智能手机"，吸引了追求高性价比的手机玩家群体。

（三）企业案例

目前，小米手机的主要代表机型有小米一代（M1）、小米青春版（1S）、小米二代（M2），并为联通和电信运营商提供定制版手机。

1. 小米 M1

小米 M1 参数如表 22-10 所示。

表 22-10　小米 M1 参数

	参数
上市时间	2011 年 10 月
网络制式	支持 GSM/WCDMA，支持 GPRS/EDGE/HSDPA
体积	125mm × 63mm × 11.9mm
重量	149g
颜色	黑色，支持多彩后壳
处理器	高通 Qualcomm MSM8260 1.5GHz 双核处理器
操作系统	MIUI+ 原生 Android（基于 Android OS 2.3）
屏幕	1600 万色 TFT；480×854 像素，4.0 英寸
摄像头	前置 200 万像素，后 800 万像素 LED 补光灯
电池容量	1930mAh
内存容量	1GB RAM,4G ROM

数据来源：赛迪顾问整理，2012-12。

点评：①小米 M1 作为小米科技成立后的首款智能手机，标着小米科技正式进军智能机市场。②配置了高通 Qualcomm MSM8260 1.5GHz 双核处理器，比主流的绝大多数智能手机 CPU 主频快 200%，比顶级 1.2GHz 双核智能手机主频快 25%。相对高配置的低价销售策略，让小米 M1 上市后得到了较好的市场反馈。③独创的无锁双系统模式，既考虑了发烧友用户的需求，避免因为刷机或升级失败而影响正常工作，又可以为普通用户提供选择使用 MIUI 系统或者原生 Android 系统的便捷手段。

2. 小米 M2

小米 M2 参数如表 22-11 所示。

表 22-11　小米 M2 参数

	参数
上市时间	2012 年 8 月
网络制式	支持 GSM/WCDMA，支持 GPRS/EDGE/HSDPA
体积	125mm × 63mm × 11.9mm
重量	149g
颜色	香槟金色，银灰色，深褐色，酒红色，蓝色，孔雀绿色，橄榄绿色
处理器	高通 APQ8064 2.5GHz 四核处理器

（续）

参数		
操作系统	MIUI+ 原生 Android（基于 Android OS V4.0）	
屏幕	1600 万色 TFT；1280×720 像素，4.3 英寸	
摄像头	前置 200 万像素，后 800 万像素背照式 CMOS 摄像头	
电池容量	1930mAh	
内存容量	2.5GB RAM，32G ROM	

数据来源：赛迪顾问整理，2012-12。

　　点评：①小米 M2 延续了小米 M1 的高性价比优势，是目前综合硬件配置最为强大的安卓智能手机。首次使用高通 28nm 工艺的 APQ8064 1.5GHz 四核处理器和 Adreno 320 图形芯片，4.3 英寸 720P 分辨率 342PPI 屏幕，2.0 大光圈背照式 800 万像素主摄像头和 200 万像素前置背照式摄像头，契合了"发烧友级手机"的市场定位。②基于 Android 4.1 的 MIUI V4 操作系统，相比较一代的 MIUI+ 原生 Android 系统增强了操作的顺滑性，同时支持语音助手以及云服务、主题商店和自由桌面等功能，在个性化方面提升了用户使用的趣味性。③与此同时，返修率高、供货周期长所引发的对产能的质疑、背板发热死机现象等问题也在考验着小米 M2 乃至小米科技未来希望借助终端抢占市场份额的发展持续力。

（四）创新特点

1. 精准互动的微博营销，通过意见领袖的传播建立品牌影响

　　小米科技利用网络广告促销、小米社区与 MIUI 论坛运营模式把营销成本降到最低，节省了传统手机厂商建立营销渠道和传统媒体的市场推广成本。在小米手机发布之初，雷军不断在微博上宣传小米科技和小米手机，通过与行业内知名人士的互动吸引眼球，扩大品牌影响力和知名度。配合上市的时间点制造各种话题，在微博上持续吸引大众的关注。

　　同时小米科技和微众传媒合作，建立了可供几十个运营人员同步管理的微博运营平台，维护一个用户参与度很高的论坛，随时在微博上回复客户咨询小米手机的相关问题。有效的微博互动不仅提供给用户实用的内容，同时也通过舆论导向教育了用户，提升了用户对品牌的忠诚度，最终获得了用户的认可。

2. 以"手机发烧友"定位，强化品牌的超强性价比

　　小米手机的战略明确宣称要服务于手机发烧友，以高配置、低价格迎合发烧友用户追求高性价比的心理，以双核处理器、大屏幕、信号好和大容量电池这四个特点的价值主张满足手机发烧友的核心需求。在小米手机的研发之初，研发人员直接在 MIUI 论坛上频繁地和粉丝互动收集意见，让用户投票选择需要什么样的产品。由论坛积累起来的"发烧友"后来成为小米手机最忠实的核心用户，成为帮助小米手机开展口碑传播的意见领袖。

　　小米 M1 搭载世界上首款高通 MSM8260 平台的双核处理器，小米 M2 依然是全球首款采用高通 APQ8064 2.5GHz 四核处理器的智能手机。高配置和互联网互动开发模式吸引了具有先

导性特点的手机发烧友群体，依靠这个特定群体在消费大众心目中的强专业性、高信任度，来带动普通用户的选择导向，从而积累了用户群体。

第三节　软件企业

（一）UC 优视企业概况

UC 优视是全球领先的移动互联网开放服务平台提供商。自 2004 年创立以来，公司致力于帮助手机用户快捷上网，构建开放的一站式移动互联网用户服务平台。

UC 优视旗下产品包括 UC 浏览器和 UC 乐园（移动社交平台），以及来电通（手机通信辅助软件）等多款移动互联网创新产品。其中核心产品 UC 浏览器覆盖了 Symbian、Android、iOS 等主流移动操作系统的 200 多个著名品牌、超过 3000 款手机及平板电脑终端，帮助用户获取互联网资讯、娱乐、电子商务等各类服务。截至目前，UC 浏览器全球下载量突破 15 亿次，用户月使用量（PV）超过 1600 亿，拥有超过 3 亿用户。2012 年 11 月，UC 浏览器在 Android 平台的活跃用户数突破 1 亿大关，成为 Android 平台上全球首个用户过亿的第三方浏览器。

2012 年 1 月，UC 优视正式受邀加入万维网联盟（World Wide Web Consortium，W3C），成为中国首个受邀加入该国际组织的中国移动互联网企业，未来将参与互联网技术标准讨论与制定，推动以 HTML5 为代表的新技术标准在中国落地。

国际化方面，UC 优视已成为中国互联网产业新一代领军企业。公司目前服务于 150 个以上的国家和地区，发布了英文、俄文等多个国际语言版本产品。目前 UC 浏览器海外用户超过 6000 万，在东南亚、俄罗斯、非洲等地区取得了市场领先地位，其中印度地区市场份额超过 20%，并设有专门的运营平台。

目前，UC 优视发展迅速，公司员工超过 1200 人，产品研发人员比例超过 80%，已经成为国内最大的手机应用技术研发团队，公司亦是中国第一家在手机浏览器领域拥有核心技术及完整知识产权的公司。

（二）UC 优视相关进展

2004 年 8 月，UC 优视在全球首次将服务器、客户端混合计算的云端架构（以下简称"云端架构"）应用到手机浏览器领域。

UC 优视与电信运营商的合作由来已久，在服务定制和产品预装上，已经建立了非常成熟的合作模式。在 2010 年年底，UC 优视就开始与中国电信进行定制浏览器的合作，发布了"天翼 UC"，内置天翼专区，使中国电信用户可以方便、快捷地使用掌上营业厅、互联星空等业务，并同时在其定制机中进行预装。

2011 年 6 月，UC 优视发布了自主研发的全新手机浏览器内核——U3。UC 优视是中国首个拥有完整内核能力的浏览器公司，致力于提供移动互联网和智能终端时代的极速手机浏览体验。新一代 U3 内核不仅能完美呈现桌面全页面浏览效果，同时兼顾高速、安全、智能及更强扩展性能，在完美还原桌面全页面浏览效果的情况下，能将页面流量压缩超过 60%。

2012 年 6 月，UC 优视与中国移动达成战略合作，UC 浏览器正式成为中国移动独家定制浏览器。

2012 年 6 月，UC 优视正式发布游戏开放平台战略。UC 浏览器作为移动互联网入口服务平台，充分利用用户资源优势和游戏平台相关技术优势，携手合作伙伴打造全国乃至全球领先的移动游戏开放平台。目前，UC 游戏开放平台活跃用户已经超过 5000 万，上线手机网游超过200 款，合作伙伴超过 500 家，月营业收入超过百万元游戏十余款。UC 优视已经成长为国内用户最多、活跃度最高、ARPU 值最高的手机游戏开放平台之一，是国内第二大的移动互联网游戏发行平台。

（三）UC 优视主要战略

1. 平台化转型

要避免重蹈 PC 时代网景浏览器随着 IE 出现就夭折的覆辙，必须将通过浏览器入口进入的海量用户沉淀下来。在移动互联资费下降和移动网速提升，也就是 3G 时代和智能手机到来之时，UC 优视正力求从一款 App 工具变成平台服务型公司。

UC 优视已经成为在移动互联网"云服务"上积累最为深厚的互联网企业之一。先后实现了云加速、云安全、云存储、云应用等针对移动互联网的创新功能。凭借已有的四大业务体系：信息服务平台、应用发行平台、移动社交平台、移动游戏平台，UC 为用户、终端、运营商和内容提供商构建了一个开放的移动互联网入口平台。UC 浏览器不是一款简单的手机上网工具软件，而是一个移动互联网入口服务平台。

2. 游戏开放平台

在 UC 优视看来，互联网用户已经度过了对信息需求的第一阶段，而在第二阶段中，以娱乐为主的服务型需求正在快速地增长，到了第三阶段，生活服务类需求将会井喷。因此，在游戏市场蛰伏了 3 年的 UC 优视，在 2012 年 6 月发布其游戏开放平台战略。据介绍，2008 年年底，UC 开始了游戏业务的尝试；2009 年，UC 游戏频道成立并提供游戏下载；2010 年，UC 优视收购手机游戏门户九游，UC 游戏频道和九游独立运营；2011 年 5 月，双线合并运营，并开始运营第一款手机网游。时至今日，随着游戏业务的快速发展，UC 游戏开放平台的战略队形也更加清晰，包括：领先的移动游戏发行平台——以 UC 浏览器为中心的发行网络，第一大移动游戏门户"九游 9game.cn"以及移动社交平台 UC 乐园。UC 在游戏战略发布会当天，也发布了新的 5 年规划，目标是在 5 年内使 UC 浏览器的全球用户突破 10 亿，成为全球领先的移动互联网入口服务平台。

第四节　应用服务企业

一、腾讯

（一）企业概况

腾讯公司成立于 1998 年 11 月，是目前中国最大的互联网综合服务提供商之一，也是中国服务用户最多的互联网企业之一。2004 年 6 月 16 日，腾讯公司在香港联交所主板公开上市。

腾讯把为用户提供"一站式在线生活服务"作为战略目标，提供互联网增值服务、移动及电信增值服务和网络广告服务。通过即时通信 QQ、腾讯网（QQ.com）、腾讯游戏、QQ 空间、无线门户、搜搜、拍拍、财付通等中国领先的网络平台，腾讯打造了中国最大的网络社区，满足互联网用户沟通、资讯、娱乐和电子商务等方面的需求。截至 2012 年 6 月 30 日，QQ 即时通信的活跃账户数达到 7.84 亿，最高同时在线账户数达到 1.67 亿；QZone 的月活跃用户达到 5.98 亿；朋友网的月活跃用户达到 2.48 亿；QQ 游戏平台 2012 年第二季最高同时在线账户达到 880 万。

目前，腾讯 50% 以上的员工为研发人员。腾讯在即时通信、电子商务、在线支付、搜索引擎、信息安全以及游戏等方面都拥有了相当数量的专利申请。2007 年，腾讯投资过亿元在北京、上海和深圳三地设立了中国互联网首家研究院——腾讯研究院，进行互联网核心基础技术的自主研发。

经历了 2011 年的快速扩张，腾讯员工总数已经突破 2 万人，分布在深圳、北京、上海、成都、广州、天津、武汉等 20 余个城市。

（二）相关进展

2011 年 4 月 1 日，腾讯宣布在天津建设"亚洲最大的数据储备处理中心"；6 月 15 日，腾讯宣布投资 10 亿元在武汉建设无线互联网技术研发中心；8 月 3 日，投资宣布在上海建设华东云计算中心和电子商务基地；12 月 16 日，腾讯深汕云计算数据中心奠基；2012 年 4 月 12 日，成都研发中心大楼奠基。

腾讯正将开放战略推向移动互联网，未来将致力于为所有移动开发者打造一个开放的移动互联网平台。

第一是微信，微信是腾讯第一个完全基于移动互联网打造的平台。腾讯设计了基于 App 之间的 API，可以让移动开发者的应用跟微信的 App 进行互动、整合，能够互相呼叫和跳转。此外，微信做了二维码，可以和其他线下的商家、内容源做整合。

第二，完全按照移动互联网的体验和要求重构手机 Qzone，一开始就考虑为移动开发者的开放平台的生态链而设计。马化腾认为，腾讯现在最活跃的用户群是 QQ 和 Qzone 在手机上的体验。但老互联网公司都有这样的问题，把 PC 上的应用照搬到手机上，效果不好。

第三，在移动互联网上尝试开放 QQ 互联，也就是让其他 App 可以直接使用 QQ 账号和密码登录，目前在测试阶段。唱吧作为首批的测试应用之一，50% 的新增用户都是用 QQ 互联的方式接入的。

第四，腾讯还会开放应用托管、LBS、支付等服务，未来也会把腾讯基于社交的精准营销广告系统广点通推广到移动互联网，让所有的 App 可以使用这个平台。

第五是扶持政策。腾讯在 PC 互联网已经尝试了一些，比如对很小的开发商，初期的收入很少，还处在积攒人气的过程，对于开放平台的成本，腾讯在前几个月会返还给开发者，让开发者接近于零成本地创业。同时，腾讯还会举办很多创新大赛，从中发掘一些有潜力的开发者，并提供资金支持。

（三）主要战略

1. 开放——利用开放平台的第三方应用提升用户活跃度及使用的深度

在整个腾讯业务体系中，提供开放平台的产品有数十个，例如，财付通开放平台、soso 开放平台、微博开放平台、Q+ 开放平台、QQ 空间开放平台、QQ 邮箱开放平台等。

此外，为了让旗下产品能够更好地融合，腾讯还在做另一件事——将旗下产品应用化互相进入其他产品的开放平台，互倒用户和流量。同时，腾讯还将社交平台中的包月收费换成按服务购买，提升用户月付费量。

一个颇为明显的例子是 QQ 会员包月服务。腾讯已经将单一的 QQ 会员，发展成黄钻、蓝钻、红钻、紫钻、黑钻等数十种差异化服务，用户需要分别付费购买。

2. 安全——入股金山弥补安全上的短板

由于 Android 平台中没有统一的 App Store 监管，给手机安全服务留下了很大的市场空白。与 360 之间的争议使得腾讯意识到了自身在安全上的短板，随即腾讯在安全领域加强重视，而且投入巨大。

2011 年 7 月，腾讯花费 9 亿港元入股金山，成为金山第一大股东。随后双方立即展开了多个层面的合作，同时腾讯投入大量资源推广客户端"手机管家"。

3. 占领终端入口——以终端入口作为争取用户资源的跳板

微信的成功被当做腾讯产品成功运营的模板，这个思路已被腾讯贯彻为做产品的基本思路。先做，再通过运营不断改进，快速迭代。为此，腾讯不断扩充产品线，进入了所有壁垒不高的互联网细分市场，成为行业"公敌"。

除了微信，腾讯的版图中还有几颗重要的"棋子"，移动互联网的两大入口级应用：手机浏览器和应用中心以及最容易变现的手机游戏。通过对用户终端入口的占领，一方面可以掌握用户的使用习惯，便于产品的进一步运营调整；另一方面可以在移动互联网产业中，拥有更多的话语权。

二、新浪

（一）企业概况

新浪是一家服务于中国及全球华人社群的网络媒体公司。新浪通过门户网站新浪网（SINA.com）、移动门户手机新浪网（SINA.cn）和社交网络服务及微博客服务新浪微博（Weibo.com）组成的数字媒体网络，帮助广大用户通过互联网和移动设备获得专业媒体和用户自生成的多媒体内容（UGC）并与友人进行兴趣分享。

新浪网通过旗下多家地区性网站提供针对当地用户的特色专业内容，并提供一系列增值服务。手机新浪网为 WAP 用户提供来自新浪门户的定制信息和娱乐内容。新浪微博是基于开放平台架构的寄存自生和第三方应用的社交网络服务及微博客服务，提供微博和社交网络服务，帮助用户随时随地与任何人联系和分享信息。

新浪通过上述主营业务及其他业务线向广大用户提供包括移动增值服务（MVAS）、网络视频、音乐流媒体、网络游戏、相册、博客、电子邮件、分类信息、收费服务、电子商务和企业服务在内的一系列服务。新浪收入的大部分来自网络品牌广告、移动增值服务和收费服务。

（二）相关进展

2011 年 5 月，国内最领先的移动互联网公司 3G 门户宣布与新浪正式结成战略合作伙伴关系，双方将在微博领域展开全面合作，包括信息流、SNS 以及搜索平台等方面全方位渗透共享。意欲打造中国移动互联网最强阵容，为用户提供更便捷、全面的服务。

此次双方合作的主要内容包括，3G 门户网友将能更便捷地使用新浪微博，同时还能够及时了解更多的新浪名人微博的内容，3G 门户的独家资源也能够方便、快捷地分享到新浪微博，使双方资讯展示页更加丰富。除此之外，双方在移动搜索引擎方面也展开了深度合作。当用户在 3GYY 搜索中搜索明星和相关热门话题时，将显示该名人或话题的新浪微博内容，让搜索结果更加丰富、多元化。同时，双方在移动客户端营销方面也进行了深度合作。

此次双方合作另一个让业界关注的焦点就是，双方将正式联合运营"3G 门户新浪微博"。双方将对 3G 门户原有的 SNS 产品进行整合，并使用新浪微博的框架体系。

2012 年 7 月 31 日，新浪与百度宣布在无线领域达成战略合作。双方将在搜索、内容、平台、技术、资源五个方面展开合作，为广大网民提供优质整合的移动互联网搜索和资讯服务。目前，手机新浪网已全面采用百度提供的网页搜索服务，用户可以通过手机新浪网及搜索框体验便捷、丰富的信息及应用搜索服务。据悉，这是继苹果之后，第二家互联网巨头在无线搜索领域与百度达成全面合作。

（三）主要战略

新浪在无线互联网领域抱有极大的野心，其在移动互联网方面的布局主要集中在媒体优势平移。

1. **借助传统互联网媒体优势向移动端平移**

新浪微博注册用户已超过 3 亿，其中有 60% 的活跃用户通过移动终端登录。2011 年第四季度，通过移动产品接入新浪微博的数量已经超过了通过 PC 端的接入量。到 2012 年年底，通过移动平台接入微博的数量占到微博总接入的 2/3。

目前用户平均每天发布超过 1 亿条微博内容，平均在线时长为 60 分钟（打开网页和打开应用的时间）左右。所有来自移动终端的原创内容中，有 40% 的微博分享照片。

另外，新浪基于微博开发相应社交类游戏，将成为唯一能在移动游戏上与腾讯抗衡的传统互联网巨头。微博上目前最受欢迎的四类应用为：微博客户端、照片分享、LBS 交友、社会化阅读。

2. **通过微博搭建开放平台**

新浪微博开放平台共吸引了 24 万名注册开发者，这些开发者已提交超过 28 万款应用，其中包括 2 万款左右的移动应用，第三方移动应用每天为微博平台带来 16% 的活跃用户。

新浪 2012 年 4 月上线了国内首个微博广告产品组合"新浪微博企业版 2.0"，微博广告产品组合也会在新浪微博手机移动端上以不同形式呈现，比如微直播、微活动、微博社区、微调查、企业 App 下载等，客户可以结合自己的品牌特点，基于不同的手机特质来设计个性化的互动营销方案。

三、奇虎 360

（一）企业概况

奇虎 360 创立于 2005 年 9 月，主营以 360 安全卫士、360 杀毒为代表的免费网络安全平台，同时拥有奇虎问答等独立业务。公司主要依靠在线广告及互联网增值业务创收。2011 年 3 月 30 日，奇虎 360 在纽约证券交易所以"QIHU"为代码上市交易。

奇虎 360 拥有 360 安全浏览器、360 保险箱、360 杀毒、360 软件管家、360 网页防火墙、360 手机卫士、360 极速浏览器等系列产品。

（二）相关进展

2011 年以来，奇虎 360 正在加大速度布局移动互联网，浏览器、手机卫士、口信是 360 在移动互联网上的重头产品。

2011 年 8 月 29 日，奇虎 360 公司正式启用口信域名推出"口信"手机即时聊天客户端；2012 年 8 月 16 日，360 低调发布综合搜索……

360 投入很大的精力去发展移动互联网，同时 360 投资的重点也将转移至移动互联网，会在市场上寻找好的项目和小团队。而在投资策略上，360 主导的起飞计划以及 360 投资部，都会将重心由原来的客户端软件调整至移动互联网。360 已经投资了数个小团队，主要方向是 SNS、通信、存储、游戏以及工具类等。

除了推出一系列移动客户端以外，360还逐渐介入产业链上游。2012年5月，360决定正式进入智能终端领域。奇虎360不会自造手机，也不会进行手机贴牌，而是采取"定制机特供给360用户"的方式。其实就是奇虎360从手机厂商处订购手机，然后以成本价甚至低于成本价的价格销售给奇虎360的用户，而手机里会内置奇虎360的各种应用及服务。

（三）主要战略

奇虎360此次宣称进入智能手机行业，是为了谋划其在移动互联网领域的市场布局。作为一个手握超过4亿用户群体的互联网企业，面对市场越来越大的智能手机时代，当然不愿意放弃这块诱人的蛋糕，因此涉足手机领域，谋求通过"软件+硬件+服务"的模式跑马圈地，形成竞争壁垒成了互联网企业的一贯做法。

近年来，奇虎360多元化的开放策略初见成效。奇虎360从创立至今，先后开发了四大收入来源：捆绑第三方杀毒分成收入，软件管家的第三方软件下载佣金收入，安全浏览器的网址导航收入以及游戏浏览器的第三方游戏分成收入。其中前面两项是奇虎360创业早期的主要收入来源，但是自奇虎360于2009年推出免费杀毒软件后，其第三方杀毒分成收入逐渐萎缩，而软件管家的佣金收入由于市场规模本身就不大，所以在奇虎360收入结构中的占比也日益缩小。

目前，奇虎360的四大收入来源中，绝大部分由后两项贡献，即网址导航及游戏分成收入。例如，在其2011年的收入结构中，网址导航（在线广告）及游戏分成（互联网增值）的收入合计占据了总收入的95%以上。由此可见，奇虎360的商业模式还是颇具成效的。

奇虎360以安全软件聚拢了基础的用户数，如今，奇虎360与百度、腾讯的用户数量基本处在同一个量级上。根据奇虎公布的最新数据，360浏览器活跃用户已经达到2.55亿，市场占有率仅次于微软IE浏览器。由于浏览器庞大的用户量，自然而然就要考虑如何将其转化成收入的问题。因此，奇虎360涉足浏览器、如今涉足智能手机等举措都是为了将用户变现为营业收入。无论是网址导航收入，还是游戏分成收入，它们都有一个共同的特征：依托于360浏览器装机量的增加。就这个意义而言，浏览器可以说是奇虎360将用户流量变现的关键基石。

第五节　投资与孵化机构

（一）创新工场机构概况

创新工场由李开复博士创办于2009年9月，是一家致力于早期阶段投资并提供全方位创业培育的投资机构，旨在培育创新人才和新一代高科技企业。创新工场通过针对早期创业者需求的资金、商业、技术、市场、人力、法律、培训等提供一揽子服务，帮助早期阶段的创业公司顺利启动和快速成长。同时，帮助创业者开创出一批最有市场价值和商业潜力的产品。创新工场的投资方向将立足信息产业最热门领域：移动互联网、消费互联网、电子商务和云计算。

2009 年年底，李开复博士在创办创新工场（IW）的同时，创建了创新工场开发投资基金（IWDF），旨在投资中国移动互联网、消费互联网、电子商务以及云计算领域最有前景的团队。

IWDF 不同于其他投资机构，它是一个善于捕捉好想法并专注早期投资的基金。在其投资的项目中，大多数诞生于 IW 的孵化器，并由中国最优秀的青年创业者们领导。IW 和 IWDF 会一同指导和帮助创业团队。在项目初期到成熟的阶段协助其进行管理，直至其离开孵化器成为独立的公司，形成一个双赢的合作关系。

（二）创新工场投资模式

创新工场有着丰富创业经验的团队会为创业者提供一流的全方位创业支持。通过创新工场的品牌和关系网络帮助创业者快速组建高素质创业团队，发掘价值合作伙伴，拓展目标市场；专业投资团队会以敏锐的行业嗅觉和立足中国市场的全球视野，引导产品战略优化，进一步明确商业方向；广泛权威的导师网络给予必要的创业指导；产品、财务、法务等多方协助帮助规避创业早期风险，快速、良性地开启创业之路。

除此以外，创新工场将会为创业者和创业团队提供一流的创业环境和部分种子基金，也同样会提供与国内外早期投资机构接触的机会，包括创新工场的专属基金和创新工场开发投资基金（IWDF）。

创新工场在为创业公司提供全程支持的同时，也会保证创业者和创业团队的利益。创新工场会以有针对性和有效的方式提供协助、指导和建议，帮助创业者开始创业，但创业团队仍然是创业路上的主导，会切实参与公司的日常运营。

为了保证孵化计划的质量和创业项目特色，每年只会有一定数量的项目加入创新工场的孵化计划。创新工场力图寻找在移动互联网、消费互联网、电子商务和云计算领域的最佳创意。创新工场欣赏的创业者和创业团队，会具有出色的团队合作精神，能用优秀的产品或服务展示自己的能力，有良好的商业意识并对其目标市场有深刻的理解。

创新工场为希望在移动互联网、消费互联网、电子商务和云计算四个领域内创业的创业者们设计了三个不同的孵化计划，分别针对不同的创业阶段。

1. 助跑计划

助跑计划（Jump Start Program）是创新工场系统性的基础孵化计划（3 个月）——针对有商业创意、初次创业的年轻创业团队。旨在甄选互联网、移动互联网和云计算领域里的创业新秀，通过一系列指导培训及孵化服务，帮助其快速开始创业。

参与助跑计划的是年轻的初次创业者，对技术或产品设计有很高的天赋，但可能缺乏丰富的商业、管理和运营经验，有与创新工场重点关注领域相关的基本产品或服务创意，有 2 ~ 4 个合伙人，有相关专业学历，或有一些工作经验，以便向创新工场展示技术和产品开发能力。创业者还需要证明其产品或服务具备发展成真正的商业机会 / 商业公司的潜力，可以解决某个高速发展潜在市场的需求。

创新工场为参与助跑计划的创业者提供的孵化服务包括以下几个方面：

（1）在中国最好的技术创新生态园区北京中关村提供创业办公场所；

（2）招聘协助，共享创新工场实习生资源；

（3）公司注册，UI/UX 指导、每月 1 对 1 产品评估、前期市场调研协助等服务；

（4）涵盖产品、技术、商业等内容的全面导师指导，由国内外商业和技术界最权威的专家客座分享；

（5）创新工场创业训练营：根据产品开发周期专门设计的助跑计划训练营课程；

（6）3 个月产品开发的种子基金。

作为对注资和提供孵化服务的回报，创新工场会持有孵化公司的一部分股权。从助跑计划中"毕业"以后，创业团队会成为创新工场独特的创业社区的一员，继续受益于创新工场的网络及支持。结束助跑计划之后，团队将有机会通过创新工场的平台接触到国内外知名投资机构和天使投资人，争取下轮融资，也会有机会加入创新工场的核心孵化计划——加速计划。

2. 加速计划

加速计划（Acceleration Program）是创新工场的核心孵化项目（6 个月），针对有经验的，具备清晰的商业计划、产品模型和核心成员的创业团队。希望通过资金支持及全方位孵化服务帮助专注互联网、移动互联网或云计算领域的潜力创业团队加速创业进程。

加速计划为创业者提供的孵化服务包括以下几个方面：

（1）在中国最好的技术创新生态园区北京中关村提供创业办公场所；

（2）为团队提供团队建设支持，允许接入创新工场的人力资源库，协助进行校园招聘、面试安排、人员筛选等；

（3）提供公司注册、法律咨询及财务支持，UI/UX 指导、产品可用性评估和用户测试、市场调研、初期 PR 推广活动协助、政府关系指导，高价值潜在合作伙伴介绍等服务；

（4）安排涵盖产品、技术、商业等内容的全面导师指导，由国内外商业和技术界最权威的专家客座分享；

（5）提供种子资金，最终提供的种子基金的金额，由创业团队向工场提交的项目预算估计决定，每个项目之间会有一些差异。

作为对注资和提供孵化服务的回报，创新工场会持有创业公司的一部分股权。

3. 创业家计划

创业家计划（Entrepreneur in Residence）致力于给经验丰富的高端人才提供开创自己新事业的机会，并提供所有所需资源。创业项目有可能获得创新工场开发投资基金的直接投资。另外，参与者也可通过双向选择，加入由创新工场或 IWDF 所投资公司担任高层管理工作。

参与创业家计划的是经验丰富的高端人才，具有杰出的领导才能，在创新工场所关注领域中有深厚的行业背景。

创新工场为参与创业家计划的个人提供的孵化服务包括以下几方面：

（1）在中国最好的技术创新生态园区北京中关村提供创业办公场所；

（2）深入了解现有投资项目，使用平台资源以及广泛网络；

（3）计划的前 3 个月，部分时间在与所专长领域相关的现有项目深入接触，还有部分时间用于准备自己项目的商业计划书，包括获得创意、市场调研、竞争对手分析、寻找合伙人等；

（4）计划的后 3 个月的内容会主要专注与准备商业计划，成立初始产品团队，或更多与创新工场现有项目一起工作；

（5）安排涵盖产品、技术、商业等内容的全面导师指导，由国内外商业和技术界最权威的专家客座分享；

（6）承担创业团队在创业家计划里相关的部分支出，创业项目有可能获得创新工场开发投资基金的标准天使投资额度的投资；

在从创业家计划中"毕业"以后，会成为创新工场独特的创业社区的一员，并继续受益。在项目结束前有可能在创新工场开始自己的项目（该项目有机会进入加速计划或者直接获得 IWDF 的高额投资）；或者也可以通过双向选择，加入创新工场和创新工场开发投资基金所投资公司并担任高层管理人员。

附录　赛迪顾问产业数据库

一、数据库简介

产业数据库建设是赛迪顾问咨询和服务的重要基石。自赛迪顾问成立之初，就把数据库建设作为公司核心竞争力的重要内容之一。在近二十年的市场研究和管理咨询服务过程中，赛迪顾问在数据库建设方面积累了丰富的成果，构建了一系列的数据库，涉及电子信息产业、计算机与外设、软件与IT服务、光电与光通信、三网融合、半导体、互联网、材料、装备、重点行业信息化应用等众多领域，在支撑各级政府、开发园区产业发展，为产业管理、企业管理提供决策依据等方面做出了重要贡献。截至2012年6月，赛迪顾问已经建成了包括20万余条数据的行业信息数据库和近600万条数据的信息产业数据库。

顺应时代发展的要求和研究转型的需要，赛迪顾问在国家发展战略性新兴产业的指引下，不断拓展产业研究领域，丰富和充实数据研究内容。在系统整理和科学分析的基础上，赛迪顾问对原有数据库进行了全面升级，构建了全新的战略性新兴产业数据库，为国家和各界战略性新兴产业规划与咨询提供全面的服务。战略性新兴产业数据库主要涵盖产业、企业和政策三大子系列，首期构建了集成电路、软件、云计算、物联网、移动互联网、电子商务、环保、生物医药、新能源、文化创意十大产业数据库，二期构建了新材料、高端装备制造、光电、通信、北斗卫星导航、三网融合、地理信息、卫星应用、锂离子电池、低碳城市十大产业数据库，同时，赛迪顾问也高度注意数据的开放性和动态性，及时根据国内外战略性新兴产业发展的形势变化进行更新和完善。

战略性新兴产业人才数据库是赛迪顾问产业数据库的重要组成部分，主要从产业人才的总体规模、数量与质量、需求、供给、发展政策等角度，全面收集、整理战略性新兴产业及重点区域人才数据、发展信息和人才政策。目前，战略性新兴产业人才数据库主要涵盖了软件、云计算、物联网、移动互联网、文化创意和高端装备制造六个重点领域的产业人才相关数据，并建立了以环渤海地区、长三角地区、珠三角地区、西南地区及其他地区为研究对象的重点区域战略性新兴产业人才发展规划和人才发展政策数据库。

秉承"问题就是机会、专业就是实力、精准就是品牌"的核心价值观，赛迪顾问致力于产业数据库的专业化建设，既通过发改委、工信部、科技部、商务部、文化部、海关、统计局等国家委办局，主要省市、行业协会获取和整理公开数据，又根据自己的研究构建了一整套产业数据收集、整理和分析应用的方法论，并建设了面向重点城市、国家级重点园区和百强企业、渠道、典型用户的数据渠道。

由赛迪顾问提供运营服务的"赛迪顾问在线"，作为面向"工业和信息化融合的咨询与信息服务平台"，可提供重点行业、重点产品的生产、销售、进出口、渠道等各环节的周期性在线数据库，搭建了"战略性新兴产业、两化融合、行业投资、招商引资"四个咨询服务平台；同时提供产业规划、企业战略、人力资源、信息化咨询、投融资、市场研究等专项咨询业务；涉及工业、信息产业、计算机与外设、软件与信息服务、通信与网络、消费电子、半导体、互联网与电子商务、重点行业信息化应用九大领域的研究成果。

今后，赛迪顾问将继续紧跟产业战略转型的形势，用数据记录时代，不断深化战略性新兴产业数据库的建设，为国家和各城市战略性新兴产业发展保驾护航。

二、数据来源

赛迪顾问充分运用自身在政府、企业、渠道、行业、区域以及专业媒体等方面的优势资源，获取有关中国战略性新兴产业的相关信息和数据，同时结合赛迪顾问对中国高科技产业近二十年追踪研究的信息数据积累以及动态的二手资料，最终通过综合统计、分析获得相关产业的研究报告。本系列丛书中涉及数据范围不含中国香港、澳门和台湾地区。以下显示了赛迪顾问主要的信息数据渠道。

（一）政府统计信息渠道

作为工业和信息化部直属决策支撑研究机构，赛迪顾问从工业和信息化部、国家发展与改革委员会、科技部、商务部、文化部、新闻出版总署、环境保护部、海关总署、国家统计局等主管部门获取有关产业、政策与市场方面的信息和统计数据，并通过为逾40个地方省市政府提供大量的产业、园区规划与发展服务，掌握了大量的一手产业、企业数据与重要资料。

（二）行业协会统计渠道

中国战略性新兴产业的相关行业协会包括中国信息产业商会、中国计算机行业协会、中国软件行业协会、中国计算机用户协会、中国半导体行业协会等组织与赛迪顾问有多年协作关系，赛迪顾问定期从行业协会获取大量产业与市场方面的动态数据和信息。近年来，赛迪顾问进一步加强了与中国材料研究学会、中国机械工业联合会、中国电子专用设备工业协会、中国

半导体照明 /LED 产业与应用联盟、中国光伏产业联盟、中国光学光电子行业协会、中国全球定位系统技术应用协会、中国通信协会、中国通信学会、中国电池工业协会等组织的工作联系与沟通。

（三）用户需求信息渠道

赛迪顾问拥有中国信息化推进联盟（CIPA）的丰富资源。该联盟旨在加强产业部门与应用部门之间联系，促进供需双方沟通交流。该联盟由中央各部、委、局、总公司、金融系统以及各省市主管和规划部门负责人组成。赛迪顾问定期从中国信息化推进联盟获取行业与区域等应用需求方面的信息和数据。

（四）区域市场信息渠道

赛迪顾问区域调查研究覆盖了华北、华东、华南、华中、东北、西北、西南 7 个区域市场，60 个以上的重点城市。赛迪顾问在上海、广州、深圳、西安、武汉、成都、南京、杭州、哈尔滨等中心城市设立了 20 多家分支机构。其专业分析员与调查人员定期与各地企业、经销商以及用户保持着直接紧密的联系，并从中获取第一手数据与资料。

（五）企业与经销商调研渠道

近二十年的研究咨询服务，使赛迪顾问与高技术企业及经销商建立了广泛密切的业务联系。基于这种联系，赛迪顾问定期通过直接面访、电话采访、问卷调查等方式从企业与经销商处获取有关市场数据和信息。

（六）赛迪顾问二手调研

从第三方获得数据及资料，了解整个中国产业与市场状况与发展趋势，追踪相关重点企业在产品技术、市场与竞争策略、销售与服务等方面的信息和资料。二手调查数据和资料来源为：新闻报道、国内外行业机构、企业年报、互联网以及其他相关资料。

作 者 简 介

一、中国电子信息产业发展研究院

中国电子信息产业发展研究院（赛迪集团，CCID）是直属于国家工业和信息化部的一类科研事业单位。自成立二十余年以来，秉承"信息服务社会"的宗旨，坚持面向政府、面向企业、面向社会，致力提供决策咨询、管理顾问、媒体传播、评测认证、工程监理、创业投资和信息技术等专业服务，在此基础上，形成了咨询业、评测业、媒体业、信息技术服务业和投资业五业并举发展的业务格局。

研究院总部设在北京，并在上海、广州、深圳等地设有分支机构，业务网络覆盖全国500多个大中型城市。研究院现有员工2000余人，其中专业技术人员1200余人，博士100余人、硕士600余人。

二、赛迪顾问集团

（一）赛迪顾问

赛迪顾问股份有限公司（简称"赛迪顾问"）是中国首家在香港创业板上市，并在业内率先通过国际、国家质量管理与体系（ISO9001）标准认证的现代咨询企业（股票代码：HK08235)，直属于中华人民共和国工业和信息化部中国电子信息产业发展研究院。过多年的发展，目前公司总部设在北京，旗下拥有赛迪设计、赛迪经智、赛迪经略、赛迪方略和赛迪监理五家控股子公司，并在上海、广州、深圳、西安、武汉、南京、成都、贵州等地设有分支机构，拥有300余名专业咨询人员，业务网络覆盖全国200多个大中型城市。

赛迪顾问凭借自身在行业资源、信息技术与数据渠道等竞争优势，能够为客户提供公共政策制定、产业竞争力提升、发展战略与规划、营销策略与研究、人力资源管理、IT 规划与治理、投融资和并购等现代咨询服务，服务对象既包括政府各级主管部门与各类开发区，又涵盖新一代信息技术、节能环保、生物、高端装备制造、新材料和新能源等战略性新兴产业的行业用户，致力成为中国本土的城市经济第一智库、企业管理第一顾问、信息化咨询第一品牌。

总部热线电话：0086-10-88558866/8899

电子邮箱：service@ccidconsulting.com

（二）赛迪设计

北京赛迪信息工程设计有限公司（以下简称"赛迪设计"）是赛迪顾问股份有限公司（中国首家上市咨询企业，股票代码：HK08235）的控股子公司，专业从事信息工程规划与设计服务。赛迪设计以客户需求为导向，致力于提供信息工程规划咨询、可行性研究、工程设计、产品选型、实施到运维等全程和全方位、宽领域的综合服务。服务产品涵盖业务战略与管理咨询、业务流程优化、信息化总体规划、定制化需求分析、信息系统工程设计、信息系统实施、信息化绩效评估、信息系统运维与外包、IT 项目管理、IT 服务管理和 IT 治理等。

总部热线电话：0086-10- 88559900/9926

电子邮箱：service@ccidcentury.com

（三）赛迪经智

北京赛迪经智投资顾问有限公司（简称"赛迪经智"）是赛迪顾问股份有限公司（股票代码：HK08235）旗下致力于兼并重组的投资顾问公司，专业从事兼并重组战略、方案与实施、融资、整合，以及上市顾问、私募股权融资、投资决策与城市投融资等业务，深谙战略性新兴产业整合之道，服务对象覆盖 IT、电子、电信、互联网、节能环保、高端装备、能源、新能源汽车、金融等行业与企业用户。

总部热线电话：0086-10- 88558288 / 9979

电子邮箱：service@ccidjingzhi.com

（四）赛迪经略

北京赛迪经略企业管理顾问有限公司（简称"赛迪经略"）是赛迪顾问股份有限公司（股票代码:HK08235）全资子公司。近年来公司依托在政府资源、产业研究、行业积累、企业经营、管理理论及专业咨询方法等方面形成的全方位竞争优势，为电信、能源、制造、信息、物流、食品、医药、军工、公共事业、科技园区等广大客户，提供了从企业战略、企业文化、集团管控、公司治理、人力资源、组织变革，到营销策略、品牌提升、商业创新、上市辅导、资本运作及管理培训等一系列专业服务。

总部热线电话：0086-10- 88558666 / 9015

电子邮箱：service@ccidjinglue.com

（五）赛迪方略

北京赛迪方略城市经济顾问有限公司（简称"赛迪方略"）是赛迪顾问股份有限公司（股

票代码：HK08235）的控股子公司，专业从事城市经济发展的战略咨询业务，为政府客户提供城市经济发展规划、城市转型发展研究、城乡统筹发展规划、城市品牌推广、城市文化建设、区域一体化发展战略、园区产业规划、园区空间布局规划、园区品牌提升、园区招商引资规划、园区公共服务平台研究与规划、工业经济研究、工业发展与转型升级规划、新型工业化发展规划等咨询服务。

　　总部热线电话：0086-10- 88558255/8516

　　电子邮箱：service@ccidfanglue.com

附图 1

移动互联网产业链全景图

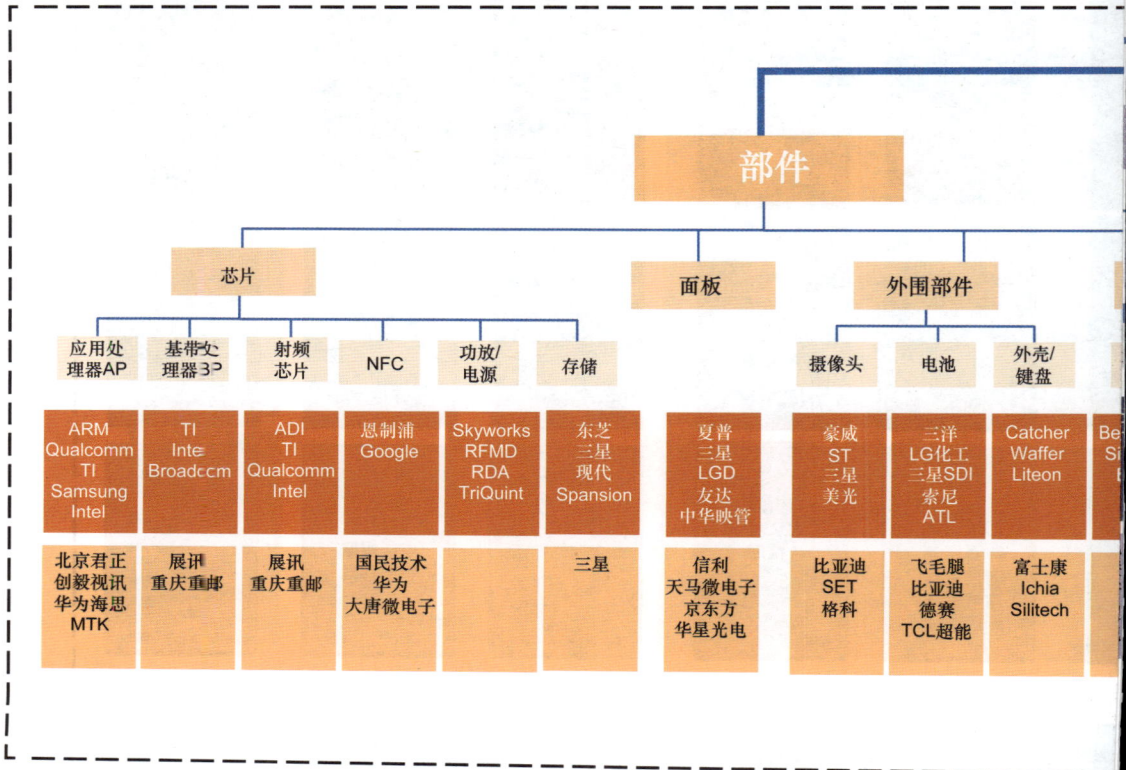

						部件					
		芯片					**面板**		**外围部件**		
应用处理器AP	基带处理器BP	射频芯片	NFC	功放/电源	存储			摄像头	电池	外壳/键盘	
ARM Qualcomm TI Samsung Intel	TI Intel Broadcom	ADI TI Qualcomm Intel	恩制浦 Google	Skyworks RFMD RDA TriQuint	东芝 三星 现代 Spansion		夏普 三星 LGD 友达 中华映管	豪威 ST 三星 美光	三洋 LG化工 三星SDI 索尼 ATL	Catcher Waffer Liteon	Be Si
北京君正 创毅视讯 华为海思 MTK	展讯 重庆重邮	展讯 重庆重邮	国民技术 华为 大唐微电子		三星		信利 天马微电子 京东方 华星光电	比亚迪 SET 格科	飞毛腿 比亚迪 德赛 TCL超能	富士康 Ichia Silitech	

行业应用示例

企业 信息化	视频监控	教育出版	交通	商贸物流	旅游
IBM DELL	Google	Amazon	GE Simens	沃尔玛 麦德龙	Google
神州数码 金蝶	全球眼 中国移动	盛大 汉王 方正	高德 凯立德 四维图新	顺风 京东	去哪儿 携程 艺龙